챗GPT와 함께 하는
SNS 셀프마케팅
& 브랜딩

챗GPT와 함께 하는 SNS 셀프마케팅 & 브랜딩

| 펴낸날 | 2025년 11월 20일 1판 1쇄 |

지은이	이보영
펴낸이	정병철
펴낸곳	도서출판 휴먼하우스

등 록	2004년 12월 17일(제313-2004-000289호)
주 소	서울시 마포구 토정로 222 한국출판콘텐츠센터 420호
전 화	02)324-4578
팩 스	02)324-4560
이메일	humanhouse@naver.com

Copyright ⓒ 이보영 2025, Printed in Korea.
ISBN 979-11-85455-39-6 13000

챗GPT와 함께 하는
SNS 셀프마케팅
& 브랜딩

+ 블로그 인스타그램 유튜브 월 천만 원 계정 기획과 전략 with AI

이보영 지음

프롤로그

우리는 하루에도 수십 번씩 새로운 기능과 알고리즘이 등장하는 시대를 살고 있습니다. 인스타그램 릴스, 유튜브 쇼츠, 틱톡의 짧고 강렬한 영상, 네이버 블로그의 AI 기반 검색 최적화까지. 변화의 속도는 눈부시지만, 그만큼 많은 사람이 불안과 혼란 속에 서 있습니다.

"무엇을 올려야 할까?"
"매일 콘텐츠를 만들지 않으면 뒤처지는 건 아닐까?"

이런 질문을 반복하며 방향을 잃은 채 콘텐츠만 양산하는 경우가 많습니다. 그러나 분명히 말할 수 있는 사실이 있습니다. **좋은 기획이 없다면, 그 어떤 플랫폼 전략도 오래가지 못한다**는 것입니다.

SNS 마케팅의 핵심은 단순히 많이 올리고, 빠르게 반응하는 데 있지 않습니다. 왜 이 콘텐츠를 만드는지, 무엇을 전달하려는지, 누구와 연결되기를 원하는지를 설계하는 힘이 필요합니다. 바로 **기획의 힘**입니다.

이 책은 단순한 운영 매뉴얼이 아닙니다. 당신이 스스로 기획자로서 사고하고, 브랜드의 방향성을 세워 나갈 수 있도록 **실질적인 전략을 제시하는 책**입니다. AI와 자동화 도구는 그 과정을 더 빠르고 정교하게 만드는 수단일 뿐, 결국 본질은 기획 안에 있습니다.

또한 이 책은 **AI를 곁들여 누구나 손쉽게 SNS를 시작할 수 있도록 구성**했습니다. 따라서 책을 읽다 보면 단순히 '콘텐츠 제작 방법'을 배우는 것이 아니라, 자신만의 SNS 전략을 설계하는 기획자로 성장하게 될 것입니다.

이 책을 덮는 순간, 당신은 더 이상 수동적인 SNS 사용자나 운영자가 아닙니다. 이제 자신의 브랜드를 기획하고, 방향을 설계하며, 성장을 이끌어가는 **전략가**로 첫발을 내딛게 될 것입니다.

그 길 위에서 이 책이 **당신의 든든한 나침반이 되길** 바랍니다.

이보영

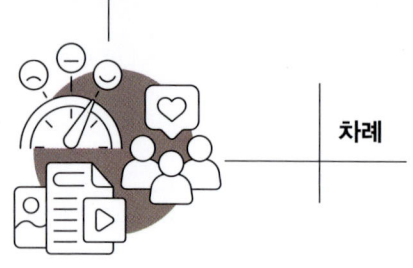

차례

프롤로그 ... 4

1장 돈이 되는 SNS를 운영하자 ... 15

01 SNS, 제대로 알고 시작하자 ... 16
  1. 취향 ... 18
  2. 소통 ... 18
  3. 네트워크 ... 19

02 다양한 SNS 플랫폼 ... 20
  1. 텍스트 중심 플랫폼 ... 20
    1) X(구 트위터) ... 20
    2) 네이버 블로그 ... 21
    3) 브런치스토리 ... 21
  2. 비주얼 중심 플랫폼 ... 21
    1) 인스타그램 ... 21
    2) 페이스북 ... 22
  3. 비디오 중심 플랫폼 ... 22
    1) 유튜브 ... 22
    2) 틱톡 ... 23
  4. 커뮤니티 중심 플랫폼 ... 23
    1) 네이버 카페 & 밴드 ... 23
    2) 모임 플랫폼 ... 24

03 SNS를 이용한 수익화 방법 ... 25
  1. 플랫폼 자체에서 제공하는 수익 ... 25
  2. 제휴 마케팅 ... 27

	3. 직접 판매	29
	4. 콘텐츠 창업	30

04 어떤 플랫폼부터 시작해야 할까?   32
    1. 플랫폼 운영 사례   32
    2. 필자가 추천하는 운영 방식   38

05 AI의 등장과 SNS 운영의 새로운 시대   42
    1. SNS는 AI와 함께 진화하고 있다   42
    2. AI와 SNS 운영의 변화   43
       1) AI란 무엇인가?   43
       2) AI와 SNS 운영의 관계   44
       3) AI가 바꾼 SNS 수익화 전략   45
    3. 왜 지금, AI를 활용해야 하는가   46

2장   SNS 운영, 기획이 필요하다   47

01 마케팅 기획과 전략을 SNS 운영에 적용하자   48
    1. SNS 운영 기획하기   48
       1) 3C 분석   50
       2) STP 전략   52

02 3C 분석 1   자아 분석하기: 콘셉트와 주제 설정하기   54
    1. 강점과 좋아하는 것 파악하기   55
    2. 성향과 취향 파악하기   58
    3. 경험 파악하기   60
    4. 나의 모습 정리하기   62

03 3C 분석 2   경쟁자 분석하기: 다른 계정 벤치마킹하기   64
    1. 경쟁자 선정   65
    2. 경쟁자 세부 분석   66
    3. 경쟁자의 장점과 단점   69

04 `3C 분석 3` 고객 분석하기: 타겟 특징 파악하기 73
   1. 고객 분석 74
   2. 페르소나 설정 75

05 `STP 전략 1` 주제 세분화로 틈새시장 발굴하기 79
   1. 마인드맵 79
   2. 카테고리 세분화 80
   3. 콘텐츠 세분화 81

06 `STP 전략 2` 목표 설정과 전략 세우기 86
   1. 집중화, 차별화 전략 87
   2. 계정 크기별 전략 89

07 `STP 전략 3` 보이고 싶은 모습으로 포지셔닝하기 93
   1. 포지셔닝 맵 94
   2. 셀프 페르소나 설정 97

08 챗GPT를 활용한 SNS 전략 실습 100
   1. 자아 분석 요약하기: 나만의 SNS 콘셉트 도출 100
   2. 경쟁자 분석 요약하기: 나만의 차별화 포인트 도출 102
   3. 타겟 고객 정리하기: 페르소나 생성 103
   4. 콘텐츠 전략화: 카테고리와 콘텐츠 포맷 정리 104
   5. 브랜딩 문장과 소개글 정리: 나를 표현하는 한 문장 105

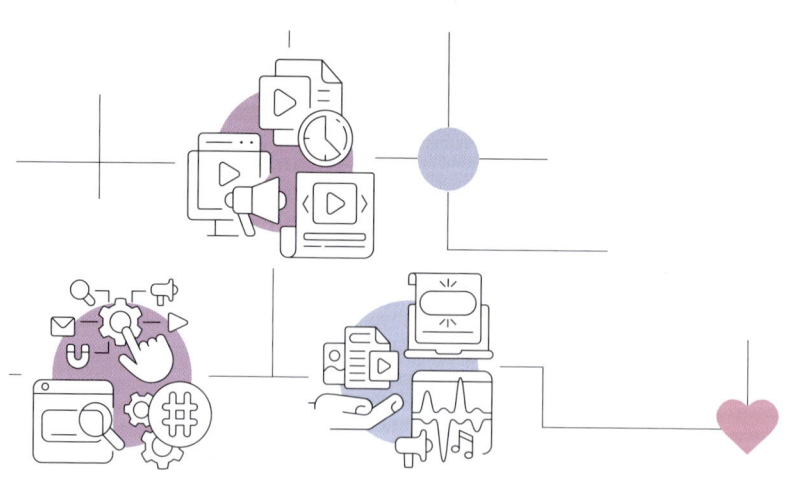

3장　고객 유입, 전환, 재방문, 팬을 만드는 전략　107

- 01 고객 여정과 고객 경험을 파악하자　108
- 02 이용자를 유입시키는 방법: 상위 노출과 키워드　114
  - 1. 상위 노출　115
  - 2. 키워드　116
    - 1) 키워드 종류　117
    - 2) 키워드 도구　120
    - 3) 콘텐츠 상위 노출 확인　124
- 03 방문자를 고객으로 전환하는 방법: 설득하는 콘텐츠 구성하기　127
  - 1. 콘텐츠란?　128
  - 2. 효과적인 콘텐츠 구성　128
- 04 재방문하게 만드는 방법: 꾸준한 포스팅　134
  - 1. 고객 유지　134
  - 2. 꾸준한 콘텐츠 제작　135
    - 1) 꾸준함 필요 요소　136
    - 2) 꾸준함 유지 장치　138
- 05 네트워크와 팬을 만드는 방법: 브랜딩과 퍼스널 브랜딩　141
  - 1. 브랜딩　141
  - 2. 퍼스널 브랜딩　142
  - 3. 네트워크　143
  - 4. 팬　144
  - 5. SNS 플랫폼 연결 구조　145
- 06 AI로 직접 실행해 보는 고객 유입, 전환, 재방문, 팬 만들기　146
  - 1. 고객 여정 그리기　146
  - 2. 키워드와 콘텐츠 제목 정리　149
  - 3. 전환 유도 콘텐츠 구성　151
  - 4. 1주일 콘텐츠 캘린더 만들기　153
  - 5. 브랜딩 문장과 소개글 만들기　154

4장 SNS 마케팅의 기본, 네이버 블로그  157

- **01 네이버 블로그로 마케팅을 시작해야 하는 이유** — 158
  - 1. 네이버 블로그 장점 — 159
  - 2. 네이버 블로그 활용 예시 — 161
- **02 고객이 신뢰할 수 있는 네이버 블로그 만들기** — 165
  - 1. 프로필 세팅하기 — 166
  - 2. 블로그 꾸미기 — 169
    - 1) PC 블로그 꾸미기 — 169
    - 2) 모바일 블로그 꾸미기 — 178
- **03 키워드 중심, 네이버 블로그 알고리즘 파악하기** — 182
  - 1. 블로그 알고리즘 — 182
    - 1) UGC 품질 평가 시스템 — 182
    - 2) C-Rank — 184
    - 3) DIA — 185
  - 2. 블로그 활동지수 — 186
  - 3. 좋은 문서, 나쁜 문서 — 189
- **04 네이버에 최적화된 블로그 콘텐츠 만들기** — 191
  - 1. 키워드 적용 방법 — 191
  - 2. 가독성 — 193
  - 3. 풍성한 자료 — 195
- **05 스마트에디터로 콘텐츠 제작하기** — 197
  - 1. 스마트에디터 — 197
  - 2. 콘텐츠 발행하기 — 200
- **06 이웃을 늘리고 소통하는 방법** — 202
  - 1. 이웃, 서로이웃 — 203
  - 2. 이웃 늘리기 — 203
  - 3. 이웃과 소통하기 — 204
- **07 콘텐츠와 계정의 성과 확인: 블로그 통계 활용하기** — 205
  - 1. 방문 분석 — 205
  - 2. 사용자 분석 — 207

3. 순위	208
4. 블로그 평균 데이터	209
08 네이버 유니버스: 네이버 서비스 200% 활용하기	**210**
1. 카페	210
2. 애드포스트	211
3. 인플루언서	213
4. 블로그 마켓	215
5. 프리미엄 콘텐츠	216
6. 엑스퍼트	217
09 챗GPT로 네이버 블로그 콘텐츠 만들기	**219**
1. 나만의 블로그 콘텐츠 기획하기	219
2. 글의 구조와 구성 만들기	221
3. 본문 작성과 퇴고	221
4. 최종 점검과 네이버 업로드	222

5장 무조건 해야 하는, 인스타그램   225

01 인스타그램이 마케팅의 필수 플랫폼인 이유	**226**
1. 인스타그램 장점	226
2. 인스타그램 활용 예시	230
02 고객을 팔로워로 만드는 인스타그램 프로필 설정하기	**233**
1. 프로필	234
2. 프로페셔널 계정 설정	240
03 취향 중심, 인스타그램 알고리즘 파악하기	**244**
1. 시그널	244
2. 피드 & 스토리	245
3. 탐색 & 릴스	246
4. 검색	247
5. 최적화를 위해 필요한 것	248

04 인스타 감성 & 노출 전략 담은 콘텐츠 만들기   251
   1. 콘텐츠 기획   252
   2. 콘텐츠 제작   255
      1) 피드   255
      2) 캡션   259
      3) 릴스 만들기   260
      4) 스토리와 하이라이트 만들기   264

05 콘텐츠를 확산시켜주는 인스타그램 태그 활용법   269
   1. 해시태그   269
   2. 태그   273

06 팔로워를 늘리고 소통하는 방법   278
   1. 팔로워 늘리는 방법   279
   2. 다양한 소통 방법   282

07 이용자의 반응을 확인하자: 인스타그램 인사이트 활용하기   285
   1. 인스타그램 프로페셔널 대시보드 살펴보기   285
   2. 게시물 인사이트   290

08 인스타그램 광고로 콘텐츠 확산시키기   292
   1. 광고 기획   292
   2. 광고하기: 인스타그램 게시물 홍보하기   294
      1) 목표 설정   294
      2) 타겟 정의   296
      3) 예산 및 기간   298
      4) 광고 검토   298
   3. 광고 최적화   299

09 챗GPT와 AI로 릴스 콘텐츠 기획·제작하기   301
   1. 아이디어 발굴과 기획   301
   2. 대본 작성과 스크립트 제작   302
   3. 영상 제작   303
   4. 콘텐츠 게시 전략 수립   305
   5. 성과 분석 및 리포트   305

6장 가장 강력한 SNS, 유튜브 307

- **01 유튜브를 마케팅에서 빼놓을 수 없는 이유** 308
  - 1. 유튜브 장점 309
  - 2. 유튜브 활용 예시 312

- **02 시청자를 고객으로 만드는 유튜브 채널 만들기** 316
  - 1. 유튜브 채널 만들기와 맞춤설정 317
    - 1) 유튜브 채널 만들기 317
    - 2) 유튜브 스튜디오 맞춤설정 317
    - 3) 유튜브 스튜디오 콘텐츠 322

- **03 관심사 중심, 유튜브 알고리즘 파악하기** 325
  - 1. 알고리즘 작동 원리 326
  - 2. 알고리즘의 추천 326

- **04 알고리즘이 확산시켜주는 유튜브 콘텐츠 만들기** 330
  - 1. 콘텐츠 기획 331
  - 2. 콘텐츠 제작에 필요한 10가지 요소 331

- **05 조회수 늘리기: 콘텐츠가 이용자에게 선택받는 방법** 337
  - 1. 조회수 상승 과정 338
  - 2. 조회수 늘리는 방법 339
    - 1) 메타데이터: 알고리즘에게 내 채널, 콘텐츠 설명하기 339
    - 2) 노출클릭률: 콘텐츠를 재생하게 만드는 썸네일 만들기 341
    - 3) 평균시청지속시간: 공감과 흥미를 주는 콘텐츠 구성하기 341

- **06 구독자를 늘리고 소통하는 방법** 344
  - 1. 구독자 늘리기 345
  - 2. 다양한 소통 방법 348

- **07 시청자의 행동을 분석하자: 유튜브 크리에이티브 스튜디오** 352
  - 1. 채널 분석 353
    - 1) 개요 353
    - 2) 콘텐츠 354
    - 3) 시청자층 358
    - 4) 트렌드 359

08 유튜브 계정 하나로 다양한 수익 창출하기   361
    1. 광고 수익   362
    2. 유튜브 프리미엄 수익   362
    3. 슈퍼챗, 슈퍼스티커, 슈퍼땡스   363
    4. 채널 멤버십   364
    5. 상품 섹션   364
    6. 쇼츠 광고 수익   365
    7. 유료 PPL, 보증 광고, 스폰서십   366

09 챗GPT로 유튜브 콘텐츠 만들기   368
    1. 기획하기   368
    2. 클릭을 부르는 제목, 썸네일, 해시태그 만들기   370
    3. 자막 만들기와 영상 편집: 브루 & 캡컷 활용   371
    4. 쇼츠 제작으로 채널 성장 가속화   372
    5. 반복 가능한 영상 제작 루틴 만들기   373

에필로그   375

1장

돈이 되는 SNS를 운영하자

01 SNS, 제대로 알고 시작하자

2007년 아이폰의 등장으로 스마트폰 시대가 열리며 SNS 사용자가 폭발적으로 증가했다. 이후 틱톡(2016년), 인스타그램 릴스(2020년), 유튜브 쇼츠(2021년) 등 숏폼 콘텐츠 플랫폼의 등장으로 콘텐츠 소비 방식이 빠르게 변화했다.
검색보다는 추천 중심으로 운영되고 있는 SNS는 AI가 사용자의 관심사에 맞춘 콘텐츠를 실시간으로 큐레이션하고 있다. 이러한 변화로 인해 사람들은 일상의 모든 순간을 공유하고 소비하는 '디지털 라이프'를 살아가게 되었다.

SNS는 이제 온라인 셀러, 소상공인, 제조 및 유통업자 등 사업을 하는 사람이면 반드시 운영해야 하는 마케팅 도구가 되었다. 뿐만 아니라 많은 사람이 SNS를 통해 퍼스널 브랜딩을 구축하고, 수익화 모델로까지 이어가고 있다.
이렇듯 개인의 일상뿐만 아니라 사회 및 경제활동에까지 깊은 영향을 미치고 있는 SNS. 이제 취미생활과 인간관계를 이어주는 수단을 넘어 수익을 창출해 주는 마케팅과 브랜딩의 도구로 똑똑하게 운영해 보자.

SNS는 사회 관계망 서비스, Social Network Services(Sites)의 줄임말로, '개인이 다른 개인과 관계를 맺으며 폭넓은 네트워크를 형성할 수 있는 온라인 서비스(사이트)'를 의미한다.

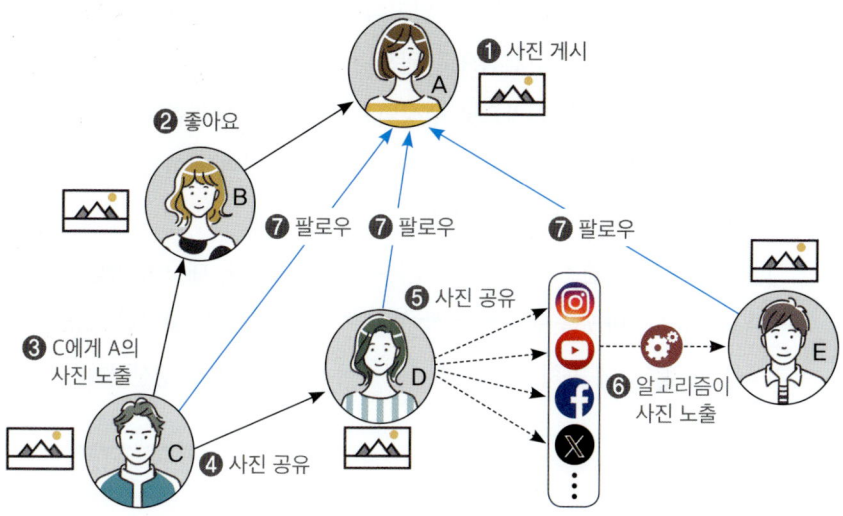

❶ 크리에이터 A가 여행 사진을 하나 올렸다. → ❷ 그 사진을 좋아한 팔로워 B가 좋아요를 누른다. → ❸ B를 팔로우하는 C에게 A의 사진이 노출된다. → ❹ A의 사진이 마음에 든 C는 D를 태그해서 사진을 공유한다. → ❺ D는 사진을 다른 SNS 플랫폼에 공유한다. → ❻ 플랫폼 알고리즘은 평소 여행 사진을 좋아하는 E에게 A의 사진을 노출시킨다. → ❼ C와 E는 A의 여행 사진에 댓글을 달면서 그 여행지에 대한 정보를 나눈다. → C, D, E는 크리에이터 A의 계정을 팔로우한다. A를 중심으로 한 네트워크는 이렇게 만들어진다. 그런데 이런 네트워크는 A뿐만 아니라 B, C 등 누구를 통해서도 그물처럼 펼쳐진다. 그렇게 서로 얽히고설키면서 관계는 끝없이 이어진다.

이런 SNS를 제대로 활용하기 위해서는 우선 '취향', '소통', '네트워크' 이 세 가지 키워드를 이해해야 한다.

① 취향

SNS에서는 취향을 기반으로 소통한다. 크리에이터는 자신의 취향이 반영된 콘텐츠를 생성한다. 이용자는 알고리즘으로부터 자신의 취향에 맞는 콘텐츠를 추천받거나 직접 검색으로 원하는 콘텐츠를 찾는다. 이렇게 SNS 콘텐츠는 각자의 취향을 기반으로 생성되고 소비된다. SNS를 통해 다양한 취향을 끊임없이 접하는 이용자들은 다름을 거리낌 없이 받아들인다. 개취존중(개인 취향 존중)을 하기 때문이다.

그들은 다름이 콘텐츠가 되고, 돈이 되는 것을 보았다. 대중이 아닌 작은 틈인 니치(Niche) 마켓을 공략해야 살아남는다고 얘기한다. 이처럼 SNS 이용자들은 개취존중에 가치로 두고 취향을 공유하는 콘텐츠를 생산한다.

② 소통

SNS는 소통을 위한 서비스다. 댓글로 의견을 남기고, 타인의 생각을 관찰한다. DM(Direct Message)을 활용해 인스타그램 피드에서 본 사람과 대화한다. 라이브 방송을 보면서 궁금한 점을 질문하고 바로 답변을 받는다. 팔로우한 인플루언서의 콘텐츠를 꾸준히 보고 댓글로 소통하면서 친근함을 느낀다. 아이돌과 팬들은 실시간으로 채팅을 하면서 친구 같은 관계를 쌓는다.

SNS에서의 소통은 다양한 방법으로 발전하고 있다. SNS에서는 '가취관', 즉 가벼운 취향 위주의 관계를 맺을 수 있기 때문이다. 온라인에서는 관계로 인해 스트레스를 받을 필요가 없다. 소통하고 싶은 상대를 선택해 원할 때만 관계를 맺으면 된다. 개인 정보를 공개할 필요도 없다. 서로의 취향을 존중하며 공감하다가도 아니다 싶으면 쉽게 관계를 정리할 수 있다. 그만큼 빠르고 다양한 소통이 SNS에서 끊임없이 일어난다.

③ 네트워크

Social Network System이라는 이름에서 알 수 있듯이 네트워크는 SNS의 핵심이다. 플랫폼에 모인 사람들은 댓글, 팔로우, 구독을 통해 관계를 형성하고 개개인이 연결되어 네트워크를 구성한다.

수백 명에서 수백만 명까지 모여 있는 네트워크가 하나의 계정 혹은 채널을 중심으로 형성된다. 그 중심에 있는 사람은 자신과 연결된 사람들에게 여러 방면에서 영향을 끼치고 있다. 우리는 이들을 '인플루언서'라고 부른다.

인플루언서가 광고를 한다고 생각해 보자. 우선 이미 구축된 네트워크를 통해 빠르게 메시지가 전달된다. 리액션은 바로 데이터로 확인된다. 또한 네트워크 구성원들은 인플루언서에게 호감을 갖고 있으므로 매출로 쉽게 연결된다. 물건 판매뿐만 아니라 메시지를 전달하는 데에도 탁월한 효과가 있다.

SNS에서 네트워크를 갖게 되면 개인의 가능성은 무궁무진해진다. 공동 구매로 수익을 내는 블로거, 포스팅 하나로 수억 원을 버는 인플루언서, 광고 수익을 창출하는 유튜버까지, 이들은 네트워크의 힘을 보여준다. 이제 인플루언서는 단순한 콘텐츠 제작자를 넘어 독립 브랜드이자 비즈니스가 되었으며, 전자책, 온라인 클래스, 멤버십 구독 등 다양한 수익 모델을 통해 신뢰 기반 네트워크를 상품, 지식, 커뮤니티로 확장하고 있다.

크리에이터는 취향이 반영된 콘텐츠를 생산하고, 사람들과 소통하며 네트워크를 형성해야 한다. 영향력 있는 네트워크를 만드는 것이 SNS 운영 목적이다.

AI는 SNS의 콘텐츠 제작과 수익화 방식을 혁신했다. AI 기반 자동 편집 도구는 크리에이터의 작업 시간을 70%까지 줄인다. AI 추천 알고리즘은 사용자 맞춤형 콘텐츠를 제공한다. 기업들은 AI 마케팅을 활용해 광고 효율을 30% 이상 높이고 있다.

이제 누구나 AI를 활용해 고품질 콘텐츠를 제작하고 자동화된 수익화 모델을 구축하며, 보다 안정적인 경제적 기반을 마련할 수 있다.

02 다양한 SNS 플랫폼

 디지털 시대에서 SNS는 단순한 소통 도구를 넘어, 콘텐츠 소비와 생산의 핵심 플랫폼으로 자리 잡았다. SNS는 텍스트, 이미지, 동영상, 커뮤니티 중심의 다양한 형태로 발전하며, 각 플랫폼마다 고유한 역할과 기능을 강화하고 있다. 특히 AI 기반 추천 시스템과 검색 최적화(SEO)가 중요해지면서, 단순한 게시가 아닌 플랫폼 특성에 맞춘 전략적 운영이 필수가 되었다.

① 텍스트 중심 플랫폼

1) X(구 트위터)　#Z세대 #팬덤 #멀티미디어공간

　실시간으로 의견을 나누는 텍스트 중심 SNS로 출발해서 현재는 이미지, 동영상, 커뮤니티 기능까지 제공하는 멀티미디어 플랫폼으로 발전했다. 2023년 리브랜딩 이후 'X'로 명칭이 변경되었으며, 크리에이터와 기업이 직접 수익을 창출할 수 있는 구조로 진화했다.

　Z세대가 주 사용자층이며 K팝, 게임, 사회 이슈 등 관심사를 중심으로 팬덤을 형성하고 빠르게 정보를 확산시킨다. 단순 홍보보다는 **팬덤 문화에 참여하고 실시간 대화에 반응하는 콘텐츠 전략**이 핵심이다.

2) 네이버 블로그 #네이버 #AI검색 #콘텐츠자산화

검색 기반 SNS의 핵심 채널로, 단순한 기록 공간을 넘어 **검색 최적화**와 **개인 브랜딩**을 결합한 플랫폼으로 자리 잡았다. AI 추천 시스템과 사용자 행동 데이터를 반영한 검색 알고리즘이 적용되면서, 정보의 정확성, 글의 구조, 콘텐츠 완성도가 중요한 요소가 되었다.

2030세대가 많지만, 네이버 검색결과에 노출되는 만큼 다양한 연령대의 유입도 가능하다. 맛집 리뷰, 제품 사용기 등 **실질적 도움이 되는 정보형 콘텐츠**가 주류를 이루며, 글은 장기적으로 노출되어 **콘텐츠 자산**으로 축적된다.

3) 브런치스토리 #프리미엄브랜딩 #작가플랫폼 #출판기회

카카오가 운영하는 **프리미엄 글쓰기 플랫폼**이다. 심사를 통해 작가로 활동할 수 있어 신뢰도 높은 콘텐츠가 주를 이룬다. 감성적이거나 철학적인 주제를 표현하기에 적합하며, **브런치북 프로젝트**를 통해 전자책 및 종이책 출판 기회도 제공한다. 멤버십 구독 서비스와 강연·출판 제안 기능이 강화되면서 **지식 기반 1인 브랜딩 플랫폼**으로 확장되고 있다. 글을 통해 브랜드를 만들고자 하는 이들에게 적합한 채널이다.

② 비주얼 중심 플랫폼

1) 인스타그램 #릴스 #AI추천 #인플루언서경제

전 세계 월간 활성 사용자 수 25억 명을 돌파한, 가장 강력한 SNS 중 하나다. 한국에서는 MZ세대가 주 사용자층이며, 이들의 월평균 사용 시간은 계속 증가하고 있다. 특히 **릴스(Reels)**의 성장으로 동영상 콘텐츠 소비가 인스타그램 사용 패턴을 변화시켰다.

기본 피드, 스토리, 다이렉트 메시지, 라이브 방송, 릴스 등 다양한 형식의 콘텐츠를 제공하며, 릴스가 전체 소비의 60% 이상을 차지한다. 시각적 요소가 강한 콘텐츠가 높은 반응을 얻지만, 최근에는 AI 추천 시스템이 강화된 **숏폼 영상과 캐러셀** 콘텐츠가 주류가 되었다. 검색 최적화(Instagram SEO)를 고려해 키워드가 포함된 캡션과 자막 작성이 중요하다.

강력한 네트워크를 구축한 사용자는 인플루언서, 크리에이터로 활동하며, 브랜드 협업, 광고, 상품 판매를 통해 **크리에이터 이코노미**의 중심에 있다. 퍼스널 브랜딩을 원하는 창작자, N잡러, 소상공인에게 필수적인 플랫폼이다.

2) **페이스북** #세계최대커뮤니티 #메타 #비즈니스플랫폼

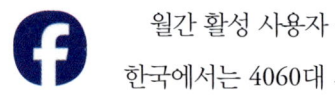

월간 활성 사용자 수 30억 명이 넘는 세계 최대 규모의 SNS다. 한국에서는 4060대 사용자가 중심이며, 비즈니스 네트워킹과 지역 커뮤니티 활동이 활발하다. 초기에는 친구 및 가족 중심 네트워크였으나, 현재는 **관심사 기반 커뮤니티**가 핵심으로 자리 잡았다.

페이스북 그룹과 페이지를 통해 브랜드, 전문가, 기업 고객이 활발하게 소통한다. 카드뉴스, 짧은 영상, 인포그래픽이 포함된 콘텐츠가 효과적이다.

2025년 현재 광고 없는 자연 노출은 어렵고, AI 기반 세분화 타겟팅을 활용한 광고가 주효하다. 인스타그램 광고와 시스템이 통합되어 있어 **비즈니스와 커뮤니티 구축**에 중요한 플랫폼으로 활용된다.

③ 비디오 중심 플랫폼

1) **유튜브** #크리에이터이코노미 #검색플랫폼 #숏폼전성시대

단순한 영상 공유 플랫폼을 넘어, 전 세계 월간 활성 사용자 26억 명의 종합 플랫폼이다. 국내에서도 월간 4,200만 명 이상이 하루 평균 68분 이상 시청한다. 영상 콘텐츠는 정보 탐색, 취미 활동,

학습, 브랜딩, 소통, 수익 창출까지 다양한 목적에 활용된다.

검색 기능도 강화돼 텍스트 검색 외에도 음성, 챕터 분할, 자막 인식 등 AI 기반 검색 기술이 발전했다. 숏폼 콘텐츠인 **유튜브 쇼츠**는 월간 시청자 22억 명 이상을 기록한다. 짧고 명확한 정보와 강한 메시지를 가진 콘텐츠가 인기다.

브이로그, 리뷰, 자기계발, 심리, 명상 등 다양한 주제로 크리에이터들은 브랜드 협업, 광고, 온라인 클래스, 굿즈 판매, 유료 구독 등 다양한 수익 파이프라인을 구축하고 있다. 기획력과 꾸준한 운영이 핵심 역량이다.

2) **틱톡** #숏폼전성시대 #검색플랫폼 #Z세대메인SNS

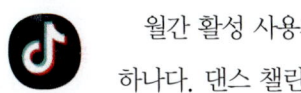

월간 활성 사용자 17억 명으로, 가장 빠르게 성장하는 SNS 중 하나다. 댄스 챌린지 플랫폼에서 출발했지만 지금은 검색과 정보 소비 중심의 플랫폼으로 진화했다. Z세대 사용자의 40% 이상이 구글 대신 틱톡에서 정보를 검색한다.

AI 추천 알고리즘과 **틱톡 SEO**를 통해 빠른 노출과 팔로워 확보가 가능하다. 요리, 자기계발, 공부법, 재테크, 심리학 등 실용적 정보 콘텐츠가 강세를 보이며, 국내에서도 10대뿐 아니라 20~30대 사용자 비율이 증가했다.

브랜드와 크리에이터들은 높은 참여율과 빠른 성장성을 이유로 틱톡을 핵심 마케팅 채널로 활용하고 있다.

④ 커뮤니티 중심 플랫폼

1) **네이버 카페 & 밴드** #커뮤니티플랫폼 #전문가네트워크 #비즈니스활용

네이버 카페와 네이비 밴드는 국내 최대 온라인 커뮤니티 플랫폼으로, 전문가 네트워크와 비즈니스 운영의 핵심 채널이다.

네이버 카페는 업종별 전문가 커뮤니티, 지역 커뮤니티, 취미 모임, 비즈니스 네트워크로 확장됐으며, 2024년 기준 월간 사용자 3,100만 명을 기록했다. AI 추천 시스템으로 관심사 기반 콘텐츠가 검색에 우선 노출되고, 기업과 개인이 고객과 직접 연결되는 커뮤니티 마케팅 플랫폼으로 자리 잡았다.

네이버 밴드는 스터디, 업무 협업, 교육 플랫폼으로 진화해 기업 내부 소통과 멤버십 커뮤니티 운영에 최적화됐다.

네이버 검색과의 연동성이 강력해 지속적인 신규 유입이 가능하며, 깊이 있는 네트워크 형성에 효과적이다.

2) 모임 플랫폼 #관심사네트워크 #오프라인확장 #커뮤니티비즈니스

'트레바리', '소모임', '문토' 등 모임 플랫폼은 공통 관심사로 연결된 사람들이 정보를 공유하고 커뮤니티를 형성하는 새로운 형태의 SNS다. 온라인 연결과 오프라인 만남이 결합돼 강력한 네트워크를 구축한다.

관계의 공허함을 느끼는 디지털 시대에, 깊이 있는 대화와 실질적인 연결을 원하는 사용자가 늘고 있다. 브랜드와 전문가들은 이러한 플랫폼에서 고객과 직접 만나 커뮤니티를 운영하며 강의, 클래스, 상품 판매로 수익 모델을 확장하고 있다. 콘텐츠보다 관계가 중심이 되는 흐름 속에서, 모임 플랫폼은 새로운 SNS로 자리 잡았다.

어느 플랫폼에서든 자신의 네트워크를 구축하고 목표하는 것을 이루기 위해서는 플랫폼 파악이 우선이다. 플랫폼에 적합한 콘텐츠 형식, 플랫폼 이용자의 특징, 해당 플랫폼에서 소통하는 언어와 관계를 맺는 방법 등을 확실히 알고 활용해야 한다. 운영 주제, 타겟 고객, 최종 목적이 플랫폼의 특징과 매칭되었을 때 시너지 효과를 내기 때문이다.

03 SNS를 이용한 수익화 방법

SNS 플랫폼은 이제 단순한 콘텐츠 공유 공간이 아니라, 콘텐츠를 기반으로 팬층과 수익을 만드는 '개인의 미디어 채널'이자 브랜드 비즈니스 플랫폼이 되었다. SNS를 통해 만들 수 있는 다양한 수익화 종류에 대해 알아보자.

① 플랫폼 자체에서 제공하는 수익

자신의 콘텐츠 자체를 수익화하는 방법이다. 유튜브, 인스타그램, 네이버 블로그 등 플랫폼에서 제공하는 광고 프로그램이나 보너스, 구독 기능을 활용해 수익을 얻는다. 방문자나 팔로워가 많을수록 성과가 높지만, 계정이 크게 활성화되기 전이라도 시작할 수 있는 장점이 있다.

콘텐츠의 질과 꾸준한 운영이 중요한 요소이며, 팬층이 형성되면 멤버십이나 유료 콘텐츠 형태로도 수익화를 확장할 수 있다.

CPC(Cost per Click): 클릭을 통한 수익

★ 네이버 애드포스트 (https://adpost.naver.com)

방문자가 광고를 클릭하면 광고비가 지급되는 시스템이다. 클릭당 금액은 적지만 계정의 방문자가 많아 클릭수가 증가하면 꽤 큰 수익을 낼 수 있다. 네이버 애드포스트만을 통해 수백만 원 이상의 수익을 내는 경우도 많다.

CPM(Cost per Mille): 노출을 통한 수익

★ 구글 애드센스 (https://adsense.google.com/start/)

광고 노출 1,000회당 지불되는 금액이다. 크리에이터의 콘텐츠에 광고를 게재하면 수익이 발생한다. 구독자 10만 명 이상을 보유한 크리에이터의 경우 구글 애드센스 수익만으로 월 천만 원 정도의 수익을 낸다고 알려져 있다.

★ 유튜브 쇼츠/롱폼 광고 수익

유튜브 파트너 프로그램(YPP)에 가입한 크리에이터는 영상에 광고를 삽입해 수익을 얻을 수 있다. 롱폼 영상에는 전·중·후 광고가 들어가고, 쇼츠 영상은 쇼츠 전용 광고 수익 프로그램을 통해 수익을 창출할 수 있다. 조회수, 시청 시간, 구독자 수 등에 따라 수익 규모가 달라진다.

★ 인스타그램 릴스 보너스 프로그램

인스타그램은 릴스 콘텐츠를 통해 창작자에게 보너스를 지급하는 프로그램을 운영하고 있다. 릴스의 조회수와 반응도(좋아요, 댓글, 공유 등)에 따라 보너스 금액이 책정된다. 일부 창작자의 경우 릴스만으로도 월 수백만 원 이상의 수익을 내기도 한다.

팬 커뮤니티 기반 구독 모델

★ 인스타그램 구독 서비스, 유튜브 멤버십, 카카오 뷰 채널 정기 후원 등

특정 주제나 캐릭터를 중심으로 강력한 팬층을 보유한 크리에이터는 멤버십, 유료 커뮤니티, 단기 정기 클래스 등의 방식으로 수익화를 할 수 있다. 충성도 높은 팬에게 직접 콘텐츠를 제공하고 수익을 얻는 구조다.

2024년 기준, 전 세계 크리에이터의 23%가 월 구독 기반 수익을 보유하고 있으며 이는 광고 수익보다 지속성이 높다는 평가를 받고 있다(Creator Economy Report, 2024).

② 제휴 마케팅

자신의 콘텐츠에 타 사이트 링크를 삽입해 회원 가입이나 구매와 같은 행동을 유도하는 방식이다. 자신의 계정에 리뷰하는 콘텐츠를 올리는 조건으로 제품이나 서비스를 무료로 제공받는 방법도 있다. 이미 PPL이나 제휴 광고에 익숙해진 이용자는 진실된 리뷰와 함께 유익한 정보를 공유한다면 개의치 않는다. 마케팅을 하는 주체에 맞춰 적용한다면 효과는 극대화된다.

CPS(Cost per Sale): 판매를 통한 수익

★ 쿠팡 파트너스 (https://partners.coupang.com)

★ 링크 프라이스 (https://www.linkprice.com)

콘텐츠에 링크를 삽입해 방문자를 관련 사이트로 유도한다. 사이트에 방문한 이용자가 물건을 구매하면 결제 금액의 일부가 수익으로 지급된다. 판매 물건의 가격, 쇼핑몰 사이트의 정책에 따라 받을 수 있는 금액이 다르다.

CPA(Cost per Action): 특정한 행동을 통한 수익

⭐ 디비디비딥 (https://www.dbdbdeep.com/new/)

⭐ 텐핑 (https://tenping.kr)

CPS와 형태는 같지만 판매가 아닌 광고주가 원하는 특정한 액션을 유도해야 광고비를 받을 수 있다. 콘텐츠를 보고 광고주 사이트에 유입된 방문자가 전화 상담이나 회원 가입과 같이 광고주가 원하는 행동을 해야 한다.

체험단: 리뷰 콘텐츠 등록을 통한 무료 체험

⭐ 레뷰 (https://www.revu.net)

⭐ 서울오빠 (https://www.seoulouba.co.kr)

⭐ 리뷰플레이스 (https://reviewplace.co.kr)

체험단은 리뷰 콘텐츠를 등록하는 조건으로 제품이나 서비스를 무료로 제공받는 형태로, 제휴 홈페이지를 통해 원하는 제품과 서비스를 선택해 신청할 수 있다. 브랜드나 제품에 따라 경쟁률과 선호하는 SNS 조건이 다르다.

기자단: 콘텐츠 포스팅을 통한 수익

⭐ 레뷰 (https://www.revu.net)

⭐ 링블 (https://www.ringble.co.kr)

⭐ 포블로그 (http://4blog.net)

광고주가 전달해 주는 가이드라인, 사진, 동영상을 그대로 활용해 콘텐츠를 제작하고 포스팅하면 건당 수수료를 받는다. 대부분의 제휴 홈페이지에서 체험단과 함께 기자단을 운영하고 있다. SNS 계정이 탄탄해지고 콘텐츠 생성에 요령이 생겼을 때 도전하는 걸 추천한다. 여러 사람이 동일한 사진과 동영상을 사용하기 때문에 알고리즘이 해당 콘텐츠를 어뷰징으로 판단할 수 있다. 이런 경우 계정에 불이익이 가해지므로 신중해야 한다.

③ 직접 판매

SNS를 통해 물건을 판매하고 수익을 만들 수 있다. 이제는 운영하는 SNS 계정 자체를 활용할 수 있는 소셜커머스가 하나의 플랫폼으로 자리 잡았다. 이미 신뢰를 얻은 이웃이나 팔로워를 대상으로 판매하기 때문에 어느 정도 고객을 확보한 상태에서 시작할 수 있다. SNS 플랫폼을 활용한 개인 마켓 시장이 커지면서 SNS마다 다양한 방식으로 지원하고 있다.

네이버 블로그 마켓: 블로그 이웃에게 판매

네이버의 블로그 마켓은 사업자등록만 하면 간편하게 만들 수 있다. 기존에 운영하던 블로그를 쇼핑몰로 만들 수 있다. 상품 등록 형식도 블로그 콘텐츠 등록과 동일하다. 네이버페이를 통해 결제 가능하며 주문이나 배송 정보 등 모든 절차가 간편하다. 이웃 관계를 기반으로 하기 때문에 신뢰도를 단기간에 쌓을 수 있어 새로운 형태의 이커머스로 떠오르고 있다.

스마트스토어: 네이버 이용자들에게 판매

스마트스토어는 블로그 마켓 이전에 쇼핑몰과 블로그의 장점을 결합한 형태로 시작되었다. 스마트스토어에 제품을 등록하면 네이버의 다양한 판매 영역과 검색결과에 상품을 노출시킬 수 있다. 스마트스토어에 제품을 등록하고, 블로그에 제품 리뷰 콘텐츠를 올려 정보를 제공한다. 그렇게 해당 방문자를 스마트스토어로 유입시켜 제품을 구매하도록 할 수 있다.

공구: 인스타그램 팔로워들에게 판매

제소업체와 협업을 통해 판매하는 방식이다. 인플루언서가 콘텐츠를 통해 제품을 홍보하고 주문을 받으면, 제조업체에서 배송을 해준다. 직접 사입하여 팔로워들에게 판매하는 경우도 있다. 인스타그램 팔로워들은 인플루언서에게 쉽게 친밀감을 느낀다. DM이나 라방을 통해 직접적인 소통이 가능하기 때문이다. 덕분에 천 명 단위의 팔로워만 확보해도 판매를 해볼 수 있다.

④ 콘텐츠 창업

자신의 전문 지식을 기반으로 다양한 수익 구조를 창출할 수 있다. 관련 학위나 자격증이 없어도 가능하다. 다른 사람들에게 도움이 되는 정보를 꾸준히 알려주면 된다. 이해하기 쉽도록 설명하고 자신의 경험과 여러 예시를 보여주면 충분하다. SNS 콘텐츠로 지식을 전달해 호응과 신뢰를 얻으면 자연스럽게 다양한 방법으로 기회를 얻을 수 있다.

전자책, 동영상 강의, 원데이 클래스 등 고객과 연결해 주는 플랫폼도 다양하게 있다. 이런 플랫폼을 활용하면 자는 동안에도 수익이 생기는 패시브 인컴(Passive Income)을 만들 수 있다.

컨설팅: SNS 운영 노하우 전수

SNS 운영을 통해 자신만의 네트워크를 구축하고 다양한 수익 구조를 형성하면, 많은 사람이 당신의 노하우를 궁금해할 것이다. 먼저 콘텐츠를 통해 자신의 노하우를 공유해 보자. 당신의 SNS 운영 방식에 신뢰를 갖게 된 사람은 자신의 네트워크를 위해 컨설팅을 부탁할 것이다. 진심 어린 컨설팅을 받은 사람은 기꺼이 비용을 지불하게 된다.

강의: 콘텐츠 주제 관련 강의

하나의 주제로 꾸준히 콘텐츠를 생산해 사람들로부터 호응을 받았다는 건 그 분야의 전문가라는 이야기다. 블로그 이웃과 인스타그램 팔로워, 유튜브 구독자가 그 증거다. 해당 분야에 관심 있는 사람들은 콘텐츠 이외에도 당신의 이야기를 듣고 싶어한다. 강의라고 해서 주제가 거창할 필요는 없다. 같은 관심사를 가진 사람들과 당신이 알고 있는 것을 나누기만 하면 된다.

책 출간: 전자책 혹은 종이책 출간

당신과 관심사가 일치하는 사람들이 있다면 그 수가 적더라도 출판할 수 있다. 당신의 팔로워들은 글과 콘텐츠를 다른 형식으로 소유하고 싶어 한다. 새로운 팔로워들은 그동안의 콘텐츠를 한데 모아 보고 싶어 하기도 한다. 블로그의 글을 묶어 책을 출간하는 건 더는 낯선 일이 아니다. SNS에 올린 콘텐츠의 주요 내용을 간추려 PDF 파일로 전자책을 만들어 판매할 수도 있다.

방송 출연: TV 혹은 타 채널 출연

최근 TV 프로그램에 SNS 플랫폼에서 먼저 유명해진 사람들이 출연하고 있다. SNS가 주요 미디어가 되긴 했지만 TV는 여전히 불특정 다수에게 광범위하게 노출되는 힘을 지니고 있다. TV나 다른 채널에 출연함으로써 자신의 인지도를 높이고 더 많은 방문자를 유입시킬 수 있다. 궁극적으로는 수익 증대에 도움이 된다.

SNS 수익화의 최대 장점은 자신의 전문성, 취향, 경험을 기반으로 새로운 비즈니스 모델을 창출할 수 있다는 점이다. 단순히 '팔로워 수를 늘리는 것'이 아니라, 나만의 메시지를 명확히 하고, 그 메시지에 공감하는 사람들과의 커뮤니티를 만드는 것이 수익화의 시작이다.

탄탄한 수익 파이프라인을 구축하고 나면 지금보다 더 적은 시간을 들여도 충분한 수익을 얻을 수 있다. 디지털 노마드나 경제적 자유를 이룰 수 있다. SNS 계정을 운영하면서 제휴 마케팅으로 시작해 소셜커머스 판매, 콘텐츠를 통한 창업까지 한 단계 한 단계 이루어 가보자.

04 어떤 플랫폼부터 시작해야 할까?

SNS 플랫폼은 콘텐츠 형식, 이용자 연령대와 관심사, AI 기반 도달 방식(검색 또는 추천), 수익화 구조 등 다양한 차이점을 보인다. 따라서 자신의 콘텐츠 형식, 타겟 고객, 운영 목적에 가장 잘 맞는 플랫폼을 선택하는 것이 중요하다.
각자 갖고 있는 수많은 요소들을 고려해 기획에 맞는 메인과 서브 플랫폼을 선정해야 한다. 전략에 따라 운영 플랫폼의 집중과 확장을 결정해야 한다.

플랫폼 운영 사례

현재 마케팅과 수익화에 가장 활용하기 좋은 매체는 블로그, 인스타그램, 유튜브다. 각각 텍스트, 이미지, 동영상이 주요 콘텐츠다. 플랫폼을 대표하는 콘텐츠 형식이 다르므로 플랫폼 활용 방법, 콘텐츠 소비 방식, 이용자 특성 등 많은 부분이 다르다. 각 플랫폼의 특징에 맞게 유기적으로 활용할 때 그 효과를 극대화시킬 수 있다. 플랫폼 운영 계획과 전략을 세우기 전에 이들 플랫폼을 메인과 서브로 활용하는 방법을 확인해 보자. 예시를 보고 원하는 목표에 가장 적합한 방법이 무엇일지 먼저 구상해 보자.

블로그를 메인으로 운영하는 A

운영 채널: 메인 - 블로그 / 서브 - 인스타그램 / 확장 - 유튜브
운영 주제: 화장품 리뷰, 스킨케어
수익화: CPC, CPS, CPA, 체험단

A는 20대 초반에 블로그를 시작했다. 화장품에 관심이 많아 직접 사용해 본 제품의 후기를 블로그에 꾸준히 업데이트했다. 기초 화장품부터 메이크업 제품까지 리뷰하며 블로그를 운영했다. 대학생 시절에는 학생들도 부담없이 구매할 수 있는 저렴이 제품들 중 품질이 좋은 제품을 소개했다. 회사원이 되고 나서는 스킨케어에 관심을 갖게 되어 제품 리뷰와 함께 피부 관리 방법을 주제로 꾸준히 콘텐츠를 만들고 있다. A가 리뷰한 제품 정보와 스킨케어 방법을 보기 위해 하루에 만 명 이상의 사람들이 블로그를 방문한다. A는 네이버 블로그가 선정한 인플루언서로 활동하고 있다.

A는 인스타그램을 서브로 운영하고 있다. 블로그의 글과 이미지를 인스타그램에 맞게 재가공해 활용한다. 인스타그램은 시각적으로 이용자의 시선을 사로잡아야 해서 주로 메이크업 제품 리뷰나 메이크업 과정을 중심으로 콘텐츠를 만든다. 인스타그램 이미지와 릴스 마지막에서는 메인 채널인 블로그로 유도한다. 전달하고자 하는 자세한 내용을 담는 데에는 블로그가 제일 적합하기 때문이다.

A는 최근 유튜브 채널로 콘텐츠를 확장하고 있다. 블로그 글을 기반으로 유튜브 콘텐츠 내용과 스크립트를 구성하고 콘텐츠를 제작한다. 기초 화장, 메이크업, 스킨케어 하는 모습을 찍는다. 5분 이하의 동영상을 일주일에 하나씩 업로드하고 있다. 유튜브 콘텐츠는 거의 그대로 인스타그램에 활용할 수 있다. 하나의 유튜브 콘텐츠를 간단히 나눠 여러 개의 유튜브 쇼츠와 인스타그램 릴스로 공유하고 있다.

A는 메인 채널인 블로그에서 수익을 만들어내고 있다.

첫 번째, 네이버 애드포스트로 CPC 수익을 만든다. 애드포스트에 가입하면 블로그 글 사이사이에 배너 광고가 노출된다. 이 광고를 방문자가 클릭하면 수익이 생긴다. 광고마다 클릭 비용도 다르고 그 금액도 많지 않지만, 방문자가 하루 만 명 이상인 A는 한달에 70만 원~100만 원 정도 수익을 만들고 있다.

두 번째, CPS, CPA로 수익을 만든다. 블로그 글과 사진에 리뷰하는 제품이나 서비

스를 구매할 수 있는 페이지 링크를 적용한다. 제품 리뷰를 본 방문자가 링크를 클릭해 제품을 구매하면 CPS(cost per sale) 판매 수수료를 받는다. 방문자가 피부과나 에스테틱에 회원 가입, 상담 신청을 하는 경우 CPA(cost per action)를 받는다.

마지막으로 체험단 활동이 있다. 하루 만 명이 방문하는 최적화된 A의 블로그에 제품 홍보를 하고 싶어 하는 업체들이 많다. 블로그에 후기를 남기는 조건으로 각종 화장품, 피부 관련 서비스를 무료로 제공받는다. 체험단은 이웃들에게 정보를 제공하고, 새로운 소재를 발굴할 수 있으며, 무료로 체험까지 할 수 있어 활발히 활동하고 있다.

A는 출산 후 아이 양육을 위해 직장을 그만두었다. 그러나 꾸준히 운영해 온 SNS 덕분에 두렵지 않았다. 화장품과 스킨케어에 관한 콘텐츠로 충분한 수익을 만들어내고 있기 때문이다. SNS로 자신만의 네트워크와 팬을 구축한 A는 넉넉한 수익과 함께 시간적 자유를 얻었다. 육아를 하며 하루 4시간 정도 일하면 충분하다. 자신만의 커리어를 스스로 개척한 A는 금전적, 시간적, 심적으로 직장을 다닐 때보다 더욱 만족스러운 삶을 꾸리고 있다.

인스타그램을 메인으로 운영하는 B

운영 채널: 메인 - 인스타그램 / 서브 - 유튜브 / 확장 - 블로그
운영 주제: 요리 - 자취 요리, 다이어트 요리, 야식, 간식
수익화: 협찬, 공구, CPS

요리가 취미인 B는 자신이 요리한 음식 사진을 기록하고 자신만의 레시피를 친구들에게 알려주기 위해 인스타그램을 시작했다. 처음에는 자취 요리에서 시작해 간식과 야식, 다이어트 요리까지 영역을 넓혔다.

인스타그램은 요리 과정에서 찍은 사진과 릴스를 바로 공유할 수 있어 편리하다. 요리 팁, 레시피는 피드의 글, 릴스 속 음성과 자막으로 전달한다. 릴스는 전체 요리 과정을 1분으로 편집해 올린다. 복잡해 보이는 요리도 빠르고 간단하게 할 수 있다는 메시지를 전달하기에 가장 적합한 방식이다. 소박하면서도 깔끔한 음식 사진, 따라 하

기 쉽고 재밌는 요리 동영상은 지인을 넘어서 많은 사람이 B를 팔로우하게 만들었다.

B는 유튜브를 서브로 운영한다. 릴스는 1분 내외의 빠른 속도와 전개로 편집한다. 이를 그대로 유튜브 쇼츠에도 업로드한다. 유튜브에 메인으로 올리는 동영상은 8~10분 길이로 편집하는데 인스타그램보다 더 친절하고 자세히 설명한다. 길이가 긴 만큼 시청자를 집중시키기 위해 동영상의 1~2분마다 유용한 정보, 흥미로운 이야기를 추가한다.

유튜브를 서브 채널로 선택한 가장 큰 이유는 협찬이나 공구 제품에 대해 더 많은 정보를 전달하기 위해서다. 1분 동영상에 다 담을 수 없었던 정보, 라이브 방송에서는 미처 얘기하지 못한 사용 후기를 동영상으로 전달한다. 업로드한 동영상 설명, 고정 댓글에 관련 링크를 넣어 CPS 수익을 만드는 노력도 잊지 않는다.

B의 인스타그램 게시물은 최소 500~700개 이상의 좋아요를 받는다. B 계정의 팔로워는 4.5만인데, 공유하는 콘텐츠마다 다양한 질문을 남긴다. 레시피 이외에도 재료, 도구, 식기, 가구 등 사진이나 동영상에 보이는 모든 것에 대해 궁금해한다. 모든 댓글에 답하기는 불가능하지만 B는 최선을 다해 답글을 달거나 콘텐츠를 통해 답변을 주는 방법으로 팔로워들과 소통한다. DM으로 친밀한 관계를 쌓고 있는 팔로워도 여러 명이다. 이렇게 활발히 반응하고 교류가 있는 그의 계정은 광고에 최적화되어 있다. 많은 기업들이 선호할 수밖에 없는 인플루언서다.

B는 이런 높은 관심도와 참여율을 바탕으로 인스타그램 릴스와 유튜브 쇼츠에서 수익화 조건을 충족하고 있으며, 플랫폼에서 제공하는 보너스 프로그램과 광고 수익을 통해 수익을 얻고 있다. 짧은 영상 콘텐츠 외에도 유튜브 롱폼 콘텐츠를 통해 정성스러운 요리 과정과 일상 이야기를 전달하며 조회수 기반 광고 수익까지 안정적으로 확보하고 있는 중이다. 플랫폼별 특성과 알고리즘을 잘 이해하고 콘텐츠를 전략적으로 제작한 결과, SNS를 기반으로 실질적인 수익을 창출하는 사례로 손꼽히고 있다.

대화하듯이 말로써 정보를 전달하는 B에게 블로그는 어렵다. 1500~2000자의 블로그 글을 써내는 건 쉽지 않다. 하지만 한 달에 두세 번씩 공구 제품에 관련된 블로그 콘텐츠를 발행한다. 블로그 글은 한 번 작성하면 검색을 통해 지속적으로 노출된다. 따라서 콘텐츠를 쌓을수록 새로운 고객을 유입시킬 수 있는 통로가 많아진다.

블로그 방문자는 대부분 원하는 키워드를 검색하다가 콘텐츠를 발견한다. 그만큼 관심도에 있어서 다른 매체의 이용자보다 높다. B는 블로그를 통해 공구 제품의 잠재 고객을 확보하고, 메인인 인스타그램으로 유입시킨다. 블로그를 적극적으로 활용하지 않아도 B를 중심으로 한 네트워크를 넓히고 더 많은 수익을 창출하는 데 유용하다.

　B는 하루에도 수십 건의 협찬 제의를 받는다. 자신의 콘텐츠에 자연스럽게 녹여낼 수 있는 제품을 선택하는데, 50~200만 원을 받는다. B가 직접 구매한 제품이나 협찬 제품들 중 만족한 제품들 위주로 공구를 진행한다. 역시 콘텐츠를 통해 제품을 홍보한다. 제품에 대한 팔로워들의 궁금증을 해소하고 자세한 설명을 하기 위해 공구 하루 이틀 전에는 라이브 방송을 진행한다.
　B는 제작하는 동영상 콘텐츠를 유튜브에도 업로드한다. 동영상 속 제품들은 구매 링크를 고정 댓글에 남겨 제품을 판매하면 얻을 수 있는 CPS 수익을 만든다. 취미로 했던 요리가 사람들을 불러 모았고 덕분에 B는 현재 다니는 직장 월급의 2배 이상을 벌고 있다.

유튜브를 메인으로 운영하는 C
운영 채널: 메인 - 유튜브 / 서브 - 블로그 / 확장 - 인스타그램
운영 주제: 재테크
수익화: 종이책, 전자책, 온오프라인 강의, 컨설팅

　C는 재테크 유튜버다. 월급을 다양한 분야에 투자했고 재테크에 성공했다. 사회생활 15년 만에 원하는 수준으로 경제적 자유를 얻었다. 그는 자신의 성공 스토리와 함께 경제, 주식, 부동산, 비즈니스 등 재테크와 관련된 모든 정보를 콘텐츠로 제작한다.
　사회생활을 시작하고 재테크에 첫발을 들여놓은 순간부터 10년 이상 그의 재테크 과정은 고스란히 블로그에 담겨 있다. 유튜브가 급부상하던 3년 전부터 유튜브를 메인으로 운영하며 구독자 15만 명의 채널로 키웠다. 동영상으로 좀 더 쉽고 편하게 정보를 전달할 수 있는 점, 실시간 방송으로 구독자들과 직접 소통할 수 있는 점이 그가 생각하는 유튜브의 장점이다.

C는 블로그를 서브 매체로 운영하고 있다. 유튜브에 활용된 스크립트가 고스란히 블로그 콘텐츠가 된다. C는 다음 두 가지를 최종 목적으로 블로그를 운영한다.

첫 번째, 검색을 통한 콘텐츠 노출로, C의 콘텐츠에 관심이 있는 사람을 유입시키는 것이다. 재테크에 관심이 전혀 없는 사람들보다는 이들에게 정보를 제공했을 때 훨씬 더 가치 있는 정보가 되기 때문이다.

두 번째, 방문자를 유튜브의 새로운 구독자로, 전자책, 온오프라인 강의 그리고 컨설팅과 같은 C가 제공하는 다양한 콘텐츠와 서비스의 고객으로 만들기 위해서다.

인스타그램도 운영한다. 유튜브 콘텐츠를 기반으로 간단하게 인스타그램 콘텐츠를 제작한다. DM, 라이브 방송을 통해 팔로워들과 친밀하게 소통할 수 있는 것도 인스타그램을 자주 사용하는 이유다. 스토리의 스티커 기능을 활용해 팔로워들에게 질문이나 설문조사를 하면서 긴밀하게 소통하고, 새로운 콘텐츠에 관한 아이디어도 얻는다.

인스타그램 광고는 게시된 콘텐츠로 광고가 가능하고 비용도 타 채널보다 저렴하다. 콘텐츠 확산 효과도 좋기 때문에 종종 활용해 신규 고객의 유입을 높이고 있다.

C는 콘텐츠 사업으로 주 수입을 만들어내고 있다. 재테크 지식을 SNS 콘텐츠 외에 종이책, 전자책, 온오프라인 강의, 컨설팅으로 개발했는데, 모두 유튜브를 통해 공유한 정보들을 담고 있다. 책과 강의는 지속적으로 판매가 되고 있다. C가 자신만의 네트워크를 구축하고 C를 지지하는 팬들이 있어 가능한 일이다. C는 여러 SNS 채널의 콘텐츠를 통해 자연스럽게 그의 시청자와 구독자들에게 전문가로서 자리를 잡았다.

C는 경제나 재테크 관련 분야의 학위나 자격증도 없다. 자기 입으로 전문가라고 얘기한 적도 없다. 그렇다면 사람들은 어떤 과정을 거쳐 그를 전문가로 인식했을까?

C는 자신이 습득한 지식을 최대한 많은 사람들이 이해할 수 있도록 쉽게 설명한다. 자신만 알고 싶을 것 같은 정보도 아낌없이 나눠준다. 자신의 생생한 경험을 공유하며 사람들이 그에게 공감하게 만든다. C는 자신이 갖고 있는 정보를 활용해 적성에 가장 잘 맞는 교육과 컨설팅이라는 분야를 발견했다. 새로운 업을 통해 행복과 만족을 느끼며 원하던 삶을 살고 있다.

② 필자가 추천하는 운영 방식

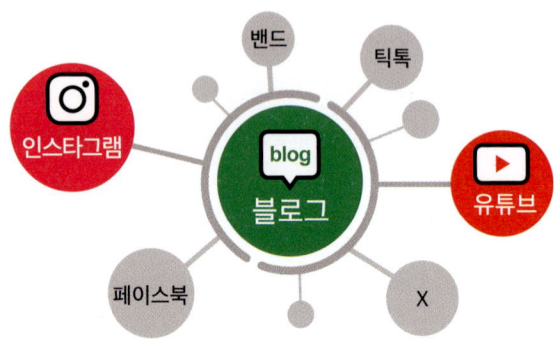

메인: **블로그** ➡ 서브: **인스타그램** ➡ 확장: **유튜브**

메인과 서브 매체를 선정하고 운영 계획을 세우는 방법은 2장과 3장에서 자세히 다룬다. 설명하는 내용을 하나하나 따라가면 자신에게 맞는 운영 계획을 세울 수 있다. 하지만 앞서 예를 든 A, B, C의 운영 방법을 보고도 전혀 감이 잡히지 않는 분들을 위해 운영 방안을 추천해 본다.

필자가 가장 추천하는 운영 방식은 메인 블로그, 서브 인스타그램, 확장 유튜브 순이다. SNS뿐만 아니라 어떤 형태의 콘텐츠도 제작해 본 적이 없다면 이 순서대로 SNS 계정을 운영해 보는 것을 추천한다.

모든 콘텐츠의 기본은 텍스트이며, 블로그는 글을 통해 자신의 생각과 콘텐츠를 정리할 수 있는 가장 기초적인 훈련장이 된다. 글로 쌓은 콘텐츠는 이후 인스타그램, 유튜브 콘텐츠, 전자책, 강의 구성 등 다양한 형태로 확장해 활용할 수 있다.

이 책에서 해당 순서대로 매체를 설명하는 이유도 여기에 있다. 다만 운영 목적, 운영 주제, 운영자의 특성, 다루는 제품, 서비스에 따라 모두 다르게 적용된다는 것을 명심하자.

블로그

블로그는 알고리즘이 검색결과에 잘 노출해 주도록 계정과 콘텐츠를 최적화시키는 것이 다른 매체에 비해 쉽다. 네이버 블로그는 네이버 포털을 통한 검색 기반으로 노출되기 때문이다.

평균적인 수준으로 콘텐츠를 노출시키고 방문자를 유입시키기 위해서는 콘텐츠에 일정한 법칙을 적용하면 된다. 사진 찍기, 동영상 제작하기보다 글쓰기에 이런 법칙을 활용하는 것이 SNS 운영 초보에게는 더 쉽다.

어떤 SNS든 어떤 콘텐츠든 효과적인 콘텐츠 제작을 위해서는 필요 요소들이 전략적으로 배치된 기획이 필수다. 머릿속 아이디어를 꺼내고 배치하는 데에는 글로 표현하는 기술이 필요하다. 블로그 콘텐츠를 제작하면서 이런 스킬을 쌓을 수 있기 때문에 첫 콘텐츠 제작 형태로 블로그를 추천한다.

또한 블로그는 한 번 망가져도 복구가 쉽다. 검색 기반의 블로그는 블로그 계정과 콘텐츠 자체의 가치가 더 크게 반영되기 때문이다. 반면 인스타그램과 유튜브는 콘텐츠에 대한 이용자의 반응이 더 중요하다. 이용자가 콘텐츠에 충분히 반응하지 않거나 콘텐츠에 반응하는 이용자 특성이 계정과 맞지 않는다면 인스타그램과 유튜브 알고리즘은 해당 계정의 콘텐츠를 노출시켜주지 않는다. 이런 플랫폼은 잘못된 데이터가 쌓인 계정을 복구하는 것보다 새로운 계정으로 새로 시작하는 것이 훨씬 빠르다.

하지만 블로그는 외부의 반응보다 콘텐츠 자체의 가치를 더 크게 평가받기 때문에 저품질에 빠지더라도 복구를 하기가 상대적으로 수월하다. 따라서 블로그는 처음으로 SNS를 운영하는 사람이 가볍게 시작하기에 좋다. 각각 다른 주제를 가진 카테고리를 동시에 운영하는 것도 가능하기 때문에 자신이 원하는 여러 방향으로 콘텐츠를 제작해 보고 운영 방법을 습득하고, 주제별 타겟을 파악하는 것도 가능하다.

인스타그램

메인 채널이 글 중심의 블로그가 되었든, 동영상 중심의 유튜브가 되었든 인스타그램은 꼭 서브로 운영하는 것을 추천한다. 메인 콘텐츠를 한 컷, 1분 정도로 편집만 해도 인스타그램을 위한 새로운 콘텐츠가 되기 때문이다.

블로그에 자료로 쓰인 사진을 인스타그램 피드 영역으로, 글은 핵심만 선택해 인스타그램 글 영역인 캡션에 넣는다. 카드뉴스로 정리하는 것도 좋은 방법이다. 유튜브 동영상은 1분 길이로 짧게 편집하면 유튜브의 쇼츠뿐만 아니라 인스타그램의 릴스로 바로 적용된다. 유튜브 콘텐츠를 제작하는 틈틈이 사진을 찍어 그대로 인스타그램 피드에도 적용하자.

메인 콘텐츠를 기획하고 제작하는 기간 동안 이미 제작된 콘텐츠를 활용해 팔로워들과 지속적으로 소통하자. 이미 메인 채널에서 발행된 콘텐츠를 추가적으로 홍보하거나 아직 공개되지 않은 콘텐츠의 일부를 예고편처럼 활용해 다음 메인 콘텐츠에 대한 팔로워들의 기대감을 높여보자. 스토리의 스티커 기능을 함께 이용해 팔로워들에게 직접 질문을 건네고 설문조사를 하자. 제작에 오랜 시간이 걸리는 메인 콘텐츠 없이도 인스타그램을 활용하면 팔로워들과 꾸준히 소통할 수 있다.

인스타그램은 DM과 라이브 방송을 통해 다른 매체보다 팔로워들에게 더욱 친밀하게 다가갈 수 있다. 높은 빈도의 콘텐츠 업로드, 친근한 소통, 운영자의 일상 공유 등의 방법은 진정한 팬을 만드는 데 큰 도움이 된다.

여기에 적은 비용으로 인스타그램 광고를 집행해 콘텐츠를 확산시키자. 신규 고객과 잠재 고객의 유입에도 유용하다. 이들을 메인 채널로 이동시켜보자.

유튜브

블로그를 메인, 인스타그램을 서브로 운영하면서 글, 사진, 동영상 등 모든 형태의 콘텐츠 제작에 익숙해졌을 때 유튜브로 확장하는 것을 추천한다.

유튜브 콘텐츠 제작을 위해서는 시청자와 구독자, 즉 최종 목표로 하는 고객의 니즈(Needs, 필요한 것)와 원츠(Wants, 원하는 것)를 먼저 파악해야 한다. 이를 기반으로 그들을 사로잡는 매력적인 콘텐츠 요소를 선정하고 효과적으로 메시지를 전달할 구성을 기획한다.

기획 내용을 흥미로운 콘텐츠로 제작한다. 추가로 콘텐츠를 시청자가 끝까지 시청할 수 있도록 편집해야 한다. 이 모든 과정과 필요한 기술을 먼저 익혀야 원하는 목적을 달성할 수 있는 콘텐츠 제작이 가능하다.

유튜브 알고리즘은 시청자의 관심사, 콘텐츠와 계정의 특징을 데이터로 분석한다. 이 메타데이터를 활용해 콘텐츠를 알맞은 시청자에게 노출시킨다. 시청자의 콘텐츠 시청 시간에 따라 해당 콘텐츠와 계정의 노출 여부를 결정한다. 따라서 가능하면 운영 초반부터 채널에 가장 알맞은 메타데이터를 쌓고 시청자로부터 좋은 반응을 이끌어낼 수 있는 콘텐츠를 제작해야 한다.

채널을 시작해 콘텐츠가 충분한 노출이 이루어질 때까지 블로그와 인스타그램에 비해 유튜브는 가장 많은 시간이 소요된다. 따라서 유튜브 채널을 활성화시키는 다양한 요소들을 먼저 갖추고 난 뒤에 시작하는 것을 추천한다. 하지만 유튜브를 첫 SNS로 시작하거나 유튜브만으로도 큰 성공을 거둔 크리에이터들도 많다. 필자의 경험에 의한 유의 사항을 제시한 것일 뿐, 유튜브 운영을 우선으로 원한다면 두려움 없이 시작하기를 바란다.

SNS 운영 목적, 전달하려는 메시지, 상품과 타겟의 특성, 운영자의 취향 등이 플랫폼의 특징과 맞아야 원하는 결과를 이룰 수 있다.

모든 플랫폼을 당장 시작해야 된다는 조급함을 버리고 SNS 운영에 익숙해질 때까지 1~2개 플랫폼에 우선 집중하는 것을 추천한다. 하나의 매체를 잘 키우고 나면 다른 매체를 확장할 때 훨씬 수월하다.

05 AI의 등장과 SNS 운영의 새로운 시대

생성형 AI의 등장은 SNS 마케팅의 흐름을 근본적으로 바꾸어 놓았다. 기획에서 아이디어 발굴, 글쓰기, 이미지와 영상 제작, 성과 분석까지 전 과정이 AI로 연결된다. 네이버와 카카오를 비롯해 글로벌 플랫폼들은 이미 AI 기능을 빠르게 도입하고 있으며, 초보자도 챗GPT, 미드저니, 브루, 캡컷 같은 도구를 활용해 콘텐츠를 손쉽게 제작하고 확장할 수 있다. 이 절에서는 AI와 SNS가 만난 새로운 시대, 그 기회를 어떻게 활용할 수 있을지를 다룬다.

SNS는 AI와 함께 진화하고 있다

2022년, '챗지피티(ChatGPT)'라는 이름의 인공지능이 등장한 이후 세계는 큰 충격에 빠졌다. 단순히 지식 질문에 답하는 수준을 넘어서, 마치 사람처럼 대화하고, 글을 쓰고, 아이디어를 제안하는 이 AI는 불과 몇 개월 만에 수억 명의 사용자를 끌어모았다. 그동안 AI라고 하면 로봇, 자동화 기계, 공장 시스템을 떠올리던 사람들은 이제 '글을 쓰는 AI', '이미지를 그리는 AI', '음성을 만들어내는 AI'까지 만나게 되면서, 우리가 일하고 콘텐츠를 만드는 방식 전체가 바뀌고 있다는 것을 체감하게 되었다.

마이크로소프트(Microsoft), 구글(Google), 메타(Meta) 등 빅테크 기업들이 앞다투어 AI 기능을 자사 플랫폼에 접목하고 있다. 마이크로소프트는 '오피스' 프로그램에 챗GPT 기술을 기반으로 한 'Copilot' 기능을 도입해 문서 작성, 발표 자료 준비, 이메일 응답 작성 등을 AI가 도와줄 수 있도록 하고 있다. 구글도 검색 엔진에 AI 기반 답변을 제공하는 'SGE(Search Generative Experience)' 기능을 실험 중이며, 메타는 인스타그램과 페이스북에 'AI 비서' 기능을 넣어 콘텐츠 작성과 추천을 돕고 있다. 유튜브도 AI를 활용해 영상 요약, 자막 생성, 클립 편집 등을 지원하고 있다.

네이버는 자체 개발한 초거대 언어 모델 '하이퍼클로바X'를 공개했고, 카카오는 KoGPT를 통해 한국어 기반 생성형 AI 시장에 진입했다. 특히 1인 창작자, 유튜버, 블로거, 인스타그램 운영자, 온라인 클래스 강사 등 콘텐츠를 만드는 사람들 사이에서는 AI를 활용한 콘텐츠 제작이 필수가 되어가고 있다. "이제는 AI 없이 콘텐츠 만드는 것이 오히려 비효율적이다"라는 말이 나올 정도다. 특히 SNS 마케팅의 세계에서는 AI의 등장이 콘텐츠 제작 방식뿐 아니라 운영 전략, 수익화 방식에까지 커다란 영향을 주고 있다.

② AI와 SNS 운영의 변화

1) AI란 무엇인가?

AI(Artificial Intelligence)는 '인공지능'이라 번역된다. 인공지능은 인간처럼 생각하고, 학습하고, 문제를 해결하거나 창의적인 결과물을 만들어내는 컴퓨터 시스템을 뜻한다. AI는 스마트폰, 포털 검색창, 유튜브 영상 추천, 카카오톡 자동 응답 등 우리 일상 속에 자연스럽게 녹아 있다. 특히 2022년 이후로는 '생성형 AI(Generative AI)'가 등장하면서 AI의 역할이 단순한 정보 제공에서 '콘텐츠를 직접 만들어주는 창작 파트너'로 확대되었다. 생성형 AI는 글을 쓰고, 이미지를 만들고, 영상을 편집하고, 심지어 목소리도 만들어낸다. 그동안 사람만 할 수 있다고 생각했던 '창의적인 일'까지 하게 된 것이다. 대표적인 AI 도구들을 살펴보면 다음과 같다.

- **텍스트 생성:** 챗지피티(ChatGPT), 제미나이(Gemini), 클로드(Claude) – 블로그 글, SNS 캡션, 상품 설명 등 텍스트 콘텐츠를 자동으로 만들어준다.
- **이미지 생성:** 미드저니(Midjourney), 달리(DALL·E) – 원하는 주제나 콘셉트를 입력하면 포스터, 배너, 일러스트 등을 그려준다.
- **영상 생성 및 편집:** Vrew(브루), CapCut(캡컷) – 영상을 자동 생성하거나 자막, 컷 편집, 배경 제거 등을 해준다.
- **음성 생성:** 타입캐스트(TypeCast), 클로바더빙 – 대본을 입력하면 자연스러운 목소리로 더빙하거나 오디오북을 만들어준다.

2) AI와 SNS 운영의 관계

그렇다면 SNS와 AI는 어떻게 연결될 수 있을까? 간단히 말해 SNS를 운영하는 데 필요한 거의 모든 과정에 AI를 활용할 수 있다. 콘텐츠 아이디어를 기획하고, 피드 글을 쓰고, 이미지를 만들고, 업로드 일정을 관리하고, 반응을 분석하는 일까지 가능하다. 과거에는 한 명이 모든 과정을 수작업으로 해야 했지만 이제는 AI가 상당 부분을 대신하거나 도와줄 수 있다.

예를 들어, 다음과 같은 방식으로 AI가 활용될 수 있다.

① 콘텐츠 아이디어 기획

- 챗GPT는 타겟 고객의 관심사에 맞는 다양한 콘텐츠 아이디어를 제안해 준다.
- 시즌별, 요일별, 이벤트 중심 등 여러 방식으로 기획 구성이 가능하다.
  (예: "요가 강사를 위한 인스타그램 콘텐츠 아이디어 10가지"를 요청하면, 요가 수업, 건강 관리, 일상 루틴 등 구체적인 주제를 제안받을 수 있다.)

② 글쓰기 및 편집
- 블로그 글, 인스타그램 캡션, 유튜브 스크립트를 챗GPT가 직접 써준다.
- 문체를 선택하거나 말투를 바꾸는 것도 가능하다.(예: 친절한 말투, 전문가 느낌 등)

③ 이미지 제작
- 챗GPT를 활용하면 텍스트 설명만으로도 썸네일이나 SNS용 이미지를 손쉽게 만들 수 있다. 간단한 시각 자료나 콘텐츠용 이미지는 챗GPT만으로도 충분히 제작 가능하다.
- 보다 정교하고 섬세한 결과물을 원한다면 미드저니(Midjourney)나 달리(DALL·E) 같은 전문 이미지 생성 도구를 함께 활용할 수 있다.
  (예: "고요한 새벽 요가를 표현한 감성적인 배경 이미지"를 입력하면 관련된 이미지를 생성해 준다.)

④ 일정 관리 및 업로드 계획
- 챗GPT에게 "1주일 콘텐츠 업로드 캘린더 만들어줘"라고 요청하면, 요일별 업로드 주제를 자동 구성해 준다.

⑤ 성과 분석 및 피드백
- 챗GPT는 데이터 분석 기능은 없지만, 반응이 좋은 콘텐츠 유형, 제목, 구성 등을 기반으로 다음 전략을 제안해줄 수 있다.
  (예: "이전 글에서 댓글이 많은 주제에 대해 후속 콘텐츠 제안")

매일 인스타그램 콘텐츠 아이디어를 짜는 데 어려움을 겪었다면, 챗GPT를 콘텐츠 생산 시간을 줄이고, 게시물 반응률도 높이는 데 활용해 보자.

3) AI가 바꾼 SNS 수익화 전략

AI는 콘텐츠 생성뿐만 아니라 SNS를 통한 '수익화 전략'에도 큰 변화를 가져왔다. 이제는 콘텐츠 기획부터 판매 페이지 작성, 수익화 채널 연결, 고객 응대 문구 작성까지 AI가 도와준다. 예를 들어, 블로그를 운영하며 제휴 마케팅으로 수익을 내고 싶다면, 챗GPT에게 "영양제 블로그에 적합한 제휴 마케팅 제품 추천해 줘"라고 요청하면 카테고리와 상품 유형을 제안받을 수 있다. 그다음에는 "해당 제품에 대한 리뷰 글 작성해 줘"라고 하면, 블로그 글 초안까지 받을 수 있다.

또한 전자책이나 온라인 클래스를 판매하고 싶다면 챗GPT를 활용해 목차를 짜고, 원고를 구성하고, 홍보 문구까지 자동으로 만들어볼 수 있다. 심지어 이메일 마케팅 제목, 설명글, 클릭 유도 카피까지 AI가 도와준다.

AI는 수익화 과정에서의 시간 소모와 전문성 장벽을 낮춰 '누구나 SNS로 수익을 낼 수 있는 시대'를 열고 있다.

③ 왜 지금, AI를 활용해야 하는가

AI는 SNS를 운영하고, 콘텐츠를 만들고, 브랜드를 구축하고, 수익을 창출하는 모든 과정에서 도움을 주는 조력자이자 파트너가 되었다.

만약 SNS를 운영하는 데 막막함을 느낀다면 이제는 혼자 고민하지 않아도 된다. AI 도구를 적극 활용하면 마치 조력자를 두고 함께 일하는 것처럼 콘텐츠를 기획하고, 운영하고, 분석하고, 수익화 전략까지 짤 수 있다.

이 책에서는 앞으로 각 장마다 AI 실전 활용 코너를 통해 독자들이 실전에서 AI를 어떻게 적용할 수 있는지 직접 경험할 수 있도록 안내할 것이다. SNS 플랫폼 선택, 콘텐츠 제작 루틴 만들기, 광고 설정, 브랜딩 설계까지 챗GPT와 함께 하는 실전 전략을 단계별로 배울 수 있다.

이제 SNS는 감각과 열정만으로 운영하는 시대가 아니다. 전략과 시스템, 그리고 AI가 함께할 때 비로소 '돈이 되는 SNS 채널'을 만들 수 있다. 지금, 당신의 SNS에 AI를 초대해 보자.

2장

SNS 운영, **기획**이 필요하다

01 마케팅 기획과 전략을 SNS 운영에 적용하자

SNS 운영 과정은 마케팅 활동과 같다. 마케팅과 SNS의 운영 목표가 같기 때문이다. 이 둘의 목표는 대중의 관심을 유도하고, 원하는 행동을 하도록 설득하며, 그들과 관계를 유지하는 것이다.

제품과 서비스를 판매하는 데 사용되는 마케팅 기획과 전략을 SNS 운영에 적용해 보자. SNS 계정의 콘셉트를 구체적으로 잡을 수 있고 운영 계획을 장기적으로 세울 수 있다. 구체적인 콘셉트와 장기 계획이 있다면 운영 효과를 극대화시킬 수 있다. 원하는 목표를 달성할 때까지 올바른 방향으로 이끌어갈 수 있다.

SNS 운영 기획하기

마케팅과 브랜딩은 '내 이야기를 들어줄 사람'을 모으는 것에서부터 시작된다. SNS 운영 역시 마찬가지다. 단순히 게시물을 올리는 것을 넘어, 불특정 다수의 이용자를 내 계정으로 유입시키고 그들을 '고객'으로, 더 나아가 '나만의 네트워크 구성원'으로 전환시키는 과정이 필요하다. 이를 위해서 뚜렷한 콘셉트를 갖고 고객에게 유익한 콘텐츠를 지속적으로 만들어야 한다.

통일된 톤앤매너*로 고객과 꾸준히 소통해야 한다.

SNS를 콘텐츠를 통해 신뢰를 얻고, 이를 기반으로 수익을 창출할 수 있는 플랫폼을 목표로 한다면 SNS를 시작하기 전에 운영의 목적과 목표, 전략을 명확하게 설계하는 '기획' 단계가 반드시 선행되어야 한다.

기획은 어떤 일의 목적을 설정하고 행동을 설계하는 것을 말한다. 이를 SNS 운영에 대입해 보면 SNS 운영을 통해 얻고자 하는 최종 목적을 설정하고, 그 목적을 달성하기 위해 단계별로 가장 적합한 행동을 설계하는 것이다.

지금부터 우리가 수행해야 하는 기획의 목적은 다음과 같다.

① 올바른 방향으로 SNS를 운영해 원하는 목표(브랜딩, 고객 유입, 수익화 등)를 달성한다.
② 자신의 정체성과 메시지를 담은 브랜드와 네트워크를 형성한다.
③ 콘텐츠를 기반으로, 다양한 전략을 활용해 좋아하는 일을 경제적 성과로 이어지게 한다.

마케팅 기획에서 중요하게 다뤄지는 **목표 설정, 고객 이해, 자원 점검, 실행 전략 수립**의 과정은 그대로 SNS 운영에도 적용된다. 이러한 방식으로 SNS를 운영한다면 더 이상 감으로 콘텐츠를 올리는 것이 아니라, **브랜딩과 수익화로 이어지는 구조적 설계**가 가능해진다.

그렇다면 무엇을 기준으로 전략을 세워야 할까? 바로 마케팅의 대표 기획 도구인 **3C 분석**과 **STP 전략**이다. 3C 분석을 통해 나만의 콘셉트를 구체화하고, 경쟁자를 분석하고, 고객을 명확히 이해할 수 있다. 이어지는 STP 전략을 통해 시장을 세분화하고, 나만의 포지셔닝을 설계함으로써 **SNS 안에서 나만의 세계를 구축**할 수 있다. 이제부터 이 두 전략을 어떻게 SNS에 적용할 수 있는지 하나씩 살펴보자.

---

* 톤(tone)은 분위기나 어조, 매너(manner)는 행동하는 방식이나 자세를 의미한다. 톤앤매너는 콘텐츠, 브랜드 등의 전체적인 분위기, 색감, 표현법을 의미한다.

1) 3C 분석

계정이 어떤 메시지를 전달하는지, 누구에게 어떤 가치를 주는지를 명확히 하는 콘셉트 없이 SNS를 시작하면, 아무리 콘텐츠를 올려도 고객은 반응하지 않는다. 먼저 마케팅의 3C 분석을 활용해 구체적인 콘셉트를 정해보자.

3C는 기업(Company, 자사), 경쟁사(Competitor), 고객(Customer)을 의미한다. 이것을 SNS 운영에 적용하면 Company는 운영자, Competitor는 경쟁 계정, Customer는 방문자, 이웃, 팔로워, 구독자로 적용할 수 있다.

계정을 운영하는 주체와 그와 비슷한 콘셉트를 갖고 있는 경쟁자, 그리고 계정에 유입되기를 원하는 방문자, 콘텐츠에 반응하고 더 나아가 수익을 창출하는 고객을 세부적으로 분석함으로써 SNS 운영에 필요한 요소들을 확보하게 된다. 3C 분석의 목적과 해야 할 일은 다음과 같다.

3C 분석의 목적	해야 할 일
방문자들이 운영 계정을 찾아야 하는 강점을 만드는 것	운영 주제와 운영 계정의 특성 파악하기
타 경쟁 계정과 구분될 수 있는 차별성을 갖추는 것	경쟁 계정의 특성 파악하기
강점과 차별성을 고객이 선호하는 형식으로 어필하는 방법을 찾는 것	목표로 하는 고객의 특성 파악하기

3C 분석 과정에서 진정으로 자신이 이야기하고 싶은 것을 찾게 되고 SNS를 운영하는 목표를 설정하게 된다. 나만의 차별화된 이야기를 발견하며 계정의 실제 타겟 고객에 대해 세부적인 파악이 가능하다. 3C 분석은 SNS를 운영하는 데 가장 기본적이며 필수적인 사항을 설정하는 데 큰 도움이 된다.

3C 분석

나(Company), 경쟁자(Competitor), 고객(Customer)을 빠르게 정리해 보자.

1. 자신의 전문성과 경험을 먼저 정리하여 '나(Company)' 항목을 구체적으로 작성한다.
2. 유사한 콘텐츠를 만드는 경쟁자 3~4개 계정을 선정하여 그들의 특징과 장점을 객관적으로 분석한다.
3. 경쟁자와 차별화되는 나만의 고유한 가치와 특징을 명확하게 도출한다.
4. 목표 고객층의 구체적인 특성, 상황, 니즈를 상세히 파악한다.
5. 고객의 페인포인트(pain point)와 미해결된 문제점을 구체적으로 정리하여 솔루션 방향을 설정한다.

항목	질문	예시 답변
① 나 (Company)	내가 가장 오래 해온 일은 무엇인가요?	10년간 마케팅 기획자로 일해왔어요.
	요즘 내가 가장 즐겁게 이야기할 수 있는 주제는?	직장 내 관계 스트레스와 퇴사 이후의 삶이요.
	주변 사람들이 자주 나에게 물어보는 건?	마케팅 이직 전략, 블로그 운영법이에요.
② 경쟁자 (Competitor)	내가 팔로우하고 자주 보는 계정은?	인스타그램 @career_holic, 브런치 '퇴사 후 이직일기' (계정명 예시)
	그 계정의 어떤 콘텐츠가 인상 깊었나요?	현실적이고 감성적인 글쓰기가 좋아요.
	나와 가장 다른 점은 무엇인가요?	저는 좀 더 구체적인 실행법에 강해요.
③ 경쟁자의 장점	그 계정의 콘텐츠 중 가장 반응이 좋은 유형은 무엇인가요?	릴스에서 짧게 조언하는 영상이 조회수와 댓글이 많아요.
	콘텐츠를 어떻게 설명하거나 표현하나요?	어렵지 않은 말로 실제 사례를 들어 쉽게 설명해요.
	시각적으로 어떤 스타일이나 구성 방식이 인상적이었나요?	통일된 색감과 피드 구성, 간결한 카드뉴스 이미지가 눈에 잘 들어와요.
④ 나의 차별성	콘텐츠의 톤이나 말투는 어떤가요?	따뜻하고 실용적인 느낌이에요.
	어떤 경험이 나를 독특하게 만들어주나요?	35세에 마케팅 인턴을 시작한 비전통 경력자예요.
	고객이 나에게 기대할 수 있는 고유한 가치?	회사와 인생을 동시에 정리하는 현실적 전략을 줄 수 있어요.
⑤ 고객 (Customer)	그들은 지금 어떤 상황에 있나요?	회사가 싫은데 당장 퇴사도 못하는 30대 직장인
	그들이 자주 검색하는 키워드는 뭘까요?	"마케팅 이직", "퇴사 후 뭐 하지?", "월급 외 수익 만들기"
	어떤 콘텐츠를 보면 공감하며 머무를까요?	감정에 위로가 되면서도 현실적인 소언이 있는 글
⑥ 고객의 고민	이 고객은 지금 어떤 상황이나 감정 속에 있나요?	출근은 하고 있지만 무기력하고 퇴사를 고민 중이에요.
	그들이 해결하고 싶어 하는 가장 큰 문제는 무엇인가요?	좋아하는 일을 하며 돈을 벌 수 있는 현실적 방법을 몰라요.
	지금까지 시도했던 방법 중에 어려움을 느낀 지점은?	여러 자기계발 콘텐츠를 봤지만 내 상황에 맞지 않았고, 시작 방법도 막막했대요.

2) STP 전략

3C 분석으로 자신의 정체성과 고객, 경쟁자를 파악했다면 이제는 STP 전략을 통해 **계정의 운영 방향을 장기적으로 설계**할 차례다. STP는 마케팅 전략의 핵심이자 SNS 마케팅과 브랜딩, 수익화를 위한 실질적 전략 도구다. 세 가지 요소 Segmentation(세분화), Targeting(집중), Positioning(포지셔닝)은 콘텐츠 기획, 고객 관계, 브랜드 구축의 흐름을 만들어준다.

Segmentation(세분화)은 SNS 계정의 주제를 작은 콘텐츠 단위로 쪼개고, 고객의 관심사가 더 구체적으로 반응할 수 있는 영역을 찾는 과정이다. 이를 통해 '경쟁이 적고, 깊이 있게 도달할 수 있는 콘텐츠 영역', 즉 틈새시장을 발굴할 수 있다. 이후 **Targeting(집중)**은 이 중에서도 가장 강하게 공감할 고객군에 집중해 콘텐츠 메시지와 형식을 최적화하는 단계다. 계정의 규모, 팔로워의 충성도, SNS 플랫폼의 특성에 따라 다르게 접근해야 한다. 마지막 **Positioning(포지셔닝)**은 고객이 이 계정을 어떻게 인식하길 원하는지를 설계하는 일이다. 톤앤매너, 메시지, 시각적 스타일은 모두 이 전략에 기반해 구성되어야 한다.

STP 전략

STP 전략 요약표

내 계정이 나아갈 방향을 한눈에 잡아보자.

1. 핵심 주제를 3~4개의 세부 카테고리로 명확하게 구분하고, 각 카테고리별 핵심 키워드를 정리한다.
2. 타겟 고객의 인구통계학적 특성, 라이프스타일, 소비 패턴을 구체적으로 정의한다.
3. 타겟 고객의 일상적인 행동 패턴과 SNS 사용 습관을 상세히 분석한다.
4. 경쟁자와 차별화되는 나만의 독특한 포지셔닝 문구를 한 문장으로 명확하게 정립한다.
5. 콘텐츠의 일관된 톤앤매너를 설정하고 고객이 느낄 감정적 가치를 구체화한다.

항목	질문	예시 답변
① 주제 세분화 (Segmentation)	내 메인 주제를 3가지 카테고리로 나눈다면? 각 카테고리 안에서 가장 반응이 좋은 주제는? 내가 가장 꾸준히 쓸 수 있는 주제는?	커리어 전환 / 직장인 마음관리 / 퇴사 후 삶 "직장 상사와의 갈등 대처법"이 반응 좋아요. 커리어 경험담과 마케팅 실무 팁이에요.
② 타겟 설정 (Targeting)	내 콘텐츠를 가장 필요로 하는 사람은 누구인가요? 그 사람의 하루 루틴은 어떤가요? SNS에서 주로 어떤 콘텐츠에 반응하나요?	서울에 사는 30대 직장 여성, 경력에 고민 많음 회사 – 집 반복, 퇴근 후 자기계발 유튜브 시청 릴스, 브런치에서 현실공감 글에 좋아요를 많이 눌러요.
③ 포지셔닝 (Positioning)	내 계정은 어떤 말 한마디로 설명될 수 있나요? 고객은 내 콘텐츠에서 어떤 감정을 느끼길 바라나요? 내 콘텐츠의 톤앤매너는 어떤가요?	"현실적이고 따뜻한 커리어 전환 가이드" 위로와 용기, 실천에 대한 자극을 느끼길 바라요. 진지하지만 너무 무겁지 않고, 말하듯 글쓰기 스타일이에요.

마케팅, 브랜딩을 위해 SNS를 운영하려 한다면 3C 분석과 STP 전략을 적극적으로 활용해 꼼꼼히 기획하자. 원하는 목적을 달성하기 위해서는 분석과 전략 수립을 통한 기획이 필요하다.

멀리 갈 수 있는 계획이 없으면 꾸준히 하지 못하고 금방 포기하게 된다. 정확한 분석과 뛰어난 전략을 활용해 최대한의 효과를 거두고 목표를 달성할 때까지 오랫동안 운영할 수 있는 기반을 다지자.

이 과정은 SNS 운영을 훨씬 수월하게 해주고, 목표를 향해 나아갈 수 있는 올바른 방향을 잡아줄 것이다.

02 3C 분석 1 자아 분석하기: 콘셉트와 주제 설정하기

 3C 분석 중 첫 번째는 '자신(Company)'을 분석하는 것이다. 많은 사람이 SNS를 시작할 때 콘셉트나 주제를 어떻게 정해야 할지 막막함을 느낀다. 이럴 때 가장 좋은 방법은 스스로를 객관적으로 들여다보는 것이다. 내가 어떤 사람인지, 무엇을 좋아하고 잘하는지, 어떤 경험을 해왔는지를 정리하는 것이다. 이 분석은 개인뿐 아니라 제품이나 서비스를 소개하려는 경우에도 똑같이 적용된다.

SNS는 결국 자신을 표현하는 공간이다. 운영자의 취향이 계정의 분위기를 만들고, 관심사와 경험이 콘텐츠가 된다. 따라서 내가 어떤 사람인지 명확히 아는 것이 곧 어떤 계정을 만들 것인지의 기준이 된다. 자신에 대해 정리하다 보면 나를 가장 잘 표현하는 콘셉트, 지속해서 이야기하고 싶은 주제, SNS를 통해 이루고 싶은 목표와 방향까지 자연스럽게 드러난다. 브랜드의 시작은 '나에 대한 이해'에서 출발한다.

게리 바이너척(Gary Vaynerchuk)은 최소 50개 이상의 블로그 포스팅 주제가 떠오를 정도로 열정이 있는 분야를 찾으라고 했다. 본인이 흥미 있는 분야를 선택해야 목표를 이룰 때까지 꾸준히 콘텐츠를 생산하고 소통할 수 있기 때문이다. 머릿속에 떠오르는 단어 몇 개가 아니라 스스로를 세밀하게 바라보고 분석하자. 진정으로 원하는 것이 무엇인지 알아보고, 효과적으로 SNS를 운영하는 데 활용하자. 이 과정에서 SNS 계정 운영을 통해 자신이 진정으로 얻고 싶은 목표도 함께 고민해 보자.

① 강점과 좋아하는 것 파악하기

강점과 좋아하는 것을 파악하는 일은 콘텐츠의 방향성, 계정 콘셉트, 수익화 전략까지 결정짓는 핵심 기획 작업이다. 내가 어떤 사람인지, 무엇을 잘하고 즐기는지를 이해하면 자연스럽게 어떤 플랫폼이 적합한지, 어떤 콘텐츠 형식으로 표현할지, 어떤 사람들과 연결될 수 있을지가 보이기 시작한다.

강점과 좋아하는 것을 파악하는 방법은 다양하다. 갤럽의 강점 테스트는 신뢰도 높은 결과를 제공하며, 강점을 5개 또는 34개까지 정리해 준다. 갤럽 공식 사이트에서 바로 진행할 수 있다.

유튜버 드로우앤드류는 〈좋아하는 일로 행복하게 돈 버는 법〉이라는 동영상에서 '이키가이'를 소개했다. 좋아하는 것과 잘하는 것, 세상이 필요로 하는 것, 돈 버는 것을 기준으로 세상에 존재하는 이유를 찾는다.

이력서나 자기소개서를 쓴다고 가정하고 스스로를 정의하는 단어들을 적어보는 것도 좋은 방법이다. 본인이 갖고 있는 강점과 약점, 좋아하는 것과 싫어하는 것을 최대한 많이 적어보자. 강점과 좋아하는 것이 파악되었다면 '왜?'라는 질문을 통해 깊게 생각해 보자. 자신의 강점과 좋아하는 것을 기반으로 플랫폼과 콘텐츠의 형태를 설정할 수 있다.

> **예시** 강점/좋아하는 것 파악하기
>
> A의 업무 강점은 '다양한 정보를 명확하게 정리해 상대방에게 전달하는 것'이다. 많은 사람의 의견이 뒤죽박죽 섞인 회의에서 핵심 요소를 잘 뽑는 A는 항상 회의록 작성 담당이다. A는 얽혀 있는 의견들을 일목요연하게 글로 정리하는 과정을 좋아한다. 이런 A는 취미인 영화 감상에 강점과 좋아하는 것을 접목해 영화 리뷰를 네이버 블로그에 포스팅한다. 영화 속 인물들의 특성, 주요 사건이니 장면의 의도를 파악하고 자신의 의견을 더해 글로 정리한다. A는 글로 정리하는 과정을 좋아하기 때문에 글이 중심이 되는 콘텐츠를 만들고 이런 콘텐츠에 적합한 네이버 블로그를 선택했다.

강점/좋아하는 것 파악하기

1. SNS 운영에만 국한하지 말고 자신에게 집중해서 키워드를 나열해 보자.
2. 떠오르는 키워드를 먼저 나열해 보고 가능한 것들은 이유를 함께 고민해 보자.
3. 빈칸을 모두 채우는 데 집중하기보다 자신에 대해 탐구하려 노력하자.
4. 가벼운 마음으로 2~3일 혹은 일주일의 시간을 갖고 천천히 정리해 보자.
5. 제품/서비스에 대해서도 키워드를 파악해 보자.

항목	강점	약점	역량	기술
	기획력	말보다 글이 편리	콘텐츠 제작 경험	포토샵 가능
	공감 능력	완벽주의	블로그 운영 1년 이상	PPT 디자인
	정리정돈	우유부단함	상담 경력	캔바 사용
	성실함	피드백 민감	발표 강의 진행	영상 자막 편집
예시 답변	꼼꼼함	실수에 대한 두려움	온라인 판매 경험	블로그 HTML 편집
	빠른 실행력	수치보다 감각	타 플랫폼 제휴 경험	리서치 툴 활용
	분석력	감정 기복	캠페인 기획	텍스트 기반 스크립트 작성
	감정 표현	마감 스트레스	인터뷰 진행	릴스 제작
	요약 능력	피로 누적	커뮤니티 관리	엑셀 자동화
	꾸준함	주의력 분산	SNS 광고 운영	챗GPT 활용 콘텐츠 기획

항목	좋아하는 것	잘하는 것	세상이 필요한 것	돈이 되는 것
	자기계발 책 읽기	글로 정리하기	현실적인 커리어 조언	직장인 대상 클래스
	조용한 카페 탐방	사람에게 공감하기	관계 소통법	SNS 콘텐츠 대행
	감성 에세이 쓰기	문제의 원인 찾기	멘탈 케어 콘텐츠	전자책 판매
	심리 공부	실현 가능한 계획 세우기	자기탐색 워크북	온라인 코칭
예시 답변	직장인 인터뷰	반복 콘텐츠 구조 만들기	이직·퇴사 콘텐츠	제품 제휴 리뷰
	명상과 마음챙김	사례 수집	여성 대상 재테크	강의/컨설팅
	글쓰기	예시 만들기	감정 글쓰기	브랜디드 콘텐츠
	공감 콘텐츠 만들기	타인의 말 요약하기	나답게 사는 삶에 대한 이야기	구독 기반 커뮤니티
	타인의 고민 듣기	관계 다지기	SNS 브랜딩 전략	마케팅 전략서
	일상 브이로그 시청	멘트 구성	프리랜서 현실 콘텐츠	고객 경험 분석 리포트

【자기 분석 질문 작성 가이드】

1. 머리보다 경험을 먼저 꺼내자.
   생각하려 애쓰기보다 떠오르는 장면이나 대화를 먼저 적어보자. 실제 경험에서 출발하면 진짜 나다운 내용이 나온다.
2. 정답을 찾지 말고, '나만의 언어'로 표현하자.
   누가 봐도 멋진 말이 아니라, 나만 이해할 수 있어도 괜찮은 솔직한 표현이 더 강한 콘텐츠의 씨앗이 된다.
3. 반복되는 단어나 주제를 표시해 보자.
   표 전체를 다 채운 후, 자주 등장한 키워드, 감정, 이야기 흐름을 체크하면 나만의 관심사나 강점이 더 명확해진다.
4. 한 번에 끝내려 하지 말고 며칠에 나눠 작성하자.
   하루에 2~3항목씩만 천천히 써도 충분하다. 시간이 지나면 떠오르는 생각이 더 깊고 진해진다.
5. 표는 단순한 기록이 아니라 콘텐츠의 재료다.
   이 표는 자기분석용이자 콘텐츠 설계서다. 여기서 나온 문장 하나가 나만의 브랜드, 첫 번째 글, 릴스, 전자책의 시작이 될 수 있음을 생각하며 답변을 작성하자.

추가 항목	설명	예시 답변
1. 사람들이 나에게 자주 물어보는 질문	강점과 전문성은 '자주 받는 질문' 안에 숨어 있음	"마케팅 직무로 전환하려면 어떻게 준비해야 해?", "너 블로그는 어떻게 키웠어?"
2. 지금까지 가장 오래 해온 활동	'지속성'은 콘텐츠 주제 선정의 핵심 기준	"블로그를 6년째 운영 중이에요." "직장 내에서 교육자료를 만드는 일을 8년째 했어요."
3. 실패했지만 계속 시도한 것	애정 있는 활동은 브랜딩 포인트	"유튜브는 3번이나 중단했지만, 여전히 영상 콘텐츠를 만들고 싶어요."
4. 반복해서 하는 말/생각/조언	자주 하는 말에 콘텐츠 메시지의 핵심이 있음	"그럴 땐 너무 오래 참지 말고 바로 대화해봐요." "나 자신을 아는 게 시작이에요."
5. 예전에 칭찬받은 일 또는 기억나는 피드백	타인의 시선에서 본 나의 강점 탐색	"너는 글로 말하는 사람이야." "되게 차분해서 같이 있으면 안정감이 느껴져."
6. 내가 부러워하거나 자주 보는 콘텐츠 유형	무의식적 관심사 시각화	"직장인 퇴사 후 삶을 인터뷰한 영상들을 자주 봐요." "심리 에세이 글을 저장해놓고 읽어요."
7. 내가 자주 쓰는 말/해시태그/이모티콘	말투·톤앤매너·브랜딩 언어 설정에 도움	"요즘 자주 쓰는 해시태그는 #현실조언 #따뜻한시선이고, 🌱🐝☺ 같은 이모티콘을 많이 써요."
8. 내가 저장해둔 콘텐츠 키워드 분석	나의 '숨은 관심 콘텐츠 흐름' 추출	"감정 에세이, 슬기로운 퇴사일기, 일과 삶의 균형 같은 콘텐츠를 많이 저장해놨어요."
9. 퇴근 후/주말에 가장 하고 싶은 일	'시간이 있을 때 선택하는 일'은 콘텐츠화 가능성이 높음	"글 정리, 브런치 글 쓰기, 가볍게 마인드맵 그리며 주제 정리하는 걸 좋아해요."
10. 지금 당장 콘텐츠를 만든다면 가장 먼저 떠오르는 주제	실제 콘텐츠 첫 단서일 수 있음	"회사에서 멘탈 무너졌을 때 나를 버티게 한 루틴에 대해 쓰고 싶어요."

② 성향과 취향 파악하기

성향과 취향은 콘텐츠의 스타일과 정체성을 결정짓는다. 요즘 자기소개에 빠지지 않는 MBTI 검사를 활용해 보자. 이 외에도 매일 반복하는 루틴, 시간 날 때마다 즐기는 취미, 소소하게 행복을 주는 아이템을 통해 나의 취향을 확인해 보는 것을 추천한다.

스포티파이, 유튜브 시청 기록, 최근 저장한 콘텐츠 목록, 쇼핑 앱 태그, 넷플릭스 시청 이력 등을 분석해 보자. 이런 행동 기반 데이터는 내가 선호하는 말투, 색감, 주제 톤을 시각화해 준다. 자주 저장하는 콘텐츠 속에서 반복되는 감정, 키워드, 분위기를 추출해 나만의 콘텐츠 정서와 메시지 톤앤매너를 설정하는 기초 자료로 활용하자.

최근 구매한 쇼핑 리스트를 보고 주기적으로 구매하는 아이템, 실용적이지는 않지만 꼭 필요한 아이템, 가치소비 했던 아이템 등으로 정리해 본다. 키워드로 나열해 보고 네이버 '데이터랩'이나 검색을 통해 관련 트렌드도 같이 파악해 보자.

성향과 취향은 단순한 취미가 아니라, 콘텐츠 전체의 정서적 톤, 말투, 시각 언어, 전달 방식에 직접적인 영향을 준다.

> **예시** 성향/취향 파악하기
>
> B는 내성적인 성향으로 말수가 적고 다른 사람의 이야기를 듣는 것을 좋아한다. 조용한 공간을 선호해서 인기 맛집보다는 동네 작은 카페들을 찾아다닌다. 카페마다 다른 인테리어, 다른 커피잔, 다른 분위기를 사진으로 담아낸다. 인스타그램에 사진을 업데이트할 때마다 말로는 잘 표현하지 못했던 생각을 간단히 두세 문장으로 적는다. 이렇게 서정적인 분위기의 사진과 문체가 B의 인스타그램 계정에 고스란히 묻어난다.

성향/취향 파악하기

1. 깊게 생각할 필요가 없다. 떠오르는 키워드를 가능한 다양하게 적어보자.
2. 성향/취향에서 반복적으로 나타나는 키워드에 집중해 보자.
3. 자신이 가장 좋아하는 키워드에 맞는 톤앤매너를 찾아보자.
4. 2~3일 혹은 일주일의 시간을 갖고 천천히 정리해 보자.

항목	MBTI 특징	즐거운 것	괴로운 것	습관	취미	취향
설명	자신의 MBTI 성향과 자주 드러나는 행동 패턴	내가 기분 좋고 활력이 생기는 순간들	불편하거나 스트레스를 유발하는 상황	반복되는 일상 속 행동이나 루틴	의식적으로 시간을 투자해 즐기는 활동	콘텐츠, 색감, 말투 등 선호하는 분위기와 스타일
예시 답변	INFJ	새로운 아이디어	즉흥 회의	아침 스트레칭	산책	서정적
	감정표현	혼자 걷기	반복 지시	노션 정리	독서	따뜻한 색감
	내향적	대화 나누기	무계획	주간 계획 세우기	요가	현실 공감형
	계획적	카페 가기	잡음 많은 공간	카페 탐방	유튜브 보기	요약 잘된 글
	깊은 대화	리스트 정리	억지 친목	밤 일기 쓰기	에세이 쓰기	대화체
	공감	누군가 도와주기	감정 무시	출근 전 명상	드로잉	감성 영상
	혼자 시간	피드 정리	업무 몰아치기	포스팅 예약	사진 찍기	미니멀
	관찰자	브런치 쓰기	일관성 없음	독서 10분	공방 체험	자연
	이상주의	마감 후 휴식	판단 받는 느낌	할 일 메모	클래식 듣기	감정 중심
	신중함	창의적 생각	시간 낭비	책갈피 저장	자기계발 강의 듣기	편안한 피드

항목	자주 저장하는 콘텐츠 유형	자주 검색하는 키워드	좋아하는 계정/채널 스타일	최근 반복되는 생각	롤모델 특징	잊히지 않는 순간
설명	자주 저장해 두는 콘텐츠의 유형 또는 주제	궁금해서 자주 찾아보는 주제나 키워드	꾸준히 보는 창작자나 채널의 분위기, 특징	요즘 자주 떠오르는 질문, 고민, 생각 흐름	내가 닮고 싶거나 지향하는 사람의 특징	내 인생에서 감정적으로 강하게 남은 장면
예시 답변	에세이	퇴사 후 커리어	브런치 작가	이 길이 맞을까?	자기표현이 분명함	첫 글에 달린 공감 댓글
	감정 정리	감정 조절	현실 조언 유튜버	나만의 콘텐츠가 뭘까?	말투가 일관됨	혼자 처음 해외여행 떠난 날
	브랜딩 스토리	브랜드 만들기	감정 정리 계정	퇴사해도 괜찮을까?	콘텐츠가 꾸준함	첫 수익 발생 순간
	직장인 고민	나다운 일	여성 커리어 채널	지금 하고 있는 게 의미 있을까?	감정을 잘 나눔	고객의 감사 메시지
	루틴 소개	나의 강점	감성 브이로그	안정 vs 자유, 나만의 페이스란?	상처도 솔직함	팀과 함께 발표하던 날
	카드뉴스	전자책 만들기	직장 심리 콘텐츠	이런 사람들과 일해도 될까?	자기주도적	첫 책 원고 완성
	마케팅 팁	작가 수익	카드뉴스 계정	계속 혼자 일하는 게 괜찮을까?	메시지가 명확함	퇴사 후 맞은 평일 아침 햇살
	자기관리 글	혼자 브랜딩	퍼스널 브랜딩 작가	수익은 낼 수 있을까?	위로가 있음	감정이 폭발한 상담 후
	일잘러 피드	마케팅 전략	공감형 말투	더 즐겁게 일하는 방법은?	삶의 방향성이 뚜렷함	엄마에게 처음 쓴 편지
	감성 브이로그	인생정리	정제된 피드	어떻게 사람들을 도와줄 수 있을까?	비즈니스 감각도 있음	첫 브런치 선정 경험

③ 경험 파악하기

콘텐츠의 힘은 결국 '경험'에서 시작된다. 내가 직접 겪은 일, 감정, 변화는 타인의 공감을 이끌고 브랜드의 정체성을 만들 수 있는 가장 강력한 기반이다. 그래서 SNS에서 진정성 있는 메시지를 전달하고 싶다면, 내 삶의 흐름 속에서 어떤 이야기들이 있었는지를 먼저 파악하는 것이 중요하다.

학업, 취업, 이직, 여행, 결혼, 출산과 같은 누구나 겪는 일도 시간순으로 정리해 보면 단순한 기록이 아닌 '내가 말할 수 있는 콘텐츠 자산'으로 변화된다. 특히 내 감정이 크게 흔들렸던 순간, 삶의 방향이 바뀌었던 전환점은 콘텐츠로 풀어낼수록 더 큰 힘을 가진다. 그중 인생에 영향을 주었던 경험은 가능하면 더 세분화해 기록해 보자. 이처럼 경험을 구조적으로 정리하다 보면 콘텐츠 주제뿐 아니라 나만의 관점, 말투, 톤앤매너, 메시지 방향까지 함께 드러나게 된다. 이 과정을 통해 내가 진심으로 하고 싶은 이야기의 주제, 그리고 사람들과 진짜로 나누고 싶은 이야기의 중심축을 발견할 수 있다.

예시 경험 파악하기

C는 여행을 좋아하지만 많은 국가를 여행하지는 못했다. 콘텐츠로 만들기에는 부족하다 생각했다. 그러나 여행지에서의 경험은 C만의 것이었다. C는 다른 나라를 여행할 때마다 에어비앤비를 이용했다. 에어비앤비 호스트나 숙소에서 만난 다른 여행자와 함께한 시간이 C의 여행을 특별하게 만들었다. 같은 장소를 방문해도 함께하는 사람들 덕분에 다른 경험을 할 수 있다는 걸 깨달았다. 여행지에서의 경험을 되돌아보면서 자신만의 이야기를 발견한 C는 여행을 메인 주제로 설정했다. '여행지에서 만난 낯선 사람과의 여행'이 C만의 차별점이다. 자신의 여행기를 유튜브 콘텐츠로 제작해 공유한다.

경험 파악하기

1. 인생에 큰 변화가 있었던 시기와 그 당시 경험을 먼저 떠올려보자.
2. 경험을 자세히 기억해 보면서 느낀 점과 얻을 수 있는 교훈을 찾아보자.
3. 다른 사람들과 공유하고 싶은 내용을 찾아보자.
4. 얘기하고 싶은 경험을 발견했다면 이를 통해 어떤 메시지를 전달할지 정하자.
5. 해당 메시지를 전달함으로써 이루고자 하는 목적도 함께 고민하자.

항목	1. 큰 변화가 있었던 시기와 경험	2. 느낀 점과 교훈	3. 공유하고 싶은 이야기	4. 전하고 싶은 메시지	5. 이루고 싶은 목적
설명	인생의 흐름에서 감정적/현실적으로 전환점이 되었던 순간	그 경험을 통해 깨달은 점이나 지금도 남아 있는 감정	그 경험 중 다른 사람에게 도움이 될 것 같은 부분	그 경험을 통해 사람들에게 꼭 나누고 싶은 말	이 이야기를 통해 나 혹은 독자가 얻었으면 하는 변화
예시	첫 외국계 취업 후 자유로운 기업 문화 경험	"늦은 시작도 충분히 가능하다"	35세 비전공 마케터의 시작법	"지금 당장 시작해도 늦지 않았다"	마케터에서 작가, 강사로 전환한 나의 모델을 보여주고 싶다
	스페인 이민 후 회사 생활	"실력보다 태도가 더 중요할 때도 있다"	조직 내 갈등을 겪었을 때의 감정 관리법	"직장이 전부가 아니다"	나처럼 늦게 시작한 사람들에게 용기를 주고 싶다
	마케팅 인턴을 35세에 시작	"열악한 조직이 사람을 망친다"	책 출간 준비 과정과 실패 없이 완성하는 팁	"내 이야기엔 누군가에게 힘이 되는 힘이 있다"	콘텐츠로 수익화하는 구체적 루트를 보여주고 싶다
	디지털 마케팅 에이전시 입사 후 현실 충격	"한 권의 책이 인생을 바꾼다"	SNS에서 내 타겟을 찾은 과정	"기록은 가장 작은 수익화의 시작이다"	SNS 글쓰기에서 전자책까지 연결되는 흐름을 보여주고 싶다
	첫 책 출간 후 베스트셀러 경험	"말보다 진심이 전해질 때 신뢰가 쌓인다"	내 경험을 제품화하기 위한 구조 만들기	"브랜딩은 결국 자기 이해다"	자기를 믿고 꾸준히 해낸 사람의 이야기를 콘텐츠로 만들고 싶다
	트라우마에서 벗어나 치유 콘텐츠 시작	"나를 지키지 못하면 일도 지킬 수 없다"	강사 데뷔 후 첫 강의 피드백 받기	"마케팅은 결국 나다운 방식으로 전달하는 것"	마케팅 실무자에게 '사람 중심' 전략을 말해주고 싶다
	강의 요청을 받으며 강사로 전환	"기록은 복구가 아닌 성장이다"	수익이 발생한 첫 SNS 콘텐츠	"글쓰기가 내 인생의 무기가 될 수 있다"	감정도, 실패도 다 이야기 자산이 된다는 걸 보여주고 싶다
	SNS로 첫 수익 발생	"소속이 없어도 브랜드는 될 수 있다"	번아웃 직전 나를 살린 작은 루틴	"책 한 권은 당신의 신뢰도를 완성시킨다"	나만의 언어로 브랜드가 될 수 있음을 증명하고 싶다
	전 직장에서의 번아웃	"이젠 누구의 직원이 아니라 나로 살고 싶다"	나의 에세이를 브랜딩 도구로 만든 방법	"SNS는 매일 쌓는 포트폴리오다"	SNS 브랜딩이 단순 전략이 아니라 회복의 도구가 될 수 있음을 알리고 싶다
	퇴사 후 치앙마이에서 보낸 시간	"돈보다 존중받는 관계가 중요하다"	진짜 나를 찾기까지 했던 질문들	"지금 겪고 있는 고통도 콘텐츠가 된다"	'한 사람의 진심이 만든 콘텐츠'가 가진 힘을 증명하고 싶다

④ 나의 모습 정리하기

콘텐츠와 브랜드는 '정리된 나'에서 시작된다. 지금까지 강점, 취향, 성향, 경험을 분석해 온 이유는 내가 어떤 콘텐츠를 만들고, 어떤 톤으로 말하며, 어떤 이미지로 기억되고 싶은지를 스스로 정의하기 위함이다. 나를 알지 못한 채 운영하면 계정은 흐려지고, 콘텐츠는 방향성을 잃는다. 자신에 대해 세밀하게 분석을 마쳤다면 간단한 문장으로 정리해 보자.

계정의 콘셉트와 콘텐츠의 주제, 원하는 목표와 목표를 달성하기 위한 방향이 더 뚜렷해진다. 분석한 내용을 살펴보면 자신 안에 다양한 모습이 있는 것을 발견하게 된다. 분석한 내용을 하나의 모습으로만 정리하려 하지 말고 각각의 특징에 따라 여러 개의 모습으로 분류하고 묶어보자.

이런 다양한 이면들은 하나의 계정에서 여러 카테고리를 확장하는 데 적용된다. 혹은 다양한 플랫폼에서 각각의 콘셉트로 넓게 활용된다.

보이고 싶은 나의 모습 설정하기

분석하고 정리한 나의 모습은 SNS를 운영하는 데 활용할 수 있는 자원이다. 현재 나의 모습만으로도 충분히 SNS를 운영할 수 있다. 그러나 마케팅과 브랜딩을 위해서는 타인에게 보이고 싶은 모습을 반드시 설정해야 한다.

마케팅은 타인에게 내(제품)가 좋은 사람이라고 알리는 것이고, 브랜딩은 타인이 내가 좋은 사람이라고 인식하게 하는 것이다. 이 점을 기억하고 보이고 싶은 모습을 설정해 지속적으로 발전시켜 최종적으로는 브랜드의 모습을 갖추도록 하자. 다른 사람의 기억에 자리 잡고 싶은 모습을 설정하는 것이다.

설정한 내용은 계정의 콘셉트를 비롯해 카테고리나 콘텐츠까지 세부적으로 적용해 통일성을 유지하는 데 활용한다. 이와 반대로 콘셉트나 주제에 따라 다른 톤앤매너가 필요하다면 강조하고 싶은 내용을 기준으로 다양한 모습을 보여줄 수 있다.

현재 나의 모습과 타인에게 보이고 싶은 모습 그리고 최종적으로 이루고 싶은 모습을 아래 예시처럼 발전시키며 정리해 두자.

나의 모습 정리하기

1. 앞서 파악한 나의 다양한 모습을 기반으로 나의 모습을 정리하자.
2. SNS를 운영하면서 새로운 카테고리, 새로운 콘텐츠를 시작할 때마다 생각해 보는 것을 권장한다.
3. 나를 중심으로 공유하고 싶은 모습과 앞으로 발전시켜 나갈 모습을 함께 적어보자.
4. 처음에는 떠오르는 다양한 모습을 적어두고 가장 적합한 것을 골라보자.

항목	현재 나의 모습	타인에게 보이고 싶은 모습	최종적으로 발전하고 싶은 모습
내용	회사생활 10년차, 엑셀 전문가가 되어 신입사원들에게 엑셀 교육을 해주고 있다.	친절한 회사 선배가 후배에게 업무에 꼭 필요한 엑셀 꿀팁을 전수해 준다.	엑셀을 비롯한 회사생활에 꼭 필요한 다양한 꿀팁을 얻을 수 있는 블로그
	생활 속에서 마음에 드는 장면들을 사진으로 기록하는 취미가 있다.	일상 속 예쁜 순간을 놓치지 않고 사진으로 기록하는 센스가 있다.	매일의 작은 순간도 멋진 작품이 되는 사진들을 볼 수 있는 인스타그램
	요리솜씨가 좋은 엄마를 따라 매일 맛있는 음식을 만들어 먹는다.	바쁜 직장인이지만 좋은 요리솜씨를 발휘해 매일 직접 요리해 먹는다.	자취하는 직장인들이 쉽게 따라할 수 있는 건강하고 맛있는 레시피가 있는 유튜브 채널
	야채를 잘 먹지 않는 아이를 위해 2년 간의 개발 끝에 유기농 야채로 과자를 만들었다.	건강한 아이로 키우기 위한 엄마의 마음으로 유기농 야채 과자를 만들었다.	안심하고 아이에게 사줄 수 있는 유기농 과자들이 있는 쇼핑몰
	작지만 인테리어가 예쁘고 직접 로스팅한 맛있는 커피를 마실 수 있는 카페	바리스타가 직접 로스팅해서 더 맛있는 커피를 아기자기한 공간에서 즐길 수 있는 카페	전문 바리스타가 만든 커피와 아기자기하게 꾸며진 공간을 같이 인증샷으로 남겨야 하는 카페

현재 나의 모습은 SNS를 시작하는 콘셉트다. 타인에게 보이고 싶은 모습은 지속적으로 마케팅해야 하는 모습이다. 최종적으로 이루고 싶은 모습은 나만의 네트워크가 형성되어 브랜드가 되었을 때의 모습이다. 콘텐츠를 만들 때마다 이 세 가지를 떠올리면 원하는 방향으로 SNS를 운영하는 데 큰 도움이 된다. 이 문장들을 바탕으로 SNS 운영 목표와 방향을 설정할 수 있다.

SNS를 시작하기 전 자신을 면밀하게 분석한다면 그 자체로 든든한 자료가 된다. 모든 분석 내용은 SNS 운영에 골고루 적용할 수 있다. 뚜렷한 계획 없이 남들이 하는 대로 따라 하게 되면 자신만의 강점도 없을뿐더러 오래갈 수 없다. 자기 분석을 통해 미리 충분한 자료를 확보하고 올바른 방향으로 효율적인 SNS 운영을 하자.

03 | 3C 분석 2 경쟁자 분석하기: 다른 계정 벤치마킹하기

스스로에 대한 분석을 통해 운영할 SNS의 콘셉트, 주제, 목표, 방향까지 설정했다면, 이제는 계정을 효율적으로 운영하기 위한 실질적인 힌트를 얻을 차례다. 혼자 모든 걸 처음부터 기획하기보다는, 비슷한 주제로 운영 중인 계정을 벤치마킹하면서 시작하는 것이 가장 빠르고 효과적인 방법이다.
경쟁자 분석을 통해 효과적인 운영 방법을 학습하고 자신만의 차별점을 찾아보자.

    운영 플랫폼마다 방문자·구독자 기준으로 나노 계정부터 메가 계정까지 다양한 규모의 경쟁자를 선정한다. 경쟁자가 운영하는 주제가 내 주제와 꼭 일치하지 않아도 된다. 주제가 조금 다르더라도 고객의 특징이 비슷하거나 내가 원하는 운영 방식으로 진행하고 있다면 충분히 학습할 만한 가치가 있다.
    최소 4~5개의 계정을 선정하고 프로필 형식, 메인 페이지 구조, 톤앤매너, 콘텐츠 구성과 소통 방식 등 여러 항목을 세부적으로 살펴보자. 이를 통해 경쟁자의 강점과 약점, 운영 방법, 고객 특성 등을 파악하고 벤치마킹해야 한다.

1 경쟁자 선정

나노, 마이크로, 매크로, 메가(인스타그램 팔로워 수에 따른 구분) 단위로 경쟁자를 선정하자. 플랫폼에 상관없이 일일 방문자 수, 팔로워 수, 구독자 수, 좋아요와 댓글 수에 따라 작은 규모부터 큰 규모까지 다양하게 경쟁자를 선정할 수 있다. 이들을 기준으로 자신의 계정 운영 목표를 단계별로 세운다. 각 단계마다 필요한 운영 방안도 경쟁자들로부터 습득할 수 있다. 각 단계마다 자신의 계정과 비슷한 콘셉트를 가진 경쟁자를 3~5명 선정해 두자.

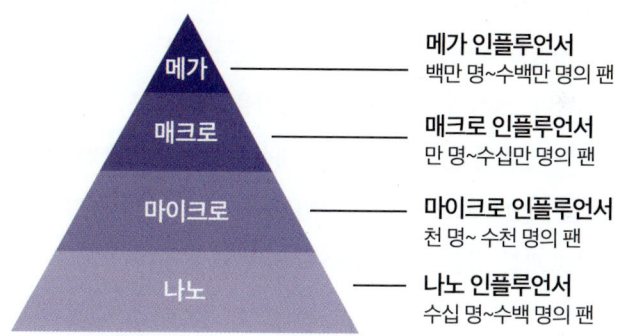

팔로워가 100만이 넘는 '메가 인플루언서'는 슈퍼스타급이다. 10만~100만 명의 '매크로 인플루언서'들도 엄청난 영향력을 지니고 있다. 그들의 인스타그램 내용은 뉴스가 된다. 하루 수만 명이 방문하는 블로그는 검색 포털과 같다. 수백만의 조회수를 기록하는 크리에이터들은 이슈의 중심에 있다. 이들의 콘텐츠는 바이럴이 되고 트렌드가 된다. 메가, 매크로 계정의 콘텐츠를 통해 해당 주제에 대한 대중의 주목도와 가능성을 파악할 수 있다. 트렌드와 대중의 흐름을 같이하고 싶다면 이들의 콘텐츠를 항상 주시해야 한다.

큰 계정이 무조건 나에게 도움이 되는 것은 아니다. 이미 거대하게 큰 계정과 새롭게 시작하는 내 계정의 운영 방식은 다를 수밖에 없다. SNS 운영을 처음 시작할 때 가장 주목해야 하는 계정은 작은 규모의 계정이다. 인스타그램은 나노와 마이크로(팔로워 1만 명 이하) 계정, 블로그의 경우 일일 방문자 수 1,000~5,000 정도, 유튜브는 구독자 5만~10만 정도로 기준을 잡자. 해당 계정에서는 내 계정에 적용할 수 있는 사항을 파악해야 한다. 운영하는 계정이 커질수록 경쟁자 계정도 큰 것으로 선정해 그들을 따라가면 된다.

② 경쟁자 세부 분석

경쟁자 계정의 운영 방식을 분석하고 평가한다. 각각 다르게 운영되고 있는 경쟁자의 계정을 분석하면 여러 방안을 습득하게 되고 효율적인 계정 운영에 도움이 된다. 평가를 통해 장점과 단점을 구분하고 자신의 계정에 적용한다. 경쟁자의 장점에 운영자의 관점, 개성, 목표를 더해 벤치마킹한다. 경쟁자의 단점을 기반으로 자신만의 차별화 포인트를 파악한다. 경쟁자 분석을 통해 최대 효과를 이끌어내는 SNS 운영 방법을 찾아야 한다.

프로필

블로그 제목, 별명, 프로필 내용, 인스타그램 아이디, 프로필, 유튜브 채널명, 채널아트(배너)를 확인한다. 프로필은 계정 방문 시 가장 먼저 인식되는 정보이며, 방문자에게 가장 오래 기억되어야 하는 내용이다. 주제와 함께 기억하기 쉬운 제목, 독특한 별명이나 쉬운 아이디를 사용하는지 확인하자.

경쟁자의 계정과 콘셉트를 소개하는 방식에도 집중하자. 타 SNS 계정, 제품이 있는 쇼핑몰, 가게 예약 링크와 같이 관련 링크를 연결하는 방법도 확인해야 한다. 정리가 잘 되어 있거나 접근성이 좋은 프로필을 참고하자.

카테고리

주제를 확인해야 한다. 다양한 주제를 운영 중이라면 어떤 주제를 활용해 더 많은 방문자를 유입시키고 있는지 파악해 보자. 여러 주제를 어떻게 구분하고 각 카테고리별로 적용하는 톤앤매너나 콘텐츠 내용도 간단히 살펴보자.

● 블로그는 카테고리 목록을 확인할 수 있다. 짧은 카테고리명으로 명확하게 주제를 드러내고 있는지 체크해 본다. ● 인스타그램에서는 피드 주제에 따라 사진이나 동영상의 구도, 색감, 분위기가 어떻게 다른지 살펴보고, 주제마다 사용하는 해시태그도 확인한다. ● 유튜브는 재생목록을 확인하자. 주제별 콘텐츠를 적용하는 방식, 동영상 스타일, 설명 방법 등을 파악해 보자.

콘텐츠 구성

하나의 콘텐츠 내에서 글과 사진, 동영상을 어떤 방식으로 배치했는지 확인하자. 메시지를 효과적으로 보여주는 구조가 무엇인지 생각해 봐야 한다. 글과 사진, 글과 동영상의 효과를 극대화시키는 구성 방법을 고민해 보자.

● 블로그의 한 포스팅 내에서 글, 사진, 동영상을 나열한 순서, 활용한 사진과 동영상의 개수를 파악한다. ● 인스타그램에서는 전체 피드 중 사진, 동영상, 릴스와 스토리의 활용 비율을 살펴본다. 피드에서도 사진 한 장만 올리는지 여러 장을 캐러셀 형태로 올리는지 확인한다. 스토리도 피드를 그대로 활용하는지, 사진, 동영상을 재가공하는지 그 차이는 무엇인지 고민해 보는 것도 좋다. ● 유튜브 콘텐츠는 시청자를 동영상 끝까지 붙잡기 위한 콘텐츠 초·중반의 내용 구성과 특징을 살펴본다.

콘텐츠 내용

경쟁자가 콘텐츠를 활용해 주제를 표현하고 메시지를 전달하는 방식을 확인한다. 대중을 계정으로 유입시킨 세목 형식이나 사진의 분위기를 고민해 보자. 방문자를 오랜 시간 머물게 하는 장치가 무엇인지 찾는다. 콘텐츠를 본 사람이 좋아요나 댓글로 참여하게 하는 포인트도 같이 탐색해 보자.

● 블로그에서는 콘텐츠에 자연스럽게 수익화 관련 링크를 삽입하는 방법

을 확인해 보자. ●인스타그램에서는 각 콘텐츠 형식에 따라 효과적으로 메시지를 전달하는 방법을 고민해 봐야 한다. ●유튜브에서는 같은 주제에서도 조회수가 높거나 댓글이 많이 달린 콘텐츠의 주요 메시지나 세부 특징이 무엇인지 확인한다.

키워드

콘텐츠를 구성하는 키워드와 이를 활용한 태그, 해시태그는 콘텐츠를 대중에게 노출시키고 계정에 방문자를 유입시키는 장치다. 각각의 콘텐츠에서 적용된 단어, 형식, 개수, 빈도, 배치를 확인해야 한다.

●블로그에서는 키워드를 제목과 본문에 삽입한 방법을 탐색한다. 제목 내에서 삽입한 위치나 본문 내에서 활용된 횟수도 대략 파악해 보면 콘텐츠 제작에 유용하게 적용할 수 있다. ●현재 인스타그램에서는 해시태그보다 키워드 기반 검색과 추천이 더 중요한 만큼, 경쟁 계정이 자주 사용하는 키워드와 문장 표현 방식을 살펴보는 것이 핵심이다. 피드/릴스 본문에 어떤 키워드를 포함하고 있는지, 어떤 형식(질문형, 경험 공유형 등)으로 제목과 문장을 구성했는지 분석하고, 댓글에서도 자주 등장하는 표현이나 팔로워들이 반응하는 단어를 함께 체크해 보자. ●유튜브에서는 제목과 썸네일에 적용된 키워드가 무엇인지 확인한다. 어떤 키워드에 이용자들이 반응했는지 고민해 본다. 유튜브의 태그는 알고리즘에게 동영상의 특징을 설명해 주는 용도다.

팔로워 특징

나와 비슷한 콘셉트와 주제로 SNS를 운영하고 있는 경쟁자의 팔로워를 파악해야 한다. 이 과정을 통해 내 콘텐츠에 반응할 사람들, 미래의 내 팔로워와 고객을 미리 파악할 수 있다. 경쟁자 콘텐츠에 좋아요와 댓글로 반응한 사람들의 계정을 찾아가 보자.

최근 콘텐츠에 가장 먼저 반응한 사람들의 계정은 무조건 방문한다. 반응한 사람들의 프로필, 콘셉트, 주제를 살펴보자. 계정에 콘텐츠가 없다면 그들이 팔로우하고 있는 다른 계정의 특징을 탐색해 보면 특징을 파악할 수 있다.

유튜브는 채널을 운영하는 사람이 적기 때문에 댓글을 남긴 사람들 계정으로 특징을 파악하기가 어렵다. 따라서 해당 채널에서 조회수가 높은 콘텐츠의 이용자 반응을 분석하면서 시청자의 특성을 파악해 보는 것을 추천한다.

③ 경쟁자의 장점과 단점

경쟁자의 장점에 나만의 개성과 특징을 더해 적용해야 한다. 여기서 그치지 않고 실제로 내 계정에서도 기대한 만큼 좋은 효과가 있는지 확인해야 한다. 아무리 번뜩이는 아이디어도 나와 내 계정의 방문자와 맞지 않다면 장점이 될 수 없다.

경쟁자의 단점은 내 계정을 운영하면서 피해야 하는 주의사항이 된다. 경쟁자의 단점을 보완하기 위한 방법을 고민하는 과정에서 효율적인 방법을 찾아낼 수도 있다. 파악한 내용을 기반으로 장점을 극대화하고 단점을 해결하면서 계정을 운영하는 다양한 노하우를 빠른 시간 내에 쌓게 될 것이다.

파악한 내용에서 인사이트를 얻기 위해서는 질문을 던져야 한다. '왜, 이것이 경쟁자의 강점이 되었는가?', '왜 이런 단점을 갖게 되었는가?'와 같은 질문을 해보자. 그다음 각각의 장점과 단점이 어디에 어떻게 영향을 미쳤는지 고민해 봐야 한다. '경쟁자의 장점은 콘텐츠에 어떻게 표현되는가?', '경쟁자의 팔로워들에게 단점은 어떤 부정적인 영향을 미치는가?'를 생각해 보자.

이렇게 분석한 내용은 내 SNS 계정에 효과적으로 적용하는 데 큰 역할을 한다. 경쟁자로부터 습득한 장점과 단점 모두 스스로를 분석한 내용과 연결해 고민할수록 탄탄한 운영 전략이 세워진다.

경쟁자 분석하기

1. 하나의 계정을 깊게 파는 것보다 여러 개의 계정을 분석적으로 둘러보는 것이 더 중요하다.
2. 프로필, 카테고리, 콘텐츠 구성과 내용, 팔로워 특징을 큰 틀로 하여 필요한 내용을 찾아보자.
3. 경쟁자 계정을 둘러보면서 생각나는 것과 느낌을 최대한 적어보자.
4. 분석한 내용을 운영하는 계정에 어떻게 적용할 수 있는지 생각해 보자.
5. 운영하는 매체, 다루는 주제, 관심 있는 콘텐츠 형식 이외에 다른 자극을 얻기 위해 노력하자.

항목	세부 항목	블로그 예시	인스타그램 예시	유튜브 예시
계정/채널명	닉네임	'소소기록'	@emotion_worklife	퇴사브이로그 '일단 멈춤'
	운영 연차	약 2년	1년 반	3년 차 운영
	콘텐츠 주기	주 2회 업로드	주 4~5회 업로드	주 1~2회 영상 업로드
운영자 특징	표현 스타일	감성적, 서술형	직설적 + 감정공감	내레이션 + 감정 묘사
	목소리 톤	조용하고 담백	선명하고 단정한 문장	차분한 말투, 현실적 조언
	주요 키워드	감정 회복, 번아웃	커리어, 감정 루틴	퇴사, 감정 정리
운영 플랫폼	플랫폼 종류	네이버 블로그	인스타그램 릴스 + 피드	유튜브 브이로그 채널
	활성도	매주 꾸준한 업로드	꾸준한 릴스 업로드	월 평균 5편 이상
	구독자 수	약 2,000명 구독	약 8,000명 팔로워	약 25,000명 구독
콘텐츠 포맷	콘텐츠 형태	텍스트 중심 + 사진	릴스 + 카드뉴스	브이로그 + 내레이션
	길이	중장문/1,500자 이상	짧은 문장/릴스 15초	평균 6~8분
	업로드 빈도	주 2회	주 4~5회	주 1회 이상
카테고리 구성	카테고리 수	감정일기, 퇴사기록, 회복루틴 등 3개	감정정리, 직장인루틴 등 3~4개	퇴사스토리, 회복Vlog 등 3개
	비율	감정일기 60%, 정보형 40%	감정공감 70%, 정보 30%	서사중심 80%, 조언 20%
	명확성	카테고리 분류 명확함	하이라이트 구성으로 명확	재생목록 분류로 명확
대표 주제	핵심 키워드	번아웃 회복, 감정 에세이	감정 루틴, 감정 정리	퇴사 이후 삶, 감정 치유
	문제 해결 대상	퇴사 후 방황하는 직장인	감정적 공허함을 느끼는 직장인	번아웃 후 회복을 원하는 사람
	감정 전달 정도	깊은 감정표현/몰입도 있음	감정 공감 문장 반복	몰입 유도 BGM/연출 효과
프로필 구성	소개문 톤	"퇴사 후 삶을 다시 설계하는 중"	"감정도 콘텐츠가 됩니다"	"번아웃에서 퇴사까지의 기록"
	링크 포함 여부	없음	클래스101, 리트릿 링크 연결	없음
	CTA 유무	없음	"DM 주세요", "저장 해요" 등 활용	영상 내 구독/좋아요 유도 적음
말투·톤앤매너	격식/비격식	반말과 존댓말 혼용	자연스러운 반말체	내레이션은 존댓말, 인터뷰는 반말
	감성/이성	감성 중심	감성 + 실용 조언 혼합	감성 중심 내레이션
	유머감/진중함	진중한 분위기	공감 유머 요소 약간 포함	잔잔하고 진지한 톤 유지
콘텐츠 스타일	정보/감성 중심	감성 글 위주	감성 + 정보형 카드 혼합	감성 중심 브이로그
	개인 경험 활용	전부 실경험 기반	고민 상황을 예시로 제시	본인의 상황 + 회복기 서사 구성
	구조 정리 여부	도입 – 전개 – 느낀점 구성	카드뉴스 구조, 문단 구분	오프닝 – 기록 – 마무리 흐름
이미지·디자인	색감 톤	따뜻한 브라운/밝은 톤	미니멀 톤/감성 이미지	노을, 햇살 등 감정적 요소 강조
	사진 구성	실생활 소품, 기록, 카페 사진	브런치, 노트, 풍경 이미지	실생활 영상 클립, 얼굴 미노출
	브랜드 반영	감정 중심 키워드 반복/글 스타일 일관	감성 + 직장인 중심 키워드 반복	브이로그 제목, 음악, 톤에서 통일감 있음

항목	세부 항목	블로그 예시	인스타그램 예시	유튜브 예시
팔로워 특징	연령대	30대 여성 중심	2030 직장인 중심	20대 후반~30대 초반 여성
	주요 반응	"공감해요", "저도요" 댓글 다수	저장 많은 편/DM 응답 위주	댓글로 공감 + 질문 많음
	자주 보이는 질문	"퇴사하고 뭐 하셨어요?"	"어떤 루틴 쓰시나요?"	"퇴사 후 계획은?"
소통 방식	댓글 대응 속도	댓글 미응답/일방적 운영	DM 위주 소통/댓글 응답 적음	댓글 일부 고정, 좋아요 누름
	DM 여부	없음	DM 응답함/DM 유도 문장 있음	없음
	댓글 내 질문 유도	없음	"여러분은 어떻게 생각하세요?" 활용	"여러분의 경험도 들려주세요"
연결 채널	타 플랫폼 연계	없음	클래스101, 브런치 링크	브런치 소개는 있으나 미활성
	링크 방식	없음	하이라이트 + 프로필 링크	없음
	수익화 연계 여부	없음	클래스, 전자책 연결	없음
브랜딩 키워드	반복 단어	#감정기록 #퇴사일기	#감정루틴 #공감조언	#퇴사브이로그 #번아웃기록
	해시태그	사용 간헐적	정기적 사용/카드별 해시태그	거의 없음
	일관성	톤은 일정하지만 표현은 다양	감정 키워드는 반복됨	음악, 말투, 내레이션 모두 통일
인기 콘텐츠	조회수/반응	"퇴사 전 3개월 기록"/좋아요 130	"감정 루틴 카드뉴스"/저장 1200	"퇴사하고 한 일들"/조회 10만
	공감 키워드	"혼자 있는 시간", "회복 중입니다"	"번아웃", "나를 돌보기"	"지쳤던 나를 위로해 준 시간"
	포맷	에세이형 글	카드뉴스 + 릴스	브이로그 + 자막 조언형
강점	기획력	카테고리 구성이 선명함	콘텐츠 시리즈 기획력	감정 몰입 스토리 구성이 탄탄함
	몰입도	글 흐름이 부드러움	짧은 콘텐츠 리듬감 있음	영상 시퀀스 흡입력
	메시지 전달력	문장 구조가 깔끔	카드에 핵심 메시지 명확	한 문장 내레이션이 강력함
단점	일관성 부족	키워드 정리 부족	톤앤매너 불안정	브랜딩 정체성 약함
	전달력 약함	헤드라인이 약함	피드 제목이 직관적이지 않음	썸네일/제목 흡인력 부족
	실행 구조 미흡	CTA 없음/링크 부재	고객 전환 루트 없음	외부 채널 연계 미흡
차별화 포인트	내 콘텐츠와 비교	내 글은 정보 비중이 더 높음	내 피드는 말투가 더 가볍고 유머가 있음	내 영상은 실용성이 더 강조됨
	형식 아이디어	일기형 시리즈 참고	감정 루틴 카드 참고	감정 내레이션 시퀀스 구조 참고
	운영 방식 차이	블로그만 운영 중/확장 가능성 보임	짧고 잦은 릴스 활용 구조 유용	긴 호흡 영상 운영 유지력 확인됨
느낀 점/인사이트	브랜딩 아이디어	감정도 브랜딩 소재가 될 수 있다	말투/색감 일관성이 신뢰를 만든다	반복된 한 문장이 기억에 남는다
	운영 인사이트	가벼운 시작도 진심을 쌓으면 가능하다	DM 중심 운영도 가능하다	나만의 감정 구조로 콘텐츠가 완성된다
	콘텐츠 설계 아이디어	일기 시리즈 구조 차용	키드형 감정 콘텐츠 패턴화 가능	감정→행동→회복 구조 도입 고려
내 계정에 적용할 점	콘텐츠 주제	감정 에세이+루틴 조합으로 시작	감정 루틴 요약 콘텐츠 시도	감정 흐름 기반 브이로그 도입
	운영 방식	주 2회 이상 업로드 구조 유지	하이라이트 중심 정보 정리	브이로그 시즌 기획 가능
	구성법	도입-몰입-메시지 구조 정리	3슬라이드 카드 패턴 활용	클립 구성+자막 톤 구조화 가능

이제 막 SNS를 마케팅과 브랜딩의 도구로 활용하기로 했다면, SNS가 낯설어지고 어떻게 시작해야 할지 방법이 보이지 않을 수 있다. 하지만 두려워할 필요는 없다. 내가 이루고자 하는 목표를 이미 달성해 앞서나가고 있는 다양한 경쟁자들을 간단한 검색만으로도 쉽게 접할 수 있다. 그들의 노하우를 기반으로 수월하게 시작할 수 있다. 그들로부터 습득한 내용에 자신의 개성을 더하고 발전시켜 나가면 된다.

마케팅의 3C 분석에 따라 경쟁자라고 불렀지만 사실 이들은 우리의 스승이다. 이들은 또한 우리가 이야기하고 싶은 주제와 비슷한 관심사를 갖고 있는 친구이기도 하다. 공통의 주제를 공유하고 진심으로 소통하면 네트워크를 이뤄가는 데 서로 도움이 된다. 카피하는 것이 아닌 올바른 벤치마킹을 통해 함께 원하는 목표를 이루고 다 같이 발전하자.

04 | 3C 분석 3 | 고객 분석하기: 타겟 특징 파악하기

자기 자신과 경쟁자 분석을 통해 콘셉트와 주제를 정했다면 이제는 그 이야기에 반응할 '고객'을 명확히 상상할 차례다. SNS는 소통이 기반이기 때문에 내 콘텐츠에 꾸준히 관심을 보이고, 반응하고, 다시 찾아오는 사람이 있어야 브랜드도 수익화도 가능하다. 이때 고객은 단순히 팔로워가 아니라 나와 함께 성장할 수 있는 '이상적인 독자이자 네트워크의 일부'로 상상해야 한다.

고객을 끊임없이 분석하고 파악하는 노력을 거쳐야 원하는 최종 목표를 이루는 그날까지 효과적인 운영을 할 수 있다. 고객의 입장에서 자신의 계정을 최대한 객관적으로 평가해야 발전이 가능하다.

마케팅은 '소비자를 대상으로 고객을 창조하고 유지·관리함으로써 고정 고객으로 만드는 모든 활동, 즉 고객과 관련된 모든 활동을 의미한다'(위키피디아).

우리의 SNS 운영 목적은 마케팅과 브랜딩이다. 대중에게 내 콘텐츠를 노출시켜 사람들을 내 계정에 유입시켜야 한다. 그들에게 필요하거나 원하는 것을 제공해 주고 내 고객이 되도록 설득해야 한다. 좋아요를 클릭하거나 댓글을 남기고 팔로우하도록 만들어야 한다. 이후에는 내 계정을 반복적으로 찾아오고 내 네트워크에 머물도록 소통하며 관계를 유지해야 한다. 그런데 고객을 이해하지 못한 채로 이 모든 과정이 가능할까?

고객에 대해 끊임없이 깊이 고민해야 한다. (SNS 운영에는 '고객'이라는 단어보다는 '타겟 오디언스'라는 단어가 더 적합하지만 우리의 최종 목표는 수익화 계정을 만드는 마케팅과 브랜딩이므로 '고객'으로 지칭하겠다.)

아직 방문자도 팔로워도 없는데 고객을 어떻게 분석할까? 걱정할 필요 없다. 경쟁자의 고객과 내가 원하는 고객을 선정하고 프로파일을 분석하면 된다. 이후 그들의 특징과 관련된 마케팅 리포트, 뉴스 기사, 커뮤니티를 조사한다. 이렇게 수집한 객관적인 자료를 활용해 고객을 대표하는 가상의 인물인 '페르소나'를 구성한다.

고객 분석과 페르소나 구성 과정은 지금까지 설정한 콘셉트, 주제, 목표와 방향을 더욱 선명하게 만들어준다. SNS 계정 운영을 바로 시작할 수 있을 만큼 아이디어가 더욱 뚜렷해질 것이다. 본격적으로 고객을 분석해 보자.

① 고객 분석

경쟁자의 고객은 앞선 경쟁자 분석에서 확인한 경쟁자의 콘텐츠에 반응한 사람들이다. 경쟁자의 콘텐츠에 반복적으로 좋아요나 댓글을 남기는 사람들을 위주로 선정한다. 그들 계정의 프로필, 콘텐츠, 팔로우하는 다른 계정을 기반으로 그들의 특징을 분석해 보자.

초기에는 '나 자신'이 바로 이상적인 고객이 될 수 있다. 내가 지금까지 콘텐츠로 다루고 싶은 주제를 설정했다면, 그에 반응할 고객도 과거의 나, 혹은 지금의 나일 가능성이 높다. 자신의 인적 사항, 성향, 취향, 라이프 스타일을 기반으로 분석해 보자.

경쟁자의 고객은 객관적인 시선을 갖도록 도와주고, 내가 원하는 고객은 원하는 운영 방향을 구체화시켜준다. 분석한 내용을 기준으로 다양한 자료를 살펴보면 고객과 트렌드를 이해하는 데 큰 도움이 된다.

소비자의 니즈와 트렌드를 파악하고 싶다면, 아래 세 가지 플랫폼을 추천한다. 전문가들의 시선이 담긴 자료들을 활용하면 브랜드 방향성과 고객 공감을 동시에 잡을 수 있다.

- **오픈애즈**(https://www.openads.co.kr/home)에서는 여러 서베이를 통해 고객의 인식이나 행동 패턴을 파악할 수 있다.
- **캐릿**(https://www.careet.net)은 MZ세대의 트렌드를 확인할 수 있는데, MZ세대를 이해하는 것과 동시에 현재 트렌드도 빠르게 볼 수 있다.
- **디에디트**(http://the-edit.co.kr)는 다양한 취향을 섬세하게 안내해 준다.

고객의 취향을 조사함으로써 그들을 더욱 깊게 이해할 수 있다. 고객을 분석하고 조사를 통해 이해가 됐다면 이제 페르소나를 설정해 보자.

② 페르소나 설정

페르소나(Persona)는 고대 그리스에서 배우들이 쓰던 가면을 의미한다. 라틴어로는 사람, 인격, 성격의 어원이 되어 스페인과 이탈리아에서는 그대로 '사람'이라는 뜻으로 사용된다.

마케팅에서의 페르소나는 '마케팅 하는 제품이나 서비스를 구매하는 이상적인 가상 고객'을 의미한다. 페르소나 전문가인 아델 레벨라(Adele Revella)는 페르소나를 '당신이 마케팅하는 제품을 사거나, 살지도 모르는 실존 인물의 몽타주'라고 정의했다.

SNS 운영에서의 페르소나는 '내 콘텐츠에 적극적으로 반응하고 내 계정을 지속적으로 방문하는 사람, 동시에 꾸준히 소통하며 내 네트워크의 일원이 되는 이상적인 가상 고객'으로 설정해 볼 수 있다.

네이버 인터비즈는 초세분화 전략을 다루면서 룰루레몬의 사례를 소개했다. 캐나다의 요가복 제작 회사인 룰루레몬(Lululemon)의 창업자 데니스는 모든 사람을 위한 제품이나 서비스는 의미가 없다고 말했다. 룰루레몬은 초세분화(Micro-Segmentation)된 특정 고객층을 집중 공략해 단기간에 급성장했다. 그들이 공략한 페르소나는 '여행과 운동을 좋아하고, 콘도 회원권을 가진 패션에 민감한 32세 전문직 여성'이었다.

이처럼 세분화된 페르소나 설정은 단순히 고객을 정의하는 것이 아니라, 콘텐츠의 방향, 톤앤매너, 전달 방식까지 설계하는 기준점이 된다. 구체화된 고객 유입을 목표로 시간과 자원을 활용하면 효율적인 운영이 가능하다. 고객들의 만족도와 참여도를 높이는 데에도 도움이 된다. 특정한 고객에게 집중하여 실질적인 고객의 니즈와 원츠에 맞는 콘텐츠를 제공할 수 있다.

이는 콘텐츠에 대한 고객의 반응률을 높이고 고객을 계정으로 수월하게 유입시킨다. 좋아요 클릭, 댓글 남기기, 회원 가입이나 구매와 같은 전환의 증가로도 이어지게 될 것이다. 콘텐츠 주제에서 시작해 그와 연관되는 주제까지 페르소나에게 확장해서 부여해 보자.

인적 사항

페르소나의 인적 사항을 최대한 자세히 적어본다. 이름, 나이, 성별, 거주 지역과 같은 기본적인 사항부터 시작한다. 학력, 직업, 결혼 유무도 고려해 보자. 연봉을 비롯해 지출 내역까지 설정한다면 더욱 세분화된 설정이 가능하다. 마지막으로 유명인의 사진을 활용해 해당 인적 사항을 가진 사람의 이미지도 페르소나에 추가한다. 설정한 인적 사항을 친구를 소개하듯이 나열해 보면 그에 맞는 이미지가 떠오를 것이다. 그 이미지에 가장 흡사한 유명인을 찾아보자.

성향 & 취향

인적 사항을 기반으로 페르소나에게 성향, 취향 등의 인격을 부여해 보자. MBTI의 성향을 참고하면 페르소나의 특징을 설정하기가 수월하다. 페르소나가 흥미로워할 만한 관심사도 찾아보자. 즐기는 음악이나 영화 장르를 설정하는 것도 도움이 된다. 취미, 꾸준히 하는 운동도 추가할 수 있다. 페르소나가 주로 사용하는 SNS 플랫폼을 설정해 선호하는 콘텐츠 형식도 파악해 본다. 이런 내용을 모아 라이프 스타일을 정의해 보자.

경험

생애주기에 따른 페르소나의 경험을 고려해 보자. 대학 생활, 취업 준비, 결혼 준비, 신혼, 자녀 양육, 은퇴 준비, 은퇴와 같은 시기를 계정 콘셉트와 콘텐츠 주제와 연결해 본다. 라이프 사이클의 단계마다 페르소나의 관심사, 경제적 능력, 라이프 스타일은 변화한다. 페르소나의 연령대 설정이 어렵다거나, 연령은 설정했지만 특징을 찾기 어렵다면 생애주기를 기반으로 페르소나의 경험을 생각해 보자. 페르소나를 더욱 깊게 세분화하는 데 꼭 필요한 과정이다.

페르소나를 활용해 내 콘텐츠에 깊이 공감해 줄 소수의 사람들을 찾아내야 한다. 그들을 먼저 만나야 계정의 규모를 키울 수 있다.

페르소나를 설정한 뒤 지속적으로 확인과 수정을 해야 한다. SNS를 운영하면서 계정에 유입되고 콘텐츠에 반응하며 원하는 행동을 하는 실제 고객을 파악한다. 그들의 특징을 확인하고 실제 고객과 페르소나 사이의 차이를 줄여나가는 것도 잊어서는 안 된다. 페르소나를 계속 다듬어야 이루고 싶은 목적에 가까워질 수 있다.

고객 페르소나 설정하기

1. 경쟁자 고객과 운영자가 원하는 고객을 간략히 분석한다.
2. 분석한 내용을 기반으로 운영 계정에 가장 적합한 페르소나를 설정하자.
3. SNS 운영 목표, 카테고리, 콘텐츠 등에 따라 다양한 페르소나를 설정하는 것도 도움이 된다.
4. '내가 원하는 고객이라면...?'과 같은 질문을 던지면서 각 내용을 구체화하자.
5. 고객 페르소나가 만족할 만한 콘텐츠까지 함께 고민해 보자.

항목	김정원	민지
이름 (가명)	김정원	민지
나이 / 성별	28세 / 여성	33세 / 여성
직업 / 상태	대기업 경영지원팀 / 정규직	중소기업 마케팅 대리 / 7년차 직장인
결혼 여부	미혼	미혼
거주지역 / 환경	서울 송파구 / 자취	서울 / 자취, 출퇴근 1시간 거리
연봉	약 4,500만 원	약 3,800만 원
MBTI / 성격	ISTP / 논리적, 실용적, 효율적	INFJ / 감정형, 공감형, 내향적, 이상주의
주요 고민	화장품 구매 전 철저한 리뷰 탐색 / 자기계발 욕구 강함	퇴사 고민 / 번아웃 / 감정 정리 어려움 / 자존감 낮음
라이프스타일	요가 주 3회 / 2주 1회 독서모임 / 워라밸 중시	브런치 글 소비 / 유튜브 퇴사 브이로그 탐색 / 감정 정리 루틴 실천 시도
자주 사용하는 SNS	유튜브 / 블로그 / '화해' 앱	인스타그램 / 브런치 / 유튜브
자주 검색하는 키워드	"파운데이션 후기", "직장인 다이어트", "명품백 리뷰"	"퇴사 후 삶", "감정 정리 루틴", "퇴사 브이로그", "감정기록 글"
자주 저장하는 콘텐츠	리뷰 정리형 블로그 / 비교형 영상 / 뷰티 꿀팁	감성 에세이 / 루틴 카드뉴스 / 감정 위로 브이로그
감정 상태 / 성향	똑 부러지고 단단한 사람으로 보이고 싶음 / 효율 중심	감정 표현에 서툼 / 위로받고 싶음 / 혼자 고민하는 스타일
말투 / 콘텐츠 톤 선호	논리적 / 깔끔한 요약 / 신뢰도 높은 어조	부드러운 말투 / 따뜻한 위로 / "그럴 수 있어요" 같은 공감형 문장
팔로우 이유 / 반응	필요한 정보가 있는 계정 / 실용적이고 정리된 콘텐츠	감정에 공감 / 나 대신 말해주는 느낌 / 자주 저장하고 몰래 팔로우
콘텐츠 기대 요소	실용적인 꿀팁 / 빠르게 요약된 정보 / 비교표	감정 에세이 / 감정 루틴 / 퇴사 준비 체크리스트 / 감성 브이로그
이상적인 콘텐츠 제목 예	"2025년 직장인 필수 다이어트 루틴 TOP5"	"퇴사 고민 중이라면, 이 감정 글부터 읽어보세요"
이상적인 콘텐츠 형식	카드뉴스 / 정리형 글 / 표 / 비교 콘텐츠	브런치 감성 에세이 / 감정 루틴 카드뉴스 / 자막 있는 브이로그
내가 제공할 콘텐츠	실용 정보, 정리 노하우, 체크리스트	감정 기반 콘텐츠, 감정 정리 일기, 감정 루틴, 감정 중심 브랜딩 콘텐츠

STP 전략 1

05 주제 세분화로 틈새시장 발굴하기

3C 분석을 통해 SNS 계정의 콘셉트, 주제, 목표와 방향을 설정했다. 이제 마케팅의 STP(세분화Segmentation, 타겟팅Targeting, 포지셔닝Positioning) 전략을 활용해 SNS 기획을 완성해 보자.

주제를 세분화하는 목적은 내가 다루고자 하는 핵심 주제 안에서도 '더 좁고, 더 진심으로 연결될 수 있는 고객군'을 찾기 위함이다. 시간과 자원이 부족한 상황에서 모든 걸 담기보다는, 딱 필요한 말만 반복해 주는 콘텐츠가 더 깊은 신뢰와 전환을 만든다.

효율적인 SNS 운영을 위해서는 적합한 주제를 찾아 집중해야 한다. 마인드맵을 활용하면 주제를 세분화할 수 있다. 이 과정에서 광범위했던 범위를 좁히고, 불분명했던 아이디어를 명확하게 하면서 바로 콘텐츠를 만들 수 있을 만큼 다듬을 수 있다. 카테고리와 콘텐츠를 세분화하면서 집중할 틈새시장을 찾아내야 한다.

① 마인드맵

한 가지 주제에 대해 꼬리에 꼬리를 물고 생각을 이어 나가는 마인드맵을 활용해 주제를 세분화해 보자. SNS 운영의 주요 주제로 선정한 단어나 문장을 빈 공간 한가운데에 적는다. 주제 주변으로 떠오르는 생각을 자유롭게 적는다. 세분화를 위한 과정이라고 해서 꼭 더 작은 개념으로만 이어나갈 필요는 없다. 머릿속에 떠오르는 단어, 이미지, 경험 등등 다양하게 생각나는 모든 것을 우선 적어본다. 한계 없이 생각을 발전시켜 나가면서 더 깊은 주제를 발견하거나 영역을 확장시킬 아이디어를 만날 수도 있기 때문이다.

마인드맵 페이지가 충분히 채워졌다면 세분화를 위해 카테고리를 구분하고 범위를 좁히는 과정을 진행한다. 카테고리로 지정하고 싶은 것, 콘텐츠로 만들고 싶은 것 중에서 범위를 좁힌다. 연결된 내용들 중 원하는 것과 원하지 않는 것, 할 수 있는 것과 할 수 없는 것들을 구분한다. 3C 분석 내용을 번갈아 확인하면서 나, 경쟁자, 페르소나의 시각으로 바라본다. 각각의 입장에서 큰 덩어리로 생각했던 주제를 여러 카테고리로 나눈다. 한 카테고리 내에서 제작할 수 있는 콘텐츠들로 세분화한다. 그리고 콘텐츠를 제작할 때에는 콘텐츠를 구성하는 내용을 세분화한다. 계정의 주제, 카테고리, 콘텐츠, 콘텐츠의 내용까지 하위 단계로 내려가면서 점차 상세한 내용으로 좁혀간다. 이때 마인드맵이 아주 유용하게 사용된다.

② 카테고리 세분화

마인드맵 과정을 통해 먼저 카테고리를 세분화한다. 카테고리(Category)는 '범주'를 의미하는 말로, '동일한 성질을 가진 부류나 범위'를 뜻한다.

주제를 기준으로 뻗어나간 아이디어 중에서 비슷한 내용을 하나의 카테고리로 묶는다. 이렇게 묶인 카테고리는 한 계정에서 다양한 카테고리로 운영되거나 여러 계정에서 각각 다른 콘셉트로 운영될 수 있다.

카테고리를 구분할 때 페르소나를 선정하는 것처럼 자세한 설명을 붙여 보자. 카테고리명을 단순하게 짓더라도 카테고리의 특성에 대해 깊게 생각해야 선택과 집중이 가능하다.

카테고리를 세분화하는 첫 번째 이유는 틈새시장을 선정하기 위해서다. SNS를 운영하는 목적 중 하나는 내 콘텐츠에 진심으로 깊게 공감해줄 사람들을 찾는 것이다. 그들이 모인 틈새시장을 먼저 찾아야 이후 원하는 목적을 달성할 수 있다. 마인드맵 과정에서 사소한 아이디어들까지 적어두고 카테고리를 정의하는 데 활용한다. 그것이 곧 내 계정과 내 콘텐츠가 주력해야 하는 시장이다.

카테고리 세분화의 두 번째 이유는 콘텐츠를 기획하기 위해서다. 마인드맵을 통해 카테고리와 연관된 아이디어를 최대한 많이 저장해 두자. 카테고리를 세분화하여 특성까지 정해놓으면 이후 콘텐츠 주제와 톤앤매너까지 기획하는 게 수월해진다.

틈새시장을 공략하기 위해서는 그들만을 위한 맞춤 콘텐츠를 제작해야 한다. 세분화된 카테고리에서 더욱 세분화된 콘텐츠가 나온다. 카테고리 세분화를 통해 콘텐츠 제작을 위한 다양한 아이디어까지 미리 챙겨 준비해 두자.

③ 콘텐츠 세분화

마인드맵을 통해 카테고리뿐만 아니라 콘텐츠 세분화도 한꺼번에 가능하다. 콘텐츠 세분화는 카테고리 하위에 있는 콘텐츠 주제를 더 작은 단위로 나누는 과정이다.

틈새시장의 한 개인을 위해 콘텐츠를 제작한다는 생각으로 콘텐츠 주제를 세분화시켜야 한다. 이때 3C 분석 과정에서 설정한 고객 페르소나를 떠올려보자. 하나의 카테고리 안에서 세분화된 콘텐츠를 시리즈로 기획할 수 있다. 혹은 하나의 카테고리에서도 세분화된 내용을 다른 콘텐츠로 구분하여 여러 콘텐츠를 생산하는 것도 가능하다.

콘텐츠 세분화는 콘텐츠 내용 구성을 위해서도 거쳐야 하는 과정이다. 콘텐츠 주제에서 마인드맵을 통해 세분화된 아이디어를 선정한다. 작은 조각으로 나눠진 아이디어를 여러 순서로 배치해 본다. 이 과정을 통해 메시지를 가장 효과적으로 전달할 수 있는 구성을 찾아야 한다.

고객 페르소나를 만족시키는 것을 목적으로 주제를 세분화하고 내용을 구성해야 틈새시장을 공략할 수 있다. 메인 주제에서 마인드맵을 시작해 카테고리, 콘텐츠로 점차 세분화하면서 틈새시장에 맞는 아이디어를 설정해 보자.

예시 마인드맵

A는 인테리어에 관심이 많다. 인테리어 관련 뉴스레터를 구독하고 블로그 이웃 목록과 인스타그램 팔로잉 목록도 대부분 인테리어 스타일, 소품, 디자이너들로 채워져 있다. 대학생 때는 자신의 방을, 독립한 후에는 자취방을 꾸미는 게 취미가 되었다. 결혼을 앞두고 신혼집을 꾸밀 생각에 벌써 설렌다. 오랜 시간 자신만의 공간을 꾸미면서 다양한 팁을 갖게 되었고 친구들은 A에게 인테리어 관련 조언을 부탁한다.

MD가 직업인 A는 트렌드에 민감하고 신제품을 다른 사람들보다 빠르게 만날 수 있다. 먼저 사용해 보고 좋은 제품을 지인들에게 소개해 주는 게 A에게는 너무 즐거운 일이다.

이런 A가 인테리어에 관련된 블로그와 인스타그램을 운영하기로 했다. 인테리어에 관해서는 하고 싶은 이야기도, 할 이야기도 많지만 머릿속에 산재되어 있는 아이디어를 정리하기 위해 마인드맵을 작성했다.

마인드맵

1. 메인 주제를 중심으로 자유롭게 키워드를 적어나간다.
2. SNS 운영, 메인 주제 관련, 연관어 등과 같은 제한을 두지 않고 최대한 자유롭게 적어보자.
3. 꼭 해당 주제, 카테고리, 콘텐츠에 해당되지 않아도 떠오르는 키워드를 모두 적는다. 생각지 못한 아이디어를 줄 수 있다.
4. 펼쳐진 키워드 중에서 비슷한 내용을 하나의 카테고리로 묶는다. 하나의 키워드가 여러 카테고리에 들어가는 것도 괜찮다.
5. 카테고리가 정해졌다면 콘텐츠 내용을 생각하면서 키워드를 그룹화하자.

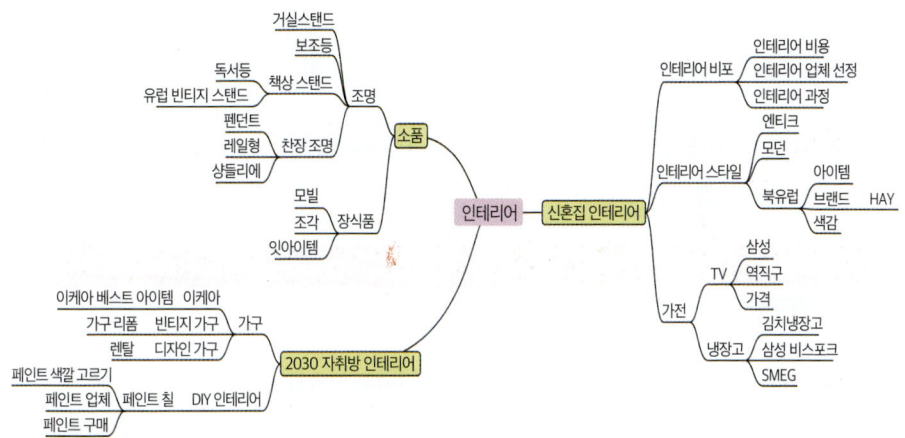

마인드맵 정리

콘텐츠 아이디어를 확장하고 구조화하기 위한 마인드맵 작성, 카테고리 세분화, 콘텐츠 세분화 3단계 핵심 과정에 집중을 실행볼 수 있게 구성했다.
각 단계를 순서대로 따라가며 자신의 주제를 정리하고 구체화해 보자.

1. 핵심 주제를 정한다 - 내가 가장 잘 아는 주제나 타겟이 궁금해할 키워드를 1~2단어로 뽑아 중심 키워드를 설정한다.
2. 키워드를 연상 확장한다 - 중심 키워드에서 떠오르는 단어나 감정, 상황 등을 자유롭게 연결해 마인드맵 형태로 확장한다.
3. 카테고리로 분류한다 - 확장된 키워드를 유사한 성격끼리 묶어 카테고리 A~D로 나누고 흐름을 정리한다.
4. 콘텐츠로 구체화한다 - 각 카테고리를 기반으로 제목, 형식, 전달 메시지를 정해 콘텐츠 아이디어로 만든다.
5. 실행 가능한 기획안으로 발전시킨다 - 세분화된 콘텐츠들을 실제 제작이 가능한 형태로 정리해 실행력 있는 기획으로 마무리한다.

📌 STEP 1. 마인드맵 작성 - 핵심 주제에서 시작하기

내가 잘 아는 주제 하나를 중심으로 떠오르는 생각을 시각적으로 뻗어나가며 아이디어의 원형을 만든다.

항목	작성 가이드	예시 답변
중심 주제 키워드	내가 가장 잘 알고 있거나 꾸준히 관심 가져온 주제를 1~2단어로 정의해 보세요.	인테리어
이 키워드를 떠올리면 바로 연상되는 단어는?	감정, 장소, 상황, 질문, 사람 등 자유롭게 적어보세요.	자취방, 신혼집, 스타일링, 조명, TV, 가전, 가구, 쇼핑, 분위기, 감성, 추천
이 주제를 콘텐츠로 다룰 수 있는 이유는?	내가 겪은 경험, 남들과 다른 시선, 쌓인 정보 등	직접 자취방과 신혼집을 꾸미며 제품을 비교/구매한 경험, 트렌드에 민감한 MD 경험

📌 STEP 2. 카테고리 세분화 - 중심 키워드를 1차 확장하기

마인드맵에서 나온 단어들을 성격별로 묶어 콘텐츠의 방향성과 틀을 잡아보는 단계다.

중심 키워드	하위 카테고리 A	하위 카테고리 B	하위 카테고리 C	하위 카테고리 D
인테리어	공간 스타일링	가전/가구 비교 추천	인테리어 비용 및 준비	감성/트렌드 소개

📌 STEP 3. 콘텐츠 세분화 - 실전 콘텐츠 아이디어로 연결하기

분류한 카테고리에서 실제 제작 가능한 콘텐츠 아이디어를 구체적인 제목과 형식으로 발전시킨다.

세부 카테고리	콘텐츠 제목 아이디어	콘텐츠 형식	전달 메시지 또는 독자 니즈
공간 스타일링	우리 집을 호텔처럼 꾸민 현실 인테리어	릴스	소소한 소품으로 감성 공간 만들기
가전/가구 비교 추천	1인 가구를 위한 냉장고, 뭐가 좋을까?	블로그 리뷰글	실제 사용해 본 가전제품의 장단점 비교
인테리어 준비 비용	예산 100만 원으로 신혼집 꾸미기	카드뉴스/브이로그	예산 안에서 꾸미는 방법 제시
감성/트렌드 소개	요즘 2030이 빠진 유럽 감성 인테리어 브랜드	블로그/릴스	트렌드에 민감한 2030 여성 타겟 정보 제공

A는 마인드맵을 통해 전체 콘셉트에 정체성을 부여했다. MD라는 직업은 A가 트렌드를 먼저 접할 수 있다는 인상과 함께 전문성을 부여해 준다. 경쟁자와의 차별점을 찾은 것이다.

자신의 경험을 바탕으로 지금 바로 제작할 프로젝트의 내용을 선정했다. 곧 진행 예정인 신혼집 인테리어 과정은 미래의 프로젝트로 선택했다. 한 번의 마인드맵 과정으로 대략적인 콘텐츠 기획을 같이 마칠 수 있었다. 인테리어라는 포괄적인 항목에서 카테고리와 콘텐츠를 세분화함으로써 집중할 수 있는 주제를 찾았다. 실질적으로 콘텐츠를 만들 수 있는 단계까지 기획했다. 이제 콘텐츠를 제작하기만 하면 된다.

마인드맵을 통한 세분화는 SNS 계정의 큰 주제가 정해진 후 실질적인 운영을 위해 꼭 거쳐야 하는 과정이다. A의 경험에서 본 것처럼 흩어진 아이디어를 정리해 준다. 한데 모아진 아이디어는 세분화되면서 다듬어진다. 이를 바탕으로 계정 운영부터 콘텐츠 제작까지 기획하게 된다.

카테고리 세분화를 통해 주력해야 하는 틈새시장을 찾아보자. 카테고리 주제를 기준으로 다양한 콘텐츠를 미리 기획할 수 있다. 콘텐츠 세분화의 과정에서는 틈새시장 속 나만의 고객을 설득할 콘텐츠를 제작하자.

STP 전략 2
06 목표 설정과 전략 세우기

 주제를 세분화하는 과정에서 자신의 계정에 맞는 여러 틈새시장을 찾아낸 후, 목표하는 시장을 선택하고 그에 맞는 타겟팅 전략을 세워야 한다.

마케팅에서는 세분화된 시장의 매력도와 기업과의 적합도를 객관적인 자료를 활용해 고려한다. SNS 운영에서도 해당 개념을 가져와 생각해 보자. 세분화를 통해 선정한 틈새시장 중에서 계정 크기에 맞는 시장을 선택해 전략을 세울 수 있다. 최근 주목받는 트렌드에 편승하기 위해 관련 시장을 첫 목표로 설정할 수 있다. 또한 고객의 니즈와 원츠에 따라 시장을 선정하고 목표를 잡을 수도 있다.

운영하고자 하는 주제나 운영자의 역량에 따라 집중화, 차별화 전략을 활용해 시장을 공략한다. 하나의 틈새시장에 집중하더라도 다양한 시각으로 콘텐츠를 만들어낼 수 있다. 여러 카테고리를 한꺼번에 운영하는 차별화 전략을 통해서는 다양한 고객들을 유입시킬 수 있다. 하나의 틈새시장도 계정 크기에 따라 세분화되고 그에 따른 전략도 변경된다.

내 계정과 콘텐츠에 가장 적합한 고객을 찾기 위해 기획 단계에서 최대한 많은 아이디어를 발굴하자. 고객을 가장 선명하게 설정했을 때 SNS 이용자를 내 계정의 방문자로, 구매 고객으로, 내 네트워크의 구성원으로 만들 수 있다.

계정을 크기에 따라 구분하는 이유는 하나의 계정도 각 단계별로 다른 특징을 갖기 때문이다. 초반에는 방문자의 진입 장벽을 낮추기 위해 기초적인 내용의 콘텐츠를 제작하기도 한다. 이후 유입되는 방문자 수가 증가하면서 해당 주제에 익숙해진 고객들이 더욱 전문적인 콘텐츠를 기대할 수 있다. 계정의 크기에 따라 노출 가능한 키워드와 해시태그가 다르다. 이웃수, 팔로워 수, 구독자 수에 따라 수익화 방안도 다르게 적용된다. 운영하는 계정이 다음 단계로 빠르게 성장할 수 있도록 단계에 맞는 전략을 세우고 활용하자.

1 집중화, 차별화 전략

3C 분석과 주제 세분화를 통해 지금까지 다양한 주제를 발굴해 냈다.

찾아낸 모든 주제를 최대한 세분화하고 최소한으로 선정해야 본격적으로 SNS 운영에 적용할 수 있다. 하지만 당장 선택되지 못한 주제를 안타까워하지 말자. 전략에 따라 적절하게 활용할 수 있다.

전략에 따라 주력할 주제를 한두 개만 집중적으로 혹은 여러 개로 운영할 수 있다. SNS 알고리즘은 '명확한 주제 + 일관된 메시지'를 가진 계정에 더 유리하게 작동한다. 따라서 SNS를 시작하는 단계에서는 '집중화 전략'이 가장 효과적이다. 한두 개의 핵심 주제를 깊이 있게 다루면, 초기 팔로워는 브랜드에 대한 신뢰를 형성하고, 알고리즘도 계정의 주제를 빠르게 인식해 더 많은 유입을 만들어낸다.

마케팅에서 공략 시장을 타겟팅(Targeting)하는 전략에는 세 가지가 있다. 전체 시장을 타겟으로 하는 '비차별화 전략', 세분화된 시장을 2개 이상 타겟팅하는 '차별화 전략', 하나의 시장만을 타겟팅하는 '집중화 전략'이다.

비차별화 전략은 최대한 큰 규모를 공략할 수 있도록 보편적이어야 한다. 이는 개인의 관심사를 타겟팅하는 SNS 운영 전략에는 적합하지 않아 제외한다. 세분화를 통해 선정한 틈새시장을 여러 개 다루는 차별화 전략과 한 개만 공략하는 집중화 전략을 활용해 보자.

집중화 전략

SNS 초기에는 집중화 전략을 통해 운영 방법을 익히고, 고객에게 선명한 인상을 남기는 것을 추천한다. 경쟁자와 구별되는 차별점과 구체화된 주제를 콘텐츠에 녹여내어, 한 번 유입된 사람들의 기억에도 남는 것을 목표로 한다.

- 블로그는 '프롤로그' 페이지로 노출되는 콘텐츠를 조정할 수 있다. 따라서 한 번에 2~3개의 주제까지도 동시에 운영하는 것이 방해가 되지 않는다. 그러나 전체 피드가 한번에 보이는 • 인스타그램에서는 상이한 주제로 콘텐츠를 제작하는 걸 추천하지 않는다. 메인 페이지가 산만해 보이고 해당 계정의 피드를 연속으로 확인할 때 주제가 섞여 방문자에게 명확히 기억되지 못할 수 있다. • 유튜브에서 상이한 주제의 콘텐츠를 여러 개 공유하는 것은 알고리즘이 채널에 대해 올바른 데이터를 축적하는 데 방해가 된다. 구독자 수 10만 이상이 될 때까지는 한 가지 주제에 집중하는 것이 좋다.

차별화 전략

꾸준히 콘텐츠에 반응하고 계정을 찾아주는 사람들을 확보했다면 차별화 전략을 적용해 볼 수 있다. 각 주제에 따라 다른 페르소나를 선정하고 운영자의 톤앤매너는 그대로 유지한 채 콘텐츠를 제작한다. 또는 '부캐'처럼 주제별로 운영자의 톤앤매너를 달리하여 만들 수도 있다. 차별화 전략은 기존 고객에게 새로운 주제의 콘텐츠를 제공함으로써 신선함을 주고, 또 기존 고객과는 다른 고객을 유입시켜 계정 규모를 확장시킬 수 있다.

이런 차별화 전략에서 주의할 점은 각각 다른 주제를 면밀하게 기획해야 한다는 것이다. 다양한 고객을 유입시키기 위해서는 새로운 주제도 세분화하여 틈새시장을 선정하고 구체화된 페르소나를 세워야 한다.

• 블로그에서는 카테고리 구분이 확실히 되지만 한 번에 최대 5개까지만 다른 주제를 운영하는 것이 좋다. • 인스타그램과 유튜브에서 다양한 주제를 운영하고 싶은 경우 새로운 계정을 만드는 것을 추천한다.

② 계정 크기별 전략

SNS 운영은 친구를 사귀는 과정과 비슷하다. 콘텐츠를 통해 관심사를 공유하고 계정을 기반으로 관계를 맺는다. 좋아요로 호감을 표시하고 댓글로 소통한다. 관심사가 비슷한 사람들이 한 계정에 모여 커뮤니티를 구성한다.

새로운 사람을 만났을 때, 친구와 대화할 때, 모임에 참석했을 때 우리는 상대에 따라 다른 말투와 태도로 대한다. 일상생활과 같이 SNS에서도 각각 상황에 맞춰 방문자를 대해야 한다. 계정에 방문하는 개인에게 맞추는 게 최고의 방법이겠지만 규모가 커질수록 어렵다. 따라서 SNS에서는 방문자 수, 팔로워 수, 구독자 수를 기반으로 계정의 크기를 나누고 전략을 세워보자.

먼저 개인이 목표로 하는 계정의 크기를 소, 중, 대로 나눠보자. 이때 일일 방문자 수, 팔로워 수, 구독자 수를 정확한 숫자로 수치화해서 목표를 정한다.

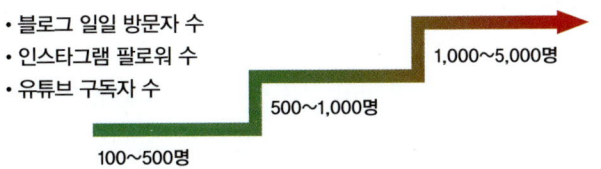

블로그는 일일 방문자 수 100~500 / 500~1,000 / 1,000~5,000으로 설정하자. 인스타그램은 나노 인플루언서가 수백 명에서 1,000명의 팔로워이지만 계정을 처음 시작하는 우리에게는 여전히 큰 수치다. 유튜브도 처음 구독자 1,000명을 달성하는 것이 가장 어렵다. 따라서 블로그의 일일 방문자 수와 동일한 수로 목표를 설정하자.

계정의 크기는 수치를 통해 목표 설정을 하지만, 각 단계별 전략은 마케팅과 브랜딩에 중점을 두고 계획해야 한다.

각 단계마다 집중할 카테고리, 콘텐츠 구성과 형식, 소통을 위한 톤앤매너, 수익화 전략을 정리한다. 앞서 분석하고 설정한 내용을 바탕으로 효과적인 메시지 전달 방법, 원하는 행동으로 이끌 수 있는 설득 방법, 수익을 최대화할 수 있는 방법을 고민해야 한다.

단계별 고객의 반응도 지속적으로 확인해 전략에 꼭 반영해야 한다. 단계별로 세부 운영 방안을 고민하고 전략을 세우는 동시에 현재 계정의 상태를 정확히 파악해야 더 나은 방향으로 이끌어갈 수 있다. 초기 계정과 콘텐츠를 마케팅하는 것에서 시작해 확고한 브랜드로 자리 잡을 수 있도록 꾸준히 관리하자.

사진작가 B는 해외여행 사진을 콘텐츠로 인스타그램과 유튜브를 운영하고 있다. 세계여행 사진 중에서도 유럽의 성(城)을 동화 같은 색감으로 보정해 콘텐츠를 제작했다. 유럽의 성과 동화 같은 색감 모두 B가 발견한 틈새시장이자 경쟁자와의 차별점이다.

인스타그램에는 보정이 완성된 사진, 장소와 보정 관련 정보 글, 보정 과정 동영상을 업데이트한다. 유튜브에는 장소 설명과 추억이 담긴 여행 동영상과 사진 보정 과정 동영상으로 콘텐츠를 만든다.

전문가인 B는 사진에 대해 하고 싶은 이야기가 많았다. 여행을 하면서 유럽의 성(城) 이외에도 각국의 풍경, 사람, 음식 등 수많은 사진을 찍었다. 여행지 모습, 여행 과정도 꼼꼼히 동영상으로 기록해 두었다. 각 사진의 주제별로 보정하는 방법도 공유하고 싶었다. 그러나 B는 자신과 자신의 계정이 전문가로 자리 잡을 때까지 기다렸다. 충분한 시간을 갖고 계정 크기와 방문자들의 반응을 살피며 천천히 영역을 넓혀나갔다. 계정 크기에 따라 주력 콘텐츠와 관련 전략을 정리해 하나씩 실천했다.

계정 크기별 전략

1. 계정이 작을수록 하나의 주제에 집중해야 시작이 쉽다.
2. 반응이 쌓이면 팔로워의 행동을 전략에 반영한다.
3. 주제가 여러 개라도, 나만의 톤과 메시지는 지켜야 한다.
4. SNS 운영 목표를 지속적으로 생각하면서 전략을 세워야 한다.
5. 반응이 좋은 콘텐츠는 반복해서 쌓고, 자연스럽게 나만의 흐름을 만든다.

계정 크기	고객 페르소나	톤앤매너	콘텐츠 구성	주요 전략 포인트	주력 콘텐츠	수익화 방법	운영 전략
100~1,000	퇴사를 고민 중인 30대 직장인 여성	따뜻하고 진솔한 감정 중심	이미지+짧은 글+일상 기록	'자신의 이야기'에 집중해 진정성 전달	직장인으로서 겪은 고민, 퇴사 이유, 감정 일기, 셀프 인터뷰	공감 기반 콘텐츠 저장 유도 → 추후 제휴 마케팅 연결	꾸준한 글쓰기+감성 이미지+해시태그 조합으로 검색 유입 강화
1,000~5,000	퇴사 후 진로를 찾는 직장인 여성	경험담과 조언이 공존하는 공감형	일상 공유+루틴+노하우 정리형 콘텐츠	'경험+정보' 결합 콘텐츠로 신뢰도 구축	퇴사 후 일상 루틴, 자유 직업인으로서 하루, 나만의 커리어 정리법	전자책(퇴사 준비, 일 잘하는 법 등) 소규모 판매 시작, 제휴 링크 운영	댓글, DM 중심으로 구독자 니즈 확인 → 스토리 Q&A, 릴스 연계
5,000~10,000	이직과 사이드잡에 관심 많은 커리어 여성	전문적이지만 친근한 설명형	카드뉴스+릴스+블로그 글 형태 병행	'전문가 포지셔닝'으로 브랜드 이미지 구축	커리어 코칭 콘텐츠, 이직 전략, 사이드잡 디지털노마드 노하우	전자책+강의형 콘텐츠(퇴사 클래스, 커리어 전략 워크숍)+광고 제휴 확대	'나답게 사는 법' 시리즈화+팔로워 고민 반영한 릴스, 블로그 장문 콘텐츠 운영
10,000~50,000	자기계발/브랜딩에 관심 많은 팔로워 층	리더십 있고 진정성 있는 전문가 느낌	인터뷰+토크형 영상+뉴스레터형 장문 콘텐츠	커뮤니티 기반 리더십 발휘+외부 콜라보 확장	인터뷰 콘텐츠, 구독자 고민 상담, 커뮤니티 챌린지 운영	유료 멤버십, 정기 코칭 프로그램, 브랜드/강의 협업, 연재 콘텐츠 수익화	인스타/블로그/유튜브 콘텐츠 연결 구조 설계 → 뉴스레터/랜딩페이지로 유도

초반 인스타그램 팔로워 수와 구독자 수가 5,000명이 될 때까지 유럽의 성을 찍은 사진만으로 틈새시장을 공략했다. 동화 같은 색감으로 보정한 콘텐츠를 접한 사람들은 그를 '동화 속 유럽의 성'을 찍는 작가로 기억했다.

B는 자신의 사진에 고객들이 익숙해진 것을 확인했고 여행지의 풍경 콘텐츠를 업데이트했다. 기존에 설정한 페르소나를 유지하기 위해 전체적인 톤앤매너는 유지했다. 유럽의 성 이미지와 함께 풍경 콘텐츠를 공유하자 팔로워 수가 5,000명에서 10,000명으로 빠르게 늘었다. '동화 속 유럽의 성'을 찍는 작가에서 '동화 같은 사진'을 찍는 작가로 그 범위를 넓혔다.

그의 사진에 꾸준히 반응하던 고객들은 사진 보정을 배우고 싶어했다. B는 사진을 보정하는 방법만 따로 콘텐츠로 제작했다. 유튜브에는 보정 설명 콘텐츠 카테고리를 따로 만들었고, 전문가처럼 느껴지도록 더욱 정돈된 톤으로 설명했다. 전문용어를 쉽게 설명해 주는 내용도 추가했다. 인스타그램에는 보정 과정을 동영상으로 업데이트해서 구분했는데 정확히 보이도록 동영상의 톤을 선명하게 유지했다. 이미 그의 사진을 보고 전문성을 확인한 사람들은 사진 보정 콘텐츠를 바이럴시켰고 유튜브 구독자가 1,000명에서 10,000명까지 순식간에 증가했다. 인스타그램 팔로워도 동시에 30,000명까지 늘었다. 예쁜 여행 사진을 찍는 사진작가의 이미지에 전문가 영역을 추가했다.

계정 운영 초기에 B는 유튜브와 인스타그램 방문자를 대상으로 엽서를 판매했다. 구독자 수와 팔로워 수가 늘어나면서 사진촬영 의뢰가 많아졌다. 사진 보정 콘텐츠가 큰 호응을 얻고 난 뒤 보정 방법을 가르치는 소규모 모임을 만들어 수익 구조를 넓혔다. 그의 강의를 원하는 사람들이 점차 늘었고 인스타그램 팔로워 수가 30,000명이 되었을 때에는 동영상 강의 제작 제의를 받았다. 이제는 그의 유튜브나 인스타를 방문하지 않은 사람들도 그의 동영상 강의를 듣기 위해 돈을 지불한다. 이렇게 B는 다양한 수익 구조를 창출해냈다.

SNS를 본격적으로 운영하기 전 방향과 전략에 대해 알아보았다. 한 번 방향을 설정하고 전략의 형태를 생각해 두면 앞으로 운영을 하면서 헤매는 시간을 줄이게 된다. 앞서 분석한 내용을 최대한 활용하면서 각 운영 단계에 맞춰 적절한 메시지를 전달하자. 사람들을 내 계정으로 유입시키는 것에서 시작해 네트워크를 만들어 내가 브랜드가 되는 그날을 목표로 해야 한다. 최종 목표를 이룰 때까지 주기적으로 분석하고 그에 맞게 전략을 수정하고 적용하자.

STP 전략 3

보이고 싶은 모습으로 포지셔닝하기

포지셔닝은 고객의 머릿속에 내가 어떤 정체성을 가진 사람(혹은 브랜드)으로 기억되기를 원하는지 전략적으로 설계하는 것이다. SNS에서는 '다 잘하는 사람'보다 '한 가지 이미지를 강하게 각인시키는 사람'이 더 강력한 인플루언서로 자리 잡는다.

기업이 바라는 대로 고객의 인식에 자리 잡는 것은 단기간에 이뤄지지 않는다. 고객의 인식 또한 파악이 거의 불가능하다. 그럼에도 포지셔닝이 마케팅의 필수 과정이 된 이유는 무엇일까?

바로 특별한 위치를 차지함으로써 대체할 수 없는 브랜드가 되기 위해서다. 작은 가치라도 고객이 경쟁사보다 먼저 떠올릴 수 있다면 시장에서 우위를 차지한 것이다.

애플은 브랜드의 정체성을 '혁신가(Innovator)'로 설정하고 슬로건을 '다르게 생각하라!(Think different!)'로 표현했다. 애플은 제품으로 자신의 정체성을 보여준다. 광고를 통해 반복적으로 해당 메시지를 노출한다. 그렇게 소비자의 마음속에 가장 혁신적인 브랜드로 자리 잡았다.

이제 사람들은 애플의 제품과 함께 그들의 혁신적인 아이디어를 구매한다.

애플 고객들은 애플 제품을 사용함으로써 '혁신가'가 되는 기분을 즐긴다. 제품과 브랜드의 핵심가치를 선정하고 지속적으로 제품과 광고, 기업의 행보를 통해 끊임없이 메시지를 전달한 결과다.

애플 같은 큰 기업뿐만 아니라 SNS를 통해 자신을 마케팅하고 브랜딩하고자 한다면 포지셔닝은 필수다. 포지셔닝은 자신만의 독보적인 위치를 찾아 고객의 인식에 심는 과정이다. 방문자들에게 꾸준히 핵심가치를 전달했을 때 그 가치를 중심으로 네트워크가 구성되고 브랜드가 만들어진다. 사람들은 SNS의 제목, 아이디, 프로필 소개와 사진, 콘텐츠 내용, 글, 사진, 동영상의 톤앤매너와 같이 다양한 부분을 통해 계정과 운영 주체를 파악한다.

계정과 콘텐츠의 핵심가치를 통일되게 꾸준히 전달하는 전략을 세우자. 개인이나 제품, 서비스도 고객에게 심어주고 싶은 가치와 이미지를 지속적으로 어필해야 한다. 콘텐츠가 쏟아지고 있는 지금, 자신만의 차별화된 가치를 고객에게 심어줘야 선택된다. 유용한 정보, 감동적인 이야기, 매력적인 사진은 넘쳐난다. 그 가운데 내 콘텐츠에 반응하도록 하기 위해서는 고객의 기억 속에 나만이 제공할 수 있는 가치가 깊게 자리 잡아야 한다. 틈새시장을 선정하고 계정 단계별 목표와 전략을 세우는 것 이외에도 포지셔닝을 거쳐야 가능하다. 고객에게 보여지고 싶은 모습을 설정하고 계정과 콘텐츠에 적용시킬 방법을 생각해 보자.

① 포지셔닝 맵

세스 고딘은 《마케팅이다》라는 책에서 포지셔닝과 관련해 이렇게 말했다.

> 선택지로 가득한 세상, 시간과 공간은 부족한데 대안은 너무 많은 세상에서 어떻게 선택을 해야 할까? (중략) 독보적 입지를 찾아야 한다. 모든 것이 아니라 특정한 것을 대표해야 한다.

포지셔닝을 통해 내 계정과 콘텐츠만이 대표할 수 있는 특정한 가치를 찾아야만 한다. 이때 활용할 수 있는 것이 포지셔닝 맵이다.

지금까지 3C 분석과 세분화, 타겟팅을 통해 파악하고 설정한 내용들을 기반으로 최종적으로 다듬는다. 운영할 SNS 계정의 콘셉트와 콘텐츠를 통해 사람들에게 보여주고 싶은 모습과 전달하고 싶은 핵심가치를 설정해 보자. 포지셔닝 맵을 활용하면 3C 분석에서 키워드와 문장으로 정리한 내용을 시각화하여 빠르게 핵심가치를 찾아낼 수 있다.

3C 분석을 통해 파악한 나와 경쟁자의 강점, 각각 주제의 특징을 나열한다. 핵심이 되는 단어를 10개 정도 적어보자. 페르소나가 중요하게 생각할 만한 가치를 선정해 x축과 y축을 만든다. 그리고 해당 위치에 나와 경쟁자의 자리를 표시한다. 운영자가 갖춘 차별점에 따라, 페르소나가 추구하는 가치에 따라 나와 경쟁자의 위치가 변동한다. 다양한 주제와 가치들을 넣어보면서 경쟁자와 비교했을 때 내가 유리한 것들을 살펴본다. 이를 기반으로 고객이 가장 선호하며 경쟁자보다 우위를 차지할 수 있는 핵심가치를 선별한다.

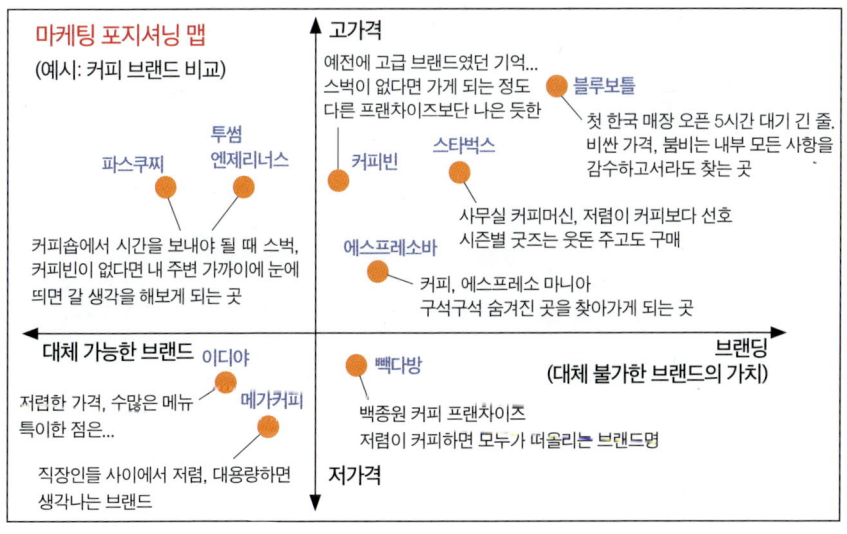

포지셔닝 맵은 나와 경쟁자의 상대적 위치를 시각적으로 비교해 고객에게 "왜 당신을 팔로우해야 하는가?"에 대한 이유를 제시할 수 있는 강력한 도구다. 운영자 자신 혹은 판매 제품이나 서비스를 어떤 브랜드로 인식시키고 싶은지를 기준으로 핵심가치를 찾아야 한다. 그리고 이 핵심가치는 브랜딩이 완성될 때까지 그리고 그 이후에도 유지해야 한다.

SNS 계정을 운영하면서 계정의 크기, 고객의 반응에 따라 카테고리와 콘텐츠 주제, 운영 방안이나 트렌드에 변화가 있을 것이다. 일부 가치가 수정되거나 제외, 추가될 수 있다. 하지만 근본적인 핵심가치는 최대한 유지해야 한다. 고객들은 핵심가치를 보고 관계를 맺고 유지하기 때문이다.

포지셔닝 맵
1. 나와 경쟁자의 강점, 주제의 특징을 나열한다. 핵심 단어를 10개 정도 추리는 것도 좋다.
2. 고객 페르소나가 중요하게 생각할 만한 가치를 축으로 만든다.
3. 경쟁자와 나의 위치를 표시하고 그 이유를 적는다.
4. 다양한 가치에 따라 적용해 보면서 자신의 포지션을 설정하자.

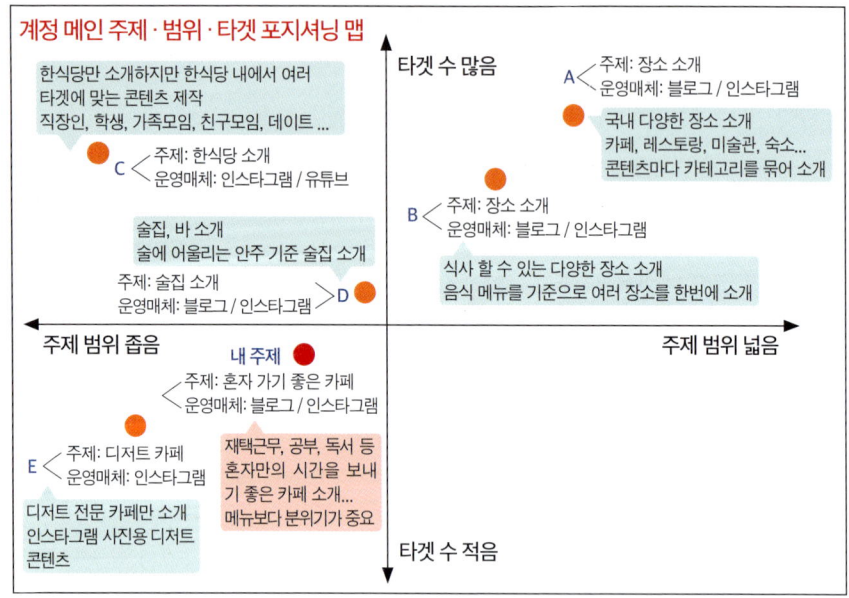

나와 경쟁자의 주제가 다룰 수 있는 범위와 콘텐츠에 반응하는 고객/타겟의 규모를 대략적으로 파악하기 위해 해당 포지셔닝 맵을 작성했고, 아래와 같은 결과를 도출했다.

- 하나의 계정에서 다양한 콘텐츠를 활용해 넓은 범위와 많은 고객을 보유하고 있다.
- 다루는 범위가 크면 제작할 수 있는 콘텐츠 주제도 증가하기 때문에 소재 선정이 어렵지 않을 것이다.
- 그러나 이제 시작하는 계정이 주제 범위를 과도하게 넓히면 차별성이 사라진다.
- 다루는 주제 범위를 크게 좁혀 세분화된 주제를 선정해 차별화를 준다.
- 타겟할 수 있는 고객 수가 적은 만큼 그들에게 가장 개인화된 콘텐츠를 만들기 위해 노력하자.

② 셀프 페르소나 설정

지금까지 3C 분석과 STP 전략을 활용해 다양한 아이디어를 발굴하고 선정해왔다. 이 내용을 하나의 페르소나 설정을 통해 정리하자.

3C 분석의 고객 분석에서 설정했던 페르소나를 이번에는 타인에게 보이고 싶은 내 모습으로 설정한다. 고객 페르소나는 계정과 콘텐츠에 가장 적합한 한 명의 고객을 찾기 위해 설정했다. 타인에게 보이고 싶은 모습으로 페르소나를 설정하는 이유는 계정과 콘텐츠에 자신만의 개성을 부여하기 위해서다. 장기적으로 계정을 운영하고 다양한 카테고리의 콘텐츠를 제작하면서 개성을 잃지 않고 통일성을 주기 위해서다.

SNS 계정을 대표하는 셀프 페르소나를 만들어보자. 셀프 페르소나(Self-Persona)는 지금까지 분석한 나의 강점, 경험, 취향, 관심사, 감정 등을 고객에게 가장 매력적이고 일관된 이미지로 전달하기 위해 정리한 대표 모습이다. 이는 단순한 '자기소개'가 아닌, SNS 콘텐츠 콘셉트 / 말투 / 비주얼 / 주제의 통일성을 설계하기 위한 기반이 된다. 지금까지 분석하고 설정한 내용을 최대한으로 동원해 핵심가치를 전달할 수 있는 하나의 셀프 페르소나를 설정하자.

타인에게 보이고 싶은 모습을 페르소나로 설정하는 것은 고객 페르소나와 방법이 같다. 설정의 토대가 되는 내용만 운영자 개인, 판매하는 제품과 서비스를 위주로 변경하면 된다.

포지셔닝을 통해 설정한 핵심가치를 가장 중점으로 두고 과정을 진행하자. 타인에게 보이고 싶은 모습을 키워드나 문장으로 정리한 뒤 대입한다. 해당 사항을 보여주는 방법에 대해서도 고민해 보면 페르소나의 모습이 더욱 뚜렷해진다. 운영할 SNS 계정의 콘셉트와 제작할 콘텐츠를 대표하는 한 사람을 설정한다고 가정하고 페르소나의 모습을 완성해 나가자.

이 셀프 페르소나 역시 한 명일 필요는 없다. 보여주고 싶은 모습을 효과적으로 전달하기 위해 다듬고 다듬어 하나의 페르소나로 만드는 것뿐이다. 자신의 다양한 개성과 아이디어를 대표할 수 있는 페르소나를 여러 개 만들어 보는 것도 좋다. 계정의 영역을 확장해 나가면서 다른 페르소나를 활용할 수 있다. 고객 페르소나에 따라 그에 맞는 자신의 페르소나를 활용해 더욱 적절하게 소통하고 관계를 맺을 수 있다. 게임에서만 사용되었던 '본캐'와 '부캐'가 어디서든 낯설지 않게 사용되고 있다. 오프라인과 온라인, SNS 플랫폼 계정마다 다른 페르소나로 활동하는 '멀티 페르소나'를 모두가 지니고 있다. 내 안의 다양한 가능성을 멀티 페르소나로 하나하나 세심하게 설정한다는 생각으로 과정을 진행해 보자.

셀프 페르소나

1. 정리해둔 나의 모습과 분석한 내용을 기준으로 셀프 페르소나를 설정한다.
2. 다양한 카테고리와 콘텐츠를 계획하고 있다면 그에 맞춰 여러 페르소나를 설정해 보자.
3. SNS 계정 운영, 콘텐츠 제작, 소통 등 설정한 셀프 페르소나로서 작업하자.
4. 자신을 가장 잘 표현할 수 있는 방법을 고민하자.

항목	예시
닉네임 / 계정명	감정기록러 민지
한 줄 소개	"퇴사 후 감정을 기록하며 나를 회복 중입니다."
핵심 키워드 (3~5개)	감정기록, 퇴사 후 삶, 브런치 감성, 회복 루틴, 감성 브랜딩
전달하고 싶은 이미지	부드럽고 진심이 느껴지는 사람 / 혼자여도 단단한 느낌 / 조용한 위로자
주요 콘텐츠 주제	감정 루틴, 감정 에세이, 회복기 브이로그, 퇴사 후 생활
주제와 연결된 경험	번아웃으로 퇴사 후 브런치 글쓰기 시작 / 감정 일기 루틴으로 회복 / 공감 댓글로 연대감 얻음
일관되게 쓰고 싶은 말투	부드러운 반말 / 다정한 말투 / 감정 중심 질문형 문장 예: "당신은 요즘 어떤 감정을 느끼고 있나요?"
콘텐츠 톤앤매너	감성적 / 따뜻함 / 잔잔함 / 조용한 응원 느낌
계정에서 피하고 싶은 느낌	조언 강요형 / 너무 명랑한 텐션 / 정보만 나열하는 콘텐츠
고객이 나를 어떻게 기억하길 원하는가?	"나 대신 감정을 정리해 주는 사람", "글을 보면 위로가 되는 계정", "말없이 챙겨주는 느낌"

포지셔닝을 통해 고객에게 최종적으로 전달하고 싶은 핵심가치를 선정해 보았다. 그리고 계정을 대표하는 페르소나도 설정했다.

계정 운영자 그대로의 모습이 아닌 설정한 페르소나의 모습이 계정과 콘텐츠에 적용되어야 한다. 제목, 아이디, 프로필은 기본이고 톤앤매너에도 표현될 수 있도록 하자. 핵심가치와 함께 계정의 특징이 고객에게 확실히 기억되도록 키워드를 만들어 콘텐츠와 해시태그에 적극적으로 활용하자. 전달하고지 하는 가치와 심어주고자 하는 이미지가 더욱 잘 기억될 것이다.

08 챗GPT를 활용한 SNS 전략 실습

지금까지 우리는 나 자신을 분석하고, 경쟁 계정을 살펴보고, 고객을 구체화하면서 마케팅 전략의 기초를 쌓아왔다. 각자의 SNS 채널 운영 방향이 보이기 시작했을 것이다. 이제 이 전략을 실제 실행 단위로 정리하고 콘텐츠로 연결해 보자. 챗GPT를 활용하면 지금까지의 분석과 전략을 빠르게 정리하고 콘텐츠 제작으로 넘어갈 수 있다. AI는 누구나 쉽게 질문하고 답변받는 방식으로 활용할 수 있다. 이 절에서는 AI와 함께 SNS 전략을 정리하는 실습을 진행한다.

자아 분석 요약하기: 나만의 SNS 콘셉트 도출

SNS 마케팅 전략의 시작은 '내가 누구이며 무엇을 이야기할 것인가'를 명확히 하는 것이다. 이 과정은 자아 분석으로 출발한다. 앞에서 우리는 개인의 관심사, 성향, 강점, 경험을 통해 나만의 이야기 주제를 좁혀가는 방법을 다뤘다. 이 분석을 바탕으로 이제 **SNS 콘셉트를 구체화**할 차례다.

챗지피티(ChatGPT)는 내가 제공한 간단한 정보만으로도 주제 후보를 제안하고, 그에 어울리는 콘텐츠 방향까지 제시해준다.

먼저 아래처럼 질문해 보자.

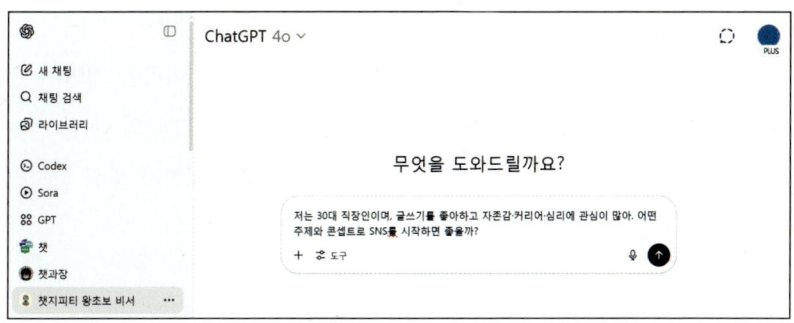

> 저는 30대 직장인이며, 글쓰기를 좋아하고 자존감·커리어·심리에 관심이 많아. 어떤 주제와 콘셉트로 SNS를 시작하면 좋을까?

이 질문에 대해 챗GPT는 2~3가지 주제 키워드를 중심으로 계정의 콘셉트를 추천하고, 어떤 형식의 콘텐츠를 만들면 좋을지도 함께 제안해 줄 것이다. 예를 들어 이런 답변을 받을 수 있다.

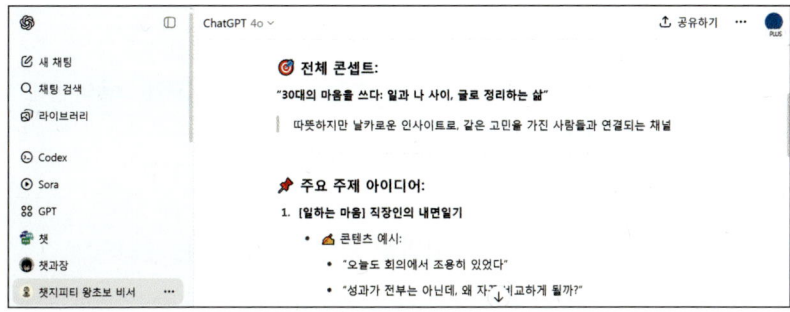

- 계정 콘셉트: 자존감 회복과 성장의 여정을 공유하는 직장인 브이로그
- 주제 키워드: 감정 관리, 커리어 일기, 회복 루틴, 성장 팁
- 추천 콘텐츠 형식: 글 중심의 피드, 감성 이미지, 짧은 릴스 인터뷰, 감정 키워드 카드뉴스

이 과정을 통해 내 계정이 어떤 이야기를 중심으로 운영될지 방향을 잡을

수 있다. 처음부터 완벽한 콘셉트를 만들려고 하기보다 '내가 좋아하고 오래 이야기할 수 있는 주제인가?'를 기준으로 정하면 좋다.

이 단계를 마치면 '나는 이런 이야기를 하고 싶은 사람'이라는 기반이 생기고, 콘텐츠 방향 설정에 도움이 된다. 하지만 이는 챗GPT와의 단 한 번의 대화로는 충분하지 않으며, 여러 번의 프롬프트 수정과 대화를 통해 점진적으로 구체화해 나가야 한다.

② 경쟁자 분석 요약하기: 나만의 차별화 포인트 도출

콘셉트가 정해졌다면 비슷한 주제로 운영 중인 계정을 살펴보는 것이 좋다. 단순히 벤치마킹을 넘어서 경쟁 계정을 분석하고 나만의 차별화 포인트를 찾는 것이 핵심이다. 챗GPT는 경쟁 계정의 특징, 장점, 한계, 팔로워 반응까지 요약해 주는 데 유용하다.

아래와 같이 질문해 보자.

> 자존감 회복 관련 콘텐츠를 운영하는 인스타그램 인기 계정을 알려줘. 그들의 콘텐츠 스타일, 강점, 나만의 차별화 포인트를 분석해 줘.

챗GPT는 다음과 같은 형태로 답변을 정리해 줄 수 있다.

- 계정 A: 감성적인 사진 + 짧은 위로 글귀, 댓글 반응 활발함, 반복적 콘텐츠가 많음
- 계정 B: 자가진단 테스트 위주 콘텐츠, 이모티콘 활용 많음, 전문성 부족
- 차별화 포인트 제안: 실생활 사례 중심, 구체적인 루틴 공유, 직장인 대상 공감형 콘텐츠

고급 프롬프트를 활용하면 경쟁자와 시장을 더 깊이 있게 분석할 수 있다.

기본적인 프롬프트는 단순 정보를 얻는 데 그치지만, 고급 프롬프트를 통해 실질적인 인사이트를 도출할 수 있다. 다음은 더 심층적인 분석을 위한 프롬프트들이다.

> [계정명]의 최근 인기 게시물의 성공 요인과 팔로워 반응을 분석해 줘.

> [키워드] 주제에서 경쟁자들이 놓치고 있는 블루오션 영역을 찾아 줘.

> [계정명] 팔로워들의 숨겨진 니즈와 불만족 포인트를 도출해 줘.

> [계정명]과 내 계정의 차별화 전략을 SWOT 분석으로 정리해 줘.

이러한 심층 분석을 통해 경쟁자와의 차별화 포인트를 더욱 명확히 할 수 있으며, 팔로워들의 니즈에 더 잘 부합하는 콘텐츠를 기획할 수 있다.

분석은 '따라 하기'보다 '어떻게 다르게 할 수 있을까'라는 질문을 던지는 데서 시작된다. 이 단계를 마치면 내 계정의 정체성이 또렷해지고, 콘텐츠의 강점을 명확히 보여줄 수 있다.

③ 타겟 고객 정리하기: 페르소나 생성

SNS는 사람을 위한 콘텐츠다. 누구를 위해 만들고 있는지 뚜렷하지 않으면 콘텐츠가 흩어지고 반응도 떨어진다. 3C 분석에서 고객을 설정했듯 이제는 그 타겟을 하나의 인물로 구체화하는 것이 필요하다. 이때 챗GPT는 상상 속 고객을 구체적인 페르소나로 형상화해 주는 데 탁월하다.

아래처럼 질문해 보자.

> 30대 여성 직장인으로, 회사생활에 지치고 자존감 회복에 관심 있는 사람의 페르소나를 만들어줘. 관심사, 감정, 행동 패턴을 포함해서.

챗GPT는 아래와 같은 페르소나를 제시할 수 있다.

- 이름: 수진 (가명)
- 나이: 33세
- 직업: 마케터
- 하루 일과: 출근길에 릴스 시청, 점심시간엔 블로그 탐색, 밤엔 감성 콘텐츠 소비
- 고민: 감정 소모가 많은 팀장과의 관계, 미래 불안, 무기력감
- 원하는 콘텐츠: 짧은 위로 글귀, 감정 루틴 소개, 자가진단 체크리스트, 커뮤니티 대화

이런 페르소나를 바탕으로 어떤 콘텐츠가 필요한지, 어떤 말투와 비주얼이 어울릴지 자연스럽게 정해진다. 특히 릴스, 피드, 스토리 각각의 사용 시간대나 분위기 등을 감안해 전략을 세우면 효과적이다. 이 단계에서는 '누군가를 위한 콘텐츠'라는 감각이 생기고, 운영자와 팔로워의 정서적 연결 가능성도 높아진다.

④ 콘텐츠 전략화: 카테고리와 콘텐츠 포맷 정리

앞에서 경쟁자와 고객 분석을 통해, 어떤 콘텐츠가 효과적이며 팔로워들이 원하는 니즈와 심리적 동기가 무엇인지 파악했다. 이제 그 분석 결과를 바탕으로 내 계정의 핵심 콘텐츠 카테고리를 설계하고, 다양한 포맷으로 표현할 차례다.

카테고리는 콘텐츠의 뼈대를 만들고, 운영자가 방향을 잃지 않도록 도와준다. 특히 처음 시작할 때는 3~5개의 큰 카테고리로 시작하는 것이 좋다.

챗GPT와 함께라면 분석 데이터를 활용해 카테고리를 정하고, 각 카테고리별로 어떤 포맷과 주제가 효과적인지도 쉽게 구상할 수 있다.

챗GPT에게 아래처럼 질문해 보자.

> 자존감 회복 콘텐츠를 운영할 예정인데, 카테고리를 4가지로 나누고, 각 카테고리별 콘텐츠 예시를 알려줘. 피드, 릴스, 카드뉴스 등 포맷도 제안해 줘.

예시 응답:

- 카테고리 1: 감정일기 (텍스트 중심 피드, 감성 이미지와 함께)
- 카테고리 2: 퇴근 후 회복 루틴 (릴스 영상, 짧은 브이로그 느낌)
- 카테고리 3: 감정 키워드 카드뉴스 (한 주제 3페이지 구성)
- 카테고리 4: 팔로워와의 감정 소통 (Q&A 스토리, 커뮤니티 기능 활용)

한 번 콘텐츠 전략을 이렇게 정리해 두면, 매주 어떤 형식으로 어떤 콘텐츠를 올릴지 훨씬 수월하게 계획할 수 있다. 이 단계를 통해 콘텐츠 운영이 일회성이 아닌 '전략적인 루틴'으로 바뀌며, SNS의 지속 가능성이 크게 높아진다.

5 브랜딩 문장과 소개글 정리: 나를 표현하는 한 문장

앞서 분석한 차별화 포인트와 고객 심리, 그리고 설정한 콘텐츠 카테고리는 결국 내 브랜드의 이야기로 연결된다. 이제 방문자가 내 계정에 들어왔을 때 첫눈에 '이 계정은 나에게 필요한 이야기를 하는 곳'임을 느낄 수 있는 브랜딩 문장과 소개글을 준비해야 한다.

단순한 직업이나 관심사 소개를 넘어서, '내가 누구이고 어떤 이야기를 하고 싶은 사람인지'를 보여주는 한 문장이 팔로우 여부를 결정짓는다. 챗GPT는 내가 설정한 차별화 포인트와 고객 심리를 반영해, 감성적이면서도 강렬한 인상을 남기는 소개글을 함께 만들어준다.

> 30대 직장인이 자존감 회복과 감정 루틴을 나누는 SNS를 운영한다고 했을 때, 인스타그램 소개글과 브랜딩 문구를 감성적인 톤으로 만들어줘.

예시 응답:

- 브랜딩 문장: "나를 아끼는 연습, 오늘부터 함께 시작해요."
- 프로필 소개글: "직장인의 자존감 회복 일지 | 감정 루틴 · 성장습관 · 셀프브랜딩"
- 링크 클릭 유도 문구: "오늘의 감정 루틴, 지금 확인하기 →"

이 문장을 통해 방문자에게 계정의 정체성을 강하게 전달할 수 있으며, 나 역시 계정의 목적을 잊지 않고 꾸준히 운영할 수 있는 동기를 갖게 된다. 이 단계는 콘텐츠 이전에 타겟을 먼저 사로잡는 포지셔닝의 핵심이다. 단순하지만 가장 강력한 브랜딩 도구가 된다.

지금까지의 과정을 따라왔다면, 당신의 SNS 전략은 더 이상 추상적인 생각이 아니다. 콘셉트부터 포지셔닝까지 모든 요소가 하나의 흐름으로 연결되었고, 챗GPT는 이 모든 과정을 빠르고 효율적으로 구체화하는 데 탁월한 도움을 준다. 특히 챗GPT는 당신의 아이디어를 더욱 선명하게 만들어주는 든든한 파트너다. 복잡한 전략 수립 과정을 간단하게 정리하고, 수많은 선택지 중에서 최적의 방향을 제시해 주며, 시행착오를 크게 줄여준다. 다음 장에서는 이 전략을 바탕으로, 실제 콘텐츠를 어떻게 만들고 운영할지 알아본다.

배움은 여기서 멈추지 않습니다.
QR 코드를 스캔해 워크북으로 직접 실습해보세요!

3장

고객 유입, 전환, 재방문, 팬을 만드는 전략

01 고객 여정과 고객 경험을 파악하자

  '고객 여정'은 고객이 제품을 인지한 단계부터 흥미, 욕구, 행동, 구매, 공유 단계에 이르기까지의 과정이다. '고객 경험'은 고객이 여정의 단계마다 겪는 인지, 정서, 감각, 행동과 같은 모든 반응을 의미한다.

기업은 신규 고객 창출과 기존 고객 유지를 위해 고객 여정과 고객 경험을 분석하고 개선하는 노력을 한다. SNS 마케팅에서는 계정에 방문한 고객의 여정을 이해하는 것이 핵심이다. 팔로워는 좋아요, 댓글, 문의, 구매까지 여러 단계를 거치기 때문에 각 단계마다 목표에 도달할 수 있도록 맞춤형 경험을 제공해야 한다. 마케팅의 고객 여정을 SNS 운영과 함께 생각하며 전략을 세워보자.

A의 인스타그램 랜덤 피드에서 스탠드 사진 하나가 눈에 띈다. 스탠드를 사고 싶었는데 디자인이 마음에 든다. 최근에 인테리어 소품을 검색했더니 알고리즘이 다양한 사진을 노출시켜준다. 스탠드 정보가 궁금한 A는 네이버 블로그 리뷰를 확인한다. 본인 집과 비슷하게 인테리어 되어 있는 집에도 잘 어울린다. 사진만으로는 조명 밝기나 색감이 충분히 전달되지 않아 유튜브에서 동영상까지 확인한다. 꼼꼼한 리뷰 덕분에 구매를 결정하고, 해당 동영상에 감사 댓글을 남긴다. 가벽 비교를 해본 뒤 쿠팡에서 주문하고, 거실에 설치한 후 인스타그램에 인증샷을 올린다. A를 팔로우하는 사람들이 스탠드에 대해 질문하고, 제품이 만족스러운 A는 그의 팔로워들에게 추천해 준다.

A가 스탠드를 구매하며 거친 모든 과정은 고객 여정 모델 중 **AISAS** 모델이다. 일본의 종합광고 대행사 덴츠가 2005년 SNS를 이용하는 고객 여정에 맞게 제시한 모델이다. **인지(Attention)** → **흥미(Interest)** → **검색(Search)** → **구매(Action)** → **공유(Share)** 모델이다. 하루에도 여러 번 스마트폰으로 물건을 구매하는 우리의 익숙한 모습이다.

제품과 서비스를 인지하는 단계에서 시작해 고려, 구매, 재방문과 공유까지 마케팅과 브랜딩을 완성하는 데에는 다양한 단계가 존재한다. 각 단계별로 알맞은 경험을 제공해야 고객은 다음 단계로 이동한다.

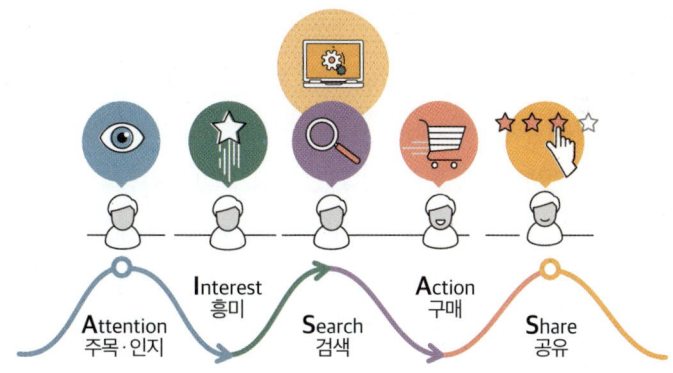

기업은 고객 여정의 각 단계별로 고객의 경험을 다양하게 분석한다.

- 광고에 노출되었던 사람이 왜 광고를 클릭하지 않았는가?
- 광고를 클릭해 홈페이지에 유입된 사람이 왜 이탈했는가?
- SNS 계정에서 홈페이지를 방문한 사람은 콘텐츠의 어떤 부분을 보고 유입되었는가?
- SNS 계정에서 제품 관련 콘텐츠에 좋아요 반응한 사람들 중 구매자가 있는가?
- 상세페이지에서 제품을 확인한 사람이 왜 구매하지 않았는가?

고객 여정의 각 단계에서 고객 경험과 그다음 여정으로의 연결을 분석한다. 고객을 이해하기 위해서다.

경제적으로 풍요로워지면서 시장에 진출한 제품과 서비스는 상향 평준화되었다. 고객은 제품 자체보다는 가치를 중요하게 생각한다. 실시간으로 다양한 정보를 접할 수 있는 사람들은 더욱 까다로워졌다. 소수만 공감할 수 있는 감성을 나누고 남들과는 차별화를 원한다. 기업은 세분화된 고객들을 자세히 파악하기 위해 분석을 한다. 고객이 최종 단계에 닿기까지 전환을 거듭할 수 있도록 개인화된 경험을 제공하려 노력한다.

B는 부모님 생신을 맞아 이번 주말 가족 식사를 계획 중이다. 부모님이 좋아하는 메뉴와 모던하고 예쁜 분위기의 식당을 찾기 위해 인스타그램을 검색한다. 마음에 드는 곳을 발견할 때마다 좋아요를 남긴다. 궁금한 점이 있는 식당에는 댓글로 질문한다. 유튜브에서도 검색해 비슷한 식당 여러 곳을 동영상으로 확인했다.

며칠 동안 조사해 날짜도 맞고 메뉴, 분위기, 가격도 적당한 곳을 발견했다. 네이버에서 해당 식당을 검색해 리뷰를 확인한다. 광고 티가 많이 나는 블로그는 제외하고 진솔한 블로그를 찾는다. 사진도 많이 등록되어 있고 상세히 리뷰한 글을 발견했다. 이 콘텐츠를 꼼꼼히 읽어보고 연결된 링크를 따라가서 식사 예약을 완료했다. 식당과 관련된 다른 글도 읽어봤는데 B와 블로거의 취향이 비슷한 것 같아 이웃 추가를 했다. 블로그 글을 통해 식당을 예약했다는 댓글도 잊지 않았다.

B의 예시처럼 SNS 이용자도 고객 여정을 거친다. B는 인스타그램에서 다양한 식당 사진을 확인했다. 마음에 드는 식당을 보고 좋아요를 남겼지만 팔로우로 이어지지 않았다. 궁금한 점을 댓글로 질문했지만 해당 계정에서 예약을 하지는 않았다. 상세한 리뷰를 보고 싶었기 때문이다. 유튜브에서도 검색해 동영상으로 자세히 확인했다. 블로그를 확인하면서도 광고성이 짙은 글은 대충 훑어보기만 했다. B가 원하는 대로 자세한 리뷰를 남긴 글을 보고 식당 예약을 결정했다. 그런 뒤에도 다른 콘텐츠를 보고 B와 비슷한 취향인 걸 발견한 후에야 이웃 추가를 했다.

이처럼 감각적인 사진과 상세한 리뷰만으로는 최종 행동까지 이끌어내기 어렵다. 제품과 서비스가 넘쳐나는 만큼 콘텐츠도 세상에 쏟아져 나오고 있다. 고객의 선택을 받기 위해서는 콘텐츠도 고객 하나하나에 맞춘 초개인화로 세분화되어야 한다. 고객을 다음 단계로 안내할 수 있는 효과적인 장치를 단계마다 적용해야 한다. 고객이 여정에서 경험하는 것을 파악해야 가능한 일이다. 고객 여정을 따라 고객이 경험하는 계정과 콘텐츠를 지속적으로 점검하고 개선했을 때 마케팅과 브랜딩을 완성할 수 있다.

SNS 운영에서는 고객 여정을 '유입', '전환', '재방문', '브랜드'로 나누고 분석해 보려고 한다. 검색이나 콘텐츠를 통해 SNS 계정에 방문하는 것을 유입으로 설정한다. 좋아요나 댓글 등으로 콘텐츠에 반응하는 것 혹은 수익화를 이루는 것을 전환으로 지정한다. 이후 계정과 콘텐츠에 다시 방문하는 것을 재방문이라고 하겠다. 마지막으로 네트워크를 구성하고 팬이 되는 것을 브랜드로 설정한다. 이 여정은 SNS 운영의 전체적인 틀을 기준으로 잡은 것이다. 각자 계정에 맞게 여정을 설정하고 분석할 수 있다.

네이버 블로그 통계와 인스타그램 인사이트, 유튜브 스튜디오에서는 계정 관련 데이터를 제공한다. 데이터를 단순히 살펴보는 것만으로는 고객 경험을 이해하기에 부족하다. 각 플랫폼에서 제공하는 자료와 함께 각 콘텐츠의 댓글 내용으로 고객 경험을 파악한다. 지인에게 부탁하거나 운영자가 고객의 입장이 되어 계정과 콘텐츠를 단계별로 분석해 본다. 고객의 입장에서 생각했을 때 수정해야 될 점들과 새로운 아이디어가 보일 것이다.

먼저 각 여정별로 고객의 행동이 어떻게 변화하는지 파악해야 한다. 처음 계정과 콘텐츠에 유입된 방문자는 자신이 원하는 정보를 획득하려 할 것이다. 방문자가 기대한 방식으로 필요한 정보를 제공하면 좋아요를 클릭할 수 있다. 고객에게 질문을 남겼다면 그에 반응해 댓글을 남길 수도 있다. 콘텐츠 내용을 보고 제품이 마음에 든 고객은 링크를 클릭해 구매 페이지로 이동할 수 있다. 이렇게 콘텐츠의 형식과 내용에 따라 고객의 다음 여정이 결정된다. 고객을 이해하고 고객 여정과 행동을 파악해야 한다. 이를 기반으로 다음 여정으로 연결시킬 알맞은 콘텐츠를 구성하고 필요한 장치를 심어야 한다.

고객을 다음 단계로 안내하기 위해 어떻게 설득할지 고민해야 한다. 각 단계별로 고객이 원하는 콘텐츠를 먼저 제공한다. 다음 단계와 연결고리가 될 수 있는 메시지를 전달한다. 댓글을 요청하는 것과 구매까지 전환을 이끌어야 하는 경우는 설득 방법이 다르다.

댓글은 간단한 질문을 통해서도 이끌어낼 수 있다. 반면에 구매는 제품 상세 설명과 함께 필요성을 설득해야 한다. 설득이 된 고객이 링크를 클릭해 결제 정보를 입력하고 완료를 누를 때까지도 여정이 계속된다. 때문에 각 여정과 단계에 적합한 설득 방법을 최종 목표를 달성할 때까지 고민해야 한다.

계정과 콘텐츠를 기획할 때는 최종 목표를 생각해야 한다. 당장 일일 방문자 수와 팔로워 수, 구독자 수를 늘리는 것에만 집중하지 말자. SNS 계정 운영으로 이루고 싶은 최종 목표에 맞는 방향을 찾기 위해 노력하자. 우리는 방문자를 전환 고객으로, 고객을 재방문하도록, 그리고 내 브랜드의 팬이 되도록 만드는 긴 여정을 가야 한다. 각 단계의 고객을 언젠가는 내 브랜드의 팬으로 만들겠다는 최종 목표를 끊임없이 생각하면서 고객 경험을 파악해야 한다. 고객이 최종 단계에 도달할 때까지 통일된 메시지를 전달해야 한다.

고객 여정과 경험을 파악하는 건 고객관리의 기본이다. 고객이 내 계정과 콘텐츠에서 어떤 경험을 하는지 고민해야 그들을 위한 콘텐츠를 만들 수 있다.

다음 섹션부터 각 여정별로 고객을 설득할 수 있는 장치들을 살펴보자. 고객을 다음 단계로 안내하기 위해 어떤 장치를 어떻게 활용할 수 있는지 확인해 보자. 유입, 전환, 재방문, 브랜드를 비롯해 수익화하는 방법을 함께 알아보자.

고객 여정 단계별 고객 경험 설계하기

1. **고객 여정 단계 이해하기**: 고객이 브랜드 또는 콘텐츠를 처음 인지한 순간부터 최종적으로 재구매 또는 추천에 이르기까지의 흐름을 7단계로 나눌 수 있다.
각 단계에서 고객의 입장과 감정을 먼저 이해하는 것이 핵심이다.

   고객 여정 단계별 설명:
   - 인지(Awareness): 브랜드 또는 콘텐츠를 처음 알게 된 단계
   - 관심(Interest): 관심을 갖고 좀 더 알아보고자 하는 단계
   - 탐색(Consideration): 진지하게 비교·평가하는 단계
   - 행동(Action): 구매나 신청 직전 단계에서의 망설임
   - 전환(Conversion): 실제 구매/신청을 완료한 순간
   - 유지(Retention): 만족감을 느끼고 브랜드와 관계를 지속하는 단계
   - 추천(Advocacy): 주변 사람에게 브랜드를 추천하는 단계

2. **고객의 상황 및 생각 파악하기**: 각 단계에서 고객은 무엇을 고민하고, 어떤 생각을 할지 구체적으로 적어보자. 고객의 관점에서 생각해 보는 것이 중요하다.
3. **고객의 감정 정리하기**: 고객이 해당 단계에서 느끼는 감정(기대, 불안, 호기심, 망설임, 만족 등)을 기록한다. 감정이 곧 콘텐츠 방향 설정의 단서가 된다.
4. **내가 제공할 콘텐츠/행동 작성하기**: 각 단계에서 고객에게 보여줄 콘텐츠 또는 행동(이벤트, 메시지, 콘텐츠 포맷 등)을 기획한다.
5. **개선 아이디어 도출하기**: 현재 제공 중인 콘텐츠나 커뮤니케이션 방식에서 보완할 점, 추가하거나 개선하면 좋은 아이디어를 정리한다.

[예시] 운영 주제: 직장인을 위한 블로그 수익화 강의 프로그램

고객 여정 단계	고객의 상황 및 생각	고객의 감정	내가 제공할 콘텐츠/행동	개선 아이디어
인지(Awareness)	"부업하고 싶은데 방법을 모르겠어." / "블로그 수익화라는 게 실제로 될까?"	호기심, 의심	- 블로그 수익화 성공 사례 릴스 - "직장인 부업 추천" 블로그 글	유튜브 Shorts로 시각적 사례 보완
관심(Interest)	"정말 될 수도 있겠다." / "나도 시작해 볼 수 있을까?"	기대, 불안	- 무료 PDF 제공(수익화 3단계 가이드) - 뉴스레터 구독 유도	PDF에 실전 과제 포함시켜 실천 유도
탐색(Consideration)	"이 강의 진짜 괜찮은 걸까?" / "후기가 궁금해."	비교, 의심	- 수강생 후기 콘텐츠 - Q&A 릴스 영상	후기 콘텐츠에 실제 수익 캡처 포함
행동(Action)	"수강신청 할까 말까…" / "지금 결제해도 괜찮을까?"	망설임, 결심	- 마감 임박 카운트다운 - 한정 혜택 CTA	신청 마감 전 리마인드 메시지 발송
전환(Conversion)	"신청 완료했어!" / "기대된다."	안도, 설렘	- 환영 메일 + 워밍업 과제 - 커뮤니티 초대	DM 환영 메시지 + 1:1 오픈톡 연결
유지(Retention)	"계속 해봐야지." / "다른 사람들 어떻게 하지?"	몰입, 동기부여	- 수강생 커뮤니티 운영 - 주간 미션 챌린지	참여율 높은 학생 피드백 콘텐츠화
추천(Advocacy)	"이거 진짜 좋았어." / "내 친구한테도 알려야지."	만족, 자부심	- 추천 이벤트 - 후기 작성 시 쿠폰 증정	친구 추천 링크 자동 발급 기능 추가

이용자를 유입시키는 방법:
02 상위 노출과 키워드

 유입은 '흘러 들어오는 것'을 의미한다. SNS에서는 이용자들이 하나의 콘텐츠 혹은 계정에 들어오는 것을 '유입'이라고 얘기한다.

SNS 운영의 시작은 많은 사람을 콘텐츠와 계정으로 유입시키는 것이다. 이는 가게 안으로 들어오는 손님이 많아야 물건을 많이 팔 수 있는 당연한 이치와 같다. 유용한 정보가 가득한 글을 썼는데 읽어주는 사람이 없다면, 아름다운 사진을 찍었는데 봐주는 사람이 없다면, 감동을 주는 동영상을 찍었는데 재생하는 사람이 없다면 소통은 시작될 수 없다. SNS 운영은 실패로 끝나게 된다. 따라서 유입량을 늘리는 것이 SNS를 운영하는 첫 목표가 되어야 한다.

SNS 이용자가 콘텐츠나 계정으로 유입되는 경로는 다양하다.

① 이웃, 팔로워, 구독자의 유입
② 검색을 통한 유입
③ AI 기반 추천 콘텐츠를 통한 유입
④ 제휴 마케팅 및 광고 기반 유입

각 플랫폼의 알고리즘은 여러 요소를 분석해 콘텐츠를 알맞은 사용자에게 노출시킨다. 탐색과 검색 기반의 플랫폼 모두에서 키워드는 콘텐츠에 방문자를 유입시키는 데 중요한 역할을 한다. 콘텐츠에 대해 가장 빠르게 설명할 수 있는 요소가 키워드기 때문이다.

먼저 상위 노출의 개념을 파악해 보자. 상위 노출을 위해서 어떤 키워드를 찾아내야 하고, 어떻게 적용해야 하는지 키워드에 대해 자세히 알아보자.

① 상위 노출

SNS 플랫폼에서 '이태원수제버거'를 검색한다고 생각해 보자. 네이버 블로그와 카페 탭에 있는 수많은 리뷰들 중 어떤 글을 먼저 클릭할까? 수백 개의 햄버거 사진과 먹방 중에서 어떤 콘텐츠를 먼저 탭할까?

이용자는 우선 검색결과 첫 페이지에서 상위에 노출되고 있는 글과 사진 중에서 선택한다. 사람들은 다음 페이지로 넘어가는 번거로움을 본능적으로 꺼린다. 도움이 되는 글이나 마음에 쏙 드는 사진이 있을지도 모른다는 기대감만으로 페이지를 끊임없이 넘기거나 스크롤을 한없이 내리는 이용자는 거의 없다. 콘텐츠가 상위에 노출되어야 이용자의 눈에 보이고 선택된다. 우선 이용자에게 콘텐츠가 선택되어야 그다음 단계로 이동할 가능성이 생긴다.

상위에 노출되어야 유입량이 증가한다. 우선 유입량이 증가해야 고객을 다음 여정으로 이끌 수 있다. 바이럴이 일어날 기회가 생기는 것이다. 이런 이유로 기업들은 거액의 돈을 지불하고 인플루언서를 섭외한다.

2022년 1월 여성 최초로 팔로워 3억 명을 보유한 카일리 제너(Kylie Jenne)는 그녀의 인스타그램에 사진을 한 장 올리는 데 100민 달러, 우리나라 돈으로 11억 원이 넘는 돈을 받는다고 알려져 있다. 인플루언서의 영향력이 클수록 콘텐츠가 상위에 노출되기 때문에 이렇게 큰돈까지 지불하는 것이다.

이것이 바이럴을 일으킬 수 있는 가장 확실한 방법이다.

하지만 제너 같은 세계적인 슈퍼스타가 아니어도 상위 노출은 가능하다. 나노, 마이크로, 매크로, 메가 인플루언서 모두 각자의 리그가 있다. 계정 크기에 따라 자신이 속한 리그에서 키워드 전략을 활용해 콘텐츠를 노출시킨다. 운영하는 SNS 계정에 맞는 키워드를 선택해 콘텐츠에 적절히 활용하면 콘텐츠를 상위에 노출시킬 수 있다. 효과적인 키워드를 잘 적용하면 규모가 더 큰 리그에서도 콘텐츠의 상위 노출이 가능하다. 이런 상위 노출을 위해 가장 중요한 키워드에 대해 자세히 알아보자.

② 키워드

키워드를 SNS 이용자는 'SNS에 검색하는 단어'로 인식할 것이다. SNS 운영자는 '고객을 콘텐츠와 계정으로 유입시키는 단어'로 정의할 것이다. 이용자와 운영자가 인식하는 키워드의 정의를 함께 생각해 보면 키워드의 활용 방법이 보인다. 키워드를 활용하는 기본 방법을 이렇게 정리해 볼 수 있다.

① 고객이 원하는 정보를 얻기 위해 검색하는 키워드를 파악한다. → ② 해당 키워드를 콘텐츠에 활용한다. → ③ 콘텐츠에 적용된 키워드가 고객을 콘텐츠와 계정으로 유입시킨다.

콘텐츠를 상위 노출시키는 여러 요소 중에서 키워드는 바로 적용이 가능하고 그 결과도 빠르게 확인할 수 있다. 계정을 발전시키는 데 가장 실질적이며 활용도가 높은 요소다.

그러나 주제에 가장 적합한 키워드나 고객이 많이 검색하는 키워드를 사용한다고 해서 무조건 상위 노출이 되지는 않는다. 계정의 크기, 콘텐츠의 퀄리티, 키워드의 경쟁률 등에 따라 콘텐츠의 상위 노출 여부가 결정된다. 유익한 콘텐츠를 꾸준히 생산하고 팔로워들과 활발하게 소통하며 계정의 영향력을 키워야 한다. 이와 동시에 효과적인 키워드를 활용해 콘텐츠를 제작한다. 키워드를 적절히 배치해 알고리즘이 콘텐츠를 더욱 잘 찾아낼 수 있도록 해야 한다. 키워드 종류와 키워드를 발굴하는 방법 그리고 콘텐츠에 효과적으로 적용하는 방법을 확인해 보자.

1) 키워드 종류

자신의 콘텐츠, 판매하는 제품이나 서비스를 어떤 키워드로 검색할지 고객 페르소나 입장에서 고민하고 선정해야 한다.

이미 '떡상'(어떤 수치나 등급 등이 급격하게 오름)한 SNS 계정이나 유명한 크리에이터가 아닌 이상 이용자들은 계정 이름이나 아이디를 검색해 들어오지 않는다. 판매하는 제품이나 서비스가 생소한 것이라면 해당 아이템 이름을 몰라 검색조차 할 수 없다. 너무 잘 알려진 것이라면 다른 경쟁자가 많아 내 콘텐츠가 노출되지 않는다. 따라서 자신의 콘텐츠를 노출시키고 고객을 유입시키기 위해서는 고객을 중심으로 생각해야 한다. 고객 페르소나가 검색할 만한 단어를 먼저 파악하고 고민해서 선정해야 한다.

먼저 마인드맵을 통해 확장한 키워드들 중에서 계정, 카테고리 혹은 콘텐츠와 연관된 키워드를 선정한다.

해당 키워드를 네이버 검색창에서 검색하면 세 가지 종류의 키워드를 확인할 수 있다. ① 자동완성 키워드, ② 연관 키워드, ③ 오타 키워드, 이 세 가지 키워드들은 이용자들이 실제로 네이버 검색창에서 검색한 이력이 있는 키워드다. 즉, 고객 페르소나와 같은 사람들이 직접 검색한 키워드다. 해당 키워드들을 콘텐츠에 활용해야 한다. 당장 콘텐츠에 적용하지 않더라도 해당 키워드를 기반으로 콘텐츠를 이어갈 수 있으므로 꾸준히 확인하자.

자동완성 키워드

선정한 키워드를 네이버 검색창에 입력한다. 한 자씩 입력할 때마다 하위에 자동완성 키워드가 나타난다. 자동완성 키워드는 다른 이용자들이 검색할 때 가장 많이 활용한 키워드로, 입력한 키워드와 가장 밀접한 키워드다.

'비트코인'을 검색창에 입력했을 때 '비트코인 시세', '비트코인 갤러리', '비트코인 전망', '비트코인 하는법' 등의 단어들이 자동완성 되어 보인다. 이 단어들이 비트코인과 함께 가장 많이 검색되는 키워드인 것이다.

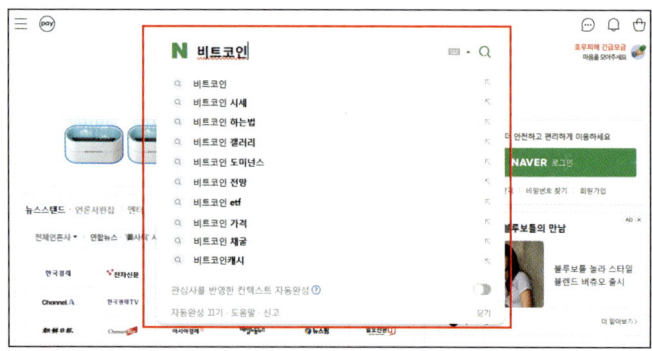

연관 키워드

키워드를 검색창에 입력 후 검색을 하면 검색결과 화면에서 '연관 검색어'를 확인할 수 있다. 검색어와 관련해 추가로 궁금해할 만한 질의를 추천해 주는 것이다. 이 연관 키워드도 자동완성 키워드와 마찬가지로 이용자들이 많이 확인해 본 키워드다. 다만 연관 키워드에는 검색어를 포함하지 않은 키워드도 해당된다. 검색어를 포함하지 않은 단어라도 의미적으로 연관이 있으면 연관 키워드가 될 수 있다.

오타 키워드

유용한 정보와 정확한 사실을 콘텐츠에 담아야 하지만 일부 '오타 키워드'를 활용하는 것도 전략이 된다. 외국어를 한글로 표기한 경우 많은 이용자들이 혼용하므로 활용하기에 유용하다. 많이 혼용하는 유형은 알파벳 'A'와 'E'를 '아', '애', '에'로 모두 사용하는 경우다. '아마존', '애마존', '애플', '에플' 모두 각 키워드마다 많은 콘텐츠가 발행되어 있다. 오타 키워드로 검색했을 때 다양한 콘텐츠가 확인된다면 활용하기에 알맞은 키워드인 것이다.

핵심 키워드

핵심 키워드는 콘텐츠 내용의 주제가 되는 키워드를 의미한다. 경쟁률에 대한 걱정은 잠시 미뤄두고 콘텐츠 내용을 대표할 수 있는 키워드 1~2개를 설정한다. 핵심 키워드를 중심으로 제목과 콘텐츠를 제작한다. 주제를 비슷하게 커버할 수 있다고 해서 핵심 키워드 여러 개를 혼용하면 콘텐츠의 집중도가 떨어진다. 이는 알고리즘이 콘텐츠의 정확도가 떨어지는 것으로 판단해 노출에 악영향을 미칠 수 있다.

'그리스 관광지'를 핵심 키워드로 설정했다면 '그리스 음식', '그리스 날씨', '그리스 해변'과 같은 키워드를 되도록 사용하지 말라는 것이다. 핵심 키워드는 주제를 나타내는 것과 동시에 조금 더 경쟁률이 높은 키워드에 도전하는 것으로 활용해 보는 것을 추천한다. 콘텐츠 상위 노출을 안전하게 시켜줄 키워드는 세부 키워드로 활용하면 된다.

세부 키워드

세부 키워드는 핵심 키워드에서 세분화된 키워드다. 키워드와 키워드를 조합해 범위를 세분화한다. 세부 키워드를 선정하는 이유는 경쟁률이 낮은 키워드를 활용해 상위 노출의 기회를 잡기 위해서다. 핵심 키워드는 많은 사람들이 검색하는 만큼 발행되는 콘텐츠의 양도 많다. 고객 페르소나가 검색에 사용할 만한 단어로 세부 키워드를 선택해 콘텐츠에 활용해 보자.

'아파트'를 검색한다고 가정해 보자. 단순히 '아파트'보다는 '송파구 아파트', '송파구 아파트 전세', '송파구 가락동 아파트 전세', '송파구 가락동 헬리오시티 아파트'와 같이 세부적인 키워드로 자세한 정보를 얻으려 할 것이다.

이처럼 세부 키워드를 활용하면 핵심 키워드에 비해 경쟁률이 낮은 곳에서 콘텐츠를 노출할 수 있다. 동시에 콘텐츠와 더욱 알맞은 이용자에게 노출된다.

2) 키워드 도구

검색을 통해 다양한 키워드를 선정했다면 이제는 계정에 맞는 키워드를 확인해야 한다. 앞서 여러 번 언급했듯이 사람들이 많이 검색한다고 해서 유용한 키워드가 아니다. 내 계정에 알맞은 키워드가 진짜 유용한 키워드다.

하루에 백만 명이 검색하는 키워드는 이미 게시된 콘텐츠 수가 많거나 계속해서 새로운 콘텐츠가 게시되는 경우가 많다. 상위를 대형 크리에이터들이 장악하고 있거나 새로 게시되는 콘텐츠들에 의해 순위가 계속해서 밀리게 된다. 고생해서 만든 콘텐츠가 10페이지 이하에 노출되면서 아무도 찾을 수 없는 콘텐츠가 될 수 있다.

계정을 운영해 온 기간이 2~3년 이상, 일일 방문자 수가 만 명을 훌쩍 넘기고 고품질의 콘텐츠가 가득한 블로그 계정은 강한 힘을 갖고 있다. 3만 명의 팔로워를 보유하고 한 콘텐츠에 좋아요를 1,000개 이상 받는 인스타그램 계정도 영향력이 대단하다. 50만 명의 구독자 채널을 운영하며 동영상마다 수십, 수백만의 조회수를 기록하는 유튜버도 마찬가지다. 이들은 경쟁률이 높은 키워드를 활용해도 콘텐츠를 바로 상위에 노출시킬 수 있는 힘이 있다. 그러나 아직 충분한 힘을 기르지 못한 새로운 계정은 이런 거대한 계정에 밀린다.

가장 이상적인 키워드는 높은 검색량과 낮은 경쟁률을 보이는 키워드다. 사람들이 많이 검색하지만 발행된 콘텐츠 수가 적은 키워드를 찾아야 한다.

네이버의 '키워드 도구'와 '미디언스'라는 마케팅 회사에서 개발한 '해시태그랩'이라는 사이트, '구글 트렌드' 등의 자료를 통해 내 계정과 맞는 키워드를 발굴할 수 있다. 키워드 도구를 활용해 선정한 키워드의 검색량, 경쟁률, 발행 콘텐츠 수 등 데이터를 확인할 수 있다. 데이터를 기반으로 운영 계정에 알맞은 키워드를 선택하면 된다.

네이버 키워드 도구

네이버 키워드 도구는 '네이버 광고'(https://searchad.naver.com)의 '키워드 도구'에서 확인할 수 있다(**네이버 광고 → 키워드 도구 → 도구 → 키워드 도구** 클릭).

'키워드'에 확인하고 싶은 키워드를 입력한다. 최대 5개를 입력할 수 있다. '조회하기'를 클릭하면 연관 키워드를 비롯해 다양한 데이터를 확인할 수 있다. 키워드별 월간검색수, 월평균클릭수, 월평균클릭률, 경쟁강도까지 확인된다. 키워드를 클릭하면 해당 데이터를 그래프로 한눈에 볼 수 있다.

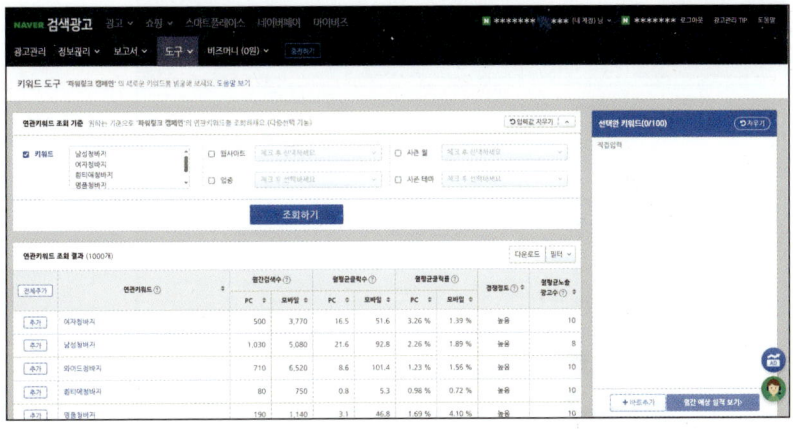

이 데이터들을 기준으로 했을 때 높은 검색수와 높은 클릭률을 보이는 키워드가 많이 검색되며 반응이 일어나는 키워드다. 그러나 이런 키워드는 이미 많은 사람들이 선점했을 것이다. 영향력이 큰 계정들만이 상위 노출을 시킬 수 있다. 따라서 우리가 활용해야 하는 키워드는 검색수가 중하위이면서 클릭률이 낮지 않은 키워드다. 키워드마다 해당 지수들이 상이하기 때문에 대략적인 수치를 제공하기 어렵다. 검색한 키워드들과 비교해 경쟁력이 있을 것 같은 키워드를 선택해야 한다. 처음에는 적당한 수치의 키워드를 찾는 게 어렵지만 반복해서 찾다 보면 자신만의 방법을 익힐 수 있을 것이다.

해시태그랩

미디언스랩(https://labs.mediance.co.kr)의 해시태그랩에서는 인스타그램의 주요 키워드, 즉 해시태그의 데이터를 확인할 수 있다. 인스타그램에 한정되어 있지만 네이버 키워드 도구보다 다양한 데이터 확인이 가능하다.

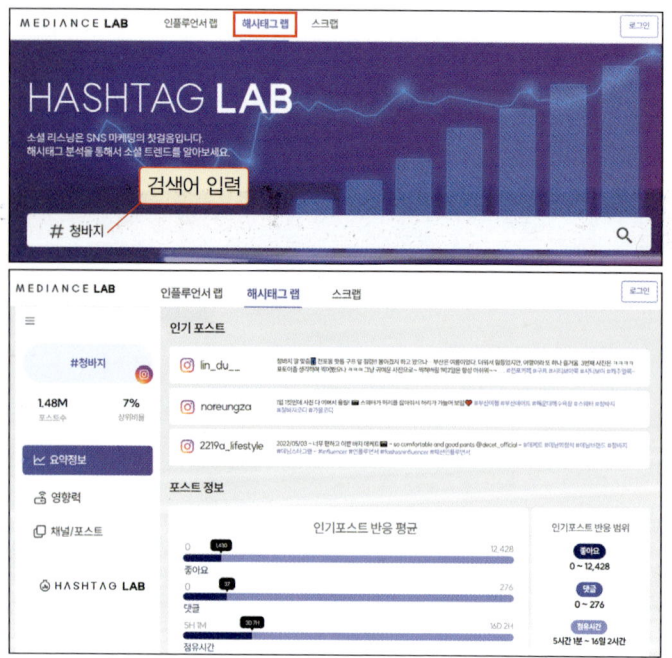

키워드를 검색하면 인스타그램에서의 누적 포스트 수, 태그 월간 추이, 좋아요, 댓글, 뷰, 점유 시간 평균값 등등 다양하고 자세한 데이터를 제공한다. 검색 키워드와 연관되어 있는 '연관 태그 트리' 또한 키워드와 콘텐츠 영

역을 확장하는 데 유용하게 활용할 수 있다.

해시태그랩의 다양한 데이터를 활용해 사용하고자 하는 키워드의 경쟁률, 반응률, 반응이 좋은 날짜와 시간대까지 확인해 볼 수 있다. 해당 키워드를 활용하는 전략을 바로 세울 수 있는 것이다. 여러 키워드를 비교할 수는 없지만 계정의 전략에 맞는 키워드를 선택할 수 있다. 인기포스트를 기준으로 한 반응지수, 해시태그의 경쟁지수, 연관태그와 해시태그 트리가 콘텐츠를 제작하는 데 특히 유용하다. 인스타그램 특성상 주요 키워드를 반복해서 사용하기 때문에 계정의 핵심 키워드는 반복적으로 확인하는 것을 추천한다.

구글 트렌드

구글 트렌드(https://trends.google.co.kr/trends/)에서는 이용자가 구글에서 검색한 검색어를 기반으로 대중의 관심사와 트렌드를 파악할 수 있다.

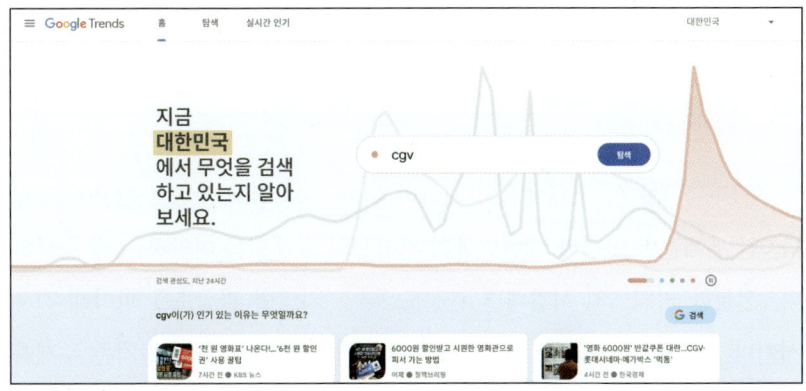

구글 트렌드는 유튜브 콘텐츠 주제를 선정하는 데 유용하다. 구글 트렌드 홈페이지에서는 '최근 인기 검색어'와 '올해의 검색어'를 확인할 수 있다.

키워드별로 확인하는 경우 지역, 기간, 카테고리를 선택해 세분화된 검색이 가능하다. 한 번에 최대 5개의 키워드를 비교할 수 있다. '시간 흐름에 따른 관심도 변화', '하위 지역별 관심도', '관련 주제', '관련 검색어'로 키워드에 대한 관심도와 관련 내용을 제공한다. '관련 주제'와 '관련 검색어'는 각각 급상승, 인기로 구분해 확인할 수 있다.

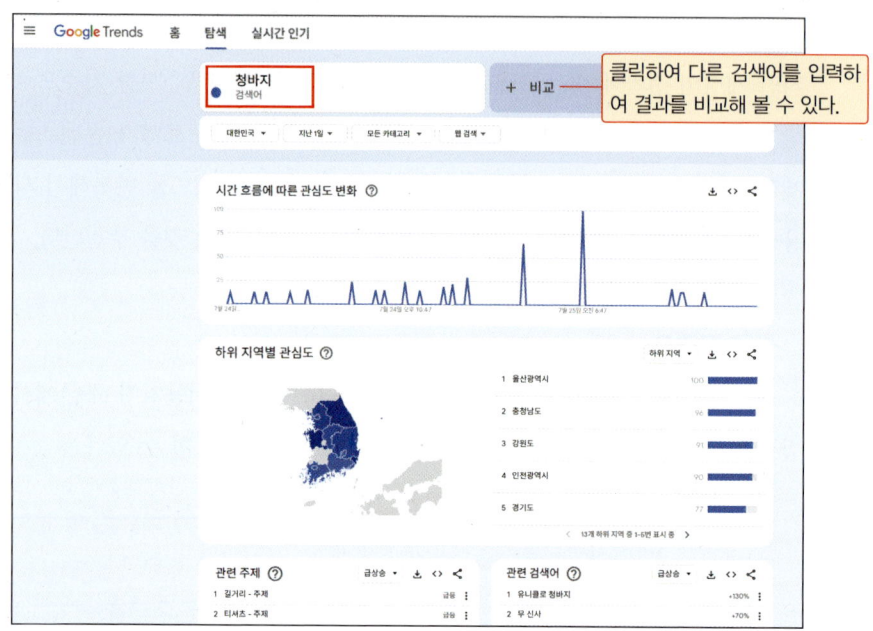

구글과 유튜브는 국내에서도 네이버 뒤를 있는 검색 포털로 활용되고 있다. 전 세계뿐만 아니라 대한민국의 관심사와 트렌드를 파악하는 데 충분하다. 선정한 키워드의 시간대별 관심도 추이, 지역별 관심도를 파악해 적용 시기나 지역을 선택할 수 있다. 관련 주제와 검색어를 확인해 기존 주제를 더욱 확장시키거나 세부화시키는 데 활용하는 것도 가능하다. 대중의 관심도와 트렌드를 기반으로 효과적인 키워드를 선정하는 데 활용해 보자.

3) 콘텐츠 상위 노출 확인

계정에 맞는 키워드를 선정해 콘텐츠를 발행하고 나면 해당 콘텐츠의 상위노출 여부를 확인해야 한다.

콘텐츠의 상위 노출 확인은 다음 도구를 활용한다.

- 네이버 블로그, 카페 탭 & 블로그 분석 도구
- 인스타그램 / 유튜브 인사이트 → 도달 경로 분석

콘텐츠 발행 후 2~3시간 후에 활용한 키워드를 검색해 내 콘텐츠의 노출 순위를 확인한다. 적용한 키워드가 상위 노출에 효과가 있었는지, 키워드의 경쟁률이 내 계정에 알맞은 수준이었는지 확인해야 한다. 해당 키워드가 네이버, 유튜브 검색결과 페이지에 상위 노출되거나 인스타그램 '인기 게시물'에 노출이 되면 성공한 것이다. 이후에는 경쟁률이 더 높은 키워드에 도전해 보면 된다. 최근에는 '검색량'보다는 실제 클릭수와 체류 시간이 더 중요한 지표로 부각되고 있다. 따라서 노출만이 아닌 '선택'되는 콘텐츠를 만들기 위한 구성 전략이 필요하다.

콘텐츠와 계정의 유입에 가장 중요한 키워드는 SNS 운영에 있어서 가장 기본이며 중요한 요소다. 때문에 발굴 방법, 전략적인 적용 방법을 확실히 익혀 콘텐츠를 제작할 때마다 활용해야 한다.

처음에는 경쟁률이 낮은 키워드에서 시작할 수밖에 없지만, 적절한 경쟁률의 키워드를 활용하면 효과를 가져올 수 있다. 내가 속한 리그에서 최고가 되는 것이 계정을 키우는 데 효율적인 방법이다. 키워드를 발굴하고 유용한 키워드를 선정하는 과정에서 콘텐츠의 내용이 더욱 뚜렷해진다.

경쟁률이 높은 키워드를 상위 노출시키는 것을 목표로 삼고 계정을 운영하는 것도 좋은 방법이다. 계정의 크기가 커지는 만큼 사람들이 더 많이 찾는 키워드를 활용할 수 있다. 계정에 알맞은 키워드를 적용해 콘텐츠를 상위 노출시키자. 상위 노출된 만큼 많은 이용자들이 콘텐츠와 계정에 유입되어 원하는 결과를 만들 수 있도록 하자.

키워드 리스트

1. 운영 주제를 먼저 정의한다. (예: '직장인 블로그 수익화', '퇴사 없이 SNS로 수익 만들기')
2. 운영 주제와 관련된 핵심 키워드를 먼저 나열한다. 검색량이 높고, 사용자 관심이 높은 중심 키워드 위주로 선정한다.
3. 플랫폼에 맞는 키워드 도구를 활용해 확장 키워드를 찾는다. (네이버 키워드 도구, 인스타그램 해시태그 검색, 구글 키워드 플래너 등)
4. 핵심 키워드 + 상세 상황 또는 문제 조합으로 세부 키워드를 만든다. (예: '직장인 부업' + '퇴사 고민' → '퇴사 고민 중인 직장인 부업')
5. 키워드 정리는 곧 콘텐츠 주제 정리다. 주기적으로 갱신하고 문장형 질문 키워드도 수집하자.
6. 채널별 키워드 활용 팁: 콘텐츠 제작 시 '질문 형태' 키워드를 활용하면 검색 유입이 높다.
   네이버 블로그: 핵심 + 세부 + 지역 키워드 조합으로 제목 작성
   인스타그램: 해시태그 영역에 세부/롱테일 키워드 섞기
   유튜브: 제목/설명/태그에 핵심 + 롱테일 포함

운영 주제: 직장인을 위한 SNS 수익화 전략
목표: 검색 기반 노출 최적화 및 콘텐츠 주제 확장을 위한 키워드 리스트 정리
사용 목적: 블로그, 인스타그램, 유튜브(쇼츠/롱폼), 전자책/강의 기획 등에서 키워드 기반 콘텐츠를 만들고자 할 때 활용

구분	핵심 키워드	세부 키워드	롱테일 키워드	문제 해결형 키워드	계절/이벤트형 키워드
설명	메인 콘텐츠 주제 및 검색량 높은 키워드 중심	콘텐츠 제작 상황, 플랫폼 활용 방식 등 구체적 방향 제공	검색 의도를 반영한 문장형 질문 또는 해결 중심 키워드	독자의 고민·문제를 직접 해결해 주는 키워드 중심	특정 시기나 시즌 이슈와 연결 가능한 주제 강화
키워드	직장인 부업	콘텐츠 자동화 방법	"퇴사 안 하고 부업하는 법"	직장인 시간 부족 부업	2026 부업 트렌드
	직장인 사이드잡	하루 1포스팅 실천법	"직장인도 가능한 블로그 수익화 방법"	마케팅 지식 없이 시작하는 법	월 시작 추천 부업
	SNS 수익화	블로그 체험단 수익	"하루 10분 투자로 돈 버는 SNS"	SNS 계정 운영법 기초	여름 휴가 부업 아이템
	블로그로 돈벌기	인스타그램 해시태그 전략	"블로그 수익화 후기 실제로 가능한가요"	콘텐츠 소재 고갈 문제	2030 여성 퇴사준비
	인스타그램 부업	유튜브 쇼츠 만들기 쉬운 법	"인스타그램 콘텐츠 자동 생성 앱 추천"	수익화 안 되는 이유	연말 수익 결산 콘텐츠
	유튜브 부업	마케팅 몰라도 수익내는 방법	"초보도 할 수 있는 유튜브 쇼츠 만들기"	팔로워 없는 계정 수익화 가능한가	
	출근 전 30분 루틴	후기 콘텐츠 만드는 법	"콘텐츠 만들기 어려운 직장인에게 필요한 팁"		
	퇴사 준비 수익 모델	수익형 콘텐츠 주제 선정			
	직장인 N잡러	카페24/스마트스토어 연계			
	디지털노마드	강의 콘텐츠 판매하기			

03 방문자를 고객으로 전환하는 방법:
설득하는 콘텐츠 구성하기

마케팅에서의 전환은 '마케팅의 목표로 정한 행동을 소비자가 하는 것'을 의미한다. 전환은 고객이 유입되어 이탈될 때까지 아주 다양하다. 마케터는 고객 여정별로 전환 목표를 설정한다. 하나의 여정에서도 여러 전환이 목표로 설정될 수 있다. 마케팅 활동은 이 모든 전환을 이루어나가며 최종 목적을 달성하는 과정이다. SNS 운영에서 콘텐츠와 계정의 유입, 콘텐츠에 대한 반응, DB 정보 전달, 회원 가입, 장바구니에 물건 추가, 결제완료 등으로 전환을 설정할 수 있다. 장기적으로 재방문, 재구매, 리뷰 작성을 비롯해 브랜딩까지도 전환으로 설정 가능하다.

다양한 전환 중에서 콘텐츠마다 집중해야 되는 전환을 설정하고 그에 맞게 제작해야 한다. SNS 운영에서 콘텐츠는 고객에게 전달하는 제품이나 서비스에 대한 팸플릿이며, 제품이나 서비스 그 자체가 되기도 한다.

어떤 경우든 콘텐츠를 제작하는 이유는 전환을 만들기 위해서다. 방문자를 고객으로, 제품과 서비스를 경험한 고객을 재방문, 재구매 고객으로 만드는 것이 콘텐츠 제작의 목적이다.

전환을 달성하는 콘텐츠를 만들기 위해서는 여러 전략이 필요하다. 그중에서도 콘텐츠 제작의 뼈대가 되는 구성에 대해 알아보자.

① 콘텐츠란?

콘텐츠는 고객에게 브랜드의 이미지, 제품, 가치를 전달하는 매개체다. SNS에서의 콘텐츠는 이용자가 직접 제작한 콘텐츠(UGC, User Generated Content, 사용자 생성 콘텐츠)로 글, 사진, 동영상 형태의 창작물로 정의할 수 있다. '신뢰와 참여' 중심의 커뮤니케이션 수단으로 기능한다.

콘텐츠 제작의 목적은 ① 고객 경험 단계에 맞는 전환, ② 제품 판매 마케팅, ③ 업체나 개인의 이미지를 전달하는 브랜딩 등으로 설정된다.

창작물의 메시지는 계정과 콘텐츠의 주제, 혹은 고객 페르소나에 따라 지식, 정보, 재미, 영감, 문제의식 등으로 다양하게 나눠진다. 제작 목적과 전달하려는 메시지의 특성에 따라 글, 사진, 동영상 등으로 제작할 수 있다. 앞서 3C 분석과 STP 전략을 통해 정리한 기획을 기반으로 한다. 세부적인 구성, 내용, 설정 등은 전환 목표에 트렌드를 더하면 결정될 것이다.

SNS 운영에서 콘텐츠 제작은 가장 중요한 작업이다. 콘텐츠는 이용자, 고객, 팬들에게 제공하는 제품이자 서비스다. 이용자의 시선을 사로잡는 제목을 활용해 고객을 유입시키고, 고객의 니즈와 원츠가 모두 담긴 콘텐츠를 통해 방문자를 고객으로 전환시켜야 한다. 유용한 콘텐츠를 쌓아 고객으로 네트워크를 형성해야 한다. 이들을 진정한 팬으로 만들어야 한다. 이 모든 과정에 콘텐츠가 중심이 된다.

② 효과적인 콘텐츠 구성

방문자를 고객으로 만드는 효과적인 구성에 대해 알아보자. 방문자를 고객으로, 고객을 네트워크로 그리고 팬으로 만들기까지 수많은 전환을 반복한다. 끊임없이 반복되는 전환이 이뤄지도록 설득할 수 있는 건 콘텐츠다.

최근 MZ세대의 블로그 유입이 증가하면서 긴 글의 수요가 증가했다. 그러나 여전히 사람들은 빠른 시간 내에 필요한 정보를 받고 소비할 수 있는 간략한 콘텐츠를 선호한다. Z세대의 폭발적인 지지를 받은 틱톡에서 시작해 유튜브, 인스타그램까지 숏폼 콘텐츠를 적극 적용했다. 10초에서 길어야 1분 길이의 동영상에 모든 내용이 포함되어야 한다.

짧은 길이의 콘텐츠에 적응한 이용자들은 기다리지 않는다. 글은 제목과 첫 문단, 동영상은 2~5초 사이에 콘텐츠를 계속해서 소비할지를 결정한다. 따라서 콘텐츠가 이용자에게 노출되자마자 바로 유입될 수 있도록 시선을 사로잡아야 한다. 유입된 방문자가 콘텐츠를 모두 소비할 수 있도록 첫 시선에 호기심을 유발시켜야 한다. 최종적으로는 전환을 달성할 수 있도록 빠르고 정확하게 설득해서 고객으로 만들어야 한다. 긴 콘텐츠와 짧은 콘텐츠 모두 짜임새 있는 구성이 필요한 이유다. 기본적으로 콘텐츠를 구성하는 요소인 제목, 서론, 본론, 결론으로 나눠 구성에 필요한 사항을 확인해 보자.

제목

콘텐츠에서 가장 먼저 노출되는 부분이다. 이용자에게 콘텐츠를 인지시키고 유입시킨다. 흥미를 끄는 후킹한 제목으로 이용자의 시선을 사로잡고 콘텐츠로 유입시켜야 한다. SNS 이용자는 순식간에 유입 여부를 결정한다.

- 고객 페르소나에 맞춰진 키워드와 문구를 활용한다.
- 콘텐츠를 통해 받을 수 있는 혜택을 분명히 명시한다.
- 숫자를 활용해 구체적으로 제안해 준다.

구글 애즈에 따르면 개인화된 광고 제목이 그렇지 않은 제목에 비해 최대 1.3배의 목적 달성 효과를 냈다고 한다. 짧은 순간에도 사람들은 자신에게 해당되는 부분을 캐치한다. 이를 활용해 고객들을 콘텐츠로 바로 유입시키자.

서론

블로그의 첫 문단, 인스타그램 피드 첫 이미지나 캡션의 첫 줄, 유튜브의 첫 2~5초에서 방문자의 이탈 여부가 결정된다. 따라서 고객의 흥미와 호기심을 콘텐츠 서론에서 유발해야 한다.

서론에서는 콘텐츠에 대한 궁금증, 정보를 얻고자 하는 필요성, 경험해 보고 싶었던 욕구 등의 장치를 통해 방문자를 확실히 자극해야 한다. 목표로 하는 고객이 가장 원하는 것을 파악해야 제안할 수 있다.

- 제목에서 후킹에 활용한 내용을 반복하거나 살짝 변형해 사용해도 좋다.
- 방문자가 고객이 되었을 때 얻게 될 가치를 강조한다.
- 운영자만이 제공할 수 있는 전문 지식 혹은 경험을 어필한다.
- 궁금증을 유발시키기 위해 질문 형태로 구성하거나 문제점을 제시한다.
- 핵심 내용을 요약해 보여주는 것도 좋은 방법이다. 그러나 호기심 유발이 목적이기 때문에 모든 정보가 노출되지 않도록 주의를 기울여야 한다.
- '쉽고', '빠르게', '바로', '즉시'와 같이 시선을 끌 수 있는 강조 문구를 활용해 고객에게 해당 콘텐츠에 시간을 투자해도 된다는 메시지를 전달한다.

콘텐츠의 장점을 어필한다는 생각으로 작성한다. 고객의 댓글이나 후기를 참고해 그들의 니즈와 원츠를 파악하면 작성하는 게 수월해질 것이다.

본론

본론에서는 방문자가 기대했던 유익한 정보를 제공해야 한다. 어그로(aggro)*를 끌어 방문자를 이탈시키지 말자.

제목과 서론에서 언급한 내용에 대해 자세히 설명한다. 고객이 가장 필요

---

* 관심을 끌기 위해 자극적인 글을 올리거나 악의적인 행동을 하는 일.

로 하고 원하는 정보를 제공해야 한다. 운영자가 전달하고자 하는 메시지도 최대한 고객의 입장에서 이해하기 쉽도록 구성해야 한다.

구글 애즈의 설문 응답자 78%가 '광고는 브랜드가 일상생활에서 어떤 도움이 되는지를 보여줘야 한다'고 했다. 30초도 안 되는 짧은 광고에서도 사람들은 도움이 되는 모습을 기대한다. 30초보다 많은 시간이 소비되는 콘텐츠에는 당연히 더 큰 기대를 하고 있을 것이다.

- 방문자와 고객에게 필요한 정보를 제공해 주면서 신뢰를 주어야 한다.
- 운영자와 판매하는 제품, 서비스, 홍보하는 대상을 믿게 해야 한다.
- 경쟁자와는 다른 자신만의 차별성을 어필한다.
- 가능하다면 다른 고객의 후기를 공유한다.
- 주제와 관련된 경험을 공유하면 공감과 신뢰를 쌓을 수 있다.
- 잠재 고객의 마음을 조급하게 함으로써 빠른 결단을 내리게 할 수도 있다.
- 다른 사람들도 많이 찾는 인기 제품이라는 걸 어필한다.
- 기간 한정, 수량 한정과 같은 장치도 희소성을 주면서 잠재 고객을 자극할 수 있다.

다양한 전략을 활용해 유익한 정보를 제공하면서 원하는 전환을 달성할 수 있도록 잠재 고객을 설득하자.

결론

아직 방문자는 고객이 되지 않았다. 여러 장벽이 방문자를 붙잡기 때문에 최종 전환이 쉽지 않다. 전환을 이루기 위해서는 CTA(Call to action)가 중요하다. CTA는 '고객이 우리가 기대하는 행동을 하도록 유도하는 장치'다. CTA는 방문자에게 다음 단계로 나아가기 위해 필요한 행동을 안내하는 것이다.

방문자가 액션을 혼동하지 않도록 하고, 거부감 없이 따르도록 해야 한다.

- 제공되는 제품과 서비스, 얻게 되는 이익, 취해야 하는 액션을 안내한다.
- 본문을 요약해 핵심을 정리해 주고 고객을 위한 메시지를 강조한다.
- 고객이 되면 얻을 수 있는 이점을 간단 명료하게 설명한다.
- 명확한 CTA를 통해 고객이 취해야 되는 행동을 정확히 짚어줘야 한다.
- 동영상의 경우 텍스트, 애니메이션, 음성 등 다양한 요소를 활용해 반복적으로 이야기한다.

방문자를 고객으로 전환시키기 위해서는 결론에서 주요 내용을 안내한 뒤, 이후의 액션을 정확하게 알려주어야 한다. 콘텐츠 유입부터 결론에 다다르기까지 이미 많은 방문자가 이탈했지만 전환에서 다시 한번 크게 이탈한다. 따라서 여기까지 온 잠재 고객을 잃지 않도록 CTA를 확실히 설정하자.

콘텐츠 구성 방법을 정리해 보자.

① 제목에 명확한 혜택을 제시함으로써 이용자를 유입시킨다.
② 서론은 호기심과 궁금증을 자극할 만한 내용으로 구성한다.
③ 본론에서는 유익한 정보를 제공하면서 방문자가 고객이 되도록 설득하고, 신뢰를 쌓는다.
④ 결론에서는 방문자에게 확실한 다음 행동을 알려줌으로써 전환이 달성되도록 한다.

콘텐츠의 목적, 주제, 메시지, 전달 방식은 운영자와 고객 페르소나에 따라 매번 달라질 수 있다. 하지만 콘텐츠의 구성은 제목 – 서론 – 본론 – 결론의 내용을 유지하면서 제작하는 것이 원하는 전환을 달성하는 데 직접적인 도움이 된다.

콘텐츠 구성 체크리스트 활용 가이드

1. 콘텐츠 제작에 본격적으로 돌입하기 전, 아래 체크리스트를 참고하여 전체 흐름을 설계한다.
2. 각 구성 단계별 확인 질문을 바탕으로 콘텐츠에 빠지기 쉬운 핵심 요소를 점검한다.
3. 각 문단(제목, 서론, 본론, 결론)마다 독자의 감정 흐름과 관심 포인트를 고려하며 내용을 구성한다.
4. 제작이 완료된 후, 체크리스트를 다시 확인하여 부족한 부분은 없는지 검토하고 수정한다.
5. 이 과정을 반복하면 설득력 있고 목표 달성률이 높은 콘텐츠를 꾸준히 생산할 수 있다.

방문자를 고객으로 전환하는 콘텐츠 구성 체크리스트

운영 주제: 직장인 SNS 수익화 콘텐츠 기획
목표: 방문자(잠재 고객)를 실제 고객으로 전환시키는 콘텐츠 구조를 설계하고, 각 단계별로 점검할 수 있도록 체크리스트화

콘텐츠 구성	확인 질문	설명	체크
제목	핵심 메시지가 드러나는가?	콘텐츠의 핵심 주제가 제목만으로도 전달되는가?	☐
	숫자나 구체적 결과가 포함되어 있는가?	'3가지 방법', '1일 1만 원 수익'처럼 수치 중심의 정보가 있는가?	☐
	클릭을 유도하는 문장인가?	긴급성, 궁금증, 기대감을 자극하는 문구가 있는가?	☐
	타겟 독자의 관심 키워드가 포함되어 있는가?	대상 고객이 검색할 만한 키워드를 포함했는가?	☐
	질문 형태나 해결형 문장인가?	'어떻게 가능할까?', '이렇게 하면 된다' 등의 표현 활용 여부	☐
서론	공감 문장이 있는가?	타겟의 감정, 상황에 대한 언급이 있는가?	☐
	문제를 명확히 제시했는가?	해결하고자 하는 핵심 문제를 분명하게 표현했는가?	☐
	독자의 시선이 머무를만한 후킹 문장이 있는가?	첫 1~2 문장에서 궁금증이나 흥미를 끄는가?	☐
	타겟의 상황을 반영했는가?	직장인, 초보자 등 타겟의 상태를 고려했는가?	☐
	다음 문단으로 자연스럽게 연결되는가?	본론으로 이어지는 흐름이 매끄러운가?	☐
본론	실질적 정보가 포함되어 있는가?	핵심 방법, 팁, 전략 등 독자에게 실제로 도움이 되는 내용인가?	☐
	사례나 경험이 들어 있는가?	신뢰를 높일 수 있는 실제 사례, 후기, 경험담이 포함됐는가?	☐
	데이터나 근거가 제시됐는가?	수치, 도표, 출처 있는 정보 등 객관적 근거가 있는가?	☐
	시각적으로 이해하기 쉬운가?	리스트, 굵은 글씨, 이미지 등 시각적 요소가 구성돼 있는가?	☐
	중간중간 요약 또는 전환 포인트가 있는가?	긴 글이라면 스크롤 유지를 위한 요약/소제목이 적절한가?	☐
결론	CTA(Call to Action)가 명확한가?	댓글 유도, 신청 안내 등 행동을 유도하는 문장이 있는가?	☐
	다음 콘텐츠 또는 제품/서비스로 연결되는가?	시리즈 콘텐츠, 다음 강의, 신청 링크 등이 연결돼 있는가?	☐
	저장, 공유, 좋아요 유도 문구가 있는가?	인게이지먼트를 높이기 위한 직접 유도 문장이 있는가?	☐
	콘텐츠의 핵심 내용을 요약했는가?	앞서 다룬 내용을 다시 정리해 주는 부분이 있는가?	☐
	독자에게 마무리 인사/격려/질문을 던졌는가?	공감적 마무리나 독자 참여 유도가 있는가?	☐

04 재방문하게 만드는 방법: 꾸준한 포스팅

재방문은 재전환과도 같다. 기존 콘텐츠와 계정에 유입되었던 방문자가 재방문하는 경우, 목표 전환을 이미 일으킨 고객이 재전환을 하는 경우다.

SNS를 운영하는 여러 목적 중 신규 방문자를 유입시키는 것만큼 재방문, 재전환시키는 것도 중요하다. SNS 계정의 규모를 키우고 계정 자체를 발전시키기 위해서는 기존 고객의 반복적, 지속적 전환을 유도해 고객을 유지해야 한다. 이를 마케팅에서는 '고객 생애 가치(Customer Lifetime Value) 높이기'라고 한다.

고객 유지

마케팅에서는 고객 유지를 신규 고객 유치만큼 혹은 그보다 더 중요한 가치로 두고 전략을 세운다. 신규 고객을 유치하는 비용이 기존 고객을 유지하는 비용보다 크기 때문이다. 하버드 경영대학원에서 발간하는 〈하버드 비즈니스 리뷰(Harvard Business Review)〉에 따르면 신규 고객 한 명을 확보하는 비용이 기존 고객을 유지하는 비용보다 최대 25배가 투자된다고 한다.

기존 고객은 이미 제품과 서비스에 대해 정보를 갖고 있다. 톤앤매너에 익숙하고 브랜드와 친근한 관계를 맺었다. 따라서 신규 고객보다 훨씬 적은 정보만으로도 설득이 가능하다. 재방문의 다음 단계인 네트워크, 팬으로 이동될 가능성도 증가한다. 재방문과 재구매가 여러 번 반복되어 브랜드와 고객의 관계가 깊어질수록 고객은 브랜드에 대해 충성심을 갖는다.

'앱등이'로 불리는 애플의 충성 고객에게는 신제품에 대한 뉴스만 전달해도 충분하다. 그들은 신제품이 나오기만을 기다리며 새벽부터 줄을 선다.

고객 유지를 위한 마케팅은 다양하다. 고객이 떠나려는 시점에 추가 혜택을 주면서 붙잡거나 기존 고객만을 위한 할인 이벤트를 제공한다. 또 포인트 적립을 통해 붙잡기도 한다.

SNS에서도 이와 같이 할 수 있다. 그러나 가장 중요하고 기본적인 전략은 꾸준한 콘텐츠 제작이다. SNS에서는 콘텐츠가 제품이자 서비스다.

꾸준한 콘텐츠 제작을 통해 기존 고객을 유지하는 전략에 대해 알아보자.

② 꾸준한 콘텐츠 제작

꾸준한 콘텐츠 제작은 SNS 운영의 핵심이다. 알고리즘과 방문자 모두를 만족시키기 때문이다. 알고리즘은 이용자가 오래 머물고 반복해서 찾는 콘텐츠를 선호하고 이런 계정에 높은 점수를 준다. 지속적으로 이용자를 유입시키고 체류 시간을 늘리기 때문이다. 반복적으로 방문하고 긴 체류 시간을 유지하는 이용자가 증가할수록 플랫폼의 영향력이 커지고 광고 매출이 증가한다. 즉, 직접적인 수익이 늘어나게 된다. 따라서 꾸준하게 콘텐츠를 제작해 포스팅하면 알고리즘의 도움을 받을 수 있다. 계정의 영향력이 커지면서 콘텐츠가 상위 노출된다. '떡상'도 가능하다.

꾸준하게 콘텐츠를 발행하면 기존 고객은 지속적으로 계정에 유입된다. 계속해서 콘텐츠를 발행하는 운영자를 전문가로 인식하게 되고, 신뢰가 쌓이고, 콘텐츠에 더욱 주목하게 된다. 이런 과정이 반복되면서 충성도가 쌓인다.

꾸준한 콘텐츠는 신규 방문자에게도 믿음을 주고 전문성을 어필한다. 정기적으로 발행된 콘텐츠를 보고 진정성을 느끼고 믿음을 갖게 된다. 여러 콘텐츠를 확인하고 정보를 습득하면서 운영자를 즉시 전문가로 인식하게 된다. 좋은 인상을 받은 방문자는 계정을 바로 이웃 추가, 팔로우, 구독한다.

꾸준함이 꼭 1일 1포스팅을 의미하지는 않는다. 2~3일 간격 혹은 일주일에 한 번 하는 포스팅도 괜찮다. 일정 주기로 지속적으로 포스팅하는 것이 중요하다. 제작 압박과 시간 부족으로 인해 낮은 품질의 콘텐츠를 만든다면 1일 1포스팅이어도 소용없다. 중요한 건 콘텐츠의 퀄리티다. 고객이 필요로 하는 것, 원하는 것을 충분히 고민하는 것이 우선이다. 고객이 충분히 이해하고 공감할 수 있는 방향으로 콘텐츠를 제작하는 것이 중요하다.

우리가 SNS를 운영하는 최종 목표는 제품과 서비스를 마케팅하고 더 나아가 계정의 주체를 브랜딩하는 것이다. 이를 기반으로 고객을 설득해 수익을 만들어내는 것이다. 꾸준한 콘텐츠 제작을 통해 고객 유입과 전환에 탁월한 계정을 만들어야 한다.

1) 꾸준함 필요 요소

꾸준하게 콘텐츠를 제작하기 위해서는 다양한 소재 발굴이 중요하다. 본격적으로 SNS를 하기 전에 다양한 소재를 확보해 두고 콘텐츠 제작을 시작하는 것을 추천한다. 그래야 꾸준하게 제작할 수 있다.

카테고리와 콘텐츠 주제를 세분화하는 과정에서 마인드맵을 통해 확장시킨 다양한 키워드와 아이디어들을 활용하자. 챗GPT와 같은 AI를 적극 활용해 보자. 주제를 세분화하는 능력에 따라 하나의 주제에서도 뽑아낼 수 있는 소재들은 무궁무진하다. 꾸준함에 좀 더 도움이 되는 주제에는 어떤 것들이 있는지 확인해 보자. 3C 분석과 STP 전략 과정을 통해 확장시킨 아이디어들을 함께 활용하자.

좋아하는 것, 잘하는 것

어떤 일이든 즐겨야 지속할 수 있다. 좋아하는 것과 잘하는 것을 소재로 활용하면 자신만의 관점에서 정보를 제공할 수 있다. 3C 분석을 통해 자신을 분석하고 파악해 정의하는 과정이 꼭 필요한 가장 큰 이유다. 고객들에게 유익한 정보를 제공하기 위해서는 끊임없는 공부가 동반되어야 한다. 트렌드에 맞는 정확한 정보를 전달해야 되기 때문이다. 관련 지식이 더해질수록 수월하게 콘텐츠 소재를 발굴하고 깊이를 더할 수 있다. 운영자가 좋아하거나 잘하는 것을 주제로 할 때 공부를 지속할 수 있다.

일상 생활에서 꾸준히 하는 것

매일 반복적으로 하는 것에 대해서는 할 이야기가 많다. 오랜 시간 해왔다면 이야기는 더욱 풍성해진다. 데일리 루틴, 모닝 버추얼 같은 자신만의 습관에서 소재를 찾아보자. 시작하게 된 계기, 실행 방법, 추천 방법, 장점과 단점, 느낀 점, 에피소드 등 많은 소재를 찾을 수 있다.

반복하면서 전문성을 함께 갖출 수 있는 직업이나 취미에서도 여러 콘텐츠 소재를 얻을 수 있다. 직업을 선택한 이유, 직업의 장단점, 회사 생활, 취미를 시작한 시점, 취미를 즐기는 이유, 해당 분야의 전문 지식 등으로 콘텐츠를 만들 수 있다.

목표로 하는 것

미라클 모닝, 보디프로필, 자격증 시험 등과 같이 현재 목표로 하는 것을 소재로 해도 좋다. 목표를 이루기 위해 공부하고 실천하는 과정에서 얻는 지식을 콘텐츠로 만들어보자.

사람들은 타인이 성장하는 모습에 관심을 갖는다. 초보에서 중수, 고수가 되기까지 자신의 여정을 공유해 보자. 이런 콘텐츠는 자신에게 꾸준히 콘텐츠를 만들 수 있는 동기부여가 된다. 고객들은 변화하는 모습에 호기심을 갖고 새로운 콘텐츠에 주시하게 된다.

2) 꾸준함 유지 장치

　꾸준함을 방해하는 요소들은 우리 주변에 가득하다. 이런 방해 요소를 이겨내기 위해서는 꾸준함을 유지할 수 있는 장치들이 필요하다.
　SNS를 운영하는 여러 구간마다 우리를 도와줄 장치들을 마련하고 활용하자. 최종 목표를 달성할 때까지 꾸준히 SNS를 운영하기 위해 꾸준함 유지 장치를 활용해 보자.

세분화된 콘텐츠 기획

　앞서 다양한 소재의 확보가 꾸준한 콘텐츠 제작에 도움이 된다고 했다. 운영자가 지속적으로 흥미를 갖고 제작할 수 있는 주제를 찾아야 한다. 고객이 가장 필요로 하고 원하는 정보를 파악해야 한다. 그래야 그다음 소재를 설정할 수 있다. 세분화된 탄탄한 기획이 있어야 이 모든 과정이 가능하다.
　장기간 효과적이고 효율적으로 계정을 운영하기 위해 기획은 미리 준비하는 과정이다. 3C를 분석하고 STP 전략을 세울 때에는 당장 보이지 않지만 시간이 지날수록 탄탄한 기획의 힘을 느끼게 될 것이다. 세분화된 콘텐츠 기획으로 '꾸준함 유지 장치'를 확실히 마련하자.

콘텐츠 제작, 발행 일정 플래너

　콘텐츠 제작과 발행 일정을 계획하는 플래너를 작성하자. 주요 경쟁자가 콘텐츠를 발행하는 주기를 참고하고 운영자가 가능한 일정을 선택해 미리 계획을 세운다. 월, 주, 일 단위로 미리 주제와 소재, 키워드를 설정해 두면 제작을 시작할 때 수월하다. 가능하다면 콘텐츠의 목적, 목표, 메시지와 같은 사항도 함께 계획해 보자.
　한 달에 제작할 컨텐츠를 전체적으로 확인하면서 발행 주제의 순서, 활용

소재의 빈도와 같은 사항들을 조정할 수 있다. 통일성을 주면서 지루한 반복을 피할 수 있는 플랜을 세울 수 있는 것이다.

콘텐츠 발행 예약 설정

블로그는 '예약발행', 유튜브는 '예약 업로드'로 콘텐츠 발행을 예약할 수 있다. 인스타그램도 피드 게시 예약이 가능한데, PC 페이스북 크리에이터 스튜디오에서 할 수 있다. 모바일에서는 다른 어플을 활용하면 가능하다.

콘텐츠 발행 시간을 예약하는 것은 가장 실질적인 꾸준함 유지 장치다. 시간적 여유가 없거나 계획한 일정에 제작할 수 없을 때 유용하게 사용할 수 있다. 시간이 주말뿐이라면 주말에 작업을 하고 평일에 일정한 기간을 간격으로 발행 예약을 한다. 미리 콘텐츠를 준비했다가 이용자들이 활발하게 소비하는 시간에 맞춰 발행하는 전략으로 활용할 수도 있다.

고객 여정에서 '재방문'은 계정의 방문자와 고객을 관리하는 단계다. 방문자와 고객을 지속적으로 돌아오게 함으로써 다음 단계로 나아갈 수 있다. 이들과 함께 네트워크를 구성하고 나와 내 브랜드의 팬으로 만들 수 있다.

다양한 전략 중에서도 우리가 가장 노력해야 하는 전략은 콘텐츠의 꾸준한 발행이다. 이는 주요 제품이자 서비스인 콘텐츠를 다듬고 발전시키는 과정이기도 하다. 고객을 유지시키는 것뿐만 아니라 운영하는 계정, 제작하는 콘텐츠도 함께 성장한다. 꾸준함을 유지할 수 있는 장치를 적극적으로 활용해 원하는 목표를 이룰 때까지 지속한다.

콘텐츠 계획표

1. 월별/주별/일별 계획을 세워보자.
2. 월말에 다음 달 콘텐츠 계획과 함께 목표를 수치로 설정하자.
3. 각 콘텐츠를 제작하는 기간을 비롯해 매주/매일 목표하는 것을 이루려는 방법을 고민해 보자.
4. 더 나은 SNS 운영을 위해 매주 혹은 매월 달성 성과를 확인하고 보완점/개선점 등을 살펴보자.

202__년	__월	Monthly Plan 1. 블로그: 마케팅 관련 콘텐츠 주 1회/리뷰 콘텐츠 주 2회 업데이트 2. 블로그 성과: 일일 방문자 수 500명 이상/포스팅 좋아요 수 50개 이상/댓글 30개 이상 3. 인스타그램: 마케팅 주제 피드 주 2회/스토리 주 3회/릴스 주 1회 4. 인스타그램 성과: 포스팅별 좋아요 수 50개 이상/댓글 10개 이상/팔로워 수 증가 300명 이상						
Weekly Plan	월	화	수	목	금	토	일	
W39 - __월 콘텐츠 계획하기						1 • 블로그 콘텐츠 작성 • 인스타그램 콘텐츠 제작 • 차주 콘텐츠 기획	2 • 블로그 콘텐츠 작성 • 인스타그램 콘텐츠 제작 • 차주 콘텐츠 기획	Review
W40 블로그: - 인스타그램 광고 세팅법 - 반고흐 전시관람 리뷰 인스타그램: - 블로그 포스팅 피드 2개로 나누기 - 스토리 제작 - 적용 이미지로 릴스 만들기	3 블로그: 마케팅 콘텐츠 업데이트 인스타그램: 스토리 업데이트	4 블로그: 마케팅 콘텐츠 업데이트 인스타그램: 스토리 업데이트	5 인스타그램: 피드 업데이트	6 블로그: 리뷰 콘텐츠 업데이트 인스타그램: 스토리 업데이트	7 인스타그램: 피드 업데이트	8 • 블로그 콘텐츠 작성 • 인스타그램 콘텐츠 제작 • 차주 콘텐츠 기획	9 • 블로그 콘텐츠 작성 • 인스타그램 콘텐츠 제작 • 차주 콘텐츠 기획	Review 블로그: - 일일 방문자 수 500명 달성 - 댓글 유도 but 답변 댓글 10개 미만 인스타그램: - 좋아요 수 평균 78개 - 팔로우 수 증가 54명
W41 블로그: - 3C 분석 방법 - 명동 카페 리뷰 인스타그램: - 3C 분석 도식화하기 - 명동 카페 사진 피드 만들기	10 블로그: 리뷰 콘텐츠 업데이트 인스타그램: 스토리 업데이트	11 블로그: 마케팅 콘텐츠 업데이트 인스타그램: 스토리 업데이트	12 인스타그램: 피드 업데이트	13 블로그: 리뷰 콘텐츠 업데이트 인스타그램: 스토리 업데이트	14 인스타그램: 피드 업데이트	15 • 블로그 콘텐츠 작성 • 인스타그램 콘텐츠 제작 • 차주 콘텐츠 기획	16 • 블로그 콘텐츠 작성 • 인스타그램 콘텐츠 제작 • 차주 콘텐츠 기획	Review 블로그: - 일일 방문자 수 평균 430명 - 마케팅 콘텐츠 댓글 78개 달성 인스타그램: - 좋아요 수 평균 84개 - 팔로우 수 증가 98명 - 카페 관련 질문 34개
W42 블로그: - 마케팅 관련 도서 후기 - 도산공원 카페 리뷰 인스타그램: - 마케팅 독후감 피드 2개로 제작 - 스토리에 필요한 이미지 제작 - 책+카페 이미지로 릴스 제작	17 블로그: 리뷰 콘텐츠 업데이트 인스타그램: 스토리 업데이트	18 블로그: 마케팅 콘텐츠 업데이트 인스타그램: 스토리 업데이트	19 인스타그램: 피드 업데이트	20 블로그: 리뷰 콘텐츠 업데이트 인스타그램: 스토리 업데이트	21 인스타그램: 피드 업데이트	22 • 블로그 콘텐츠 작성 • 인스타그램 콘텐츠 제작 • 차주 콘텐츠 기획	23 • 블로그 콘텐츠 작성 • 인스타그램 콘텐츠 제작 • 차주 콘텐츠 기획	Review 블로그: - 일일 방문자 수 평균 503명 - 마케팅 책 관련 질문 20개 인스타그램: - 좋아요 수 평균 69개 - 팔로우 수 증가 78명 - 릴스 유입률이 가장 높음
W43 블로그: - 마케팅 관련 강의 후기 - 역삼역 식당 리뷰 인스타그램: - 블로그 포스팅 피드 2개로 나누기 - 스토리 형태 3개 제작 - 적용 이미지로 릴스 만들기	24 블로그: 리뷰 콘텐츠 업데이트 인스타그램: 스토리 업데이트	25 블로그: 마케팅 콘텐츠 업데이트 인스타그램: 스토리 업데이트	26 인스타그램: 피드 업데이트	27 블로그: 리뷰 콘텐츠 업데이트 인스타그램: 스토리 업데이트	28 인스타그램: 피드 업데이트	29 • 블로그 콘텐츠 작성 • 인스타그램 콘텐츠 제작 • 차주 콘텐츠 기획	30 • 블로그 콘텐츠 작성 • 인스타그램 콘텐츠 제작 • 차주 콘텐츠 기획	Review 블로그: - 일일 방문자 수 평균 610명 - 역삼역 식당 유입 수 4천 건 인스타그램: - 좋아요 수 평균 97개 - 팔로우 수 증가 83명 - 식당 메뉴 관련 질문 45개
W44 블로그: - 인스타그램 신규 기능 소개 - 리움 미술관 리뷰 인스타그램: - 블로그 포스팅 피드 2개로 나누기 - 스토리 형태 3개 제작 - 적용 이미지로 릴스 만들기	31 블로그: 리뷰 콘텐츠 업데이트 인스타그램: 스토리 업데이트							Review

네트워크와 팬을 만드는 방법:
브랜딩과 퍼스널 브랜딩

 SNS 운영의 최종 목표는 단순 유입과 전환을 넘어서, 고객이 브랜드의 자발적 전파자이자 충성 팬이 되는 구조를 만드는 것이다. 그 시작은 '브랜딩'이며, 개인 운영자라면 '퍼스널 브랜딩'이 핵심이다. 이 절에서는 브랜드화된 계정이 어떻게 네트워크와 팬을 형성하고, 수익화까지 연결되는지를 구체적으로 정리한다.

① 브랜딩

콘텐츠에 대한 반응, 회원 가입, 구매와 같은 전환이나 재방문, 재구매의 단계는 마케팅의 단계다. 고객에게 제품과 서비스의 특징을 어필하고 이미지를 심어주기 때문이다. 그런데 브랜드가 되면 이미 고객의 마음속에는 그것과 매치되는 가치와 이미지가 심어져 있다. 고객들이 스스로 그 브랜드의 가치를 즐기고 싶어하고 네트워크가 되고 팬이 된다.

브랜드는 생산자를 구별하는 지각된 이미지와 경험의 집합이며, 좁게는 상품이나 회사를 나타내는 상표, 표지를 말한다. 브랜드는 기업의 가치를 상징한다. 브랜딩의 핵심은 정체성 + 가치 + 지속성이다. 단순히 예쁜 로고나 스토리텔링을 넘어서, 팔로워가 '이 계정은 이런 감성·철학을 가진다'고 직관적으로 기억하게 만드는 일이다.

브랜드는 소비자에게 가치를 제공한다. 제품과 서비스가 넘쳐나는 지금, 고객은 상품 자체가 아니라 브랜드의 가치를 보고 돈을 지불한다. 자사 제품을 사지 말라고 하는 파타고니아는 '환경을 아끼는 마음'을 대표 가치로 갖고 있다. 고객은 파타고니아의 제품을 구매하면서 '환경을 아끼는 마음'을 갖고 있는 사람이 된다. 브랜드를 통해 자신이 중시하는 가치를 표현하는 것이다.

SNS 계정을 브랜드로 키우기 위해서는 지속적으로 통일된 가치를 제공해야 한다. 이 가치는 운영자와 고객 모두에게 소중한 가치여야 한다. SNS는 고객과 흥미로운 관심사, 유용한 정보를 공유하고 소통하는 것이기 때문이다. 고객은 원하는 가치를 제공하는 계정을 찾아와 스스로 네트워크의 구성원이 된다. 반복적으로 소통하고 팬이 되어 브랜드에 충성심까지 갖게 된다.

② 퍼스널 브랜딩

N잡러, 본캐와 부캐를 이야기할 때 빼놓을 수 없는 것이 '퍼스널 브랜딩'이다. 퍼스널 브랜딩은 '내 이름으로 신뢰를 쌓고, 신뢰를 수익으로 연결하는 과정'이다. 핵심은 '내가 누구인지 명확히 보여주는 콘텐츠 구조'다. 단순 소개가 아니라 '나는 이런 철학으로 말하고, 이런 주제만 다룬다'는 콘텐츠 선별력이 브랜딩이 된다.

SNS가 등장하면서 개인은 자신의 콘텐츠를 직접 만들기 시작했다. 개인이 네트워크를 구성하고 팬을 만들어내면서 자신만의 영향력을 갖추게 되었다.

사람들이 자신의 콘텐츠를 수익 아이템으로 활용하면서 퍼스널 브랜드는 자리를 잡았다. SNS의 수익화는 사람들에게 디지털 노마드가 되는 길을 보여주며, 조직에서의 생존보다 자신의 행복을 위한 일에 몰두하도록 해주었다. SNS 플랫폼 이외에도 자신에게 집중해 영향력을 넓혀갈 수 있는 다양한 채널들이 급격히 생겨났다.

그만큼 개인이 벌어들이는 수익도 거대해지고 있다. 2023년 기준 상위 1% 유튜버와 BJ의 연평균 수입은 약 13억 2,500만 원으로, 2019년보다 35.5% 증가했다. 유튜브 계정의 광고 수익뿐만 아니라 광고 협찬, 온오프라인 강의, PDF 전자책 판매 등을 통해 다양한 수익 구조를 만들어내고 있다.

SNS를 통한 수익화는 계정 운영뿐만 아니라 다양한 범위로 영향력을 넓히면서 수익 구조를 만들어야 한다. 퍼스널 브랜딩이 그 바탕이 된다. 이미 우리가 진행해 온 3C 분석, STP 전략의 과정이 퍼스널 브랜딩을 기획하고 형성하는 과정이었다. 자신을 분석하고 고객에게 전달하고 싶은 모습을 설정해 일관되게 콘텐츠를 통해 전달하면 된다.

자신의 제품과 서비스를 판매하고 수익을 만들기 위해서는 가치를 전달해야 한다. 고객은 가치를 구매한다. SNS를 활용해 가치를 효율적, 지속적으로 전달했을 때 네트워크와 팬이 형성되어 원하는 목표를 이루게 된다.

③ 네트워크

SNS 플랫폼을 통해 사회적 관계를 맺고 소통하는 것이 SNS 운영의 기본 목적이다. 네트워크는 단순 팔로워 숫자가 아니라 '내 콘텐츠에 먼저 반응하고, 스스로 공유할 사람들의 집합'이다. 하루에도 수백, 수천 개의 콘텐츠를 접하는 이용자들의 시선을 이끌어 콘텐츠와 계정으로 유입시켜야 한다. 그들이 원하는 정보와 가치를 제공해 지속적으로 찾아오도록, 계정과 관계를 맺도록 만들어야 한다.

충분한 시간과 과정을 거쳐 네트워크가 구성되면 해당 계정은 영향력을 갖게 된다. 네트워크를 구성하는 사람들은 해당 계정의 콘텐츠에 먼저 반응한다. 각 구성원이 각자 갖고 있는 네트워크에 스스로 확산시킨다. 네트워크를 보유한 SNS 계정은 자신의 콘텐츠를 많은 사람에게 한꺼번에 소비시킬 수 있다. 네트워크의 규모가 커질수록 전달하고자 하는 메시지의 파급력이 강력해진다. 다양한 수익 구조를 형성할 수 있는 뼈대를 갖춘 것이다.

④ 팬

에어비앤비(Airbnb)에 첫 투자를 한 폴 그레이엄은 "상품을 괜찮다고 생각하는 100만 명의 사람보다 상품을 사랑하는 100명의 사람을 보유하는 게 훨씬 낫다"라고 하였다. 에어비앤비는 사업 시작 1년 만에 겨우 100명의 고객을 확보했을 때 어렵게 첫 투자를 받았다. 수익을 내기에는 턱없이 부족한 수였지만, 폴 그레이엄은 그 100명을 보고 과감하게 투자했다. 에어비앤비는 최초 고객 100명에게 온전히 집중했다. 100명의 고객을 만족시키기 위한 노력은 그들을 진정한 팬으로 만들었다. 진심으로 열광하는 팬이 점차 증가했고, 에어비앤비는 여행업계에 레볼루션을 일으키며 2020년 전 세계에 290만 명의 호스트를 보유한 거대 기업이 되었다.

마케팅과 브랜딩, SNS 운영의 최종 목표는 팬을 보유하는 것이다. 진정으로 자신을 사랑해 주는 팬을 100명만 모으면 가능성은 무궁무진해진다. 팬들은 우리가 하는 모든 것에 반응하고 영향력을 넓히는 데 큰 도움이 된다. SNS 플랫폼을 이동해도, 처음 시작했던 것과 다른 주제를 이야기해도 믿고 따라온다. 또한 우리가 만들어내는 제품과 서비스를 적극적으로 소비해 준다. 다양한 수익 구조도 이들을 믿고 확장할 수 있다.

나와 내 콘텐츠를 진심으로 좋아해 주는 고객에게 집중하자. 소수의 팬을 만들고 그들을 만족시키기 위해 최선을 다하자. 팬에게 온전히 집중하면 자연스럽게 규모가 커지면서 영향력이 확장되고 수익 구조가 생기게 된다.

⑤ SNS 플랫폼 연결 구조

운영하는 여러 SNS를 연결해 네트워크와 팬을 확장해 보자. 각 계정마다 자신의 다른 플랫폼으로 연결될 수 있는 장치를 적용하면 된다.

프로필에 해당 링크를 배치한다. 콘텐츠에서 다른 플랫폼에 대해 언급하며 유입을 유도한다. '링크트리'(https://linktr.ee) 같은 어플을 활용해 다양한 플랫폼에서 계정을 운영하고 있음을 보여주는 방법도 있다.

한두 개의 계정에서 SNS 운영을 시작해 집중적으로 키운 뒤에 다른 계정을 추가하는 것을 추천한다. 여러 플랫폼에서 계정을 운영하는 이유는 많은 경로를 통해 자신을 노출시키기 위해서다. 노출시키는 채널이 많을수록 당연히 유입되는 고객은 많다. 고객들도 다양한 경로로 반복적으로 만나게 되면 전달하는 메시지가 각인된다. 플랫폼에 따라 콘텐츠 형식이 변형되기 때문에 이미 콘텐츠를 접한 고객에게도 새롭게 환기되어 보일 수 있다.

각 플랫폼에 맞게 콘텐츠를 변형하는 것은 기본이다. 채널별 이용자의 특징도 고려해 콘텐츠를 수정해야 한다. 그래야 다양한 플랫폼에서 계정을 운영하는 의미가 있다. 플랫폼마다 다른 형태의 콘텐츠를 기대하는 고객들을 모두 만족시켜야 네트워크가 순환되고 팬을 만들 수 있는 것이다. 하지만 같은 운영자로 인식될 수 있는 주요 요소들은 유지해야 한다. 운영자를 나타낼 수 있는 주제, 콘셉트, 톤앤매너는 유지하면서 각각의 플랫폼을 연결하자.

팬을 만족시키는 과정은 계정 자체를 키우는 아주 좋은 방법이기도 하다. 팬을 만족시키기 위한 고민과 시도를 하면서 운영자는 끊임없이 자기계발을 하게 된다. 판매하는 제품과 서비스를 팬의 의견에 따라 계속해서 수정하며 발전한다.

우리의 최종 목적은 수익화가 아니다. 마케팅을 통해 브랜딩을 거쳐 네트워크와 팬을 만드는 것이다. 수익화는 그 과정에서 자연스럽게 만들어진다. 우리가 우선적으로 집중해야 하는 것은 네트워크와 팬을 만드는 데 기본이 되는 고객 만족이다.

06 AI로 직접 실행해 보는 고객 유입, 전환, 재방문, 팬 만들기

SNS 마케팅은 단순히 콘텐츠를 많이 올리는 것이 아닌, 고객을 유입시키고 관계를 맺어 팬으로 전환시키는 것이 핵심이다. 이것이 바로 우리가 앞서 배워온 '고객 여정'과 '고객 경험'의 핵심 전략이다.

이제는 배운 내용을 실제로 나의 SNS 계정에 적용해 보자. 이 절에서는 앞서 배운 이론들을 기반으로, 챗GPT를 활용해 전략을 실행해 보는 실습을 진행한다. 우리는 ① 고객 여정 그리기, ② 키워드와 콘텐츠 제목 정리, ③ 전환 유도 콘텐츠 구성, ④ 1주일 콘텐츠 캘린더 설계, ⑤ 브랜딩 문장과 소개글 만들기, 총 다섯 가지 주제로 실습을 진행한다. 각 항목은 앞서 배운 개념을 복습하며 실제 전략을 만드는 흐름으로 구성되어 있다.

고객 여정 그리기

챗GPT와 함께 고객의 흐름을 구조화하자.

앞서 설명한 '고객 여정(Customer Journey)'은 SNS 마케팅의 핵심이다. 고객은 우연한 첫 만남부터 시작해 서서히 관심을 가지고 콘텐츠를 살펴보며 관계를 쌓아간다.

이번 실습에서는 챗GPT를 활용해 타겟 고객의 여정을 구체화하고, 내 콘텐츠가 어느 단계에 해당하는지 파악하여 부족한 부분을 전략적으로 보완할 것이다.

고객 여정은 일반적으로 다음과 같이 여섯 단계로 구분할 수 있다.

1. **모름:** 아직 나의 콘텐츠를 접한 적이 없는 상태
2. **관심:** 콘텐츠를 우연히 접하고 흥미를 느끼는 단계
3. **방문:** 계정을 탐색하며 콘텐츠를 둘러보는 단계
4. **전환:** 콘텐츠에 반응하거나 링크를 클릭하는 등 구체적인 행동으로 이어지는 시점
5. **재방문:** 계정을 반복적으로 찾으며 정기적인 관계를 유지하는 상태
6. **팬:** 자발적으로 콘텐츠를 공유하거나 다른 사람에게 추천하는 충성 고객 단계

이 여정 단계를 기반으로, 챗GPT에 아래와 같은 질문을 입력해 본다.

> 30대 여성 직장인을 타겟으로 한 자존감 회복 SNS 콘텐츠를 운영할 예정이야. 고객 여정을 '모름 → 관심 → 방문 → 전환 → 재방문 → 팬' 흐름으로 단계별로 정리해 줘. 각 단계에서 고객이 겪는 고민, 감정, 행동을 자세히 알려줘.

이 질문을 입력하면, 챗GPT는 고객이 처음 나의 콘텐츠를 접하는 순간부터 점차 나의 팬이 되어가는 여정을 단계별로 자세히 정리해 줄 것이다. 이 과정에서 고객이 어떤 감정을 느끼고, 어떤 기대를 가지고 있으며, 어떤 콘텐츠를 통해 다음 단계로 이동할 수 있는지 이해할 수 있다.

예를 들어,

- **모름** 단계에서는 고객이 지치고 무기력한 상태로 SNS를 스크롤하고 있으며,
- **관심** 단계에서는 짧은 글귀나 감성적인 이미지에 공감하여 계정을 클릭하게 되고,
- **방문** 단계에서는 내가 꾸준히 작성한 콘텐츠를 보며 '이 사람은 나와 비슷한 고민을 했구나'라는 감정을 느끼게 되며,
- **전환** 단계에서는 클래스 신청, 전자책 다운로드, 워크북 활용 등 실제 액션으로 이어지며,
- **재방문** 단계에서는 계정을 정기적으로 찾고,
- **팬** 단계에서는 자발적으로 스토리 공유, 친구에게 추천, 후기 작성 등의 행동을 하게 된다.

이제 이 내용을 바탕으로, 나의 콘텐츠 전략과 연결해 보기 위한 표를 작성해 본다.

여정 단계	고객 상태(감정/행동)	내가 제공할 콘텐츠	전달 방식
모름	무기력, 소외감	짧고 감성적인 글귀	피드 이미지 게시물
관심	공감, 흥미	카드뉴스, 자가진단 콘텐츠	스토리, 피드
방문	탐색, 관찰	자존감 회복 사례, 나의 스토리	릴스, 블로그 링크
전환	행동 유도 가능 상태	클래스 소개, 워크북 다운로드	피드, 스토리 링크
재방문	만족감, 연결감	팔로워 피드백, Q&A	스토리, 댓글 유도
팬	자발적 확산	커뮤니티 콘텐츠, 이벤트	라이브, 참여형 게시물

이 표를 바탕으로 각 고객 단계에 맞는 콘텐츠를 기획하고 운영 전략을 세우자. 현재 내 콘텐츠가 어느 단계에 집중되어 있는지 파악하는 것이 중요하다. '전환' 단계에만 집중된다면 '관심'과 '방문' 단계의 콘텐츠 부족으로 초기 유입이 막힐 수 있다.

고객 여정은 콘텐츠 전략의 핵심이자, 마케팅 전환의 흐름을 보여주는 도구다. 이 여정을 고려하면서 콘텐츠를 만들면 고객의 감정에 맞는 효과적인 콘텐츠를 기획할 수 있다.

② 키워드와 콘텐츠 제목 정리

검색되는 콘텐츠의 기초 만들기

아무리 좋은 콘텐츠라도 고객이 찾을 수 없다면 의미가 없다. 검색과 노출을 위한 키워드 전략이 필수적이며, 실제 검색어를 반영한 제목 작성이 중요하다.

여기서는 챗GPT로 핵심 키워드를 찾고 이를 활용한 콘텐츠 제목을 만드는 실습을 진행한다. 챗GPT의 안내만 따라가도 누구나 쉽게 결과를 얻을 수 있다. 우리는 이와 같은 고객의 실제 검색어를 미리 파악하고, 콘텐츠 제목이나 본문에 자연스럽게 키워드를 포함시켜야 한다.

챗GPT에 아래와 같이 질문을 입력한다.

> 30대 여성 직장인을 위한 자존감 회복 블로그를 운영할 예정이야. 사람들이 검색할 만한 키워드 10개와 그 키워드를 활용한 콘텐츠 제목 예시 5개를 제안해 줘.

이 질문을 입력하면, 챗GPT는 다음과 같은 결과를 제시할 수 있다.

[예시 키워드]

- 자존감 높이는 법
- 감정일기 쓰는 방법
- 자기관리 루틴
- 직장 내 스트레스 해소법
- 월요병 극복하기
- 30대 직장인 고민
- 마음 정리하는 법
- 혼자 쉬는 시간 보내기
- 셀프 힐링 루틴
- 퇴근 후 나를 돌보는 방법

[예시 콘텐츠 제목]
- 자존감이 낮아질 때 가장 먼저 해야 할 3가지 행동
- 감정일기를 쓰기 시작한 후 달라진 나의 퇴근 후 일상
- 퇴근 후 10분, 나를 회복시키는 셀프 루틴
- 30대 직장인을 위한 스트레스 해소법 5가지
- 혼자 있는 시간이 편해지는 마음 정리법

챗GPT가 제안한 키워드와 제목을 받은 후, 나만의 콘텐츠 기획 노트에 다음과 같은 방식으로 정리하자.

키워드	제목 예시	콘텐츠 포맷	예상 업로드 요일
감정일기 쓰는 방법	감정일기로 자존감을 회복한 후기 공개	피드 글	월요일
자기관리 루틴	퇴근 후 10분, 나를 회복시키는 셀프 루틴	릴스	수요일
스트레스 해소법	직장 스트레스, 이 3가지 루틴으로 날려버리기	카드뉴스	금요일
혼자 쉬는 시간 보내기	혼자 있는 시간이 편해지는 마음 정리법	피드＋스토리	일요일

표로 정리하면 키워드가 운영 전략으로 직접 연결된다.

키워드를 활용한 콘텐츠 제목은 사용자의 감정을 자극하고 클릭을 유도하는 '첫 번째 콘텐츠'다. "이건 내 얘기야"라고 느끼게 만들면 고객이 자연스럽게 콘텐츠를 읽게 된다.

검색은 고객이 콘텐츠를 '찾아서' 만나게 만드는 유입의 문이다. 고객의 언어와 관심사를 키워드로 전환해 콘텐츠에 녹여내자.

키워드는 전략의 출발점이다.

③ 전환 유도 콘텐츠 구성

공감에서 행동으로 이어지도록 설계하기

콘텐츠는 고객의 '행동'을 유도해야 한다. '공감 → 신뢰 → 제안'이라는 흐름으로 댓글, 링크 클릭, 제품 관심 등을 이끌어내자.

챗GPT로 감정적 공감과 자연스러운 행동 유도를 위한 콘텐츠 흐름을 만들어보자.

전환은 콘텐츠 소비 후의 자발적 행동이다. 댓글, 저장, 링크 클릭, DM 문의, 신청서 작성이 여기에 포함된다.

챗GPT로 이러한 흐름을 만들어보자. 다음과 같이 질문을 입력해 보자.

> 30대 여성 직장인을 위한 자존감 회복 클래스를 운영 중이야. 인스타그램 피드에 올릴 콘텐츠를 기획하려고 해. 고객의 고민에 공감하며 시작하고, 신뢰를 줄 수 있는 나의 이야기로 연결한 뒤, 자연스럽게 클래스 신청을 유도하는 흐름으로 콘텐츠를 구성해 줘.

이와 같은 질문을 입력하면, 챗GPT는 다음과 같은 구성 흐름을 제시할 수 있다.

---

1) 도입-공감
- "매일 퇴근 후 무기력하게 침대에 누워 있는 나. 뭔가 바꾸고 싶은데, 어디서부터 시작해야 할지 막막했다."

2) 본문-나의 경험 또는 사례
- "그때부터 하루 10분씩 감정일기를 쓰기 시작했다. 처음엔 별 효과 없을 줄 알았는데, 3일 차부터 작은 변화가 생겼다. 예전 같았으면 그냥 넘겼을 감정에 이름을 붙이게 되었고, 나를 이해하기 시작했다."

3) 결론 – 자연스러운 제안
- "혼자 시작하기 어려운 분들을 위해 자존감 회복 클래스를 열었다. 나와 같은 고민을 가진 사람들과 함께, 무기력한 퇴근 후를 회복의 시간으로 바꿔보고자 한다."

4) 행동 유도 문구(CTA)
- "지금, 당신도 변화의 첫걸음을 내딛고 싶다면 프로필 링크를 확인해 보세요."

이 흐름은 단순한 정보 전달이 아니라, 고객이 '나도 할 수 있을까?'라는 생각을 '나도 해볼래'로 바꾸는 감정 중심의 설득 구조다. 특히 직장인 대상 콘텐츠는 논리보다 공감, 지시보다 초대의 언어가 효과적이다.

다음은 챗GPT로 제안받은 내용을 나의 콘텐츠 기획으로 정리하는 방법이다.

구성 단계	콘텐츠 내용 예시	전달 형식
공감	"매일 지쳐서 아무것도 못 하고 잠드는 나"	이미지 + 짧은 문장 피드
신뢰	"감정일기 쓰며 회복했던 나의 실제 이야기"	릴스 영상 or 스토리
제안	"함께 회복하고 싶은 분들을 위한 클래스 안내"	피드 + 링크 CTA
유도 문구	"오늘 하루, 나를 이해하는 데 10분만 써보세요"	피드 캡션 or 스토리

이러한 흐름을 주 단위로 반복하면, 팔로워는 단순한 정보 소비자가 아니라 내 콘텐츠를 '자신의 이야기처럼 느끼는' 사람으로 성장하게 된다.

전환은 강요가 아닌 자발적 감정에서 시작된다. 고객이 '공감'하고 '나도 할 수 있다'고 느낄 때, 자연스러운 전환이 일어난다.

챗GPT의 도움을 받아 자연스러운 흐름으로 전환 유도 콘텐츠를 구성해 보자.

④ 1주일 콘텐츠 캘린더 만들기

꾸준함을 위한 구조 설계

'꾸준함'이 SNS 운영의 핵심이지만, 많은 운영자들이 "무엇을 어떻게 해야 할지 모르겠다"며 멈추곤 한다. 이때 필요한 것이 바로 '콘텐츠 캘린더'다.

챗GPT로 일주일 단위 콘텐츠 계획을 세워보자. 전략적인 콘텐츠 운영은 운영자의 피로감은 줄이고, 팔로워의 신뢰도는 높인다.

콘텐츠 캘린더는 주간 또는 월간 단위로 콘텐츠 일정을 계획하는 도구다. 이를 통해 아이디어를 정리하고 다양한 주제를 균형 있게 배치할 수 있다.

먼저, 챗GPT에게 아래와 같은 질문을 입력한다.

> 자존감 회복과 감정 관리에 관한 SNS 계정을 운영 중이야. 콘텐츠 카테고리는 감정일기, 회복 루틴, 팔로워 소통, 짧은 글귀로 나눌 수 있어. 이 내용을 바탕으로 1주일 콘텐츠 캘린더를 요일별로 구성해 줘. 콘텐츠 포맷(피드, 릴스, 스토리 등)도 함께 제안해 줘.

이 요청을 입력하면 챗GPT는 다음과 같은 형식으로 캘린더를 제시할 수 있다.

[예시 콘텐츠 캘린더]

- 월요일: 감정일기 쓰는 법 (피드)
- 화요일: 짧은 자존감 회복 글귀 (스토리)
- 수요일: 회복 루틴 소개 – 아침 루틴 (릴스)
- 목요일: 팔로워 고민 Q&A 응답 (스토리 + 댓글)
- 금요일: 감정 키워드 카드뉴스 (피드)
- 토요일: 내가 최근 회복한 이야기 공유 (릴스 or 피드)
- 일요일: 팔로워 참여형 콘텐츠 – 이번 주 마음 한 줄 나누기 (스토리 질문)

이 일정을 그대로 따를 필요는 없다. 중요한 것은 매일 무리하지 않고 실현 가능한 주제로 구성하며, 반복 가능한 패턴을 만드는 것이다. 이를 바탕으로 자신의 콘텐츠 운영표를 다음과 같이 정리할 수 있다.

요일	콘텐츠 주제	콘텐츠 포맷	목적
월	감정일기 공유	피드	공감＋정서 연결
화	위로되는 한 문장	스토리	감성 자극＋도달 확장
수	회복 루틴–출근 전 10분	릴스	정보 제공＋실천 유도
목	팔로워 고민에 응답하기	스토리	소통＋관계 형성
금	감정 키워드 카드뉴스 정리	피드	정보 제공＋저장 유도
토	나의 회복 경험 이야기	릴스 or 피드	신뢰 강화＋진정성 전달
일	팔로워 참여 질문 "이번 주 감정은?"	스토리 질문	참여 유도＋커뮤니티 강화

콘텐츠를 카테고리화하고 반복 구조를 만들면 일상적인 고민에서 벗어나 안정적인 콘텐츠 제작이 가능해진다. 팔로워도 예측 가능한 루틴을 통해 계정에 대한 신뢰를 쌓게 된다.

꾸준한 운영의 핵심은 시스템이다. 반복 가능한 구조는 운영의 피로도를 줄이고 팔로워의 반응을 안정적으로 만든다.

⑤ 브랜딩 문장과 소개글 만들기

한 문장으로 정체성을 설명하는 방법

브랜딩은 팔로워가 처음 계정을 접했을 때 느끼는 인상에서 시작된다. 이 첫인상을 결정짓는 핵심은 프로필 소개글과 한 줄 브랜딩 문장이다.

챗GPT로 감성적이면서도 정확한 소개글과 슬로건을 만들어보자. 이 압축된 문장들은 고객과 만나는 첫 번째 콘텐츠다.

프로필 소개글은 짧지만 강력해야 한다. 방문자는 이를 통해 계정의 적합성을 판단한다. 타겟, 콘텐츠 주제, 감정적 메시지를 명확히 전달하는 것이 핵심이다.

먼저, 챗GPT에 다음과 같이 질문을 입력한다.

> 30대 여성 직장인을 위한 자존감 회복 콘텐츠를 다루는 인스타그램 계정을 운영 중이야. 감성적이고 진정성 있는 느낌의 계정 브랜딩 슬로건과 인스타그램 소개글을 제안해 줘. 팔로워가 이 계정이 자기 얘기라고 느낄 수 있도록 표현해 줘.

이 질문에 대해 챗GPT는 다음과 같은 형식의 답변을 제안할 수 있다.

[브랜딩 문장 예시]

- 나를 아끼는 연습, 오늘부터 함께합니다.
- 당신의 감정을 위한 작은 쉼표
- 일상 속 감정을 이해하는 30초의 온기

[소개글 예시]

- 자존감 회복, 감정일기, 퇴근 후 셀프루틴
- 30대 직장인의 마음 회복 프로젝트
- 퇴근 후 나를 위한 10분 루틴

[링크 클릭 유도 문구 예시]

- 워크북으로 자존감 루틴 시작하기 →
- 감정기록부터 회복까지, 무료 리소스 보기 →

위와 같은 결과를 받은 후에는 이를 나의 콘텐츠와 톤에 맞춰 조금씩 수정하거나 재구성해 본다. 예를 들어 나의 콘텐츠가 보다 실용적인 팁 중심이라면 "오늘부터 시작하는 자존감 회복 실천 루틴"처럼 구체적으로 표현할 수 있다. 반면, 감성적인 콘텐츠가 많다면 "말 대신 마음으로 다가가는 계정"과 같은 문장도 어울릴 수 있다.

이제, 챗GPT의 결과를 바탕으로 다음과 같이 정리해 본다.

항목	문장 예시	목적
브랜딩 문장	나를 아끼는 연습, 오늘부터 함께합니다.	계정의 정체성 전달
인스타그램 소개글	감정일기, 자존감 루틴, 30대 직장인을 위한 회복 콘텐츠	타겟과 콘텐츠 주제 전달
클릭 유도 문구	무료 워크북으로 오늘 하루 감정기록 시작하기 →	실질적 행동 유도 (전환 연결)

이러한 문장들은 브랜드의 방향성과 콘텐츠의 톤을 설정하는 기준이 된다. 이를 중심으로 콘텐츠의 스타일부터 피드 구성, 스토리 언어까지 통일감을 유지할 수 있다.

브랜딩은 디자인이 아니라 '느낌'이다. 소개글과 브랜딩 문장은 가장 먼저, 가장 자주 보여지는 콘텐츠로서, 처음 보는 사람이 '이 계정은 나와 닮았다'고 느낄 수 있도록 진심을 담아야 한다.

챗GPT의 제안으로 만든 브랜딩 문장과 소개글은 콘텐츠 전체의 정체성이 된다. 브랜드는 이 한 문장에서 시작해 전체 콘텐츠로 확장되는 서사이기 때문이다.

이제 배운 것을 직접 해볼 차례입니다.
QR 코드를 통해 실습 자료와 함께 성장의 다음 단계로 나아가세요.

4장

SNS 마케팅의 기본,
네이버 블로그

01 네이버 블로그로 마케팅을 시작해야 하는 이유

우리나라 사람 중에서 하루에 한 번이라도 네이버를 사용하지 않는 사람이 있을까? 메일, 카페, 블로그, 지식인, 쇼핑, 페이, 뉴스, 지도, 웹툰… 이 외에도 많은 서비스가 네이버에 있다. 네이버는 국내 검색 점유율이 60% 정도로 1위를 하고 있다. 사람들은 궁금한 것이 있으면 네이버에 물어본다. 연령의 대부분이 이용하는 만큼 방대한 소비자가 모인다. 자세한 설명을 확인하기 위해 블로그로 유입된다. 이용자들이 긴 글에 익숙한 만큼 블로그는 제품이나 서비스, 브랜드의 스토리를 펼치기에 아주 유용한 포맷이다. 이것이 마케팅과 브랜딩을 네이버 블로그로 시작해야 하는 이유다.

네이버 블로그는 MZ세대의 유입으로 최근 더욱 활성화되고 있다. 자신의 이야기를 기록하고자 하는 열망이 강한 MZ세대가 이러한 기능에 충실한 블로그에 주목하고 있는 것이다.

2021년 '오늘일기 챌린지' 이후 블로그 이용자 증가가 주목을 받았고, 2024년에는 네이버가 블로그에 '모먼트(숏폼 영상)', 뉴스레터 구독 기능, 프리미엄 콘텐츠 등의 기능을 연동하며 또 한 번 도약의 계기를 마련했다. 그 결과 블로그 월간 순이용자는 약 310만 명으로 증가했으며, 20~34세 사용자 비율이 전년 대비 23% 증가했다는 내부 분석도 있다. 기록에 진심인 MZ 세대들의 콘텐츠가 증가할수록 같은 세대의 유입이 늘어날 것이다. 우리가 생산하는 콘텐츠의 영향력도 같이 커지는 것이다.

이번 파트에서는 블로그의 장점에 대해 알아보자. 블로그를 활용해 브랜딩을 만들어가는 예시도 함께 살펴보면서 블로그의 가능성을 파악해 보자.

네이버 블로그 장점

검색 포털

검색 포털 기반인 네이버의 콘텐츠 중 하나인 블로그는 검색을 통해 이용자에게 노출된다. 때문에 효과적인 키워드를 발굴해 콘텐츠에 적용한다면 포스팅한 시간이 지나도 상위 노출을 유지할 수 있다.

1~2년 전에 포스팅한 콘텐츠도 검색결과에 지속적으로 노출되어 유입과 전환을 만들 수 있다. 하나의 콘텐츠만으로도 계속해서 마케팅과 브랜딩에 활용할 수 있는 것이다. 검색을 하는 이용자는 해당 주제에 대해 흥미를 갖고 필요한 내용을 찾기 위해 블로그 콘텐츠에 유입된다. 관심도가 높기 때문에 다음 단계로의 전환이 조금 더 수월하다.

낮은 진입 장벽

네이버 블로그는 인스타그램, 유튜브와 비교했을 때 진입 장벽이 낮다. 앞서 말한 것처럼 검색을 기반으로 콘텐츠가 노출되기 때문이다. 인스타그램이나 유튜브처럼 랜덤으로 노출되는 수십, 수백 개의 사진과 동영상 중 선택받지 않아도 된다. 취향에 맞춰 시선을 사로잡는 사진이나 동영상을 만들어내는 것보다 이용자에게 필요한 정보로 콘텐츠를 만들어 유입시키는 것이 조금 더 수월하다. 콘텐츠의 퀄리티 또한 이용자가 원하는 정보를 정확하고 깔끔하게 전달할 수 있으면 된다. SNS를 이제 막 시작한 초보들이 운영을 하면서 실력을 쌓아갈 수 있는 플랫폼이다.

풍성한 내용을 담을 수 있는 콘텐츠

'네이버 다이어리'(https://blog.naver.com/naver_diary)는 네이버 소식을 전하는 공식 블로그다. 네이버 다이어리는 블로그 콘텐츠를 '충분한 양의 정보와 분석 내용을 포함한 문서'라고 이야기한다. 이것은 이런 콘텐츠를 네이버가 선호하고 상위 노출을 시켜준다는 의미이기도 하다.

네이버 블로그는 콘텐츠 용량 제한 없이 장문의 글을 쓸 수 있다. 사진과 동영상을 모두 활용할 수 있다. 원하는 구성으로 배치까지 자유롭게 할 수 있다. 콘텐츠를 접한 사람은 자세한 글과 한눈에 보이는 이미지로 낯선 정보도 이해할 수 있다. 동영상까지 있다면 더욱 빨리 습득이 가능하다.

블로그는 콘텐츠 하나에 1,500~2,000자 정도의 글자 수를 사용한다. 사진과 동영상 같은 이미지는 적게는 5~10개에서 많게는 30~40개까지도 사용한다. 충분한 자료를 활용해 풍성하게 내용을 만들 수 있다. 하나의 주제를 심도 있게 풀어내거나 세분화한 소주제로 전달하는 것도 가능하다. 블로그 하나에 풍부한 내용을 담을 수 있는 것이다.

네이버 내 다양한 채널과 연결 가능

네이버 블로그에서 콘텐츠를 하나 제작하면 다양한 채널로 연결해 콘텐츠를 확산시킬 수 있다. 콘텐츠 내용을 다른 채널에 적용할 수 있다.

네이버 카페, 밴드에는 작성한 글을 바로 전달할 수 있다. 전문적인 지식이 있다면 콘텐츠 내용을 지식인에서 활용하거나 반대로 지식인에서 아이디어를 얻을 수도 있다. 기업, 기관, 단체를 대표한다면 공식 블로그도 같이 운영할 수 있다. 운영 중인 블로그를 마켓으로 활용해 수익을 만드는 것도 가능하다. 또한 스마트스토어는 상세페이지 제작 화면이 블로그 글 작성 화면과 같다. 블로그 글을 쓰는 데 조금만 익숙하다면 바로 작성할 수 있다. 네이버 내에서만 해도 여러 채널에 확장할 수 있는 기회가 있다.

② 네이버 블로그 활용 예시

네이버 블로그는 콘텐츠 생산에 아직 익숙하지 않은 사람들이 시작하기 좋은 플랫폼이다. 다양한 주제의 콘텐츠를 만들어보면서 가장 흥미롭거나 가장 많은 반응을 이끌어낸 주제를 발견할 수 있다.

네이버 블로그는 알고리즘이 검색 기반으로 운영되기 때문에 처음부터 다양한 주제를 다루는 것이 가능하다. 각 주제에 대해 꾸준히 글을 쓴다면 여러 카테고리를 동시에 활성화시킬 수 있다.

텍스트가 메인이 되는 블로그 콘텐츠를 제작하다 보면 콘텐츠 기획 능력을 키울 수 있다. 아이디어를 글로 표현하는 과정이 곧 기획이기 때문이다. 전달하고 싶은 메시지를 고민하고 핵심, 세부 키워드와 적용 위치를 설정한다. 콘텐츠의 세부 전략을 다듬는 것이다. 이런 과정을 거친 블로그 콘텐츠를 기반으로 하면 다른 플랫폼의 콘텐츠 제작은 훨씬 수월하게 할 수 있다.

회사원 A: 엑셀 관련 팁에서 회사 생활 그리고 상품 리뷰까지

회사원 A는 대기업 입사 5년 차 대리다. A는 평소 업무에서 엑셀을 많이 활용한다. 입사 1년이 채 안 된 신입 사원에게 교육한다는 생각으로 엑셀 관련 블로그 콘텐츠를 제작하고 있다. 그에게도 처음 일을 시작했을 때 간단한 단축키도 몰라 막막했던 시간이 있었기 때문이다. 실제 업무 예시를 통해 기본 중의 기본으로 알아야 하는 내용을 전달한다.

A는 무역회사의 경영지원 팀에서 근무한다. 주문량, 주문 금액, 고객 정보, 거래처 결산 금액 등 실제 업무에서 소재 아이디어를 얻는다. 한 콘텐츠에 하나의 세분화된

내용만 집중적으로 설명한다. 빨리 일을 마치고 한 시간이라도 일찍 퇴근하고 싶은 신입 사원에게 필요한 도움이 어떤 것일지 고민한다. 그들을 위로하는 멘트도 빼놓지 않고 콘텐츠에 포함한다. 이렇게 A는 무엇이든 친절하게 알려주는 엑셀 전문가 선배인 '김 대리'로 자신을 브랜딩하고 있다.

블로그의 시작은 엑셀 관련 팁이었다. 엑셀을 비롯한 각 콘텐츠의 세부적인 소재를 키워드로 활용했다. 주말에 2편을 미리 작성해 두고 월요일과 수요일로 '예약 발행'을 한다. 직장인들이 회사에서 직접 검색할 시간을 고려해 점심시간 이후로 발행 시간을 정했다. A는 같은 회사원이 공감하며 콘텐츠를 볼 수 있도록 회사 생활 에피소드로 콘텐츠를 시작했다. 댓글에 A에게 공감하는 글이 많이 달렸다. 사람들과 경험을 공유하는 데 흥미를 느낀 A는 자신의 경험과 간단한 조언을 담은 글을 일주일에 1회 추가로 발행하게 되었다. 사무실에서 편하게 사용한 제품들을 블로그 이웃들에게 추천하는 제품 리뷰 글도 한 달에 2~3개 작성했다.

급하게 엑셀 관련 문제를 해결해야 되는 직장인들이 A의 콘텐츠를 통해 답을 얻었다. 실제 업무 내용을 예시로 직접 활용 가능한 엑셀 팁을 얻을 수 있어 많은 방문자들이 주변 지인들에게 공유했다. A는 엑셀을 활용해 업무를 해나가는 과정을 직접 알려주고자 유튜브 채널을 시작했다. 블로그에 설명했던 내용을 그대로 스크립트로 활용해 제작이 수월하였다. 동영상으로 전체 내용을 볼 수 있어 반응이 좋았다. 회사 생활에 관한 콘텐츠는 A만의 경험이었지만 많은 직장인들로부터 공감을 받아 출판 제의를 받았다. 마음에 드는 제품이 있을 때마다 리뷰했던 콘텐츠를 통해서는 CPS 링크를 활용해 부가적인 수익을 직접 만들고 있다.

새로운 제품이나 서비스가 필요할 때 사람들은 네이버를 검색한다. 주변 지인이 추천을 해줬더라도 네이버에서 관련 리뷰와 뉴스를 확인한다. 전문적인 분야일수록 더욱 꼼꼼히 조사하고 신중하게 결정한다. 신뢰가 없는 고객에게 홈페이지에 나열된 간략한 소개는 믿음이 가는 정보가 되지 못한다. 이때 블로그 콘텐츠를 활용하면 검색 단계부터 고객에게 신뢰를 주게 된다.

전문가는 관련 분야에 대해 블로그에 충분히 설명하고 고객을 설득한다. 함께 사용하는 이미지와 동영상은 고객의 이해를 돕는다. 고객은 블로그 글을 읽으며 전문가의 실력과 고객을 대하는 태도를 볼 수 있다. 깔끔하게 정돈된 블로그 메인, 전문적인 인상을 주는 프로필 사진을 통해 해당 전문가에게 더욱 신뢰감을 갖게 된다.

네이버 '지식인', '엑스퍼트'는 전문가로서 확실히 포지셔닝할 수 있는 콘텐츠다. 지식인에서는 질문에 직접 답을 달아 전문성을 광고할 수 있다. 엑스퍼트가 되기 위해서는 네이버가 요구하는 학위, 자격증 등의 조건을 충족해야 한다. 네이버가 엑스퍼트로 인정했다는 건 고객에게 큰 신뢰를 준다. 의사, 변호사, 세무사, 회계사 등 전문직군이 블로그를 비롯한 다양한 콘텐츠로 마케팅을 하는 이유다.

세무사 B: 지식을 나눠 고객 만들기

B는 소상공인의 세무관리를 전문으로 해주는 20년 차 세무사다. 지식인에 꾸준히 답변을 달며 활동하고 있다. 최근 부동산과 주식 투자 열풍, N잡러와 같은 개인의 수익 구조 확장으로 인해 많은 사람들이 세금 문제를 겪고 있는 것을 확인했다.

세무 관련 지식이 하나도 없는 창업가를 위한 콘텐츠를 네이버 블로그로 제작하기 시작했다. B는 사람들이 추가 수익을 계획하는 단계에서부터 미리 세금 관련 지식을 공부해야 한다고 생각한다. 그래서 이들을 대상으로 사업자등록부터 각종 세무 상식의 기본이 되는 지식에 집중해서 콘텐츠를 제작한다.

메인 주제를 더욱 세분화해 콘텐츠 소재로 활용한다. '30대 무자본 창업가가 알아야 하는 세무법', '이제 막 추가 수익을 만들었을 때 필요한 세무 지식'과 같이 소재마다 특정 대상에 집중해 콘텐츠를 제작한다. B는 기존에 담당했던 고객 사례를 설명하면서 비슷한 문제를 겪고 있는 사람들이 이해하도록 돕는다. 처음 세무사를 찾는 사람들은 설명을 이해하는 데 어려움을 겪고 그만큼 세무사를 신뢰하기까지 오랜 시간이 걸린다. 그래서 쉬운 단어와 충분한 설명을 제공한다.

B는 매일 근무시간 중에 틈틈이 '지식인'에 답변을 남긴다. '엑스퍼트'에 등록해 수익 활동도 하고 있다. 이 과정에서 확인되는 질문들을 소재로 많이 활용한다. 키워드를 찾기 위해 소상공인 카페와 연관 검색어를 활용한다. 사람들을 콘텐츠에 집중시키

기 위해 감면 가능한 세액이나 불이익을 당할 수 있는 금액을 수치로 꼭 강조한다. 궁금한 점을 댓글로 남겨 달라는 요청도 잊지 않는다. 꾸준히 활동해 온 지식인에서 높은 등급인 '은하신'이며 엑스퍼트에서 확인할 수 있다는 것도 콘텐츠마다 명시한다. 해당 사항은 프로필에도 세무서 연락처와 함께 업데이트해 두었다.

세금 관련 문제가 생겨 네이버에서 검색한 이용자는 여러 개의 글을 봤지만 제대로 이해가 되지 않았다. 어려운 용어를 그대로 사용하며 사례가 부족한 글들이었다. 게다가 자신만 믿으면 해결된다는 멘트는 더욱 믿음이 가지 않았다. 답답한 마음으로 검색을 반복하다가 B의 콘텐츠를 보게 된다. 서론에 기존 사례가 있어 해당 콘텐츠가 자신이 찾던 내용이라는 것을 알 수 있었다. 다른 콘텐츠와 다르게 한눈에도 이해하기 쉽고 예시 자료도 가득했다. B의 다른 콘텐츠에서도 세무사의 친절함과 배려가 느껴졌다. 프로필에서 지식인과 엑스퍼트에 등록된 전문가임을 확인하고 확실히 신뢰하게 되었다. 불안한 마음이나 의심 없이 B에게 의뢰를 했다.

여전히 네이버 블로그가 다른 SNS 플랫폼에 비해 뒤쳐졌다고 생각되는가? SNS가 급격하게 발전해 온 10년간 다양한 플랫폼이 만들어지고 사라졌지만 네이버 블로그는 네이버와 함께 꾸준히 자리를 지키고 있다.

네이버는 초록창에 사람들이 검색을 할 때마다 콘텐츠를 노출시켜준다. 다른 SNS 플랫폼에 비해 낮은 진입 장벽은 SNS에 익숙하지 않은 사람들도 블로그를 시작할 수 있게 해준다. 자신만의 경험과 지식만 있다면 블로그에서 자신의 세계를 펼쳐나갈 수 있다. 운영자가 자유롭게 구성할 수 있는 콘텐츠 또한 메시지 전달에 도움이 된다. 글, 사진, 그림, 동영상과 같은 모든 형식을 활용해 하고 싶은 이야기를 충분히 녹여낼 수 있다. 한 장의 사진, 10분짜리 동영상에 모두 설명할 수 없는 힘을 네이버 블로그는 지녔다.

02 고객이 신뢰할 수 있는 네이버 블로그 만들기

 콘텐츠를 제작하기 전에 프로필을 세팅하고 블로그를 꾸며보자.

블로그 메인 페이지는 손님을 맞이하는 공간이다. 블로그명, 별명, 소개글, 프로필 사진은 방문자에게 자신을 소개하는 인사말과 같다.

방문자는 콘텐츠를 소비하면서 콘텐츠뿐만 아니라 다른 정보들도 흡수한다. 주제에 맞는 블로그명, 전문가 포스가 느껴지는 별명과 소개글은 방문자에게 신뢰를 준다. 여기에 얼굴이 공개된 프로필 사진까지 있다면 방문자는 블로그의 정보에 더욱 믿음이 갈 것이다. 마케팅과 브랜딩을 생각하면서 프로필을 세팅하자.

콘텐츠와 계정 관련 정보를 보고 흥미가 생긴 방문자는 블로그 메인 페이지로 이동할 것이다. 이 블로그에서 추가로 어떤 정보를 얻을 수 있는지 궁금하기 때문이다. 유익한 정보의 콘텐츠였다고 해도 메인 페이지가 정돈되어 있지 않거나 트렌드에 맞지 않는 디자인으로 채워져 있다면 다음 단계로의 전환이 어려워진다.

방문자가 블로그명과 운영자를 잘 기억할 수 있도록 타이틀이 구성되어 있다면 재방문 가능성이 높아진다. 주제에 맞는 톤앤매너로 꾸며진 메인 페이지를 본다면 방문자는 소통하고 싶은 마음에 '이웃추가' 버튼을 누를 것이다. 블로그가 다루는 주제를 한눈에 볼 수 있는 깔끔한 카테고리도 방문자를 고객으로 전환시키는 데 큰 역할을 한다.

 프로필 세팅하기

지금까지 분석하고 세분화한 브랜드 방향성이 **'블로그 프로필'에서 명확히 드러나야 한다.** 네이버는 검색 노출에서 **운영자의 전문성, 활동성, 일관성**을 반영하는 '프로필 신뢰도' 요소를 강화하고 있다. 해당 정보는 방문자와 고객이 블로그 계정에 대해 기억하는 내용이다. 첫인상이 되고 계정과 콘텐츠에 대한 신뢰를 주는 부분이다. 곧 브랜딩 과정의 시작이므로 신중하게 설정하자.

계정을 운영하는 최종 목적을 생각하면서 관련 키워드를 활용한다. 내가 보이고 싶은 모습을 효과적으로 드러낼 수 있는 방향으로 설정해 보자.

블로그에서 **관리 → 기본 설정**에서 세팅하면 된다.

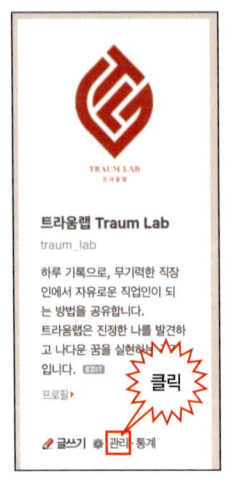

블로그명

블로그명은 이용자가 계정을 기억하는 주요 정보다. **네이버는 블로그명과 콘텐츠 주제의 일치율을 중요하게 반영하고 있으며**, 키워드 검색 시 노출되는 **'블로그 타이틀 + 콘텐츠 제목' 조합의 검색 CTR이 17% 더 높다**는 통계도 있다 (네이버 서치&테크 블로그, 2025.1.). 블로그명은 검색결과 화면에서 콘텐츠 제목 위에 노출된다.

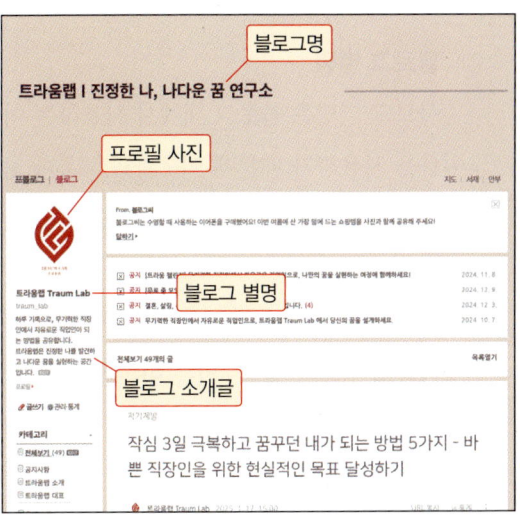

이용자들은 주로 제목과 하위의 첫 문단 내용, 사진 수를 보고 클릭을 결정한다. 그런데 제목 바로 위에 블로그명이 위치하고 있어 제목과 함께 블로그명이 바로 눈에 들어온다. 따라서 블로그명이 콘텐츠 제목, 이용자가 검색한 키워드와 연관되면 콘텐츠 퀄리티에 더욱 믿음이 간다. 여기에 전문가적인 인상도 함께 준다면 바로 클릭을 유도할 수 있다.

블로그명에는 블로그에서 가장 메인으로 하고 있는 주제가 드러나는 것이 좋다. 고객 페르소나가 관련 정보를 검색할 때 사용하는 키워드를 블로그명에 추가하자. 같은 주제로 운영되고 있는 다른 블로그를 확인하면서 주요 키워드를 파악해 보자.

주의할 점은 많이 검색되는 키워드에서 세분화, 차별화를 시켜야 한다는 것이다. 자신만의 키워드도 적용해야 한다. 제품이나 서비스를 판매한다면 관련 정보를 넣는 것이 차별화를 시킬 수 있다.

네이버 아이디는 그대로 블로그 주소가 된다. 따라서 새로운 계정으로 블로그를 시작하는 경우라면 처음부터 블로그 별명이나 브랜드명으로 활용하는 단어로 아이디를 생성하는 것을 추천한다.

블로그 별명

블로그 별명은 블로그 내에서 사용하는 이름이다. 이웃과 소통할 때 해당 이름을 사용하기 때문에 이웃과의 교류에 중요한 항목이다. 블로그와 운영자를 나타내는 키워드라고 할 수 있다.

블로그 별명은 10자 이내로 블로그명보다 간단하게 만든다. 짧은 10자 내에서도 블로그의 주제나 운영자의 특성이 느껴지도록 설정해 보자. 개인 계정이라도 신뢰를 줄 수 있는 이름을 선택해야 한다. 자신의 제품, 서비스명에도 이용자의 기억에 더 오래 남아 재방문할 수 있도록 수식어를 하나 붙여 개성을 더해주자.

블로그 소개글

블로그 소개글은 프로필 사진과 블로그 별명 아래에 반영되는 짧은 글이다. 한글 기준 200자 이내로 작성해야 한다.

개인이라면 자신에 대한 정보를 제공하면서 주제가 확실히 드러날 수 있도록 작성한다. 판매하는 제품이나 서비스가 있다면 해당 상품을 통해 고객들에게 제공하는 것이 무엇인지를 알려준다. 여기서 중요한 것은 절대 판매를 해서는 안 된다는 것이다. 상품을 판매하고 있어도 그 상품이 줄 수 있는 이득과 혜택을 보여주어야 하는 것이다.

미래의 고객에게 첫인사를 건넨다고 생각하고 작성해 보자.

프로필 사진

프로필에서 자신을 나타내는 이미지를 올리는 공간이다. 운영자의 인물 사진을 올리는 것이 가장 좋은 방법이다. 자신의 얼굴을 드러낸다는 것은 그만큼 자신의 콘텐츠에 자신이 있다는 것을 의미하기 때문이다. 방문자들도 프로필의 인물 사진을 보고 신뢰감을 갖게 된다.

인물 사진이 부담스럽다면 제품이나 서비스를 나타내는 사진을 사용해도 좋다. 로고를 활용하는 것도 전문적인 느낌을 줄 수 있어 괜찮다.

다른 블로그에 댓글을 달면 프로필 사진이 블로그 별명과 함께 노출된다. 각 블로그의 설정마다 퍼나스콘이라는 이미지가 적용되는 경우도 있기 때문에 두 가지 모두 블로그의 특성에 맞게 설정해 두는 것을 추천한다.

② 블로그 꾸미기

1) PC 블로그 꾸미기

내 블로그의 **관리 → 꾸미기 설정** 탭에서 블로그를 꾸밀 수 있다.

글을 통한 브랜딩이 '문장'이라면, 블로그 꾸미기는 '시각적 언어'다. 블로그 스킨 설정은 **모바일 최적화**가 핵심이며, **'심플 + 명확 + 정돈된 UI'가 방문자 체류시간을 30% 높인다**는 분석도 있다(DMC미디어 블로그 UX 보고서, 2024.12.). 블로그를 운영하는 목적과 운영 주제의 특징이 자연스럽게 표현될 수 있도록 꾸며보자.

무조건 예쁘고 멋진 분위기의 블로그를 만드는 것이 아니다. 방문자가 편안하게 콘텐츠를 즐길 수 있는 환경을 조성해야 한다. 블로그 내에서 동선이 자연스럽게 이루어질 수 있도록 고객이 블로그에서 원하는 게 무엇인지 생각하며 구성하자. 타겟으로 하는 고객 페르소나의 취향에 맞는 톤앤매너로 콘텐츠 내용뿐 아니라 블로그의 분위기도 좋아할 수 있도록 만들자.

스킨 설정하기

스킨은 블로그 전체의 배경화면이다. 메인 페이지뿐만 아니라 콘텐츠 주변으로도 계속해서 노출된다. 최근에 포스팅된 다른 블로그들의 스킨을 확인하면서 모던하고 트렌디한 스킨을 먼저 파악해 보자. 여기에 자신의 주제와 톤앤매너에 가장 잘 어울리는 색감, 구성 등을 먼저 설정한다. 블로그의 일부분에 적용되는 것이 아니라 전체에 적용되므로 신경 써서 설정하자.

어느 정도 구상이 되었다면 **내 블로그 → 꾸미기 설정 → 스킨 선택**에서 가장 알맞은 스킨을 선택한다. 브랜드의 특성을 잘 드러내고 콘텐츠를 돋보이게 할 수 있는 스킨을 선택해야 한다.

세부 디자인 설정을 클릭하면 **리모콘** 창이 나타난다. 리모콘 창에서 '스타일', '컬러'를 선택할 수 있고, '직접등록'을 클릭하면 내가 만든 이미지를 등록할 수 있다.

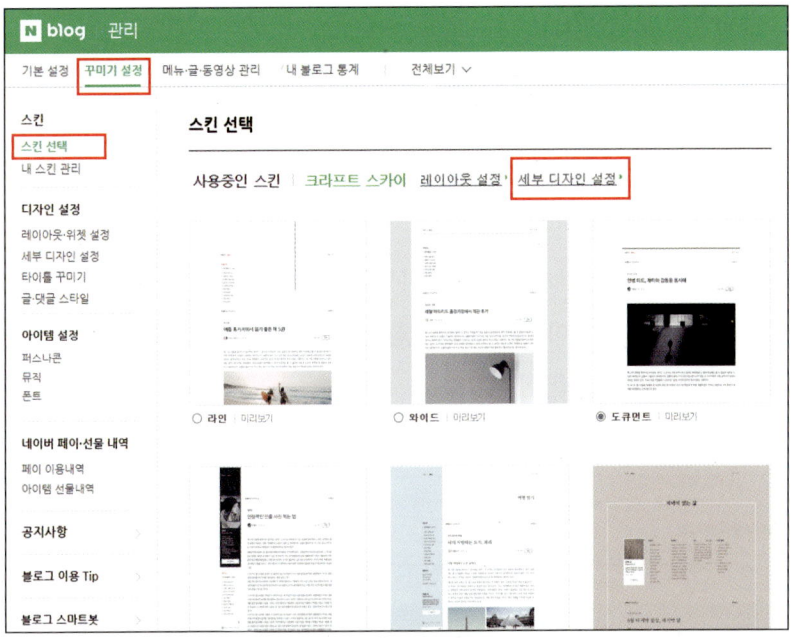

4장 SNS 마케팅의 기본, 네이버 블로그 171

레이아웃 설정하기

레이아웃은 블로그 내에 있는 여러 항목을 배치하는 것이다. 방문자가 편리하게 콘텐츠를 접하고 다른 활동도 접근이 쉽도록 배치해야 한다. 블로그의 메인이 되는 주제, 운영해 나갈 카테고리, 제작할 수 있는 콘텐츠에 따라 그 구성이 달라질 것이다.

방문자들이 가장 먼저 보았으면 하는 메뉴와 기능에 맞춰 순서를 설정하자. **꾸미기 설정 → 레이아웃·위젯 설정**에서 레이아웃을 설정하고 메뉴 사용 설정, 위젯 사용 설정을 한다.

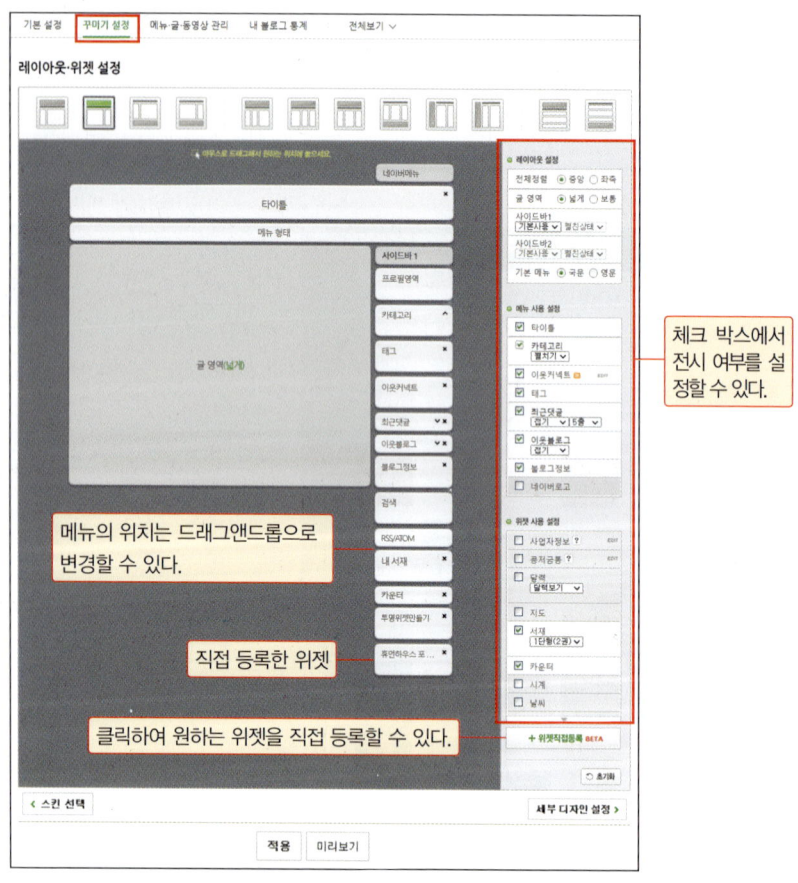

위젯 설정하기

위젯은 블로그에서 관심 있는 정보들을 바로 확인할 수 있도록 해주는 도구다. 레이아웃 설정 시 네이버에서 지정해 놓은 위젯을 선택해 적용한다.

블로그를 상거래 목적으로 이용하는 경우 사업자정보 설정이 필요하다. **꾸미기 설정 → 레이아웃·위젯 설정 → 사업자정보**를 선택해 해당 정보를 입력하면 된다. **위젯직접등록** 기능을 활용해 원하는 위젯을 직접 만들어 적용할 수도 있다. 위젯을 활용해 다른 SNS 계정이나 원하는 콘텐츠로 이동하는 배너들을 만들 수 있다.

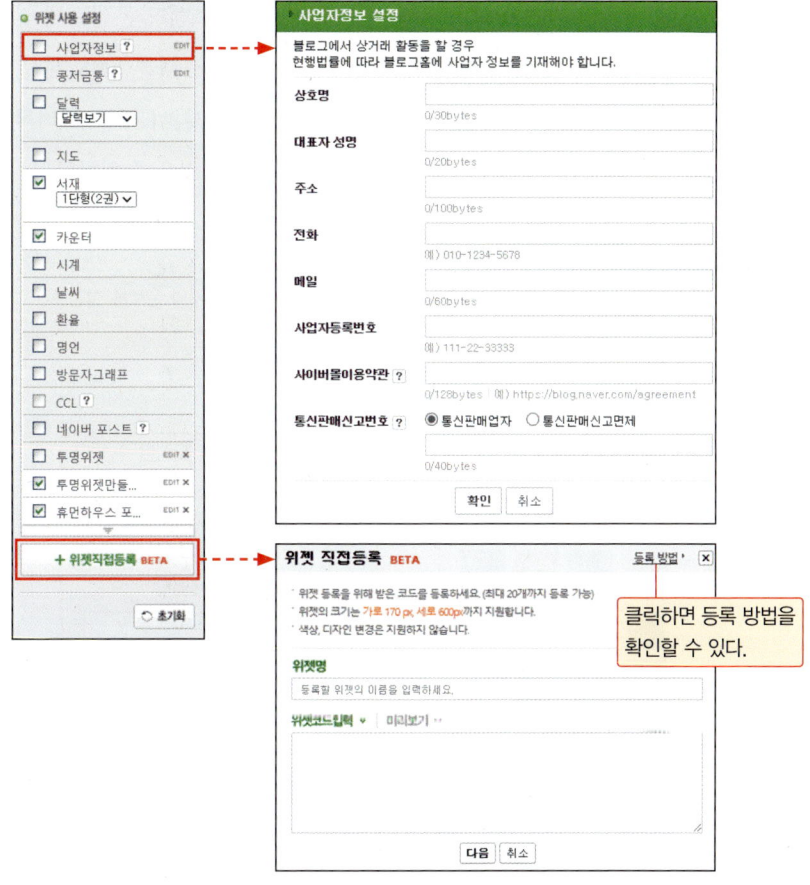

타이틀 설정하기

내 블로그의 **관리** → **꾸미기 설정** → **타이틀 꾸미기**를 클릭하면 **리모콘** 창이 뜬다. 여기서 블로그 제목 표시 여부, 타이틀 영역의 높이, 타이틀 디자인을 설정한다. 디자인의 **직접등록**을 선택하면 이미지 파일을 등록할 수 있다.

타이틀은 블로그 메인 페이지 상위에 블로그명이 표시되는 부분이다. 블로그의 대문과 같다.

우선 타이틀을 설정할 때에는 블로그명이 명확히 드러나야 한다. 블로그의 메인 주제와 그 특성이 확실히 전달될 수 있는 이미지를 함께 사용한다. 제품, 서비스, 가게와 관련된 사진을 넣어준다. 이때 고객에게 신뢰를 줄 수 있도록 로고나 대표의 사진을 넣는 것도 좋은 방법이다. 브랜드 콘셉트에 맞는 톤앤매너를 적용해 전체 페이지와 잘 조화되도록 한다. 다른 SNS 계정, 홈페이지, 전화번호가 있다면 추가해도 좋다. 그러나 역시 이 부분도 너무 광고성 블로그가 되지 않게 작은 크기로 조심히 적용하는 것을 추천한다.

카테고리 설정하기

관리 → 메뉴·글·동영상 관리 → 블로그에서 블로그를 설정할 수 있다.

카테고리는 블로그에서 내가 다루는 주제들이 무엇인지 보여주는 공간이다. 방문자가 주제를 쉽게 알아볼 수 있도록 설정한다. 마인드맵 과정을 통해 세분화된 주제들을 하나의 카테고리로 묶는다. 이때 각 카테고리명에 그 주제를 대표하는 핵심 키워드를 활용한다. 길지 않게 한눈에 주제를 파악할 수 있도록 설정한다. 각 카테고리별 주제가 겹치지 않도록 구분해 준다.

❶ '카테고리 추가'를 클릭하면 새로운 카테고리가 생긴다. 카테고리명을 입력하면 된다. '구분선 추가'로 주제에 따라 구분하고 싶은 곳에 구분선을 넣을 수 있다.
❷ 설정한 카테고리가 나타난다. 가데고리명을 드래그앤드롭하면 위치를 변경할 수 있다.
❸ 카테고리명 변경은 '카테고리 전체보기'에서 카테고리 클릭 → '카테고리명'에서 수정할 수 있다.
❹ 카테고리마다 관련 주제를 설정해 놓으면 검색 시 포털사이트에서 주제와 관련된 글로 노출될 수 있다.

상단메뉴 설정하기

상단메뉴는 블로그 상단에 나타나는 메뉴로, 앞서 설정한 블로그 카테고리 메뉴 중에서 원하는 메뉴를 선택하면 된다. 관리 → 메뉴·글·동영상 관리 → **상단메뉴 설정**에서 설정할 수 있다.

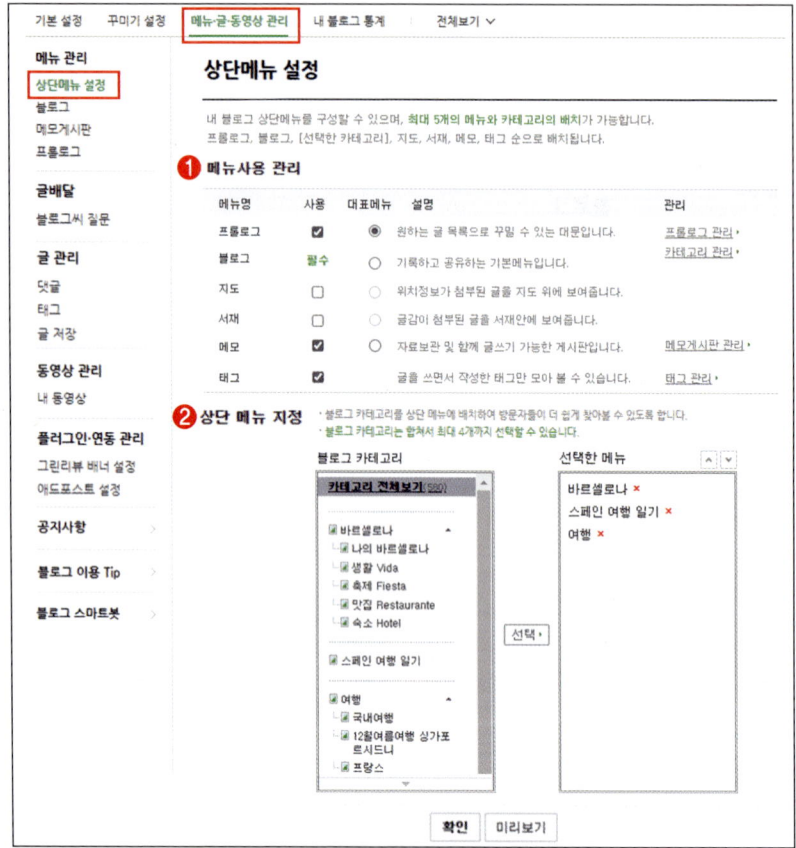

❶ **메뉴사용 관리**: 사용할 메뉴를 선택할 수 있다. 블로그는 필수로 사용해야 한다. 대표메뉴 설정으로 블로그에 처음 들어왔을 때 보이는 화면을 설정할 수 있다. '프롤로그'를 대표메뉴로 설정하면 프롤로그에서 설정한 대로 포스팅 내용이 전시된다.

❷ **상단 메뉴 지정**: '카테고리 전체보기'에서 카테고리를 클릭하고 '선택' 버튼을 클릭하면 '선택한 메뉴'에 상단메뉴로 지정된다. 상단메뉴는 4개까지 설정할 수 있다.

프롤로그 설정하기

프롤로그는 원하는 형식으로 블로그의 포스팅 내용을 게시할 수 있다. '글 강조'는 이미지와 글이 함께 게시되고, '이미지 강조'는 이미지 형식으로 게시된다. '노출수'에서 노출 줄 수를 설정할 수 있다.

이미지 강조 형식으로 하면 포스트의 대표 이미지가 전시되기 때문에 콘텐츠 작성 시 대표 이미지를 통일감 있게 작성하는 것이 좋다. 이미지로 깔끔하고 정돈된 느낌을 줄 수 있다.

관리 → 메뉴·글·동영상 관리 → 프롤로그에서 설정할 수 있다.

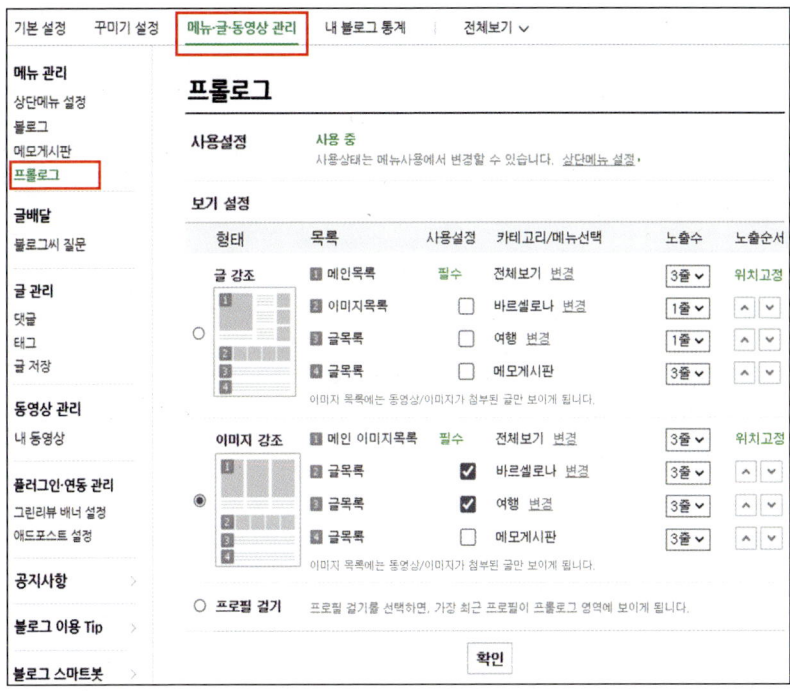

2) 모바일 블로그 꾸미기

모바일을 활용한 검색량이 이미 90%를 넘어선 요즘, 업무나 특정 작업 이외에는 PC를 거의 사용하지 않는다. 사람들은 궁금한 것이 있으면 스마트폰을 바로 집어들고 초록창에 검색을 한다. 이런 이용자들을 만족시키기 위해서는 모바일 블로그의 화면도 꼼꼼하게 꾸며야 한다.

첫 화면의 **홈편집** 버튼을 탭해 각 항목을 설정해 준다. PC 버전만큼 다양한 시도를 할 수는 없지만 꼭 설정해야 되는 부분이 있으니 살펴보자.

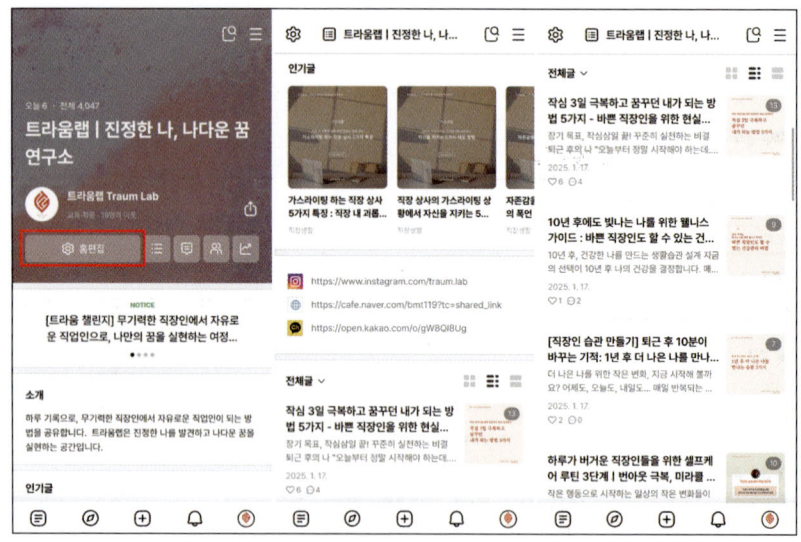

커버, 프로필 사진

모바일 블로그에서 커버는 PC 버전의 타이틀과 같다. 모바일용으로 이미지를 수정해서 적용해 보자. 가능하면 PC와 모바일 버전의 통일성을 주는 것이 브랜딩에 도움이 된다.

모바일 블로그에서 프로필 사진은 아주 작게 표시되지만 이 부분 역시 PC 부분과 동일하게 설정해 하나의 블로그라는 것은 인식시켜주자. 커버 사진 내 프로필 위치도 수정이 가능하므로 취향에 따라 적용해 보자.

인기글, 대표글 설정

모바일 블로그에서는 '인기글'과 '대표글' 중 어떤 글을 노출할 것인지를 설정할 수 있다.

인기글은 이름 그대로 해당 계정에서 인기가 많은 글을 순서대로 보여준다. 제작하는 콘텐츠 주제가 하나일 때는 인기 있는 글들을 상단에 노출시킴으로써 방문자의 흥미를 끌 수 있다. 이미 다른 방문자들로부터 증명이 된 글이기 때문에 다음 단계로의 전환이 높다.

대표글은 운영자가 노출을 원하는 글을 직접 선택하는 것이다. '공지' 글은 커버 바로 하단에 노출되므로 운영자가 방문자들에게 꼭 노출시키고 싶은 글을 선택하자. 방문자나 고객이 블로그 자체에 매력을 느낄 만한 콘텐츠나 운영자를 잘 보여주는 글을 선택해 보자. 운영자가 원하는 콘텐츠로 방문자를 유입시킴으로써 더욱 다양한 콘텐츠를 보여줄 수 있다.

외부채널 추가

외부채널은 모바일 블로그에서 꼭 설정해야 하는 기능이다. 포스트, 인스타그램, 페이스북, 트위터, 유튜브, 카카오 플러스 친구, 스마트스토어, 외부링크까지 다양하게 등록할 수 있다. 네이버에서 직접 다른 SNS 플랫폼과의 연결을 유도하는 것이다.

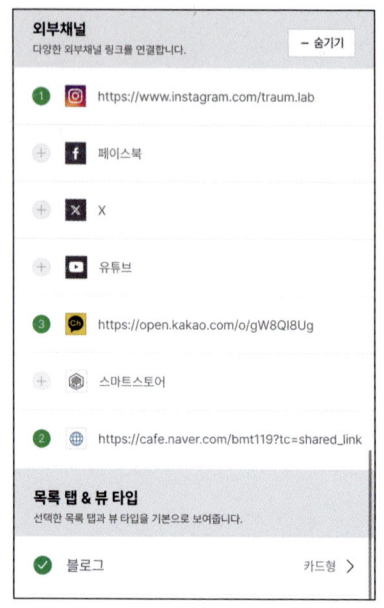

콘텐츠에 다른 SNS 플랫폼 링크를 넣는 경우 불이익을 받을 수 있으므로 이곳에 채널을 등록해 두자. 갖고 있는 모든 계정을 연결해 블로그를 토대로 다른 플랫폼까지 네트워크를 형성하도록 준비하자.

글 목록 설정

마지막으로 콘텐츠를 노출하는 방식을 설정할 수 있다. '앨범형', '목록형', '카드형', '동영상형'으로 나눠진다. 앨범형은 인스타그램처럼 대표 사진들만 노출된다. 목록형은 네이버 검색결과에서 보이는 블로그 글처럼 제목과 첫 문단 일부가 노출된다. 카드형은 콘텐츠가 목록형과 같은 형식으로 노출되는데 이미지 크기가 크다. 동영상형은 동영상을 대표로 콘텐츠 목록이 형성된다. 콘텐츠 노출 형태는 카드형과 같다. 제작하는 콘텐츠의 주요 형식에 맞게 설정하면 된다.

프로필을 세팅하는 과정은 블로그와 운영자를 고객에게 소개하는 과정이다. 다른 SNS 플랫폼에 비해 블로그에서는 다양한 항목으로 자세하게 소개할 수 있다.

공간이 부족해 다른 플랫폼에서 충분히 소개하지 못하는 내용을 채워보자. 전체 주제와 잘 연결되는 블로그명과 별명은 고객이 계정을 기억하는 데 도움이 될 것이다. 톤앤매너에 맞는 잘 정리된 블로그의 모습은 계정과 콘텐츠를 전문가로 보이게 해줄 것이다. 방문자와 고객은 신뢰를 얻고 다음 단계로 전환될 것이다.

콘텐츠가 가장 중요한 요소지만 마케팅과 브랜딩을 하려는 우리에게는 자신을 소개하는 과정도 너무나 중요하다. 충분한 고민과 시간을 들여 효과적으로 설정해 보자.

03 키워드 중심, 네이버 블로그 알고리즘 파악하기

네이버는 C-Rank와 DIA 외에도 UGC 품질 평가 시스템(UQES)을 일부 도입해 테스트 중이다. 이는 사용자 피드백 및 체류 시간 기반 신뢰도 평가 기능을 강화한 것으로, 신뢰도 높은 콘텐츠의 상위 노출 비중을 더 높이고 있다(네이버 서치&테크 공식 블로그, 2024.12.).

그전에도 소나, 리브라와 같은 알고리즘이 있었지만 상위 노출만을 노리는 일부 업체의 트릭을 이겨내지 못했다. 원하는 정보를 찾기가 어려웠고, 사용자는 광고 글에 지쳤다. 당시 네이버 검색창은 신뢰를 크게 잃었다. C-Rank와 DIA를 도입한 이후 많이 개선되어 지금의 모습을 갖추게 되었다.

블로그 알고리즘

1) UGC 품질 평가 시스템

네이버는 검색 이용자의 만족도를 높이기 위해 C-Rank와 DIA 알고리즘을 통해 블로그 콘텐츠의 출처와 품질을 평가해 왔다. 하지만 단순히 자주 글을 올리고 키워드를 반복해서 넣는 방식만으로는 사용자 만족을 설명하기에 한계가 있었다. 이에 따라 2024년 말부터 새로운 평가 기준인 'UGC 품질 평가 시스템(User Generated Content Evaluation System)'이 테스트 도입되었고, 2025년부터는 검색 노출에 실제 영향을 주는 요소로 반영되기 시작했다.

이 시스템은 블로그 콘텐츠를 보는 사용자들의 **실제 행동과 반응을 중심으로 콘텐츠의 가치를 평가**한다. 즉, 포스트 수나 키워드 수가 아니라 콘텐츠가 **얼마나 오래 읽히고, 공감받고, 공유되고 있는지**에 따라 평가 점수가 달라진다. 네이버는 이를 통해 **실제 사용자 경험 기반의 고품질 콘텐츠를 상위 노출시키겠다는 방향성**을 보여주고 있다.

UGC 품질 평가 시스템은 아래와 같은 항목을 기준으로 콘텐츠의 질을 평가한다.

- 사용자의 평균 체류 시간
- 댓글, 공감, 스크랩, 공유 등 사용자 반응
- 콘텐츠 신고 및 이탈률
- 운영자의 주제 일관성과 직접 작성 여부
- AI 콘텐츠 출처 명시 여부

챗GPT 등장과 함께 블로그 글쓰기에 생성형 AI를 활용하는 사람이 폭발적으로 늘고 있다. 운영자 중 상당수가 챗GPT, 제미나이, Notion AI, Bing CoPilot 등 다양한 도구를 이용해 **블로그 글을 빠르게 제작하거나 요약하고 있으며**, 심지어 하루에 여러 편의 글을 자동으로 생성해 올리는 시스템을 사용하는 사례도 등장하고 있다.

하지만 UGC 품질 평가 시스템이 본격 도입되면서 이 방식은 예상치 못한 부작용을 초래하고 있다. 특히 생성형 AI로 만든 콘텐츠를 별도의 편집이나 해석 없이 그대로 복사해 붙여 넣거나, 출처를 명시하지 않고 마치 본인의 글인 것처럼 운영할 경우, 낮은 **체류 시간, 사용자 반응 부재, 신고율 증가** 등의 문제로 해당 포스트는 물론 블로그 전체가 **저품질 콘텐츠로 분류**되고 검색 노출에서 제외되는 사례가 늘고 있다.

대표적으로 **키워드를 무리하게 삽입한 포스트, AI로 생성된 문장을 다듬지 않은 일괄 복사 글, 정보 출처가 불분명한 추천형 콘텐츠** 등은 C-Rank와 DIA뿐만 아니라 UGC 품질 평가 시스템에서도 낮은 점수를 받으며 **검색 노출량이 절반 이하로 줄어드는 현상**이 실제 운영자들 사이에서 확인되고 있다.

네이버는 이러한 변화의 중심에서 다음과 같이 강조하고 있다.

> 이제는 글을 자주 쓰는 것보다, 사람들이 오래 머무는 콘텐츠, 공감하고 다시 찾고 싶은 콘텐츠가 살아남는 시대입니다.

실제로 체류 시간과 사용자 반응 지표가 높을수록 콘텐츠의 검색 순위가 눈에 띄게 상승하는 사례도 꾸준히 보고되고 있다.

앞으로 블로그 운영자에게 중요한 것은 **정보성, 신뢰도, 체류 유도, 정리된 구성, 경험성**이다. 다시 말해, 사용자 입장에서 도움이 되는 콘텐츠를 만들고, 콘텐츠 안에서 사용자 반응을 유도하며, 정성스럽게 운영하는 것이 검색 노출과 브랜드 신뢰도를 동시에 높이는 핵심 전략이 된다.

2) C-Rank

Creator Rank를 의미하는 C-Rank는 '출처'와 관련된 부분을 계산하는 알고리즘이다. 콘텐츠를 생산하는 출처를 평가하는 것이다. 네이버는 이를 '특정 관심사에 대해서 얼마나 깊이가 있는 좋은 콘텐츠를 생산해 내는가'로 계산한다.

맥락(Context), 내용(Content), 연결된 소비/생산(Chain) 이 세 가지를 종합적으로 파악해 출처(Creator)의 신뢰도/인기도를 평가하는 방식이다.

세 가지 요소가 어떤 부분을 파악하는 것인지 확인해 보자. 이 내용을 잘 익혀두고 상위 노출이 잘 되는 계정을 만들어야 고객의 유입이 쉬워진다.

맥락(Context)

주제별 관심사의 집중도는 얼마나 되는가?

특정 주제에 대해 얼마나 꾸준히 유익한 콘텐츠를 생산하는지를 파악한다. 한 계정에서 지속적으로 일정한 주제를 가진 콘텐츠를 만드는 것이 그 분야에 대해 전문성을 지니고 있다고 본다.

내용(Content)

생산되는 정보의 품질이 얼마나 좋은가?

콘텐츠 자체의 퀄리티를 평가한다. 네이버가 보유하고 있는 문서와 정보 데이터를 기준으로 파악한다. 이미 노출되어 있는 문서에서 복사한 중복 문서가 아닌지, 잘못된 정보를 담고 있지는 않은지 확인하고 평가한다.

연결된 소비/생산(Chain)

생산된 콘텐츠가 어떤 연쇄반응을 보이며 소비/생산되는가?

콘텐츠에 유입된 방문자들이 콘텐츠를 소비한 후에 하는 행동을 파악한다. 검색 방문자가 콘텐츠를 본 다음 좋아요를 누르고 댓글을 남기는지, 다른 사람들과 공유하는지를 확인한다. 콘텐츠와 계정에 머무는 시간, 추가로 확인한 페이지 수와 같은 데이터도 참조한다.

3) DIA

DIA는 콘텐츠 '퀄리티'를 평가하는 알고리즘이다. C-Rank와 함께 복합적으로 사용된다. Deep Intent Analysis를 줄여 'DIA, 다이아'라고 부른다.

딥 매칭, 패턴 분석 등을 통해 이용자가 검색한 내용을 포함한 콘텐츠인지를 확인한다. DIA는 콘텐츠 내에서 문서의 구조, 본문 텍스트, 이미지 정보 등을 파악할 수 있다. 콘텐츠의 전체 문맥에 맞는 단어인지, 적합한 자료인지를 평가하는 것이다. 콘텐츠의 세부 내용까지 분석하는 DIA는 이용자들에게 검색 의도에 맞는 구체적인 정보를 제공한다.

네이버는 자신의 경험과 진정한 정보를 넣은 콘텐츠를 상위에 노출해 준다. 콘텐츠의 퀄리티를 기준으로 평가하는 DIA 덕분에 이제 막 블로그를 시작한 사람도 좋은 콘텐츠를 제작하면 상위 노출이 가능하다.

고객이 필요한 정보를 전달하는 콘텐츠, 고객이 몰입해서 내 제품과 서비스에 매력을 느낄 수 있는 콘텐츠를 만들어 상위 노출을 시켜보자.

기존의 이용자들에게 잃은 신뢰를 회복하기 위해 네이버는 '좋은 출처'와 '좋은 문서'를 파악해내는 C-Rank와 DIA 알고리즘을 개발했다. C-Rank와 DIA에 대해 네이버는 다음과 같이 설명하고 있다.

> 신뢰도가 높다고 판단된 출처에서 더 많은 정보를 포함하고 있는 문서를 우선 노출할 수 있는 검색 피처(feature)들이 발굴되어 알고리즘에 활용되고 있다.

좋은 블로거들의 퀄리티 높은 콘텐츠를 알맞은 검색자에게 상위 노출시켜준다는 이야기다. 검색결과에서 상위 노출이 되어야 더 많은 사람들이 유입될 수 있다.

네이버의 알고리즘을 이해하고 좋은 계정 관리와 좋은 콘텐츠 제작으로 더 많은 고객들이 나를 찾아올 수 있도록 하자.

② 블로그 활동지수

C-Rank, DIA를 통해 블로그의 다양한 정보를 파악하고 계산하는 네이버는 이를 4가지로 구분한다. **블로그 활동지수는 '최근 3개월 내 활동률'이 핵심 평가 항목**이다.

네이버는 최적화 블로그, 저품질 블로그와 같은 개념을 만들지 않았다고 분명히 밝혔다. C-Rank가 매일 업데이트되기 때문에 특정 검색어에 대해서 항상 고정적으로 상위 노출되는 천하무적 블로그는 없기 때문이다. 알고리즘이 각 콘텐츠와 계정을 분리해 지속적으로 평가한다는 것을 알 수 있는 부분이다.

블로그 활동지수를 기반으로 블로그를 평가하고 대상 항목에서 좋은 평가를 받은 블로그는 상위 노출이 잘 되는, 검색한 이용자들이 쉽게 유입될 수 있는 블로그가 될 수 있는 것이다.

① 블로그 활동성 지수

블로그 운영기간, 포스트 수, 포스트 쓰기 빈도, 최근의 포스트 활동성을 분석하는 지수다. 모든 방문자들에게 콘텐츠를 공유하는 전체공개 포스트에만 해당된다. 오랜 기간 운영하며 많은 콘텐츠를 발행하는 것도 중요하지만 그보다 최근에 꾸준히 지속적으로 활동하는 것과 콘텐츠를 직접 작성하는 것이 중요하다.

② 블로그 인기도 지수

방문자 수, 방문수, 페이지뷰, 이웃수, 스크랩 수를 인기도 지수에 포함한다. 같은 방문자가 계정에 여러 번 방문하는지, 한 번의 방문에서 콘텐츠를 얼마나 보고 가는지를 분석한다. 콘텐츠와 계정에 유입된 방문자의 행동을 기반으로 콘텐츠와 계정의 인기도를 파악하는 것이다. 꾸준히 높은 퀄리티의 콘텐츠를 제작함으로써 방문자와 고객에게 신뢰를 주어야 한다. 유익한 정보를 얻기 위해 이용자가 지속적으로 방문하고, 다양한 콘텐츠를 확인하며, 주변 사람들과 정보를 공유할 수 있도록 만들어야 한다.

③ 포스트(= 콘텐츠) 주목도 지수

포스트 내용이 충실하고, 많은 방문자들이 포스트를 읽고, 댓글과 공감을 남길수록 주목도 지수가 높아진다. 포스트 주목도 지수는 포스트 하나가 아니라 전체 포스트의 반응도에 대해 분석한다. 각각의 포스트 퀄리티에 집중하고, 반응을 유도한다면 주목도 지수와 함께 한 개의 포스트 단위로 분석하는 포스트 인기도 지수도 높일 수 있다.

④ 포스트(= 콘텐츠) 인기도 지수

댓글, 엮인글, 공감, 조회, 스크랩 등 포스트 한 개 단위의 반응 지표를 활용한다. 블로그 운영자, 이웃, 방문자가 남긴 반응에 따라 지수가 다르게 반영된다. 하나의 계정에서 여러 주제의 콘텐츠를 다룬다면 주제별로 반응 지표의 비중이 다르게 적용된다.

위 4개의 지수가 모두 적당한 수준을 달성해야 효과적인 블로그 운영이 가능하다. 이용자들을 지속적으로 유입시켜 고객으로 만들 수 있다. 고객들이 반복적으로 찾아와 네트워크를 형성하고 팬이 될 수 있다. 그래야만 마케팅과 브랜딩이라는 우리의 최종 목표를 이룰 수 있다. 그러나 하나하나의 지수를 맞추려고 생각한다면 막막할 것이다. 이 4개의 지수는 네이버가 블로그와 콘텐츠를 평가하기 위한 도구일 뿐이다. 우리는 단순히 유익한 콘텐츠를 꾸준히 생산하고 이웃들과 진심으로 소통하면 된다. 그렇게 블로그 운영의 기본을 지킨다면 블로그 활동지수를 높일 수 있다.

3 좋은 문서, 나쁜 문서

알고리즘과 블로그 활동지수를 분석한 내용을 기반으로 네이버에서는 좋은 문서가 무엇인지 정의하고 있다. 네이버가 정의하는 좋은 문서 항목을 확인해 보면 네이버가 선호하는 콘텐츠 유형을 알 수 있다. 해당 사항을 참고해 네이버가 상위 노출시켜주고 싶은 콘텐츠를 생산하자.

참고로 네이버는 유해문서와 스팸/어뷰징 문서에 대해서도 함께 설명하고 있다. 유해문서의 경우 정상적인 블로거라면 제작하지 않을 것이다. 그러나 스팸/어뷰징 문서의 경우 실수로 발생하는 경우가 있다. 다음은 네이버 다이어리의 '네이버 검색이 생각하는 좋은 문서! 나쁜 문서?' 글에 있는 내용이다. 자세히 확인해 보고 주의하자.

[좋은 문서]
1. 신뢰할 수 있는 정보를 기반으로 작성한 문서
2. 물품이나 장소 등에 대해 본인이 직접 경험하여 작성한 후기 문서
3. 다른 문서를 복사하거나 짜깁기하지 않고 독자적인 정보로서의 가치를 가진 문서
4. 해당 주제에 대해 도움이 될 만한 충분한 길이의 정보와 분석 내용을 포함한 문서
5. 읽는 사람이 북마크하고 싶고 친구에게 공유/추천하고 싶은 문서
6. 네이버 랭킹 로직이 아닌 글을 읽는 사람을 생각하며 작성한 문서
7. 글을 읽는 사용자가 쉽게 이해할 수 있게 작성한 문서

[스팸/어뷰징 문서]
1. **기계적 생성**: 검색 노출을 통해 특정 정보를 유통하기 위한 목적으로 기계적 방법으로 생성된 내용으로만 이루어진 문서
2. **클로킹(Cloaking)**: 검색 엔진에서 인식되는 내용과 실제 사용자 방문 시의 내용이 전혀 다른 문서/사이트

3. **숨겨놓은 키워드**: 폰트 크기를 0으로 하거나 매우 작게 하는 것, 바탕색과 같거나 매우 유사한 글자색을 사용하여 보이지 않는 텍스트로 키워드를 채워 넣은 문서, 글 접기 기능(네이버 블로그 글 작성 시 '요약' 기능)으로 키워드를 숨겨놓는 등 키워드가 검색 사용자에게 보이지 않도록 숨겨놓은 것.
4. **강제 리다이렉트(redirect)**: 위젯(widget)이나 스크립트(script) 등을 사용하여 질의와 상관없는 목적 사이트로 사용자를 강제로 이동시키는 문서/사이트
5. **낚시성**: 사용자의 검색 의도와 관계 없는 내용을 검색결과에 노출시키기 위해 의도적으로 특정 키워드들을 포함하여 게시한 문서
6. **복사**: 뉴스/블로그/게시판/트위터 및 기타 웹 페이지의 내용을 단순히 복사하여 독자적인 정보로서의 가치가 현저히 낮은 문서
7. **도배성**: 동일한 내용을 단일 또는 여러 블로그에 걸쳐 중복해서 생성하는 경우
8. **조작행위**: 여러 ID를 사용하여 댓글을 작성하거나 방문하여 인기가 높은 것처럼 보이도록 하는 등의 조작 행위를 하는 경우
9. **키워드 반복**: 검색 상위 노출만을 위해 제목이나 본문에 의도적으로 키워드를 반복하여 작성한 문서
10. **신뢰성 부족**: 상품이나 서비스에 대한 거짓 경험담으로 사용자를 속이는 문서

네이버 블로그를 비롯해 네이버 전체를 이해할 수 있는 알고리즘에 대해 확인해 보았다. '네이버 서치 & 테크'(https://blog.naver.com/naver_search) 블로그에 알고리즘과 관련된 내용들이 자세히 설명되어 있다.

모든 내용을 자세히 이해할 필요는 없다. 알고리즘이 네이버에서 검색하는 이용자들에게 필요한 콘텐츠를 찾아주기 위해 만들어졌다는 것을 이해하는 것만으로도 충분하다. 이런 노력을 통해 네이버가 얻고자 하는 최종 목표가 무엇인지를 안다면 앞으로 블로그를 운영하는 방향이 더욱 선명해질 것이다. 알고리즘을 지혜롭게 활용하여 최적화된 블로그를 만들자.

네이버에 최적화된

블로그 콘텐츠 만들기

높은 퀄리티를 유지하기 위해 네이버는 알고리즘, 블로그 지수 등 다양한 지표로 콘텐츠를 끊임없이 평가한다. 평가를 거쳐 확인된 좋은 콘텐츠는 이용자에게 노출시킨다. 고객의 니즈와 원츠가 반영되고 목표하는 방향에 맞는 콘텐츠를 제작하는 것이 우선이다. 여기에 네이버가 선호하는 요소들을 추가한다면 더욱 최적화된 콘텐츠가 되어 더 빠른 속도로, 더 많은 이용자에게 노출될 것이다.

네이버 블로그에 최적화된 콘텐츠를 만들기 위해 필요한 요소를 확인해 보자.

① 키워드 적용 방법

1,500~2,000자의 글을 작성하는 블로그에서는 다양한 키워드를 활용할 수 있다. 그러나 무작정 많은 키워드를 넣는다고 상위 노출에 효과가 있는 것은 아니다. 핵심 키워드와 세부 키워드를 필요한 곳에 효율적인 방식으로 적용해야 한다. 해당 키워드로 콘텐츠가 검색될 수 있도록 최적화시키는 것이다.

유효 키워드를 콘텐츠에 제대로 활용해 보자. 기획 단계에서 주제와 관련된 키워드를 선정하고 나면 본문에 어떻게 적용할 것인지도 계획해야 한다.

핵심 키워드와 세부 키워드를 콘텐츠 기획 초기 단계에서 명확히 정하고, 제목과 첫 문단, 태그 영역에 자연스럽게 배치해야 한다. 블로그에서는 키워드를 최소 5~6번 제목, 첫 문단, 태그에 적용해야 한다. 중요한 건 '얼마나 반복했는가'보다 '얼마나 맥락에 맞게, 독자가 검색할 상황에 맞게 썼는가'이다.

제목

제목은 콘텐츠 상위 노출에 가장 큰 역할을 한다. 핵심 키워드와 세부 키워드를 적절히 섞어 25자 이내로 작성한다. 고객 페르소나가 검색할 만한 키워드를 적극 활용해야 한다. 제목은 검색결과 화면에서 가장 두드러져 보인다. 이용자는 제목을 통해 콘텐츠에 대한 힌트를 받고 흥미를 느낀다. 짧은 시간 안에 내 콘텐츠를 선택할 수 있도록 매력적으로 작성해야 한다.

첫 문단

핵심 키워드와 세부 키워드 2~3개를 본문에 최소 5~6번 반복한다. 본문 내에서 키워드와 관련된 내용을 다루고 있다는 것을 알고리즘에 알려주기 위해서다. 첫 문단에는 필수로 키워드를 적용해 문장을 작성한다. 제목과 함께 검색결과에 일부 노출되는 첫 문단에 활용하는 것이 검색되는 데에 효과적이기 때문이다. 제목과 비슷하게 작성하되 그대로 반복해서는 안 된다. 콘텐츠 전체 내용을 보고 싶은 호기심을 유발하는 것을 목표로 작성해 보자.

태그

블로그에서는 인스타그램만큼 태그가 중요하지는 않다. 그러나 콘텐츠를 대표하는 키워드를 사용할 수 있는 공간에는 무조건 활용하는 것을 추천한다. 네이버의 태그 역시 콘텐츠가 검색되는 데 활용되기 때문이다. 태그에는 선정한 2~3개의 핵심 키워드와 세부 키워드를 그대로 적으면 된다. '#'를 붙여 본문 내에 적용해도 되고 발행 전에 태그를 넣는 공간에 추가해도 된다.

② 가독성

네이버 블로그 콘텐츠는 기본 1,500~2,000자로 장문의 글을 활용한다. 하나의 콘텐츠에서 많은 내용을 담고 있다. 네이버 블로그를 선택한 이용자들은 이미 긴 글에 대한 마음의 준비가 되어 있지만 동시에 다른 플랫폼의 숏폼 콘텐츠에도 익숙해져 있다.

방문자들이 최대한 오랜 시간 콘텐츠와 계정에 머물러야 좋은 콘텐츠로 평가된다. 따라서 긴 글을 읽는 방문자가 흥미와 집중력을 유지할 수 있는 장치들이 필요하다. 네이버 모바일 이용자 수가 이미 PC의 3배 이상 앞서고 있다는 점에도 주목하자. 넓고 큰 PC 모니터 화면이 아닌 좁은 모바일 화면에서는 글이 훨씬 더 길게 느껴진다. 짧은 콘텐츠에 익숙해진 모바일 유저들을 주요 방문자로 생각하고 **명확하고 빠르게 읽히는 구성**의 가독성 높은 콘텐츠를 제작해야 한다.

간략한 문장

간략한 문장은 부족한 정보를 의미하는 것이 아니다. 제공해야 되는 충분한 정보를 작성하되 문장의 호흡을 짧게 끊어야 한다.

형용사, 부사, 접속사를 최소화한다. 정보를 전달하는 데에 장황한 미사여구(美辭麗句)는 필요 없다. 정보가 충분히 전달되는 선에서 최대한 간단히 문장을 쓰려고 노력하자. 문학, 미술, 음악과 같이 감정, 감성을 풍부하게 표현해야 하는 특별한 경우는 조금 다르다. 이런 주제에는 미사여구가 필요하겠지만 문장마다 내용은 최대한 간단히 전달하도록 하자.

소제목

구성별 혹은 단락별로 소제목을 설정하자. 소제목을 활용하면 독자에게 분위기 환기도 되고 각 부분의 주요 내용을 상기시켜줄 수 있다. 전체 주제의 핵심, 세부 키워드 혹은 다음 단락에서 호기심을 유발할 수 있는 짧은 문구를 소제목으로 활용해 보자. 가능하다면 소제목만으로도 전체 내용이 이해될 수 있도록 콘텐츠를 구성해 보는 것을 추천한다.

도구 활용하기: 인용구, 구분선, 글씨체

스마트에디터의 다양한 도구들을 활용하면 가독성을 높일 수 있다.

앞서 설명한 소제목을 '인용구'를 활용해 강조해 보자. 원하는 글을 선택한 뒤 인용구를 적용하면 인용구마다의 이미지와 글씨체가 적용된다. 전체 글씨체와 다르게 적용해 차별화하면 분위기를 환기시키는 소제목 효과를 극대화할 수 있다.

'구분선' 또한 길어지는 호흡을 끊어 소제목과 같은 역할을 할 수 있다. 구성이나 주제에 변동이 있을 때 활용해 보자.

글씨체를 활용할 수도 있다. 강조하고 싶은 부분의 글씨 크기를 키우거나 굵게 할 수 있다. 색깔을 다르게 해서 주목도를 높이는 방법도 있다.

이 세 가지 도구를 적절히 활용하는 것만으로도 방문자를 고객으로 만드는 전환에 성공할 수 있다. 다만 콘텐츠 전체가 산만해지거나 지저분해 보이지 않도록 조심하자.

 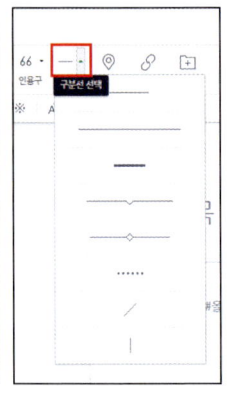 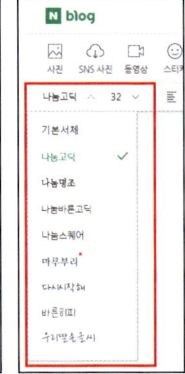

③ 풍성한 자료

네이버는 '글을 읽는 사용자가 쉽게 읽고 이해할 수 있게 작성한 문서'를 좋은 문서로 정의하고 있다. 이러한 기준은 텍스트 중심 설명뿐 아니라 **이미지, 표, 동영상 등 시각적 자료의 적절한 활용 여부**도 함께 포함하고 있다.

사용자에게 정보와 메시지를 쉽게 이해시키기 위해서는 **직관적인 시각 자료**가 필수다. 특히 모바일 환경의 사용자가 압도적으로 많은 현재, 이미지 한 장, 표 하나가 긴 문장보다 더 빠르고 명확하게 정보를 전달할 수 있다.

고객에게 제품과 서비스를 소개하고 원하는 방향으로 설득하기 위해서는 다양한 시각적 증거를 보여주어야 한다. 따라서 네이버는 이미지와 동영상을 활용한 자료가 많은 콘텐츠를 좋은 콘텐츠로 인식하며, **UGC 품질 평가 시스템에서도 시각적 정보 구성의 다양성과 정교함이 높은 평가 요인**으로 작용하고 있다. 최대한 많은 자료를 활용해 방문자에게 충분한 정보를 제공하고, 단순한 설명이 아닌 **체험과 공감이 담긴 콘텐츠로 고객을 설득**할 수 있도록 하자.

사진

최소 8~10장의 사진을 기본으로 첨부하도록 한다. 이때 사진은 직접 찍은 사진을 기본으로 한다. 자료가 부족하다면 무료 이미지 사이트의 사진을 활용해도 괜찮지만 과하게 사용하지 않도록 한다.

콘텐츠 주제를 보충하는 이미지를 활용하면 된다. 소제목과 같은 목적으로 단락 중간에 환기를 위한 목적으로 사용해도 좋다. 검색결과에 제목과 함께 노출되는 '대표 이미지'는 주제를 나타낼 수 있는 사진으로 선택한다.

동영상

동영상을 첨부하면 상위 노출에 도움이 된다. 가능하면 1~2개 정도 추가하도록 하자. 본문 중간에 추가할 때에는 GIF 형식, 즉 '움짤' 형식으로 만들어 추가한다. 바로 재생되어 시선을 집중시킬 수 있다. 일반 동영상 형식으로 콘텐츠에 추가할 때에는 마지막에 배치하는 것을 추천한다. 동영상의 경우 플레이 버튼을 한 번 더 눌러야 한다. 이는 장벽이 하나 더 생기는 것으로 흐름에 방해가 될 수 있다. 방문자가 콘텐츠를 이탈하는 계기가 될 수 있으므로, 콘텐츠를 모두 소비한 후 볼 수 있도록 하는 것을 추천한다.

장소

맛집, 카페, 호텔, 여행지와 같이 장소와 관련된 콘텐츠를 작성할 때 필수로 장소를 추가해 준다. PC 버전에서는 지도가 함께 보이는 '이미지형'과 간단하게 장소명과 주소만 보이는 '텍스트형'으로 설정할 수 있다.

네이버 플레이스에 등록된 장소인 경우 네이버 지도에서 해당 장소를 검색한 사람들에게 블로그 리뷰가 같이 노출된다. 네이버 플레이스에서 지속적으로 노출되는 기회가 되어 방문자 유입에 도움이 된다.

네이버가 선호하는 콘텐츠를 만드는 것이 블로그 최적화의 기본이다.

콘텐츠를 통해 정보를 제공하고 고객을 불러 모으는 것을 목표로 여러 도구와 장치를 활용해 콘텐츠를 최적화시키는 것부터 시작하자. 훌륭한 콘텐츠가 기본이 되어야 그다음 단계들이 이루어진다.

최적화 콘텐츠가 쌓이면서 자연스럽게 계정 전체가 최적화된다. 이에 따라 점차 규모가 큰 키워드도 노출할 수 있는 계정으로 영향력이 커질 것이다. 그만큼 유입되는 방문자 수가 증가하면서 전환되는 고객 수도 증가하게 된다. 좋은 내용뿐만 아니라 고객을 만들 수 있는 효과적인 콘텐츠를 생산해 우리의 최종 목표인 마케팅과 브랜딩을 성공시키자.

05 스마트에디터로 콘텐츠 제작하기

'스마트에디터'는 네이버 블로그의 콘텐츠를 생산하는 창작 도구다. 콘텐츠에 사진과 동영상을 추가하는 방식이 편리하며, 작성과 편집이 가능하다. 여러 형식을 콘텐츠에 바로 적용할 수 있어 빠르게 풍부한 자료의 콘텐츠를 만들 수 있다. 다양한 도구를 활용하면 긴 글에 변형을 주어 읽는 사람을 환기시킬 수 있다.
누구나 쉽게 바로 사용할 수 있는 스마트에디터에서 놓치지 말고 사용해야 하는 기능들을 살펴보자.

① 스마트에디터

스마트에디터는 누구나 쉽게 활용할 수 있도록 구성되어 있다. UI/UX도 직관적이다. 스마트에니터는 블로거가 흰 콘텐츠에 충분한 정보를 담고 효과적으로 메시지를 전달할 수 있도록 도와준다.

여러 도구 중에서 퀄리티를 높일 수 있는 도구 세 가지를 소개한다. 해당 도구들은 글을 쓰는 블로거뿐만 아니라 콘텐츠를 읽는 고객들을 위한 장치들이다. 이를 사용해 좋은 퀄리티의 콘텐츠를 고객들에게 제공하사.

템플릿

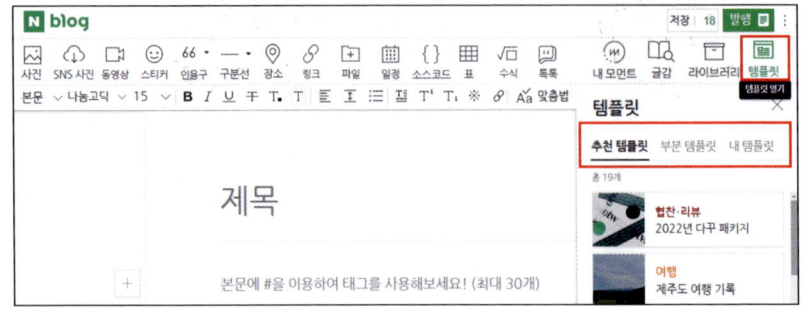

'템플릿'은 글의 구조를 다양하게 적용할 수 있는 도구다.

콘텐츠를 작성하기 전 템플릿을 미리 정하는 것을 추천한다. 마케팅과 브랜딩을 위해서는 방문자와 고객에게 전문가로서의 모습을 보여주어야 한다. 그중 하나가 깔끔하게 정리된 글의 구조다. 문단과 문단, 사진과 동영상의 배치를 이야기하는 것이다.

블로그 전체 혹은 카테고리별로 템플릿을 정해 활용하면 글 전체가 정돈된다. 정리만 잘 되어도 감각적으로 보이고, 고객에게 신뢰를 얻을 수 있다.

템플릿은 3가지 종류가 있다. '추천 템플릿'은 네이버가 추천하는 템플릿으로, 각 주제에 따라 구성된 18개의 템플릿 중 하나를 선택해 사용하면 된다. 추천 템플릿은 글 전체에 적용된다. '부분 템플릿'은 이름 그대로 부분적으로 적용할 수 있는 템플릿으로, 짧은 문단, 강조 단락, 후기 정리 등 총 11개가 있다. **'내 템플릿 저장' 기능을 활용하면 작성한 글을 그대로 저장해 반복 사용할 수 있다.** 템플릿을 통해 문장 구조와 형식에 대한 아이디어를 얻을 수 있다. '내 템플릿'은 내가 설정한 템플릿을 저장해 두는 기능이다. 가장 유용한 도구인데, 작성한 콘텐츠를 그대로 템플릿으로 저장할 수 있다. 원하는 템플릿을 저장해 두고 콘텐츠를 제작할 때마다 사용하면 된다.

화면 미리보기

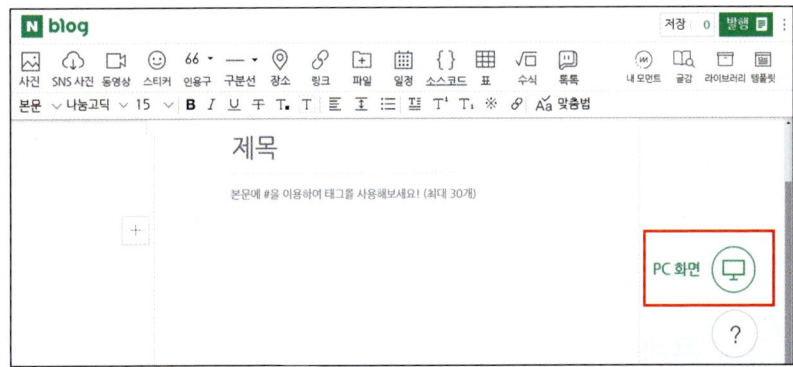

긴 글을 작성하는 블로그는 주로 PC에서 한다. 이럴 때 '화면 미리보기'는 글을 작성하는 중간이나 마무리하는 과정에서 확인해 봐야 하는 도구다.

스마트에디터 화면 오른쪽 하단에 있는 화면 미리보기를 클릭하면 'PC 화면', '모바일 화면', '테블릿 화면'으로 콘텐츠가 다른 디바이스로 호환된 모습을 확인할 수 있다. PC와 모바일 화면을 비교해 보면서 두 화면에서 문장이 모두 깔끔하게 보이는지를 확인한다. 모바일 검색이 과반수를 차지하는 요즘 모바일에 적합화시키는 과정을 잊어서는 안 된다.

맞춤법 검사기

글을 마무리한 뒤 퇴고하는 과정을 꼭 거쳐야 한다. 그 과정에서 제일 먼저 사용해야 하는 게 '맞춤법 검사기'다. 글을 쓰는 데에만 집중하다 보면 오탈자나 띄어쓰기를 확인하지 못할 때가 있다. 혹은 기존 사용하던 습관대로 글을 쓰는 경우도 있다. 맞춤법 검사기를 사용하면 오탈자와 띄어쓰기 오류도 함께 잡아준다. 추천 문구를 함께 보여주기 때문에 선택할 수 있다. 외래어를 쓰는 경우 다양한 예시를 볼 수 있어 선택에 용이하다.

콘텐츠에서 오탈자가 발견되면 글과 블로거에 대한 신뢰가 크게 감소한다. 글을 마무리하는 단계에서 꼭 검사해 실수를 최소화하자.

② 콘텐츠 발행하기

콘텐츠를 제작한 후 퇴고까지 마쳤다면 이제 발행하면 된다.

스마트에디터 최상단 '발행' 버튼을 클릭한 후 여러 항목을 설정한 다음 마지막으로 **발행** 버튼을 클릭하면 된다. 발행 버튼을 클릭하기 전 **대표 이미지, 키워드 삽입 위치, 모바일 최적화 여부, 태그, 공개 범위(이웃공개, 전체공개)**와 같은 주요 항목을 확인해 보자. AI 기반 UGC 품질 평가 시스템은 **초기 게시 시 구성 완성도와 사용자 반응을 함께 평가**하기 때문에 정확한 설정을 확인한 뒤에 발행하는 습관을 들이는 것이 좋다.

❶ 카테고리

블로그에서 운영 중인 콘텐츠 주제에 맞는 카테고리를 선택한다. 하나의 카테고리에 동일한 주제와 콘텐츠가 쌓일 수 있도록 하자.

❷ 주제

주제는 네이버에서 블로그를 구분하는 주제를 의미한다. 32개 주제에서 콘텐츠에 해당되는 주제를 선택한다. 네이버는 주제를 선택하면 '내 블로그'와 '블로그 홈'에서 주제별로 글을 볼 수 있다고 설명한다. 특정 주제와 콘텐츠의 전문성을 판단하는 C-Rank에 도움이 되므로 필수로 선택해야 한다. 카테고리와 콘텐츠의 주제를 설정할 때 해당 주제를 참고하자.

❸ 발행시간 예약

'발행 시간'을 설정한 뒤 오른쪽 하단의 **발행** 버튼을 클릭하면 발행된다. '현재'를 선택하면 바로 발행된다. '예약'을 클릭하면 발행을 원하는 날짜와 시간을 설정할 수 있다. 콘텐츠를 반응이 활발한 시간에 맞춰 발행하고 싶을 때 미리 콘텐츠를 작성한 뒤 예약하면 된다. 예약 발행한 콘텐츠는 스마트에디터에서 저장 왼쪽에 '예약 발행 1건'과 같이 표시된다. '예약발행 글' 목록에서 확인 가능하며 발행 전에도 기존 콘텐츠와 동일하게 수정 가능하다.

네이버 블로그팀 공식블로그(https://blog.naver.com/blogpeople)에서 스마트에디터의 주요 기능을 확인할 수 있다.

스마트에디터의 여러 도구를 활용하여 효율적으로 콘텐츠를 만들자. 자신이 마케팅, 브랜딩하고자 하는 것과 콘텐츠의 주제를 가장 잘 녹여낼 수 있는 나만의 템플릿을 만들어보자. 기본적인 템플릿을 갖춘 뒤에 점차 발전시켜 자신만의 스타일을 찾아가자.

06 이웃을 늘리고 소통하는 방법

 네이버 블로그는 콘텐츠 노출이 여전히 검색을 기반으로 이루어진다. 검색을 통해 콘텐츠를 접하고 계정에 유입되는 이용자가 많기 때문에, 이웃 수보다 일일 방문자 수가 더 중요한 지표로 여겨지는 경향은 현재도 유효하다.

블로그는 인스타그램이나 유튜브처럼 이웃(팔로워)의 수가 직접적인 영향력을 미치지는 않는다. 그러나 이웃 수와 이웃과의 소통률은 'UGC 품질 평가 시스템'에 간접적으로 반영되는 요소로 작용하고 있다. 즉, 이웃이 많다는 것은 그만큼 해당 블로그의 콘텐츠를 기다리는 사람, 반복해서 소비하는 사람이 존재한다는 신호가 된다. 이는 블로그의 활동성과 신뢰도를 함께 증명하는 지표가 되기도 한다.

블로그를 통해 다양한 수익화를 준비하는 우리에게, 이웃과 소통하고 관계를 유지하며 관리하는 일은 더욱 중요하다. 그들이 곧 나의 콘텐츠를 지지하고 소비해 주는 핵심 네트워크가 되기 때문이다.

내가 제공한 정보, 제품, 서비스와 관련된 콘텐츠에 공감한 잠재 고객은 나를 '이웃'으로 추가하게 된다. 그들은 단순히 검색으로 유입된 일회성 방문자와는 달리, 꾸준히 내 콘텐츠를 소비하고 반응한다. 따라서 처음부터 다시 신뢰를 쌓아야 하는 신규 방문자보다, 이미 나에게 친근감을 느끼고 있는 이웃을 고객으로 전환하는 것이 훨씬 수월하다.

네이버 블로그에는 '이웃'과 '서로이웃' 두 가지 개념이 있다. 이 둘의 차이점과 이웃을 늘리고 꾸준히 소통하는 방법을 확인해 보자.

① 이웃, 서로이웃

'이웃'과 '서로이웃'은 콘텐츠를 꾸준히 받아보고 싶은 관심 블로그를 즐겨찾기에 추가하는 것과 같다. 이웃으로 추가한 블로그에 콘텐츠가 포스팅될 때마다 알림을 받아볼 수 있다.

이웃은 이웃추가를 신청하는 사람이 자유롭게 추가할 수 있다. 자신의 즐겨찾기 목록에 추가하는 것이다. 서로이웃은 신청을 받은 사람이 동의를 해야 맺을 수 있는 관계이다. 수락한 상대에게도 신청한 사람이 서로이웃으로 저장된다. 상대방이 동의하지 않으면 관계는 맺어지지 않는다.

콘텐츠를 발행할 때마다 이웃과 서로이웃을 구분해 공개하는 것도 가능하다. 특별한 콘텐츠를 공개할 때 활용할 수 있다.

② 이웃 늘리기

이웃을 확보하고 소통을 하는 것은 블로그 활동지수에 반영된다. 따라서 초반에 어느 정도 이웃을 확보하는 것이 지수를 높이는 데 도움이 된다.

마케팅과 브랜딩을 하는 경우에는 내 제품과 서비스에 관심 있을 만한 사람을 찾아 이웃을 맺는 게 중요하다. 이후 자연스럽게 고객으로 설득할 수 있기 때문이다. 콘텐츠가 많이 쌓여 충분한 수의 방문자가 유입되기 전까지는 이웃이 스스로 늘어나기는 어렵다. 이웃을 먼저 찾아가 추가해야 한다.

검색 혹은 '블로그 홈'의 다양한 탭을 활용해 나와 같은 주제로 운영되고 있는 블로그를 찾아 이웃으로 추가한다. 혹은 해당 블로그에 댓글이나 좋아요를 남긴 사람들의 블로그를 찾아가 추가한다.

이때 중요한 것은 이웃에게 댓글로 메시지를 남기는 것이다. 해당 블로그의 최신 콘텐츠를 읽어보고 진정성 있는 댓글과 함께 이웃으로 추가했다는 메시지를 남긴다. 댓글에 고마움을 느낀 이웃은 내 블로그에 찾아와 댓글을 달고 나를 이웃으로 추가해 줄 것이다. 참고로 나와 비슷한 크기의 계정을 운영하고 있는 블로거를 이웃으로 추가하면서 댓글을 달아야 반응이 좋다.

③ 이웃과 소통하기

내가 정성들여 만든 콘텐츠에 진심어린 반응을 보여주는 이웃들은 정말 고마운 존재다. 꼭 이웃이 아니더라도 좋아요나 댓글로 응원해 주는 방문자도 감사하게 느껴진다. 이렇게 소통이 시작되는 것이다.

내 콘텐츠에 댓글을 남겨준 사람에게는 꼭 답글을 달고 그 계정에 답방을 가줘야 한다. 서로의 글을 보고 공감과 응원을 하면서 함께 교류하는 것이다. 좋아요나 댓글 수가 너무 많다면 모두에게 답글을 달고 답방을 할 수 없다. 최대한 많은 사람들에게 감사 인사를 남기고 찾아가 힘이 되어주고 싶지만 물리적으로 어려울 때가 온다. 이럴 때에는 주요 이웃, 주요 방문자를 카테고리로 구분해 나눠놓고 집중 관리를 해주자. 다른 방문자나 고객에게는 좋은 콘텐츠로 보답하면 된다.

이웃은 블로그 활동지수뿐만 아니라 다양한 방면에서 도움이 된다. 나와 같은 주제에 관심이 있는 이웃을 통해 주제에 대한 다른 시각을 확인할 수 있고, 콘텐츠 소재에 대한 영감도 받을 수 있다. 또한 나의 고객 페르소나를 이웃의 특징을 기반으로 개선하고 실제와 일치시키는 데 적용할 수 있다. 이는 곧 내 콘텐츠의 타겟, 더 나아가 내 제품과 서비스의 고객을 미리 만나볼 수 있는 기회가 된다. 이웃에게 도움이 되는 콘텐츠를 제공하면서 내 고객에 대한 이해도 함께 넓혀가자.

콘텐츠와 계정의 성과 확인:
07 블로그 통계 활용하기

 '내 블로그 통계'(PC), '통계' 혹은 'Creator Advisor'(모바일)에서 블로그 관련 데이터를 확인할 수 있다. 방문 분석, 사용자 분석, 순위 등의 카테고리별로 세부 데이터를 확인할 수 있다. 계정 전체뿐만 아니라 콘텐츠 각각의 데이터도 자세히 확인 가능하다. 일일 방문자 수, 좋아요와 댓글 수만으로 도출할 수 없는 인사이트를 파악할 수 있다. 이를 더 좋은 콘텐츠를 제작하는 데 활용해야 한다. 꾸준히 통계 페이지에서 다양한 자료들을 확인해 보며 데이터 분석과 방문자의 행동을 연결해 생각해 보자.

 방문 분석

조회수

'조회수'는 블로그에 유입된 방문자가 몇 개의 콘텐츠를 확인했는지를 나타내는 수다. 한 사람이 여러 콘텐츠를 확인할 수 있기 때문에 항상 '순방문자 수'보다 높다.

순방문자 수

'순방문자 수'는 실제로 내 계정에 유입된 방문자의 수다. 선택한 기간 동안 내 블로그를 1회 이상 방문한 수에서 중복된 값을 제외한 수다.

'방문횟수'는 내 블로그에 방문한 총 횟수를 나타내기 때문에 순방문자 수가 방문횟수보다 낮은 수치를 보인다.

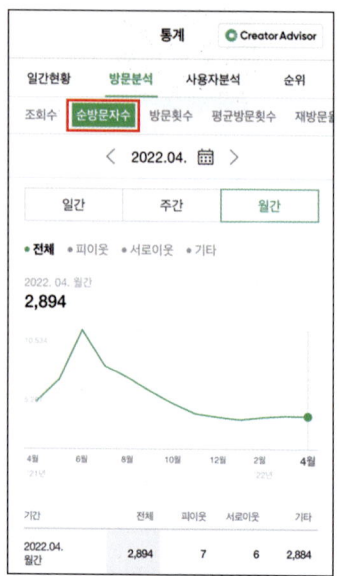

평균사용시간

기간 내 블로그를 방문한 이용자들이 체류한 평균 시간이다.

이 수치를 통해 방문자들이 내 콘텐츠에 얼마나 관심이 있는지를 확인할 수 있다. 최소 2분 이상 나와야 방문자들이 충분한 시간을 소비할 만큼 내 콘텐츠가 유익했다고 볼 수 있다.

② 사용자 분석

유입분석

이용자가 내 블로그에 방문하기 바로 전에 머물렀던 페이지를 확인할 수 있다. 경로별 유입 비율도 함께 확인 가능하다.

검색을 통해 유입된 경우 해당 검색어를 함께 제공한다. 링크도 제공되어 해당 콘텐츠가 노출되는 페이지를 확인할 수 있다. 내 콘텐츠가 어떤 키워드로 몇 순위로 노출되고 있는지를 빠르게 확인할 수 있다.

시간대 분석

선택한 날짜의 조회수, 유입 경로, 성별, 연령별 분포, 조회수 순위를 시간대별로 제공한다.

시간대별로 각 데이터를 확인해 가장 반응이 좋은 시간대를 파악한다. 그 시간에 맞춰 콘텐츠를 발행하는 전략을 세워볼 수 있다.

성별, 연령별 분포

내 콘텐츠에 반응하는 성별과 연령별 분포도를 확인할 수 있다.

선정 주제, 타겟으로 한 고객 페르소나를 이 데이터와 비교해 본다. 반응이 예상되는 성별이나 연령대가 명확히 구분되는 주제도 막상 콘텐츠를 발행해 보면 의외의 결과를 확인하게 되는 경우가 있다.

해당 데이터를 확인해 보고 콘텐츠의 타겟을 조정하거나 확장시키는 전략을 적용해 볼 수 있다.

③ 순위

콘텐츠 순위를 조회수, 공감수, 댓글수, 동영상에 따라 확인할 수 있다. 각 항목별로 가장 많은 반응을 받은 콘텐츠순으로 1~100위까지 보여준다.

이 데이터를 통해서는 콘텐츠마다 시도한 전략이 좋은 반응을 얻었는지, 비슷한 콘텐츠와 비교했을 때 반응이 어땠는지 등을 분석해 볼 수 있다. 콘텐츠마다 어떤 점이 조회수에 도움이 되었는지, 댓글을 이끌어낸 건 어떤 부분이었는지 고민해 보자.

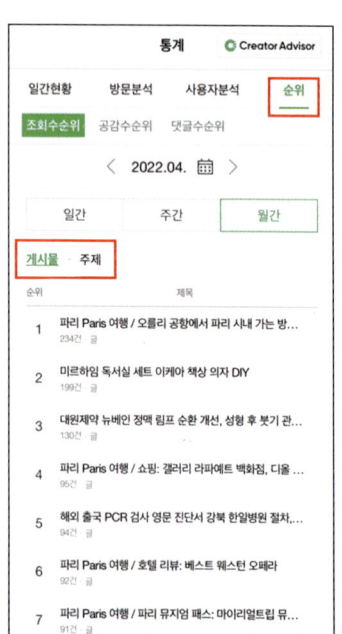

④ 블로그 평균 데이터

활동 중인 블로그 전체의 평균 데이터와 월간 조회수 상위 5만 개 블로그의 평균 데이터, 나의 현재 블로그 평균 데이터를 함께 비교하여 보여준다.

네이버 '통계'에는 확인할 수 있는 데이터가 아주 많다. 기본적으로 위에서 설명한 데이터부터 분석하자. 그리고 '블로그 평균 데이터'에서 블로그 전체의 데이터를 나의 데이터와 비교해 보자. 다른 블로그들의 데이터를 기반으로 개선해야 할 점을 확인할 수 있다.

데이터 분석에서 가장 중요한 것은 분석한 인사이트를 콘텐츠에 적용하는 것이다. 새롭게 얻은 인사이트를 다음 콘텐츠를 제작할 때 적용해 조금씩 개선해 보자. 그리고 다시 데이터를 통해 효과를 검증한다. 이 과정을 반복할수록 고객의 반응을 크게 이끌어내는 콘텐츠를 만들 수 있다.

네이버 유니버스:
네이버 서비스 200% 활용하기

다양한 종류의 서비스로 우리 생활에 깊게 자리 잡은 네이버는 콘텐츠와 관련된 서비스도 여러 개가 있다. 콘텐츠가 대부분 스마트에디터를 활용하기 때문에 블로그에 익숙하다면 바로 제작이 가능하다.

다양한 콘텐츠 서비스 중 블로그 계정에서 바로 적용 가능하거나 블로그에서 발전시킬 수 있는 것들을 소개한다. 블로그에서 수익화, 고객 모집, 사업 성장과 같은 방향을 잡는 데 도움이 될 것이다.

추가적인 노력을 크게 들이지 않는 선에서 도움이 될 수 있는 서비스와 성장 방향을 계획해 보자.

① 카페 https://section.cafe.naver.com/ca-fe/

네이버 카페는 비슷한 관심사를 갖고 있는 사람들이 회원 가입을 통해 서로 정보를 공유하고 친밀한 관계를 맺을 수 있는 커뮤니티 공간이다.

이런 배타적인 성향 덕분에 카페에는 한 주제에만 집중할 수 있다. 또한 그 주제에 맞는 세분화된 그룹의 사람들이 모이게 된다. 공통된 관심사를 나누기에 회원들의 친밀감과 충성도가 다른 미디어에 비해 높다. 이는 내 제품과 서비스를 홍보하는 최고의 미디어를 직접 만들 수 있다는 것을 의미한다.

마케팅과 브랜딩을 위해서라면 운영하는 것을 고려해야 하는 채널이다. 내 제품과 서비스에 열광할 수 있는 카페 회원을 모아 진정한 팬을 만들어보자.

2 애드포스트 https://adpost.naver.com

네이버 애드포스트는 네이버 블로그와 같은 미디어에 광고를 게재하고 그 광고에서 발생한 수익을 계정 운영자가 배분받을 수 있는 서비스다. 운영하고 있는 블로그 그대로 수익화를 시킬 수 있는 간단한 방법이다.

블로그 방문자가 많을수록 수익이 증가할 가능성이 높다. 광고는 블로그 콘텐츠 중간중간에 배너 형식으로 자동 게재되며, **2024년 11월부터 '문맥 기반 타겟팅 광고' 시스템이 적용**되어 콘텐츠 주제와 연관된 광고가 더 정밀하게 노출된다[네이버 애드포스트 공지사항(2024.11.)]. 네이버는 계정과 콘텐츠의 특징, 내용, 검색어 등을 분석해 미디어에 가장 적합한 주제와 상품을 지닌 광고가 노출되도록 지원한다.

방문자가 클릭할 때마다 수익이 발생하며, **클릭당 단가는 콘텐츠 분야 및 광고 경쟁도에 따라 다르게 책정된다. 평균 5~15원 수준이다.** 아주 적은 금액이지만 매월 몇백만 원까지 수익을 올리는 블로거들도 많다.

가입은 네이버 애드포스트 홈페이지(https://adpost.naver.com)에서 **애드포스트 시작하기**를 클릭한다. **약관동의 → 회원 인증 → 회원 정보 입력** 및 인증 완료하면 가입 신청이 완료된다. 그다음 **미디어 등록 → 네이버 미디어 등록하기** 버튼을 클릭하여 운영하는 미디어를 선택하고 관련 정보를 등록한다. 1~2일이 지나면 네이버에서 신청 결과에 대한 메일을 보내준다.

네이버에서는 정확한 기준을 공개하지는 않는다. 일부 블로거들은 블로그를 생성한 지 90일 이상, 발행 콘텐츠 50개 이상, 일 방문자 수 100명 이상이 되는 블로그가 가능하다고 한다. 그러나 그 전에도 승인이 되는 경우가 있으므로 적당히 콘텐츠 수와 방문자 수가 생기면 신청해 보자. 처음에는 미비하지만 꾸준히 포스팅을 하다 보면 수익이 점차 증가될 것이다. 매일 바로바로 수익을 확인할 수 있어 방문자 수를 늘리는 데 원동력이 되기도 한다.

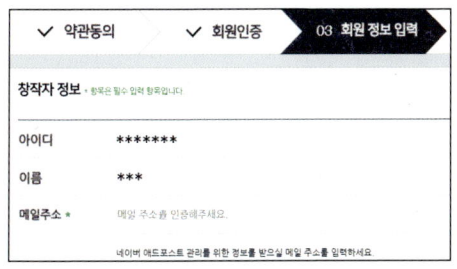
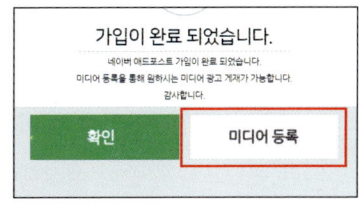

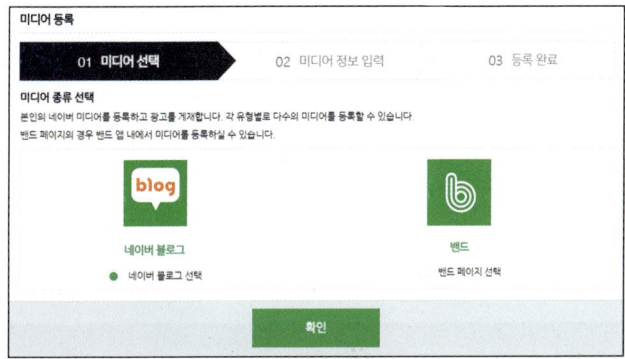

③ 인플루언서 https://influencercenter.naver.com

네이버 '인플루언서'는 전문적인 내용의 콘텐츠를 꾸준히 생성하면서 방문자가 많은 블로거에 혜택을 주는 시스템이다. 지금은 사라진 '파워 블로거'와 비슷한 개념이다. 현재 총 3천만 개 이상의 블로그가 네이버에 등록되어 있다. 이렇게 많은 블로그 중에서 일반 블로거와 영향력 있는 블로거를 구분할 필요가 있었다고 생각된다.

일반 블로거들과 다르게 인플루언서에게만 광고, 검색 노출, 홍보 지원 등 다양한 혜택을 제공한다. 이런 혜택을 통해 인플루언서는 자신의 콘텐츠를 더 효과적으로 확산시킬 수 있고, 그에 따른 부수적인 수익들도 함께 얻을 수 있다. 각종 특별 혜택과 함께 '팬'이라는 개념의 팔로워도 새로 만들 수 있다. 네이버에서 인플루언서들을 위해 수익 프로그램을 확장하고 커뮤니티 기능도 강화하고 있다. 인플루언서는 마케팅과 브랜딩을 하는 입장에서는 여러 가지로 탐나는 타이틀이다.

그렇다면 '인플루언서'는 어떻게 될 수 있을까? 우선 자신만의 주제로 유익한 콘텐츠를 꾸준히 생산해야 한다. 1~2개의 주제에 집중해서 전문성을 높이도록 한다. 꾸준한 수의 방문자 수는 기본으로 갖추고 이웃들과의 소통도 활발히 해야 한다. 인플루언서의 기준 역시 네이버에서는 공개하지 않고 있다. 그러나 우리가 이미 알고 있는 좋은 콘텐츠를 만드는 방법에 집중하면 인플루언서로 선정되는 건 어려운 일이 아니다. 블로그를 운영하면서 인플루언서를 목표로 설정한다면 진행 방향을 더욱 잡기 쉬울 것이다.

인플루언서 홈에서 **지원하기**를 클릭하여 '지원 분야', '내 활동 채널'을 선택하고 **인플루언서 지원하기** 버튼을 클릭하면 된다.

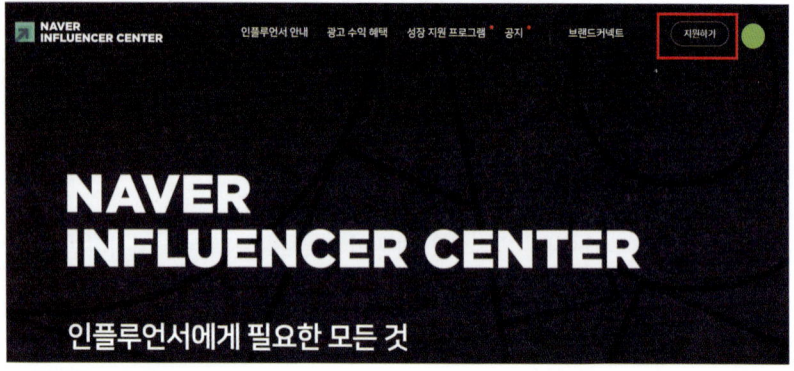

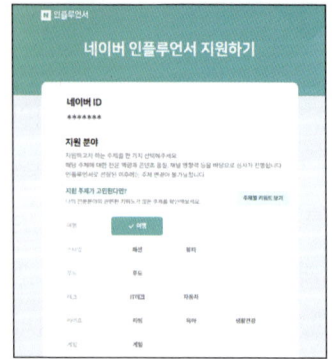

④ 블로그 마켓 https://seller.blog.naver.com/market/joinGuide

제품 판매를 하고 있다면 블로그 마켓은 분명 주목해야 하는 서비스다. 고객을 모으고 제품을 홍보하기 위해 관리했던 블로그 자체를 판매 채널로 활용할 수 있기 때문이다. 네이버페이, 네이버 톡톡과 같은 서비스와 연결해 판매와 CS 관리가 훨씬 간편해졌다.

자신의 블로그 마켓에 등록된 상품은 다시 한번 '마켓 플레이스'라는 페이지에서 노출된다. 상품에 따라 네이버 검색결과 페이지에 '블로그 마켓'으로 노출되기도 한다.

글자 수, 용량에 제한이 없는 블로그는 제품 마케팅과 브랜딩을 위해서 필수로 운영해야 한다. 이런 블로그에서 바로 판매까지 가능하다는 것은 효율을 극대화시켜주는 것이다. 고객을 모으는 것과 동시에 판매까지 이루어지는 블로그 마켓에 도전해 보자.

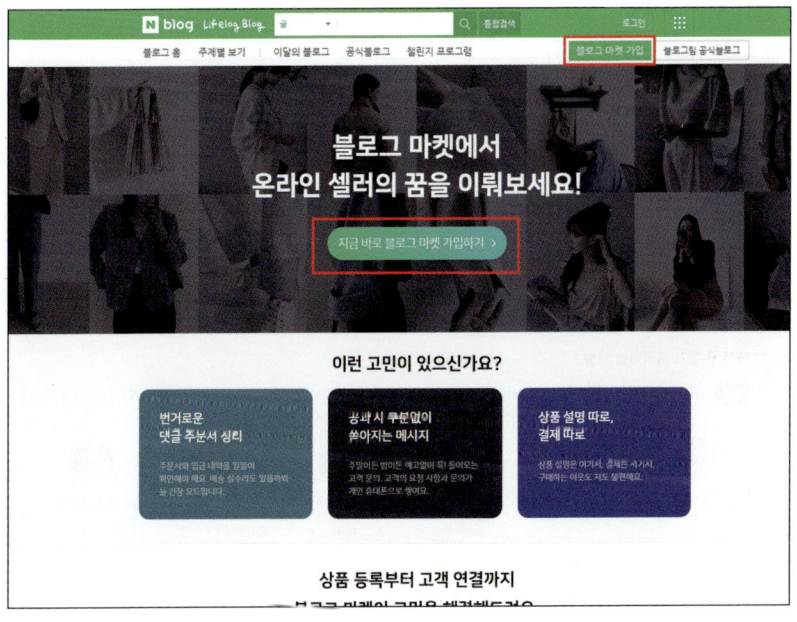

⑤ 프리미엄 콘텐츠 https://contents.premium.naver.com

2022년 2월 네이버는 콘텐츠를 창작하는 사람이 콘텐츠를 직접 판매할 수 있는 '프리미엄 콘텐츠'를 오픈했다. 개인, 개인 사업자, 법인 사업자 모두 가입해 콘텐츠를 판매할 수 있다.

콘텐츠는 블로그와 같은 스마트에디터로 제작 가능하다. 판매 방식은 구독, 단건으로 설정할 수 있다. 콘텐츠에 유입률을 높일 수 있는 뉴스레터 발송이나 콘텐츠 알림과 같은 기능도 제공한다.

콘텐츠는 기존 블로그나 카페에 무료로 제공했던 콘텐츠에 더욱 전문적인 내용들을 포함해 제작해야 한다. 혹은 구독자에게 완전히 특화된 콘텐츠를 제작하자. 꾸준히 생산하는 콘텐츠를 활용해 판매 제품으로 만들 수 있다면 다른 수익 구조를 구축할 수 있다. 내 제품, 서비스와 관련된 정보를 제공함으로써 홍보를 하고 그 콘텐츠로 수익도 만들어낼 수 있는 유용한 서비스다. **프리미엄콘텐츠 스튜디오**를 클릭하여 **판매회원 가입**을 하면 된다.

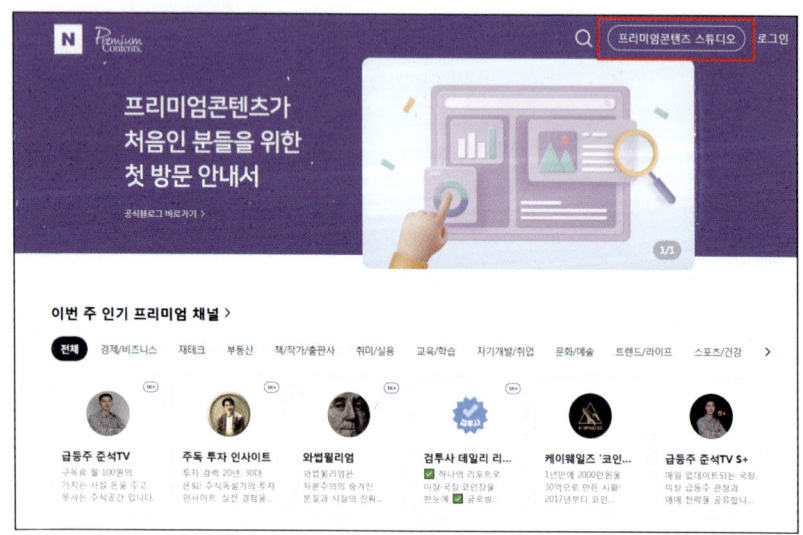

6 엑스퍼트 https://m.expert.naver.com

네이버 '엑스퍼트'는 일상에서 만나기 어려웠던 각 분야의 전문가를 만날 수 있는 페이지다. 뜻 그대로 엑스퍼트(Expert)는 전문가를 말한다.

네이버가 지금의 자리까지 성장할 수 있는 발판이 되어준 '지식인'에서 발전된 형태다. 세무, 노무, 번역, 피트니스, 뷰티 등등 전문 분야부터 일상 분야까지 다양한 전문가들이 등록되어 있다.

엑스퍼트로 등록되면 엑스퍼트 서비스를 통해 상담, 1:1클래스, VOD 클래스, 그룹 클래스를 제공할 수 있다. 전문가들은 엑스퍼트에서 고객을 만나고 수익을 창출할 수 있는 것이다.

홈페이지 하단 '전문가 활동'의 **엑스퍼트 신청**을 클릭하여 진행할 수 있다.

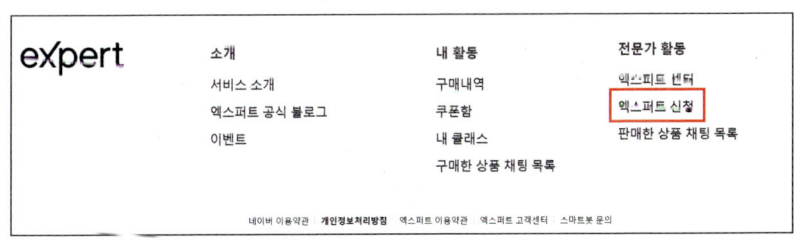

기존 지식인보다 더욱 고도화된 전문성을 필요로 하기 때문에 엑스퍼트가 되는 조건은 그만큼 까다롭다. 관련 분야에 따라 요구되는 조건은 조금씩 다르다. 자격증으로 전문성을 확인시켜주거나 네이버에서 해당 분야 관련 전문성을 나타낼 수 있는 활동 경험이 필요하다. 전문 자격증, 지정 제휴사 소속, 이달의 블로그 혹은 인플루언서가 되어야 한다.

'지식인'에서 진화한 모델인 만큼 지식인에서 최고등급인 '신' 등급이며 관련 지식인 분야에서 채택 답변 수가 1,000건 이상인 사람도 엑스퍼트 지원 자격이 주어진다.

자신의 전문성을 나타낼 수 있는 조건이 된다면 엑스퍼트에서 콘텐츠를 통한 수익 구조를 구축할 수 있다.

네이버의 수많은 서비스 중에서 수익 구조를 구축하는 데 도움이 되는 서비스에 대해 알아보았다. 네이버 블로그에서 시작해 점차 영역을 확장해 나갈 수 있는 서비스들이다. 판매하는 제품과 서비스, 고객에게 집중한다면 성장하는 속도는 점차 빨라질 것이다.

네이버에서는 지속적으로 새로운 서비스를 개발할 것이다. 더 많은 사용자들을 불러 모으는 크리에이터들에게 혜택을 주고 크리에이터들은 계속해서 새로운 방식으로 수익 구조를 만들어낼 것이다.

네이버의 행보를 눈여겨 보자. 새로운 서비스에 빠르게 진입해 자신의 사업을 발전시키자.

챗GPT로 네이버 블로그 콘텐츠 만들기

블로그를 처음 시작하는 사람에게 가장 큰 장벽은 "어떤 글을 써야 하지?"라는 질문에서 비롯된다. 처음에는 막막하고 어렵게 느껴질 수 있지만, 하나씩 단계를 나누어 진행하면 누구나 블로그 콘텐츠를 제작할 수 있다. 특히 챗GPT와 같은 생성형 AI는 콘텐츠를 처음 제작하는 이들에게 큰 도움이 된다. 이 도구는 단순히 글을 대신 써주는 역할에 그치지 않고, 주제를 탐색하고 방향을 설정하며 콘텐츠를 완성하는 모든 과정을 함께할 수 있는 든든한 조력자다.

앞서 콘텐츠 기획부터 구성, 작성, 퇴고까지의 전 과정을 어떻게 설계하고 실행하는지에 대해 알아보았다. 이번 절에서는 그 과정을 바탕으로 실제 블로그 글을 제작하는 실습을 진행한다. 각 단계가 왜 필요한지, 챗GPT를 어떻게 활용할 수 있는지, 그리고 이를 통해 무엇을 얻을 수 있는지를 구체적으로 안내한다.

 나만의 블로그 콘텐츠 기획하기

콘텐츠 기획은 블로그 글쓰기의 출발점이며 가장 중요한 과정이다. 독자가 관심을 가질 주제를 설정하고, 글의 목적과 대상, 말투와 문체를 결정하는 단계다. 이미 경험했듯이 이 과정을 충분히 고민하면 글의 방향이 명확해지고 이후 작업이 한결 수월해진다.

① **글의 목적 정하기**: 정보를 제공할지, 경험을 공유할지, 독자를 설득할지 결정한다. 목적에 따라 글의 구조와 스타일이 달라진다.
② **타겟 독자 설정하기**: 글을 읽을 사람의 나이, 관심사, 고민을 고려해 메시지를 명확히 한다.
③ **문체와 말투 정하기**: 브랜드 이미지와 독자의 성향에 맞춰 전문가적, 친근함, 감성적 스타일 중 선택한다.
④ **주제 구체화와 제목 정하기**: 주제를 좁히고, 독자의 관심을 끌 제목을 설정한다. 이는 클릭을 유도하는 핵심 전략이다.

챗GPT는 관심사와 블로그 운영 목적에 맞는 주제를 제안하고, 타겟 독자, 말투, 문체 선택까지 지원한다. 구체적인 정보를 제공할수록 더 정교한 결과를 얻을 수 있다.

챗GPT 프롬프트 예시

나는 여행과 직장생활에 관심 있어. 블로그 글 주제 5개 추천해 줘.

30대 직장인 여성을 타겟으로 글의 말투와 문체를 추천해 줘.

퇴사 준비 주제를 정보형, 후기형, 칼럼형, 에세이형으로 각각 풀어가는 방법을 알려줘.

② 글의 구조와 구성 만들기

글의 구조는 독자가 내용을 이해하고 끝까지 읽게 만드는 핵심 요소다. 목적과 독자에 따라 서론 – 본론 – 결론 구조를 기본으로 삼거나 정보형, 후기형, 에세이형 등 다양한 스타일을 선택할 수 있다. 이미 글의 목적과 대상, 주제를 구체화했다면 구조를 정하는 작업이 자연스럽게 이어진다.

챗GPT에게 글의 목적과 주제를 제공하면 효과적인 구조 설계와 본론의 소주제까지 제안받을 수 있다. 이렇게 하면 글쓰기가 막히는 부분을 줄이고 논리적 흐름을 유지할 수 있다.

💬 챗GPT 프롬프트 예시

> 퇴사 준비 팁 주제로 서론 – 본론 – 결론 구조를 짜줘.

> 본론 소주제 3개와 간략 설명도 함께 제안해 줘.

이 과정은 글쓰기의 길잡이 역할을 하며, 이후 작성과 퇴고 단계에서도 큰 도움이 된다.

③ 본문 작성과 퇴고

본문 작성은 많은 초보자가 가장 어려워하는 부분이다. 떠오르는 생각을 글로 풀어내려면 앞서 설계한 구조를 바탕으로 내용을 구체화해야 한다. 이때 챗GPT는 초안 작성, 표현 수정, 흐름 개선, 논리 점검까지 다양한 역할을 수행한다.

완벽한 초안을 만들기보다 다양한 문장 버전을 시도하며 자연스러운 표현을 찾는 것이 중요하다. 작성 중에도 챗GPT와 피드백을 주고받으며 글의 완성도를 높일 수 있다.

챗GPT 프롬프트 예시

퇴사 준비 체크리스트 본문 초안을 써줘.

첫 문장과 마지막 문장을 공감 가게 다듬어줘.

전체 글을 논리 흐름에 맞게 수정해 줘.

반복적인 수정을 통해 자신만의 글쓰기 스타일을 발견하고 향상시키는 기회가 된다.

4 최종 점검과 네이버 업로드

작성한 글은 반드시 최종 점검이 필요하다. 글의 구성, 표현, 전달력, 시각적 요소 등을 검토하고 독자의 관점에서 이해하기 쉽고 매력적인지 확인해야 한다.

챗GPT는 어색한 표현이나 논리적 오류를 찾아내며, 제목과 이미지, 태그 추천까지 제공한다. 이 단계까지 거치면 자신감을 가지고 글을 발행할 수 있으며 예약 발행 시간 추천도 받을 수 있다.

챗GPT 프롬프트 예시

이 글에서 어색한 표현과 개선할 부분을 알려줘.

독자의 흥미를 끌 제목 3개 추천해 줘.

이 글에 어울리는 대표 이미지 콘셉트와 태그를 추천해 줘.

최종 점검을 통해 글의 완성도를 높이고, 반복적인 연습으로 글쓰기 실력을 꾸준히 향상시킬 수 있다.

이번 절에서는 기획부터 구조 설계, 작성, 퇴고, 업로드까지의 전 과정을 체계적으로 실습하며 챗GPT를 실전 글쓰기 파트너로 활용하는 방법을 익혔다.

각 단계에서 왜 이런 과정을 거쳐야 하는지, 챗GPT를 어떻게 활용하면 좋을지, 그리고 무엇을 얻을 수 있는지를 구체적으로 경험했다. 이 실습을 통해 글쓰기에 대한 부담감을 줄이고 자신감을 키울 수 있을 것이다.

블로그 글쓰기는 꾸준함과 체계가 핵심입니다.
QR 코드를 스캔하면 **블로그 운영 워크북과 자료**를 받아보실 수 있습니다.

5장

무조건 해야 하는,
인스타그램

01 인스타그램이 마케팅의 필수 플랫폼인 이유

 인스타그램은 다른 플랫폼에 비해 적은 자원으로도 충분한 성과를 낼 수 있는 마케팅 플랫폼이다. 인스타그램은 고객의 '인스타 감성'을 적중시킨다면 적은 비용으로도 큰 바이럴을 일으킬 수 있다. 어느 정도의 팬을 확보하면 그 영향력이 웬만해서는 사라지지 않는다. 특히 릴스는 광고 도달률과 전환율에서 타 플랫폼을 압도하고 있으며, AI 기반의 추천 알고리즘으로 인해 팬을 확보한 계정은 지속적인 노출과 전파 효과를 기대할 수 있다. 대기업뿐만 아니라 마케팅과 브랜딩을 원하는 소상공인과 개인까지 모두가 인스타그램에 집중하는 이유다.

이번 파트에서는 인스타그램이 이런 효과를 얻게 된 이유와 장점을 확인해 보자. 인스타그램을 수익화 플랫폼으로 활용하는 예시도 함께 살펴보자.

① 인스타그램 장점

네이버 블로그, 유튜브와 비교했을 때 인스타그램은 콘텐츠의 생산과 소비를 가장 빠르고 쉽게 할 수 있는 플랫폼이다.

대한민국 인스타그램 사용자 1인당 월 평균 사용 시간은 약 9.4시간(2025년)이며, 20~30대 여성의 사용 비중이 가장 높다(DataReportal, 2025년 1월). 탐색 탭에서 스크롤을 내리면 끊임없이 업데이트되는 콘텐츠들은 이용자의 시선을 오랜 시간 붙잡는다. 이런 점이 자신과 자신의 상품을 알리고자 하는 사람들에게는 매력적으로 다가온다. 콘텐츠가 많은 사람들에게 소비될수록 마케팅과 브랜딩이 수월해지기 때문이다.

인스타그램의 장점을 확인해 보고 마케팅과 브랜딩에 활용해 보자.

모바일 최적화

인스타그램은 모바일에 가장 최적화된 플랫폼이다. 인스타그램은 '인스턴트 카메라(Instant Camera)'와 전보를 의미하는 '텔레그램(Telegram)'의 합성어다. 순간을 사진으로 담아 빠르게 사람들과 공유한다는 의미를 가지고 있다. 이 의미를 안다면 PC 버전이 왜 안 만들어지는지 이해할 수 있다. 스마트폰의 카메라 기능이 발달하고 인터넷 성능이 향상되면서 인스타그램도 함께 크게 성장했다.

인플루언서는 스마트폰 카메라로 순간을 담아낸다. 간단하게 꾸미고 멘트를 더해 바로 콘텐츠를 업데이트한다. 새로운 콘텐츠 알림을 받은 그의 팔로워들은 즉각적으로 콘텐츠를 확인하고 좋아요, 댓글로 반응한다. 인플루언서도 실시간으로 답을 한다. 콘텐츠를 공유하고 싶은 팔로워들은 태그를 활용해 다른 이용자를 계정으로 유입시킨다. 신속하게 인플루언서의 콘텐츠를 활용해 자신만의 콘텐츠를 제작하고 업데이트한다. 그들의 팔로워도 같은 과정을 반복한다. 손 안에서 이렇게 순식간에 바이럴이 일어나는 것이다.

트렌드를 파악할 수 있는 플랫폼

2025년 기준, 인스타그램 사용자의 약 62%는 34세 이하이며, 여전히 MZ 세대가 가장 활발히 사용하는 플랫폼이다. 우리나라에서도 10대, 20대, 30대가 가장 많이 사용하는 플랫폼으로, 트렌드를 이끄는 MZ세대가 집중적으로 사용하는 플랫폼이다.

MZ세대는 이미지와 동영상을 활용해 트렌드를 공유하고 확산시킨다. 콘텐츠에 민감한 이들을 내 콘텐츠와 계정으로 유입시키기 위해서는 인스타그램 트렌드에 맞는 비주얼 콘텐츠를 만들어야 한다. 인스타 감성을 만족시킬 수 있도록 다른 콘텐츠들을 지속적으로 팔로우하면서 트렌드를 따라가자. 아무리 유익한 내용을 담고 있어도 트렌디한 콘텐츠로 시선을 먼저 사로잡아야 내용을 전달하는 것이 가능하다.

쉬운 콘텐츠 제작

인스타그램은 콘텐츠 제작 방법도 간단하다. 이미지는 1~10장 이내, 비디오는 90초 이내로 제작하면 된다. 인스타그램 앱에서 사진과 동영상을 바로 찍어 업데이트할 수도 있다. 앱 내에서 필터를 바로 적용해 보정하는 것도 가능하다. 여러 사진을 하나의 이미지로 만드는 '그리드(Grid)'* 효과나 짧은 동영상을 반복적으로 재생하는 '부메랑(Bumerang)'** 효과 등도 바로 활용할 수 있다. 제작이 쉬운 만큼 콘텐츠를 통한 다양한 시도를 해볼 수 있다.

탐색 & 검색의 알고리즘

인스타그램의 알고리즘은 탐색과 검색을 모두 활용하고 있다. 이용자가 평소에 관심 있어 하는 콘텐츠와 당장 정보를 얻고 싶어 하는 콘텐츠를 모두 노출하는 것이 목적이다. 이는 이용자의 체류 시간을 최대화하기 위해서다.

탐색 알고리즘은 이용자가 참여했던 게시물, 검색했던 주제를 바탕으로 그의 관심사를 파악하고 이를 기반으로 콘텐츠를 노출해 준다. 검색 알고리즘은 이용자가 검색창에 입력한 키워드에 맞는 콘텐츠를 노출해 준다. 고객 페르소나의 취향과 내 콘텐츠 관련 키워드를 모두 고심해서 콘텐츠를 제작

---

* 그리드 효과는 인스타그램 앱에서 직접 콘텐츠를 제작할 때 스토리와 릴스 콘텐츠에서 '레이아웃'을 선택 후 '그리드 변경'을 선택하면 적용할 수 있다.
** 부메랑 효과는 인스타그램 앱에서 스토리를 바로 제작할 때 선택해 제작할 수 있다.

해야 진정한 고객의 눈에 띌 수 있다.

소셜 커머스로의 확장

우리나라 인스타그램 이용자의 약 70%를 차지하는 35세 이하는 취업, 결혼, 출산과 같이 구매력이 증가하거나 소비가 크게 증가되는 라이프 사이클에 있는 연령대다. 이미 이커머스와 SNS 플랫폼에 익숙해서 인스타그램에서의 구매 거부감도 적다. 이들을 기반으로 인스타그램은 판매 수익을 내는 하나의 창구가 되었다.

인스타그램도 소셜 커머스로서 영역을 더 확장해 나가고 있다. 쇼핑 태그, 숍 페이지, 장바구니 기능은 이미 기본으로 제공되고 있다. 현재 미국에서만 가능한 바로 결제 시스템도 곧 한국에 적용될 것으로 예상된다. 제품을 판매하고 있다면 소셜 커머스로 자리 잡기 위해 끊임없이 변화하는 인스타그램의 행보에 집중하자. 변화에 고객들이 거부감 없이 구매할 수 있도록 미리 신뢰관계를 형성해 두는 것도 중요하다.

폭넓은 소통 방법

인스타그램의 소통 방법은 다양하다. 가장 기본적인 댓글을 비롯해 DM과 라이브 방송인 '라방'이 있다. DM(Direct Message)은 개인과 개인이 메시지를 주고받을 수 있는 기능이다. 라방은 인플루언서가 실시간 동영상으로 이야기를 하고 팔로워는 댓글로 소통할 수 있는 기능이다.

DM과 라방을 통해 인스타그램에서는 인플루언서와 팔로워가 더욱 친밀한 관계를 형성힐 수 있다. 내 팔로워, 내 고객 한명 한명과 진정으로 소통하며 관계를 쌓으면 네트워크와 팬을 형성하게 된다. 실질적인 영향력을 갖춘 인플루언서가 되는 것이다.

② 인스타그램 활용 예시

네이버 블로그나 유튜브를 메인 채널로 운영하면서 인스타그램을 서브 채널로 꼭 활용하는 것을 추천한다. 블로그와 유튜브 콘텐츠를 활용해 쉽고 빠르게 인스타그램 콘텐츠를 제작할 수 있기 때문이다.

메인 채널에서 새로운 콘텐츠를 제작하는 기간 동안 기존 콘텐츠를 활용해 인스타그램에 꾸준히 공유하자. 팔로워에게 지속적으로 콘텐츠를 노출시키는 것이다. 자세한 내용을 원하는 사람들에게는 메인 채널에 방문하도록 유도하면 된다. 인스타그램 팔로워들과 즉각적으로 소통하면서 빠르게 친밀감을 형성하면 네트워크를 형성하는 데에도 도움이 된다.

북스타그램 A

자기계발서를 즐겨 읽는 A는 불확실한 미래를 대비하고자 다양한 분야의 책을 읽으며 지식을 쌓고 있다. A는 2030 세대를 주요 타겟으로 네이버 블로그와 인스타그램을 운영하고 있다. 자신과 비슷한 연령대에게 필요한 책을 읽고 추천하며, 책에서 배운 지식을 실생활에 적용하는 계획, 진행 상황, 변화된 모습까지 공유한다. 단순히 책을 소개하고 추천하는 북스타그램 계정과 차별화된다.

A는 기존 자기계발서에서 더욱 세분화된 주제로 책을 선정한다. 한 분야에 충분한 지식을 쌓을 때까지 적게는 10권, 많게는 30~40권까지의 책을 읽는다. 올해는 세계 부자들의 책에만 집중하기로 했다. 부자가 갖고 있는 돈의 개념과 사고방식을 배우고 싶은 2030 회사원들이 가장 잘 이해할 수 있는 콘텐츠다. A는 그들에게 부자들의 습관을 전달하고, 이를 생활에 적용하는 방법까지 알려주는 인플루언서로 인식된다.

책 한 권을 1~2주마다 읽고 주 2회 네이버 블로그를 발행한다. 인스타그램에는 매일 콘텐츠를 공유하며, 블로그에서 발행한 책 소개와 독후감을 다양한 형식으로 편집해 활용한다. 책을 주제로 하지만 인스타 감성을 잃지 않기 위해 예쁜 카페에서 책을 읽는 콘셉트의 사진과 동영상을 활용한다. 여기에 더해, 릴스 기능을 적극 활용해 책의 핵심 문장을 요약하거나 책 속 내용을 실천하는 자신의 일상을 짧은 영상으로 제작해 공유한다. 예를 들어, '부자의 루틴 따라하기'라는 릴스 영상으로 아침 일기 쓰기, 필사하는 장면, 가계부 작성 등을 보여주는 식이다.

검색을 통한 유입을 위해 책 제목, 작가, 주제와 관련된 해시태그를 활용하고, 피드와 릴스에 통일된 필터를 사용해 톤앤매너를 유지한다. 캡션은 핵심 내용 위주로 간단히 작성하고, 프로필에는 블로그 링크를 저장해 방문을 유도한다. 스토리에는 스티커를 활용해 팔로워 의견을 묻는다.

감각적인 사진과 좋은 메시지가 담긴 피드는 팔로워들의 공유를 유도하고, 릴스 영상은 콘텐츠의 몰입도와 전파력을 높인다. 블로그 유입률도 크게 증가했으며, 댓글과 DM을 통해 소통하면서 독서 모임과 독서 챌린지를 운영하며 네트워크를 확장하고 있다. 출판사와 협업 콘텐츠, 전자책과 동영상 강의로 수익화도 실현하고 있다.

인테리어 업체 B

30대 대표가 운영하는 B업체는 3040 1인 가구를 주요 고객으로 삼아 세련된 감각의 공간을 꾸며준다. 메인 채널은 네이버 블로그와 유튜브이며, 인스타그램은 고객과의 빠른 소통과 추가 유입을 위한 서브 채널로 활용하고 있다. 메인 콘텐츠를 편집해 인스타그램 전용 콘텐츠로 재가공하고 있으며, 인테리어 비포 & 애프터 중심의 콘텐츠에 고객 요청사항 반영, 스케치, 1인 가구 팁, DIY 방법, 추천 가구 등의 요소를 결합해 차별화하고 있다.

피드에는 다양한 스타일의 인테리어 사진과 함께 자사 소품과 가구 사진을 게시하며, 3040 타겟의 관심사 해시태그도 적절히 활용한다. 릴스에서는 시공 현장과 DIY 가구 조립, 스타일링 팁 등을 짧은 영상으로 제작해 공유한다. 예를 들어, '8평 원룸을 북유럽풍으로 바꾸기' 릴스 영상에서 시공 전후 변화 장면을 초반 5초 안에 보여주고, 이어서 시공 요약 장면과 가구 배치 팁을 넣는다. 릴스 말미에는 '자세한 시공 과정은 블로그에서 확인'이라는 메시지로 다른 채널 유입을 유도한다.

쇼핑 기능을 연동하여 피드에는 제품 카탈로그를 등록하고 쇼핑 태그를 적용한다. 스토리에는 스티커를 활용해 팔로워의 의견을 묻거나 DIY 팁을 주고받는다. 릴스와 피드, 스토리를 통해 다양한 방식으로 브랜드 노출과 유입을 유도하고 있다.

전문적인 지식을 쉽고 감각적으로 전달하며 고객과의 친근감을 형성한 B업체는 신뢰를 쌓아가며, 필요할 때 떠오르는 브랜드로 자리 잡았다. 유튜브와 블로그로 상세 정보를 확인하고, 릴스를 통해 간접 체험한 고객이 실제 시공 문의와 제품 구매로 이어지는 전환 흐름을 만들고 있다.

순간을 포착한 한 장의 사진, 찰나를 담은 90초의 동영상이 인스타그램 콘텐츠가 된다. 메인 채널을 따로 운영한다면 네이버 블로그나 유튜브 콘텐츠의 일부를 편집해 적용하는 것도 가능하다. 콘텐츠 제작이 아주 간단한 만큼 지속적으로 상품과 브랜드를 노출시킬 수 있다.

마케팅에서 가장 기본이 되는 스킬은 '고객에게 반복적으로 노출되어 자연스럽게 잠재 고객의 기억에 자리 잡는 것'이다.

지금의 마케팅은 단순히 제품을 제공하고 소비하는 관계를 만드는 것이 아니다. 교류를 통해 신뢰 관계를 맺고 고객의 감정을 설득하는 것이다. 인스타그램은 이런 마케팅 목적에 최적화된 플랫폼이다.

 고객을 팔로워로 만드는

인스타그램 프로필 설정하기

 프로필 페이지는 계정의 방문자가 처음 마주하는 내 첫인상과 같다. 인스타그램에서 이용자가 한 계정을 팔로우하는 과정을 확인해 보자. 방문자는 프로필 사진에 따라 호감을 갖고 추가로 다른 정보를 확인할지 결정한다. 이름과 자기소개를 확인하면서 이 계정이 자신의 관심사와 맞는지를 파악한다. 충분한 게시물, 팔로워 수가 있다면 더욱 믿음을 갖는다. 다음으로 스크롤을 내려 하이라이트와 피드를 보면서 계정의 전체적인 분위기, 콘텐츠의 퀄리티를 대략적으로 확인한다. 방문자가 다음 콘텐츠에 대한 기대감이 생기면 팔로우 버튼을 탭하게 된다.

인스타그램의 프로필 페이지는 방문자가 운영자를 판단할 수 있는 다양한 정보를 담고 있다. 이제 막 나를 만난 방문자에게 좋은 인상을 주어야 그 다음으로 이어지는 전환들을 만들어낼 수 있다.

프로필의 기본 정보와 소개글은 자신만의 키워드를 활용해 기억에 남을 수 있도록 한다. 스토리를 모아 하이라이트를 만들어 빠르게 계정의 특징을 파악할 수 있도록 한다. 마지막으로 톤앤매너를 맞춘 피드를 통해 콘텐츠에 대한 기대를 높인다.

① 프로필

프로필은 '나를 설명하는 한 컷짜리 광고판'이다. 글자 수가 제한되기 때문에 핵심 메시지를 명확하게 전달해야 한다. 그만큼 계정의 방문자와 고객들에게 기억될 수 있는 핵심 내용으로 작성해야 한다. 관련 키워드를 적절히 배치해 검색으로도 내 계정이 노출될 수 있도록 해야 한다. 인스타그램 알고리즘이 프로필에 적용된 키워드와 해시태그를 기반으로 검색결과에 계정을 노출시켜주기 때문이다. 이런 장치들을 활용하면서 방문자에게 내 계정을 팔로우해야 하는 이유를 명확히 보여주어야 한다.

고객 페르소나의 입장에서 생각하면서, 호기심으로 팔로우를 하게 만드는 프로필을 작성해 보자.

인스타그램 홈에서 **프로필 편집**을 탭하여 설정할 수 있다.

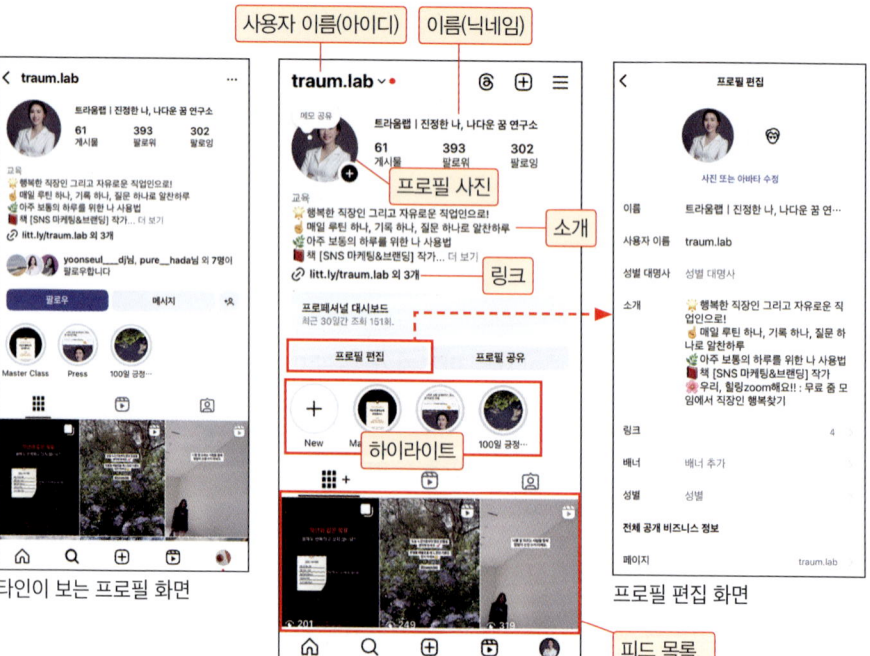

타인이 보는 프로필 화면
본인이 보는 프로필 화면
프로필 편집 화면

프로필 사진

프로필 사진은 신뢰를 줄 수 있는 깔끔한 사진이나 이미지를 활용하자. 쇼핑 태그를 활용할 예정이라면 인스타그램 규정상 로고를 프로필 사진으로 설정해야 한다. 이런 경우가 아니라면 계정의 운영자 혹은 해당 브랜드의 대표 사진이 가장 좋다. 여의치 않다면 관련 제품이나 서비스의 모델 사진을 활용하자. 인물 사진은 확실한 신뢰를 주기 때문이다.

인스타그램 이용자들은 인플루언서와의 개인적인 소통을 원한다. 그만큼 인물 사진에 더욱 친밀감을 느끼고 신뢰한다. 브랜드를 대표하는 캐릭터를 활용하는 것도 좋은 방법이다. 로고를 활용하는 것은 전문가적인 느낌을 줄 수 있지만 동시에 상업적으로 느껴질 수 있다. 따라서 다른 부분에서 최대한 친밀하게 다가갈 수 있도록 노력해야 한다.

이름(닉네임)

인스타그램의 '이름'은 인스타그램 내에서 사용되는 별명이다. 팔로워들은 프로필 이름으로 인플루언서와 소통한다.

방문자와 고객의 기억에 남을 수 있는 간단한 이름으로 선정하자. 한글, 영어, 숫자, 특수문자 등 모든 문자를 조합하여 만들 수 있다. 중복되어도 된다.

인스타그램 검색 알고리즘은 '이름' 필드를 기반으로도 검색을 노출한다. 자신과 자신의 제품, 서비스를 가장 잘 나타낼 수 있는 키워드를 활용해 지어보자. 브랜드를 알리기 위해 해당 브랜드 이름이나 연관 단어를 활용하는 것도 좋다. 고객 페르소나가 검색할 만한 키워드를 이름에 적용하는 것도 추천한다. 이름에 적용된 키워드로 계정을 검색결과에 노출시킬 수 있기 때문이다. 고객에게 전달하고 싶은 이미지를 기반으로 신중하게 선택하자.

사용자 이름(아이디)

'사용자 이름'은 계정을 만들 때 설정하는 아이디다. 계정의 도메인과 같다.

영어, 숫자, 밑줄(_), 마침표(.)만 설정이 가능하다. 전 세계 인스타그램 이용자가 사용하기 때문에 원하는 아이디를 사용하기 어려울 수도 있다. '사용자 이름' 역시 검색결과에 노출되는 영역이다. @ 계정 태그 시 사용된다.

'이름'처럼 나를 잘 표현하고 고객이 검색할 만한 단어를 적용해야 한다. 최대한 자신과 자신의 브랜드를 잘 표현하는 키워드를 활용하자.

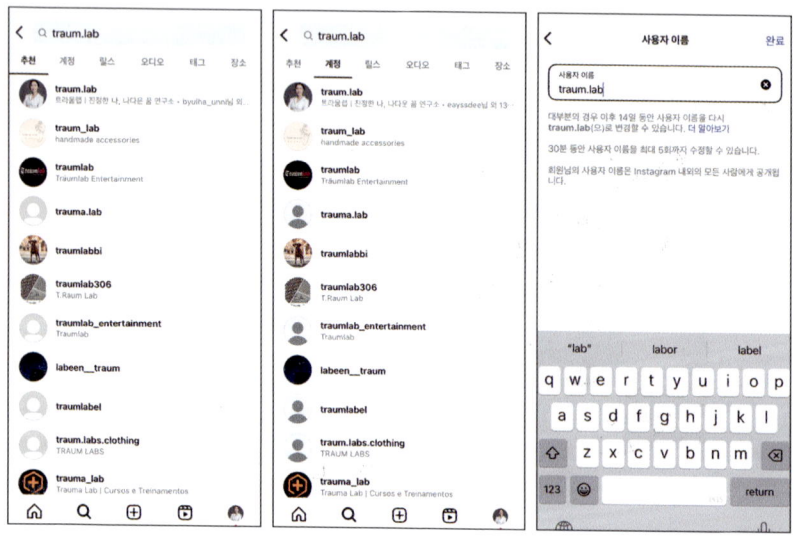

링크

현재 인스타그램에서는 기존의 '웹사이트 1개 링크 입력' 방식에서 확장된 **'여러 링크 추가' 기능**을 지원한다. 이 기능은 '프로필 편집' → '링크' 메뉴에서 설정 가능하며, 외부 웹사이트, 쇼핑몰, 예약 페이지, 유튜브, 블로그 등 최대 5개의 링크를 등록할 수 있다.

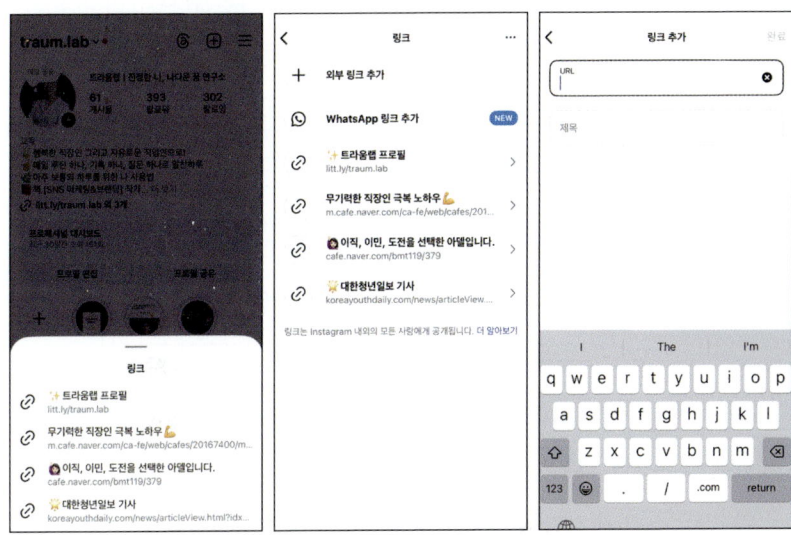

각 링크는 개별 제목(예: '신상품 보기', '무료 클래스 신청')을 설정할 수 있어 방문자가 원하는 목적에 따라 클릭을 유도할 수 있다. 링크 순서도 변경 가능하며, 실제 클릭률에 따라 전략적으로 운영할 수 있다. 특히 '상단 고정' 기능을 통해 가장 중요한 링크는 항상 첫 번째로 노출되도록 설정할 수 있다.

모바일 앱 기준으로, 방문자가 프로필 페이지에 들어왔을 때 소개글 아래에 링크 보기라는 버튼이 생성되며, 이를 클릭하면 설정한 링크들이 리스트로 펼쳐진다. 단일 링크보다 사용자가 클릭할 확률이 높아졌고, 다양한 CTA를 연결할 수 있어 전환 전략 측면에서도 효과적이다.

릴스 콘텐츠 마지막에 "자세한 강의 내용은 프로필 링크 참고!"라는 문구를 삽입하거나, 스토리에 링크 안내 스티커와 함께 활용하면 자연스럽게 방문자의 클릭을 유도할 수 있다. '링크 추가'는 단순한 링크 입력을 넘어, **전환 동선을 설계하는 핵심 도구**로 진화했다. 각 링크에 어떤 메시지를 달고, 어떤 행동을 유도할지 전략적으로 설계하자.

소개

프로필의 '소개' 항목은 한글은 최대 150자까지 가능하다. 그러나 4줄을 넘어가면 나머지 내용은 '더보기'를 탭해야 나타난다. 공간을 낭비하지 말고 자신과 자신의 브랜드에 대한 핵심 내용으로만 작성하자.

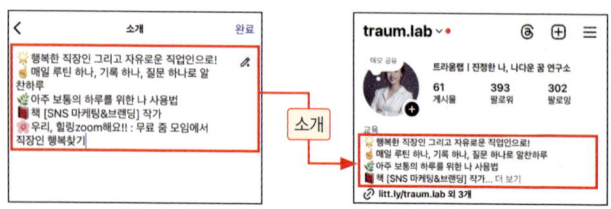

어필하고 싶은 내용을 두괄식으로 넣는다. 이모티콘을 적절히 활용해 트렌디하고 더욱 친근한 프로필을 만들어보는 것도 좋다. 프로필에서 설정하는 '링크'는 '소개'의 하단에 노출된다. 소개의 마지막 줄을 해당 링크를 소개하거나 탭을 유도하는 문구로 채우는 것도 좋은 방법이다.

운영하는 다른 계정이 있다면 적어줘도 된다. @ 입력한 뒤 아이디를 넣으면 계정이 태그된다. 태그를 하여 인스타그램 계정을 설정해 놓으면 링크가 연결되어 방문자가 탭해 쉽게 들어올 수 있다. 인스타그램이 아닌 계정은 태그를 설정해도 링크가 연결되지는 않는다.

하이라이트

생산한지 24시간 만에 사라지는 '스토리'를 '하이라이트'로 저장해둘 수 있다. 하이라이트는 프로필 정보 하단에 원형으로 짧은 제목과 함께 노출된다. 고객에게 어필하고 싶은 내용을 모아서 만들자. 계정에서 운영하는 주제를 조금 더 세분화하고 하이라이트를 각 주제별로 모아 보여줄 수도 있다. 하이라이트는 브랜드 계정에서 자주 묻는 질문, 후기, 제품 소개, 이벤트 등 핵심 정보를 구조적으로 정리해 두는 공간으로 적극 활용된다.

하이라이트가 빈칸으로 비워진 경우 관리하지 않는 계정으로 보이게 된다. 하이라이트를 채울 스토리가 충분하지 않아도 커버 이미지와 제목만 우선 설정해 기본 4~5개의 하이라이트를 구성해 두는 것을 추천한다. 커버 디자인을 통일감 있게 구성하면 브랜드의 신뢰도를 높이는 데 도움이 된다.

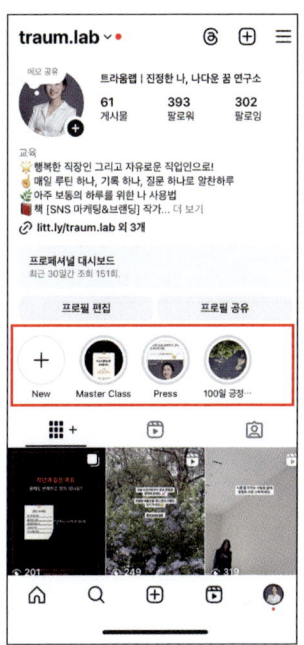

피드

피드는 꾸준한 콘텐츠 생산을 통해, 계정에 유입된 방문자가 최신 소식을 접할 수 있도록 한다. 콘텐츠를 생산할 때 피드의 전체적인 톤앤매너를 맞추려는 노력도 필요하다. 프로필 페이지에서 지금까지 계정이 생산한 콘텐츠를 한눈에 확인할 수 있기 때문이다.

릴스가 주요 노출 수단으로 부상하면서도, 피드는 브랜드의 정체성과 콘텐츠 성격을 보여주는 갤러리로 여전히 중요한 역할을 한다. 상반된 주제의 콘텐츠가 혼재되어 있거나 전혀 다른 분위기의 콘텐츠가 복잡하게 섞여 있다면 신뢰감을 줄 수 없다. 피드가 지저분해 보인다면 관리를 하지 않는다는 느낌을 주게 된다. 내용의 통일성이 없다는 건 전문적이지 못한 것이다. **특히 톤앤매너가 일정하지 않으면 콘텐츠 품질과 계정 신뢰도가 낮아 보일 수 있으므로, 컬러, 구도, 주제에 일관성을 유지하는 것이 중요하다.** 꾸준한 피드 생산과 관리로 첫인상이 좋은 프로필을 만들자.

② 프로페셔널 계정 설정

사업체를 운영하지 않더라도 인스타그램을 통해 마케팅, 브랜딩을 하고 싶다면 프로페셔널 계정으로 설정해야 한다. 계정을 소개할 수 있는 항목이 더해지고 계정 운영에 필요한 다양한 인사이트를 확인할 수 있기 때문이다.

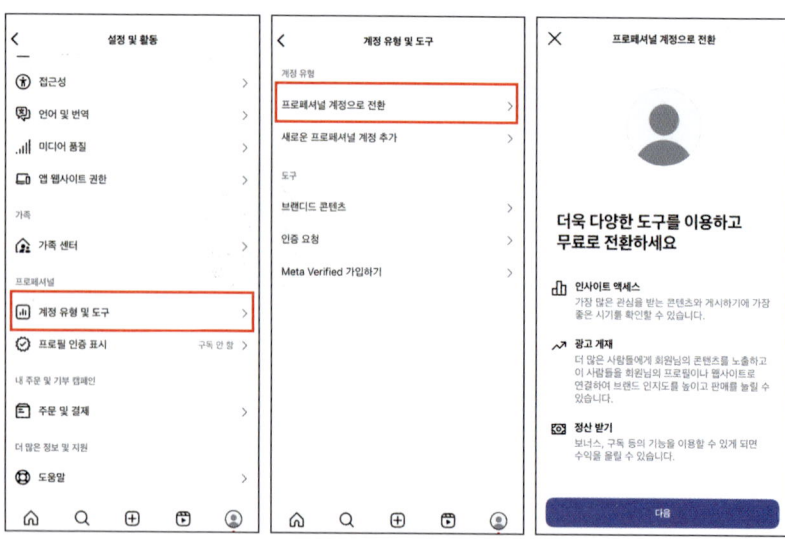

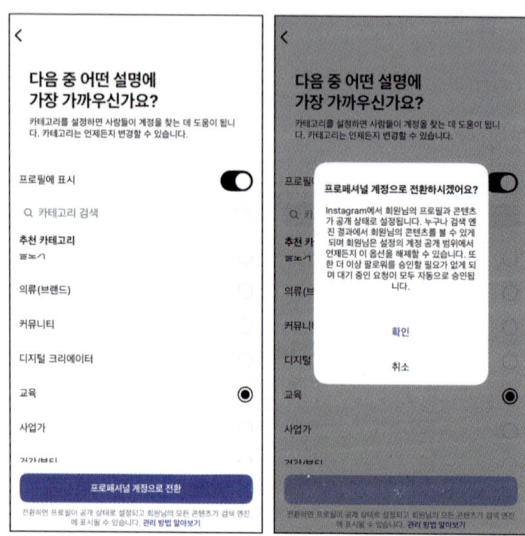

프로페셔널 계정은 간단히 설정할 수 있다. 인스타그램 **프로필 편집**에서 **프로페셔널 계정으로 전환**을 선택해 원하는 카테고리를 선택하고 설정하면 된다. 프로페셔널 계정이 되면 활용할 수 있는 기능이 확대된다.

인사이트 확인

인스타그램의 '인사이트' 페이지에서는 팔로워와 콘텐츠 성과에 대한 데이터를 확인할 수 있다. 콘텐츠별 도달률, 좋아요, 댓글, 저장, 공유 등의 반응은 물론 콘텐츠가 도달한 계정의 유형(팔로워/비팔로워), 참여율, 탐색 탭 유입 여부까지 확인 가능하다. 또한 인구 통계 정보 외에도 팔로워 유지율(팔로우 지속 비율), 최고 반응 시간대 등의 세부 데이터가 추가되어 보다 정교한 타겟팅이 가능해졌다. 이는 알고리즘 기반 노출 전략을 설계하고, 소통형 콘텐츠를 강화하는 데 핵심적인 역할을 한다.

프로페셔널 대시보드 및 **인사이트** 버튼을 탭하여 확인할 수 있다.

연락처 추가

이메일, 전화번호, 주소는 '프로필 편집' 메뉴에서 등록할 수 있으며, 해당 정보는 프로필에 '연락처 버튼'으로 표시된다. 고객이 문의하기 쉽도록 설정하는 것이 핵심이다. **예약 플랫폼 및 챗봇 연동 기능도 확대**되어, 네이버 예약, 구글 캘린더, WhatsApp 비즈니스 등의 외부 도구를 계정에 직접 연결할 수 있다. 기존 '음식 주문하기', '지금 예약하기', '예약', '견적 받기' 버튼 외에도 **'무료 상담 신청'**, **'문의하기'** 등 사용자 정의 버튼을 설정할 수 있다(Instagram Professional Tools Update, 2024 – https://help.instagram.com/531135966964146).

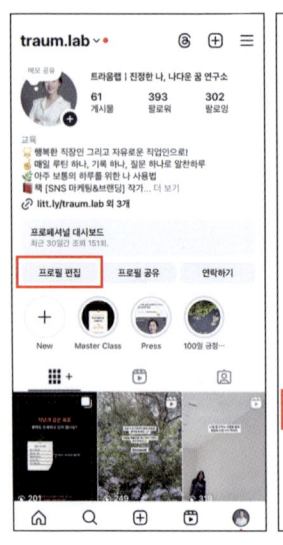 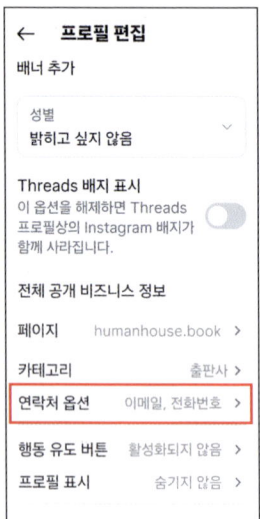 

게시물 홍보

프로페셔널 계정으로 전환하면 피드, 스토리, 릴스 등 업로드한 콘텐츠에서 **게시물 홍보** 버튼으로 직접 광고를 집행할 수 있다. 동영상 중심의 콘텐츠가 더욱 높은 클릭률을 유도한다. 특히 릴스 광고는 15초 이내 몰입형 콘텐츠일수록 효과가 높고, CTA 버튼(예: 지금 구매하기, 자세히 보기)을 적절히 활용하면 전환율이 증가한다.

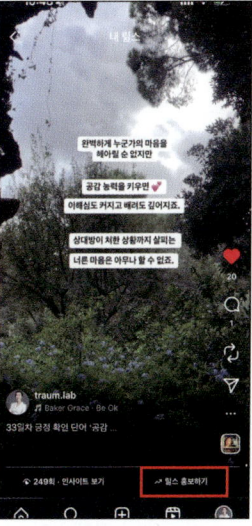
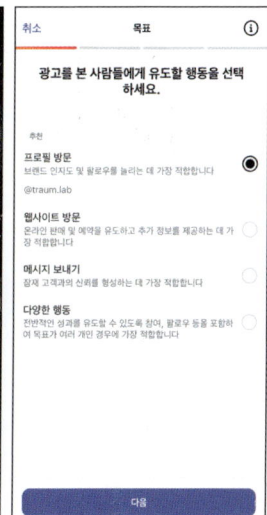

프로필에 여러 정보를 추가하고 다양한 요소들을 활용해서 방문자와 고객에게 좋은 첫인상을 남길 수 있다. 인플루언서들의 프로필 구성을 참고하면, 어떤 정보에 집중하고 어떻게 표현하는지가 보인다. 이모시, 하이라이트 커버 디자인, 링크 버튼 디자인까지 통일성 있게 기획해 브랜드 인상을 강화하는 방식이 확산되고 있다.

작은 공간이지만 해시태그, 짧은 문구, 링크, CTA 요소가 유기적으로 구성된 프로필은 '나'를 명확하게 표현하는 도구가 된다. 지금까지 분석한 키워드와 콘셉트를 반영해 고객이 먼저 반응하고 연락할 수 있도록 기획하자.

취향 중심, 인스타그램 알고리즘 파악하기

인스타그램을 하면서 내가 반응했던 콘텐츠와 비슷한 콘텐츠가 계속 보이는 경험을 해봤을 것이다.

인스타그램은 이용자에게 알맞은 콘텐츠를 추천하기 위해 고도화된 알고리즘을 활용한다. 알고리즘의 목적은 이용자 취향에 맞는 콘텐츠를 제공하고 이용자가 가능한 많은 콘텐츠를 소비하며 최대한 플랫폼에 오래 머물게 하는 것이다.

알고리즘이 중요하게 생각하는 요소가 무엇인지 확인하고, 콘텐츠 제작과 계정 운영에 적용하자. 어떤 방식으로 콘텐츠를 노출시켜주는지 확인해 보고, 최적화를 위해 필요한 요소에 대해서도 알아보자.

시그널

콘텐츠에 머물고, 좋아요와 댓글을 남기고, 콘텐츠를 저장하는 등 인스타그램 내에서 반응하고 소통하는 이런 모든 행동정보를 '시그널'이라고 한다.

인스타그램은 시그널을 활용해 이용자가 관심을 가질 만한 콘텐츠를 선정하고 노출 순위를 지정한다. 게시물 공유 시간, 사용 기기, 좋아요를 누르는 빈도까지 다양한 정보가 시그널에 해당된다.

알고리즘은 콘텐츠를 공유한 사람, 콘텐츠를 소비하는 이용자, 콘텐츠 등에 대해 시그널을 활용해 분석한다. 이를 기반으로 다양한 가능성을 예측해 최대한 이용자의 관심사에 맞는 콘텐츠를 노출시켜준다.

고객이 흥미를 갖고 다양한 시그널을 만들어내는 콘텐츠가 인스타그램이 이용자에게 추천해 주는 좋은 콘텐츠다.

② 피드 & 스토리

'피드' 탭과 '스토리'에서는 이용자가 팔로우하는 계정의 최신 콘텐츠와 인스타그램이 추천하는 콘텐츠를 함께 확인할 수 있다.

알고리즘은 다양한 시그널을 분석해 최신 콘텐츠 중에서도 이용자가 더 좋아할 만한 콘텐츠들을 먼저 노출시켜준다. 알고리즘은 팔로워들의 반응(좋아요, 댓글, 저장), 공유 여부, DM 언급 횟수 등 다양한 교류 지표를 종합적으로 분석해 노출 여부를 결정한다. 지속적으로 반응하는 콘텐츠를 만들어내지 못하면 팔로워들에게도 내 콘텐츠가 노출되지 않을 수 있다는 뜻이다.

③ 탐색 & 릴스

'탐색' 탭과 '릴스'에서는 팔로우하지 않는 계정의 콘텐츠가 노출된다. 인스타그램이 이용자의 관심사에 맞게 추천해 주는 콘텐츠인 것이다. 따라서 피드 탭과 스토리와는 다른 알고리즘이 적용된다.

이때 인스타그램은 나의 이전 활동 시그널을 확인한다. 내가 그동안 반응한 콘텐츠와 계정에 대해 분석하는 것이다. 그 내용을 바탕으로 해당 계정이 팔로우하고 있는 다른 계정, 그 계정이 좋아하는 콘텐츠를 나에게 노출시켜 준다. 이런 과정을 통해 내가 관심 있는 콘텐츠가 끊임없이 보인다. 나와 같은 관심사를 가진 계정뿐 아니라, 해당 콘텐츠에 비슷한 반응을 보인 타인의 행동 패턴까지 연동해 알고리즘이 연결해 준다. 콘텐츠 하나로 수만 명의 사람들과 공유하는 바이럴이 일어나는 과정이다.

4 검색

'검색' 탭은 이용자가 입력한 내용을 기반으로 결과가 표시된다. 알고리즘은 검색결과 중에서 이용자와 가장 관련이 높은 콘텐츠를 선정해 정렬한다. 인스타그램에서는 검색창에 입력한 내용을 사용자 이름, 소개, 캡션, 해시태그, 장소와 매칭한다. 그렇게 확인한 결과 중에서 이용자가 반응을 보였거나 소통한 계정 혹은 해시태그를 선정한다. 검색결과가 많은 경우에는 시그널을 고려해 검색자에게 적합한 콘텐츠를 보여준다.

검색 탭을 통해 이미 나와 내 콘텐츠에 관심이 있는 사람들을 유입시킬 수 있다. 기존 팔로워가 내 콘텐츠를 쉽게 찾을 수 있다. 검색결과를 보고 새로운 방문자를 유입시킬 수 있다. 검색결과 상위에 노출될 수 있도록 키워드와 해시태그를 적절히 사용하자.

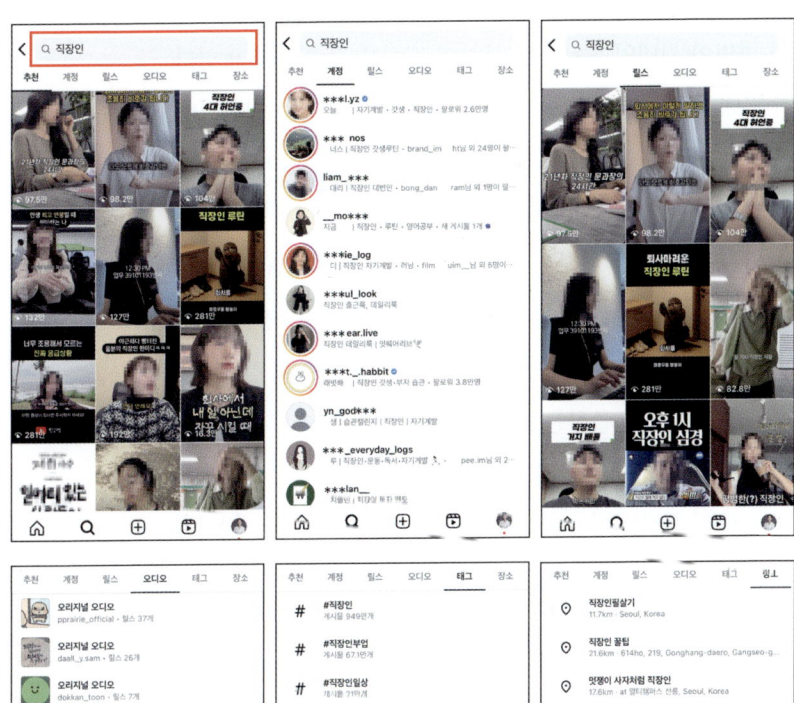

⑤ 최적화를 위해 필요한 것

알고리즘은 이용자가 반응하고 다른 사람들과 소통한 시그널을 기반으로 계산한다. 콘텐츠에 대한 반응, 콘텐츠를 공유한 계정이 소통한 횟수, 이용자가 반응한 게시물, 이용자가 소통한 계정, 이런 정보를 파악하고 매칭한다.

수많은 시그널이 있지만 우리가 집중해야 하는 것은 간단하다. 좋은 콘텐츠를 생산해 많은 사람에게 노출시켜야 한다. 이용자들의 반응을 얻고 그들과 소통해야 한다. 알고리즘 최적화에 필요한 사항들을 파악하고 적용해야 가능한 일이다. 콘텐츠와 계정을 알고리즘에 최적화할 수 있는 요소들을 확인해 보자.

콘텐츠

방문자에게 유익한 콘텐츠를 제작하는 것은 기본이다. 여기에 콘텐츠의 첫 화면인 썸네일과 텍스트 부분인 캡션을 잘 활용해야 한다.

썸네일은 콘텐츠가 노출될 때 처음으로 보이는 이미지다. 수많은 콘텐츠 중에서도 시선을 사로잡을 수 있는 이미지가 되어야 한다. 좋아요를 많이 받을 수 있는 썸네일 제작에 신경 써보자.

캡션에는 댓글, 저장 등의 참여를 유도하는 CTA(Call To Action)를 명확하게 넣자. 최근에는 한 게시물에 500자 이상의 설명을 담는 '롱포스트 전략'이 체류 시간 증가에 효과적이라는 분석이 나오고 있으며, 알고리즘은 해당 콘텐츠를 우선 노출하는 경향이 있다(Later, 2024). 복잡해 보이지 않도록 문단을 잘 나눠 깔끔하게 정리해 활용해 보자.

콘텐츠 전체를 탄탄히 기획함으로써 알고리즘에 적합하게 만들어야 한다.

콘텐츠 공유 시간

팔로워들이 내 콘텐츠에 빠르게 반응할 수 있도록 효과적인 콘텐츠 공유 시간을 찾아 활용하자. 인스타그램 콘텐츠는 공유가 되고 난 후 다른 최근 게시물에 밀려 순위가 점차 내려가게 된다. 따라서 평소 인사이트를 통해 팔로워들이 내 콘텐츠에 반응하는 시간을 파악해 두어야 한다. 그 시간에 맞춰 콘텐츠를 공유하자. 충분한 팔로워가 아직 없다면 출퇴근 시간(오전 7~8시)이나 21~23시 프라임 타임을 공략하는 것이 효과적이다.

태그

위치 태그와 계정 태그를 적절히 활용하면 계정으로의 유입과 반응을 높일 수 있다. 방문한 장소의 위치를 잊지 말고 태그해서 콘텐츠를 공유하자. 해당 장소를 검색한 이용자가 유입된다.

위치 태그의 경우 이후에 방문하기 위해 저장하는 경우도 많다. 저장, 공유, 댓글과 같은 참여도가 높은 반응이 많이 일어날수록 알고리즘은 내 콘텐츠를 좋은 콘텐츠로 판단한다. 최적화에 크게 도움이 되는 것이다.

구입한 제품이나 이용한 서비스의 브랜드를 계정 태그로 적용해 보자. 방문자는 관련 정보를 알 수 있어 유용하다. 해당 브랜드 혹은 그 팔로워들이 태그로 내 계정으로 유입될 수도 있다. 적절한 태그를 활용해 더 많은 이용자들을 유입시켜 보자.

해시태그

해시태그는 여전히 콘텐츠 유입을 위한 핵심 도구지만, 이제는 개수보다 '정확성'이 중요하다. 인스타그램 알고리즘은 해시태그와 콘텐츠 간이 일치도를 우선 고려하기에 3~5개의 맥락에 맞는 키워드를 선별해 사용하는 것이 효과적이다. 브랜드 고유 해시태그나 캠페인 전용 해시태그는 인지도와 신뢰도를 높이는 데 유용하며, 너무 범용적인 인기 해시태그는 오히려 노출을 분산시킬 수 있다. 팔로워의 관심사와 연결되도록 해시태그를 전략적으로 구성하고, 콘텐츠 주제와 자연스럽게 연결되도록 선택하는 것이 해시태그 활용의 핵심이다.

소통

소통 역시 콘텐츠와 계정을 알고리즘에 최적화시키는 데에 중요한 역할을 한다. 알고리즘이 다른 사람들과 소통하는 방식에 영향을 받기 때문이다. 많은 사람이 내 콘텐츠에 반응할수록 알고리즘은 유익한 콘텐츠로 인지한다. 나와 소통하는 사람들이 많아질수록 내 계정을 영향력 있는 계정으로 알고리즘이 인식한다. 그만큼 내 계정과 콘텐츠의 파급력이 커지는 것이다.

인스타그램의 다양한 도구를 활용해 사람들과 소통하자. 진심으로 소통하며 친밀도를 높이면 방문자를 고객으로, 고객을 나의 네트워크와 팬으로 전환시킬 수 있다. 우리의 최종 목표인 브랜딩까지 함께 완성하는 것이다.

인스타그램 알고리즘과 함께 콘텐츠와 계정을 최적화시킬 수 있는 요소들을 확인해 보았다. 인스타그램 알고리즘은 반응과 소통을 기반으로 작용한다. 탐색과 검색의 알고리즘을 적절히 활용하면 내 콘텐츠와 계정의 노출을 극대화시킬 수 있다.

인스타그램은 하나의 게시물에 대해 "체류 시간, 좋아요 / 댓글 / 저장 / 공유 비율, CTA 버튼 클릭률" 등 총 6가지 핵심 반응 지표를 기준으로 노출 우선순위를 결정한다(Meta for Business 2024). 알고리즘이 중요시하는 지표에 맞춰 콘텐츠를 설계하고 꾸준히 운영하면, 자연스럽게 팔로워 기반이 탄탄해지고 신뢰 기반의 커뮤니티가 형성된다. 인스타그램이 내 제품과 서비스를 마음껏 마케팅할 수 있는 플랫폼이 되어 최종 목표인 브랜딩까지 달성할 수 있다.

04 인스타 감성 & 노출 전략 담은
콘텐츠 만들기

인스타그램 콘텐츠는 인스타 감성과 Z세대까지 아우르는 최신 트렌드를 시각적으로 표현해야 한다. 한 장의 사진과 1분 정도 길이 동영상에 브랜드 메시지가 센스 있게 담겨야 선택받는 콘텐츠가 될 수 있다.

아무리 흥미롭고 유익한 정보도 비주얼이 매력적이지 않다면 인스타그램에서는 선택받기 어렵다. 계정의 전체적인 기획 이외에도 각 콘텐츠별 목적과 포맷에 따른 세분화된 기획이 필요한 이유다.

인스타그램 콘텐츠 기획과 제작에 필요한 요소들은 무엇이 있는지 알아보자.

고객이 찾아오는 SNS 플랫폼을 만들기 위해 콘텐츠는 다음과 같은 목적으로 생산되어야 한다.

- 콘텐츠를 통해 정보를 전달하고 고객으로부터 다양한 반응을 이끌어내야 한다.
- 고객에게 유용한 콘텐츠를 제공해 전문가로 자리 잡아야 한다.
- 통일된 메시지를 전달해 팔로워와 고객에게 하나의 브랜드로 인식되어야 한다.

고객에게 흥미롭고 유익한 콘텐츠를 제공하면서 동시에 나만의 네트워크를 형성해야 한다. 최종적으로는 나만의 브랜드를 구축하고 그 브랜드에 열광하는 팬을 만들어야 한다.

① 콘텐츠 기획

인스타그램은 다른 SNS 플랫폼에 비해 더욱 개인적이다. 고객에게 딱 맞는 메시지를 고객의 취향에 맞게 전달해야 반응을 얻는다.

계정을 시작하기 전 이 책의 2장에서 분석한 내용을 한 명의 고객 페르소나로 단축시키고, 그 한 명을 위한 콘텐츠를 기획하자. 구체화된 한 명에게 집중했을 때 더욱 깊은 공감을 이끌어내고 진정한 소통을 시작할 수 있다.

우선 주목받기 위해 트렌드 파악은 기본이다. 스토리텔링을 통해 몰입하는 콘텐츠를 만들자. 마지막으로 일관된 톤앤매너로 브랜드의 정체성을 심어준다. 각각의 요소에 대해 확인해 보고 고객을 만드는 콘텐츠를 생산하자.

스낵컬처

요즘 SNS 이용자들은 하나의 콘텐츠에 긴 시간을 투자하지 않는다. 과자를 먹듯 5~15분 내에 콘텐츠를 소비하는 '스낵컬처(Snack Culture)'가 트렌드다.

인스타그램은 이런 트렌드에 가장 특화된 플랫폼이다. 초창기에는 사진 1장만 업로드가 가능했지만 현재는 이미지 10장, 릴스는 최대 180초까지 가능하다. 업로드 가능한 콘텐츠 양이 이전보다 늘어났지만 여전히 한정된 양 안에 전달하고자 하는 메시지를 모두 담아야 한다.

주요 내용은 두괄식으로 앞에 배치해야 한다. 이용자는 콘텐츠를 접한 첫 2~3초 내에 이탈 여부를 결정한다. 시선을 사로잡았더라도 그들이 이탈하기 전에 주요 메시지를 전달해야 한다. 그래야 다음 전환으로 유도할 수 있다. 빠른 시간 내에 유의미한 정보를 전달할 수 있는 콘텐츠를 기획하자.

트렌드 파악

아무리 유익한 정보도 트렌드를 따라가지 못하면 선택받을 수 없다. 고객이 현재 주목하는 이슈는 무엇인지, 고객 취향의 콘텐츠는 어떤 스타일인지 꾸준히 파악해야 한다.

고객 페르소나를 기준으로 해시태그를 설정하고 '탐색 탭'과 '릴스 추천'에서 검색 노출되는 콘텐츠를 분석한다. 검색결과에서 확인되는 콘텐츠의 색감, 구도, 감성, 스타일, 표현 방법 등 특징을 분석하고 벤치마킹한다.

트렌드를 빠르게 확인할 수 있는 뉴스레터를 구독하는 것도 좋은 방법이다. 고객의 시선에서 콘텐츠의 소재를 선정하고 효과적으로 표현하는 방법을 찾아볼 수 있다.

▶ 추천 뉴스레터 리스트

- **캐릿(https://www.careet.net)**: '대학내일'에서 운영하는 뉴스레터. MZ용어, 최신 아이템, 1분 인사이트 등 다양한 트렌드와 MZ세대의 시각을 확인할 수 있다.
- **까탈로그(http://the-edit.co.kr/newsletter)**: 제품 리뷰에 특화된 콘텐츠 플랫폼 '디에디트'에서 운영하는 뉴스레터. 전자기기, 인테리어 소품, 패션 아이템, 맛집 리뷰와 브랜드의 최신 뉴스, 신제품 출시 소식도 함께 받아볼 수 있다.
- **오픈애즈(https://page.stibee.com/subscriptions/51974)**: NHN AD의 뉴스레터. 마케팅 트렌드, 전략, 콘텐츠 아이디어 등 마케터의 인사이트를 볼 수 있다.

스토리텔링

인스타그램 콘텐츠는 최대 10장의 사진 혹은 최대 180초 길이의 동영상에 모든 이야기를 담아야 한다. 방해 요소가 많은 모바일 화면에서 콘텐츠가 소비되기 때문에 몰입할 수 있는 이야기를 던져야 한다. 단기적인 혜택뿐만 아니라 장기적인 가치를 고객에게 전달하기 위해서는 연결되는 이야기가 필요하다. 좋은 콘텐츠는 좋은 이야기와 함께 만들어진다. 그만큼 스토리텔링에 대해 기획 단계에서부터 꼼꼼히 고민해야 한다.

평소 제품이나 서비스와 관련된 에피소드를 메모하고 정리하자. 직접적인 경험이 가장 좋은 이야기가 된다. 팔로워나 고객이 남긴 댓글, 후기에서도 힌트를 얻을 수 있다. 스토리의 법칙에 관한 책인 《픽사 스토리텔링》에서 매튜 룬은 "사람의 집중력이 지속되는 시간은 평균 8초로, 이 안에 후크로 승부수를 던지려면 '만약에'로 시작하는 시나리오가 도움이 된다"라고 하였다.

브랜드의 주요 가치, 콘텐츠를 통해 전달하려는 메시지, 고객 페르소나의 특성을 설정한다. 이를 바탕으로 제품과 서비스에 관련된 과정, 경험, 후기 등을 모아 구상해 보자. 강조하고 싶은 내용에 '만약에'라는 가정으로 이야기를 펼쳐나갈 수 있다. '만약에 슈퍼히어로들이 사람을 구하는 일이 금지된다면 어떨까?'라는 질문에서 애니메이션 영화 〈인크레더블〉이 시작된 것처럼 콘텐츠의 이야기를 구성해 보자.

톤앤매너

인스타그램 프로필 페이지를 보면 해당 계정의 톤앤매너를 한눈에 볼 수 있다. 모바일 화면에 콘텐츠 12~15개가 한꺼번에 보이기 때문이다.

계정 방문자들은 전체적인 색감, 스타일, 분위기를 통해 브랜드의 아이덴티티(identity)를 인식하게 된다. 따라서 콘텐츠를 생산할 때마다 통일된 톤앤매너를 적용하는 것이 중요하다. 콘텐츠를 보면서 내 브랜드를 떠올릴 수 있도록 노력해야 한다. 3C 분석 과정에서 파악한 내용과 포지셔닝 전략에서 구체화시킨 콘셉트를 바탕으로 톤앤매너를 설정하자.

톤앤매너 역시 비슷한 주제로 운영하고 있는 계정을 참고해 보자. 계정의 전체적인 분위기뿐만 아니라 댓글을 함께 확인해 팔로워들의 반응도 파악한다. 톤앤매너가 브랜드의 아이덴티티를 표현하는 수단이지만 역시 고객 페르소나의 취향을 고려해야 한다. 고객이 흥미를 가질 만한 스타일과 분위기를 만들어내야 유입과 전환이 이뤄지기 때문이다.

톤앤매너가 결정되면 촬영할 때 사용하는 필터와 보정 앱의 세부 설정을 하나씩 정해두고 콘텐츠를 활용하면 편리하다. 색감에 대한 영감은 '어도비 컬러 트렌드', 또는 'Pinterest 색상 인사이트'에서 확인할 수 있다. 색감에 맞는 이미지를 함께 볼 수 있어 아이디어를 얻는 데 도움이 된다.

② 콘텐츠 제작

트렌디한 소재와 고객이 몰입할 수 있는 이야기, 브랜드를 표현할 수 있는 톤앤매너까지 정해졌다면 이제 콘텐츠를 제작할 수 있다.

기획한 내용들이 콘텐츠에 잘 녹아들 수 있도록 구성과 스타일링에 집중하자. 전달하고자 하는 메시지가 명확히 드러나도록 한다. 다양한 반응을 얻을 수 있도록 직접적인 액션을 명시한다. 인스타그램 콘텐츠는 릴스, 피드, 스토리, 하이라이트, 광고 등 다양한 형식으로 리패키징해 활용할 수 있다. 각 콘텐츠별 특징을 확인해 보고 필요한 요소를 처음부터 고려해 제작한다.

1) 피드

피드는 세로형(4:5), 정사각형(1:1), 가로형(1.91:1) 비율로 이미지와 영상을 업로드할 수 있다. 숏폼에 최적화된 세로형(4:5)을 기본 포맷으로 사용하자. 최근에는 피드 썸네일이 업로드 비율을 그대로 반영해 자동 크롭되므로, 썸네일 위치를 직접 조정해 피드 그리드에서도 매력적으로 보이도록 설정해야 한다. 최대 10장의 캐러셀로 구성해 체류 시간을 늘리고, 첫 번째 이미지에 가장 강력한 후킹 요소를 배치하면 유입 효과가 높아진다.

> **따라 해보세요!** 게시물/캐러셀 만들기

1. 홈 피드 혹은 프로필 화면 우측 상단의 **플러스(+)** 버튼을 탭한다.

2. 만들기에서 **게시물**을 선택한다.

3. 새 게시물 화면에서 **여러 항목 선택(⬜)** 버튼을 탭하면 한 장 이상의 콘텐츠를 선택할 수 있다. 한 장을 선택하면 기본 피드, 2장 이상 선택하면 캐러셀 형태가 자동으로 형성된다. 캐러셀은 2~10개까지 등록이 가능하다.

다음(→)을 탭한다.

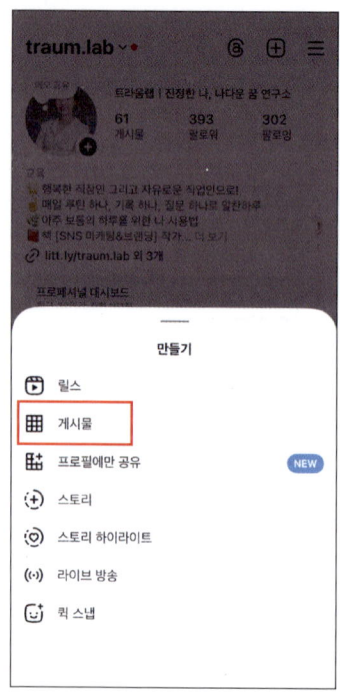

4. '음악', '텍스트', '오버레이', '필터', '수정'을 탭하여 인스타그램 내 필터를 적용할 수 있다. **다음**을 탭한다.

5. '캡션 추가'에 문구를 입력한다. 해시태그는 #을 쓰고 태그를 입력하면 된다. 태그를 입력하면 아래로 관련 태그와 함께 전체공개 게시물 수가 나타난다. 원하는 태그를 탭하면 입력된다. '사람 태그', '위치 추가' 등 원하는 내용을 작성한다. '옵션 더 보기'를 탭해 다양한 설정을 할 수 있다. **공유하기** 버튼을 탭하면 게시물이 공유된다.

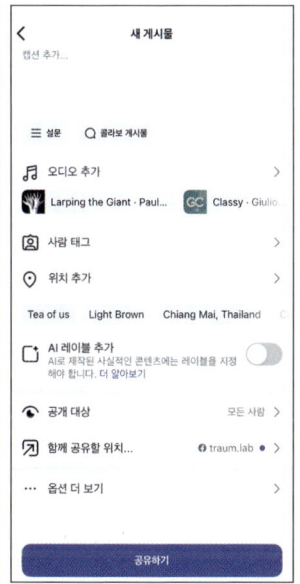

> **따라 해보세요!** 게시물 수정하기

1. 게시된 게시물의 수정을 원한다면 게시물 오른쪽 상단 **더보기**(…) 버튼을 탭한다.
2. 메뉴에서 **수정**을 탭한다.

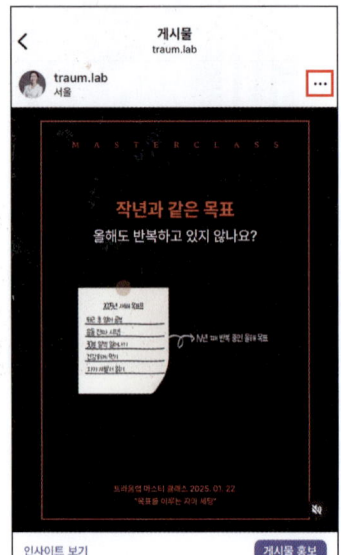
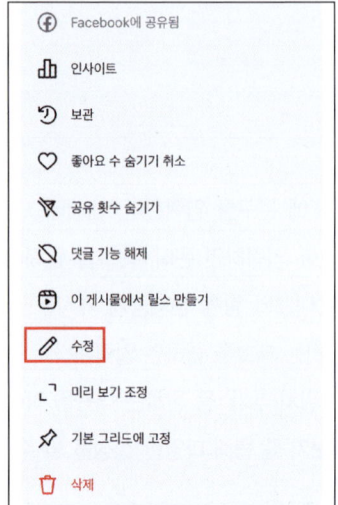

3. 캡션 혹은 해시태그 수정이 가능하다. 수정 후 **완료**를 탭하면 수정 사항이 게시물에 적용된다.

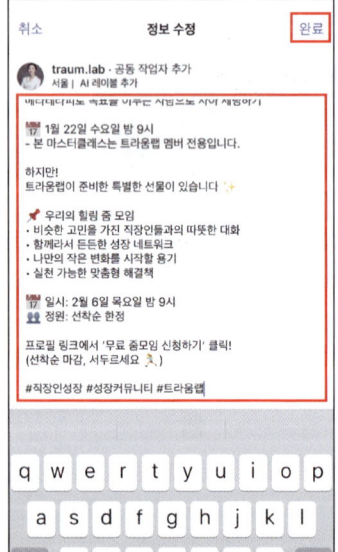

2) 캡션

캡션은 게시물에 대한 설명글과 해시태그 등 인스타그램 콘텐츠의 텍스트 부분을 말한다.

콘텐츠의 목적을 가장 확실하게 드러낼 수 있는 부분이 캡션이다. 콘텐츠 바로 하단에 한눈에 들어오는 첫 줄에는 가장 중요한 내용을 넣어야 한다. 고객을 콘텐츠로 유도하는 후킹 문구, 고객의 다음 행동을 유도하는 CTA 혹은 브랜드를 각인시키는 슬로건이 들어가면 좋다. 최근에는 긴 글로 체류 시간을 늘리는 콘텐츠도 많다. 그만큼 인스타그램 내에서도 다양한 콘텐츠가 소비되고 있는 것이다. 긴 글을 활용할 때에는 좁은 모바일 화면에서 읽어야 한다는 것을 염두에 두고 문단 구성을 해야 한다. 문단 사이를 넉넉히 띄어주고 이모티콘을 적절히 활용해 주목도를 높여주어야 한다.

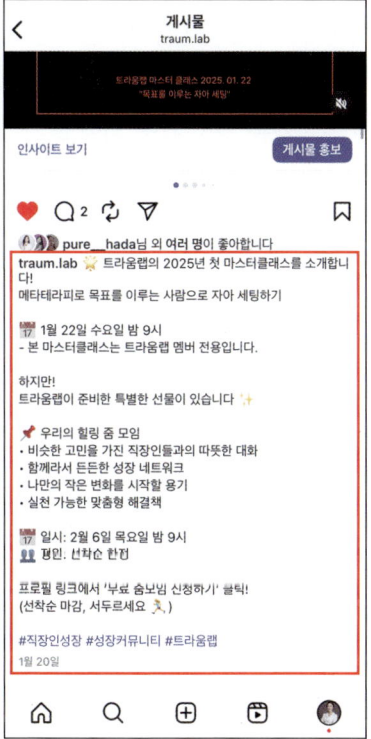

3) 릴스 만들기

숏폼 콘텐츠의 폭발적인 인기를 주도한 틱톡에 대응하기 위해 인스타그램은 2021년 2월 릴스를 출시했다.

피드 탭에서는 팔로우한 사람들에게 기존 동영상처럼 노출된다. 탐색 탭에서는 집중될 수 있게 세로로 길게 노출된다.

릴스 탭을 따로 생성했던 인스타그램은 동영상과 릴스를 통합했다. 업로드할 수 있는 동영상의 최대 길이도 30초에서 60초, 60초에서 현재는 180초로 늘렸다. 그만큼 릴스에 대한 인스타그램 이용자들의 반응이 폭발적인 것이다.

릴스는 기존 영상 활용 외에도 '템플릿 기능'을 통해 인기 릴스의 구조를 그대로 따라 제작할 수 있다. 인스타드램 앱 내에서 음악 추가와 편집이 가능하다.

릴스 자체에 다양한 효과를 활용하면 다이내믹한 콘텐츠 제작이 가능하다. AR 필터, 오디오를 기본으로 배치 도구를 사용해 전환 효과를 넣을 수 있다. 타이머를 활용해 핸즈프리 방식으로 즉각적인 콘텐츠 제작이 가능하다. 2022년 추가된 리믹스 기능은 2025년 현재 '사이드 바이 사이드', '그린 스크린 반응' 등 다양한 포맷으로 확장되었으며, 협업 기반의 콘텐츠 제작에 적극 활용되고 있다. 리믹스를 선택하면 원하는 이용자와 공동으로 작업을 할 수 있는 콜라보를 진행할 수 있다. 다양한 방법으로 이용자의 몰입도를 높일 수 있는 릴스를 적극 활용해 콘텐츠와 계정의 노출률을 높이자.

 **릴스 제작하기**

1. 홈 피드 혹은 프로필 화면 우측 상단의 **플러스**(⊕) 버튼을 탭한다.
2. 만들기에서 **릴스**를 선택한다.

3. 카메라를 선택해 바로 동영상을 촬영할 수 있다. 하단 가운데 원모양 버튼을 탭하여 동영상을 촬영한 후 **다음**을 탭한다.(기존 콘텐츠를 선택해 릴스를 만들 수도 있다.)

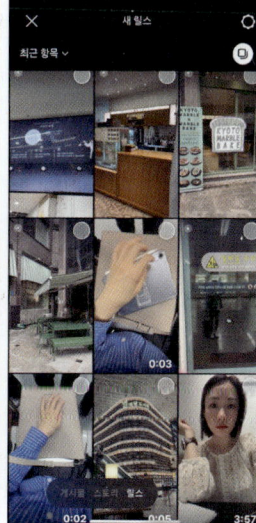

4. 다양한 효과를 적용해 릴스를 제작해 보자. 완료 후 **다음**을 탭한다.

❶ **Aa**: 인스타그램 내 폰트를 활용해 텍스트를 입력할 수 있다.

❷ **스티커**: 릴스 콘텐츠에 질문, 설문 등과 같이 스티커를 추가할 수 있다.

❸ **오디오**: 콘텐츠와 어울리는 오디오를 선택해 삽입할 수 있다.

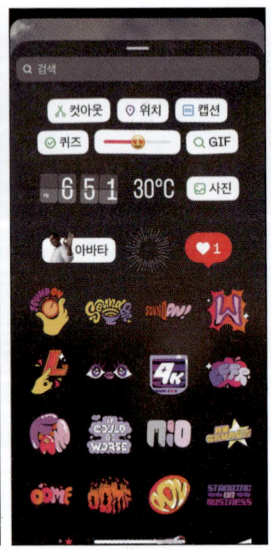

❹ **클립 추가**: 새로운 동영상을 추가하거나 기존 콘텐츠를 추가할 수 있다.
❺ **필터**: 동영상에 다양한 효과를 줄 수 있다.
❻ **동영상 수정**: 동영상 수정 및 효과를 설정할 수 있다.

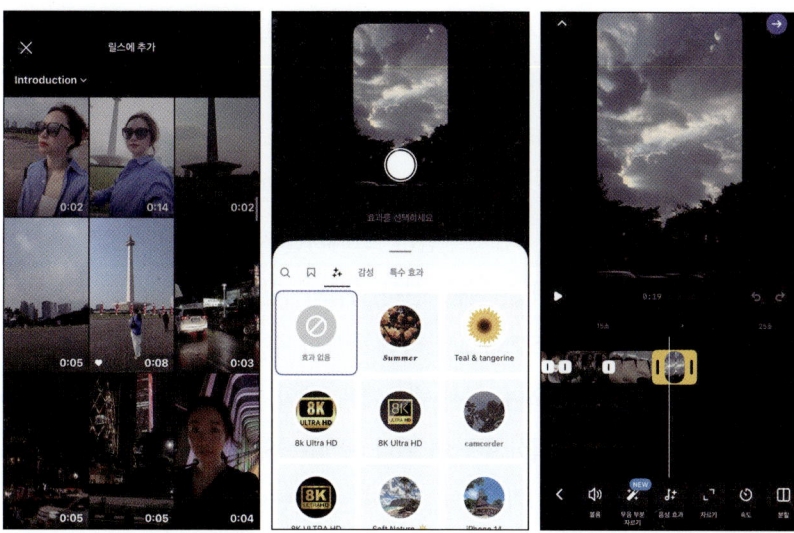

4. 릴스 콘텐츠가 완성되면 문구, 태그, 위치를 더하고 **공유하기** 버튼을 탭하면 릴스가 게시된다.

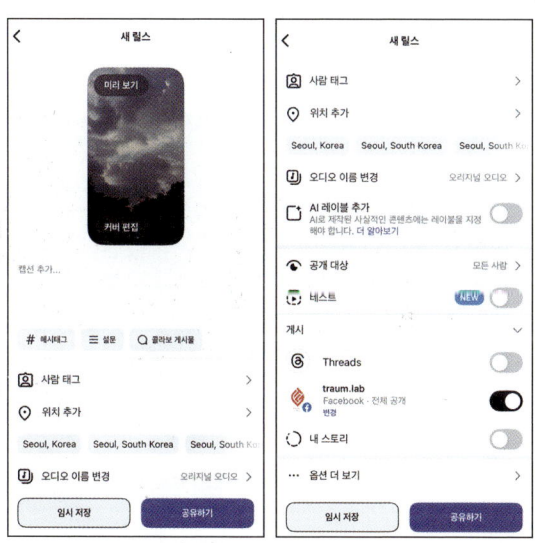

4) 스토리와 하이라이트 만들기

스토리는 등록 후 24시간 동안만 '내 스토리'에 게시되고 자동으로 사라진다. 사라진 스토리는 '설정 → 보관 → 보관된 스토리'에서 확인 가능하다. 하이라이트에 추가하면 24시간이 지난 스토리도 지속 공유가 가능하다.

스토리는 촬영해 둔 사진이나 동영상 혹은 기존에 공유된 콘텐츠를 재가공해 만들 수 있고, 인스타그램 앱에서 즉각적으로 만들 수도 있다.

콘텐츠를 매일 생산하지 못하더라도 스토리를 활용해 팔로워와의 연결을 유지하는 것을 추천한다. 텍스트, 음악, 스티커를 사용해서 감각적으로 꾸미는 게 가능하다. 위치, 태그, 질문, 설문, 퀴즈와 같이 이용자의 참여를 유도하는 스티커를 활용해 스토리에서 직접 소통할 수 있다. 특히 '링크 스티커'는 누구나 사용할 수 있으며, 외부 웹사이트, 예약 페이지, 프로모션 링크 등으로 유입을 유도하는 핵심 수단이 된다. 원하는 SNS 플랫폼이나 웹사이트에 고객을 유입시킬 수 있다. 링크 스티커는 1개만 설정할 수 있다.

> **따라 해보세요!** 스토리 만들기

1. 홈 피드 혹은 프로필 화면 상단의 **플러스**(+) 버튼을 탭한 후 **스토리**를 선택한다.
2. 스토리를 제작하는 방법은 두 가지가 있다.
   - 실시간 촬영: 사진이나 동영상을 직접 촬영해 바로 업로드한다.
   - 기존 콘텐츠 활용: 갤러리에서 저장된 사진이나 영상을 선택해 스토리로 만든다.

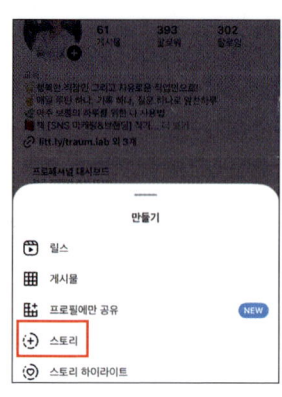

※ 기존 피드에서 게시물을 바로 스토리로 공유하고 싶은 경우, 해당 게시물의 비행기 모양(➤) 버튼을 탭한 뒤, **스토리에 추가**를 선택하면 된다.

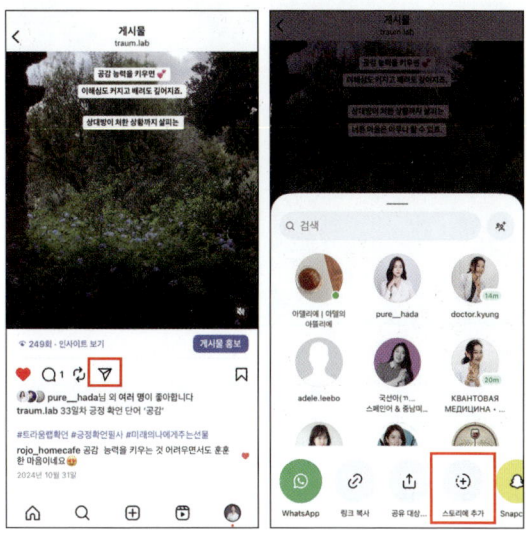

3. 상단의 메뉴 버튼을 탭해 다양한 효과를 줄 수 있다. **공유하기**를 탭하면 스토리가 게시된다.

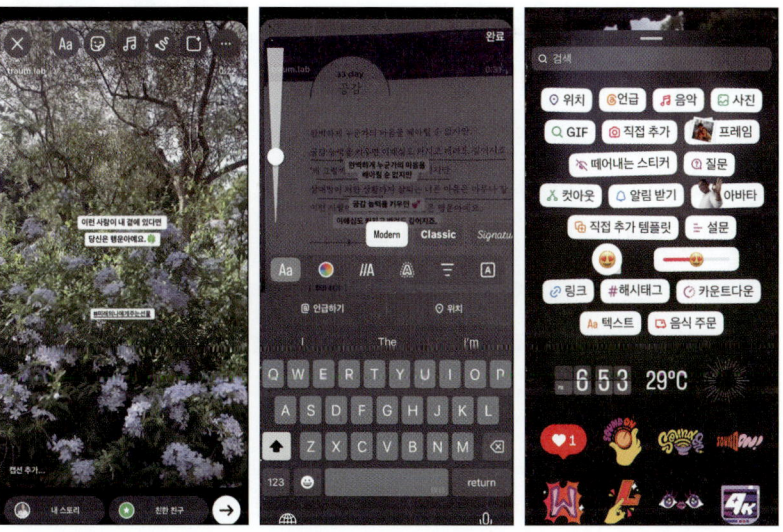

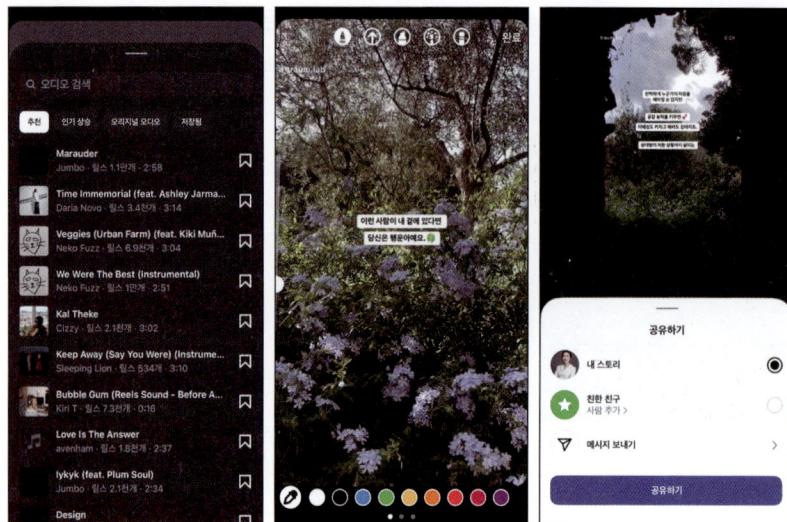

4. 업로드한 스토리는 하이라이트로 저장해 프로필에 고정할 수 있다.

스토리를 등록하면 팔로워들의 탐색 탭 상단에 프로필 사진에 핑크 라인이 둘러져 노출된다. 지속적인 관심을 유도할 수 있는 것이다.

스토리는 24시간 뒤면 사라지지만 '하이라이트'로 저장할 수 있다. 프로필 하단에 카테고리로 구분하듯이 저장이 가능하며 이를 통해 계정에 유입된 방문자들에게 빠르게 계정 콘셉트에 대해 소개하는 것도 가능하다.

스토리 콘텐츠를 제작할 때 질문, 설문, 링크, 퀴즈 등 다양한 스티커를 활용하면 팔로워의 참여를 유도하고 주요 페이지로의 유입을 효과적으로 늘릴 수 있다.

따라 해보세요! 스토리 하이라이트 만들기

1. 프로필 화면 오른쪽 상단에 있는 **세 줄**(≡) 버튼을 탭한다.
2. 메뉴에서 **보관**을 선택한다.

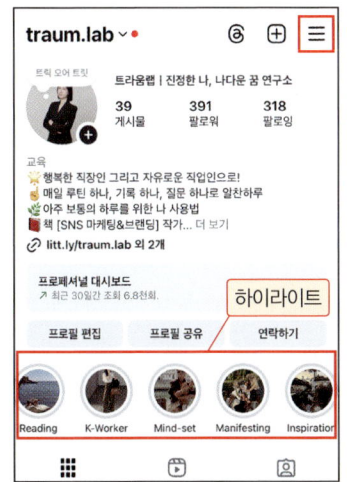
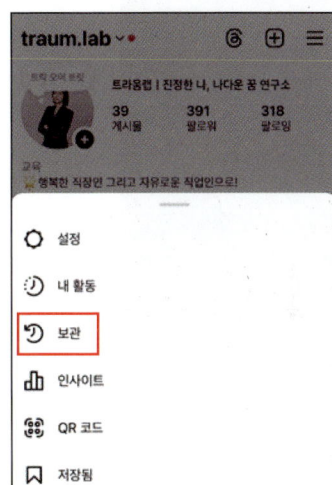

3. 보관된 스토리 항목에서 기존에 올렸던 스토리를 확인할 수 있다. 24시간이 지나 볼 수 없는 콘텐츠도 모두 저장되어 있다. 이 중에서 원하는 콘텐츠를 선택한다.

4. 오른쪽 하단에 '하이라이트' 버튼이 나타난다. 탭하여 '하이라이트 추가'에서 '+'(NEW) 또는 기존 하이라이트를 선택해 스토리를 저장할 수 있다. 하이라이트 커버 디자인을 브랜딩 요소로 활용하면 프로필 완성도를 높일 수 있다.

　콘텐츠에는 브랜드를 명확히 각인시킬 수 있는 핵심 메시지 또는 슬로건을 반복적으로 담아야 한다. 시각적으로는 로고, 시그니처 색상, 폰트를 사용해 나의 브랜드를 각인시켜 보자. 이 메시지는 고객에게 브랜드가 각인될 때까지 꾸준히 전달되어야 한다. 콘텐츠를 생산하는 목적을 분명히 알고 제작했을 때 더욱 효과적인 결과를 얻을 수 있다.

　처음부터 마음에 드는 콘텐츠를 만드는 것은 불가능하다. 우선 기획한 내용에 집중하며 시작하는 것이 중요하다. 시작하고 나면 콘텐츠를 점차 발전시키면서 자신만의 스타일을 찾게 된다. 고객에게 도움이 될 수 있는 콘텐츠를 제작하는 데 집중하자. 유의미한 콘텐츠로 브랜딩하면서 네트워크와 팬을 만드는 계정으로 키워나가자.

05 콘텐츠를 확산시켜주는 인스타그램 태그 활용법

 태그(Tag)는 콘텐츠의 주제나 속성을 설명하는 이름표 역할을 하며, 인스타그램에서는 콘텐츠 분류와 검색, 추천에 활용되는 중요한 요소다. 인스타그램 알고리즘은 태그를 정보로 활용해 콘텐츠의 특징을 파악하고 콘텐츠를 노출시킨다.

태그를 활용하면 기존 팔로워 외에도 관심사를 공유하는 새로운 이용자에게 콘텐츠를 노출시킬 수 있다. 새로운 이용자들이 내 콘텐츠를 발견할 수 있도록 태그가 도와주는 것이다. 인스타그램 계정을 효과적으로 운영하기 위해 태그 활용 방법을 꼭 익혀야 한다.

인스타그램의 태그는 위치, 계정, 제품 태그와 같은 시스템 태그와, 사용자가 직접 키워드를 지정해 만드는 해시태그로 나눌 수 있다. 각 태그의 특성과 활용 방법에 대해 알아보자.

① 해시태그

고객에게 유익한 콘텐츠를 제작하는 것만큼 중요한 것은 콘텐츠의 주제와 연관된 해시태그를 전략적으로 선택해 활용하는 일이다. 하지만 2025년 현재, 해시태그는 과거처럼 노출을 보장해 주는 핵심 수단으로 보기 어렵다.

최근 인스타그램은 해시태그보다는 콘텐츠의 키워드와 문맥, 이미지 속 요소, 그리고 사용자 반응을 중심으로 노출을 결정하고 있다. 특히 2024년 말부터 해시태그 팔로우 기능이 종료되면서, 단순히 인기 해시태그를 나열하는 방식은 큰 효과를 내기 어려워졌다.

그럼에도 불구하고 해시태그는 검색 유입과 유사 관심사 기반 노출에서 여전히 의미 있는 역할을 한다. 특히 소규모 계정이나 특정 주제를 다루는 콘텐츠는 관련성 높은 해시태그를 5~10개 정도 전략적으로 활용하면 검색 유입에 도움이 된다. 예를 들어 '성수동카페', '프리랜서마케터'와 같이 구체적인 키워드를 활용하는 것이 좋다.

또한 브랜드 이름이나 캠페인 슬로건을 고유 해시태그로 설정하고, 사용자에게 이를 자발적으로 사용하게 유도하면 장기적인 브랜딩 효과를 기대할 수 있다.

해시태그 발굴 전략

해시태그는 무작위로 복사해서 붙여 넣는 것이 아니라, 타겟 고객의 검색 습관과 콘텐츠 주제를 반영해 전략적으로 발굴해야 한다. 먼저 내 콘텐츠를 가장 잘 설명할 수 있는 단어를 기준으로, 인스타그램 검색창에서 실제 사용되는 해시태그를 찾아본다. 검색량, 콘텐츠 분위기, 상위 노출 콘텐츠의 톤앤매너 등을 참고해 사용 여부를 판단하자.

실제 활용 시에는 다음과 같은 분류를 참고하면 좋다.

- **핵심 해시태그**: 콘텐츠 주제를 직접적으로 나타냄 (예: #직장인브이로그)
- **세부 해시태그**: 핵심 키워드를 세분화 (예: #콘텐츠기획팁)
- **고객 해시태그**: 타겟이 자주 사용하는 용어 (예: #회사생활스트레스)
- **지역 해시태그**: 지역 기반 유입 유도 (예: #연남동카페)
- **브랜드 해시태그**: 브랜드명 또는 고유 캠페인 태그 (예: #트라움랩)

이렇게 분류한 해시태그는 단기적인 유입과 함께 장기적인 브랜딩 효과까지 고려해 구성하는 것이 좋다. 특히 브랜드 해시태그는 팔로워들이 자발적으로 사용할 수 있도록 독려하면 사용자 참여도를 높이는 데에도 유용하다.

해시태그 선정 기준

발굴한 해시태그는 계정 규모와 콘텐츠 주제, 타겟의 검색 습관을 고려해 선택해야 한다. 특히 해시태그의 '양'보다 '질'이 중요하다. 관련성 높은 해시태그를 5~10개 중심으로 설정하자.

계정 규모에 따라 다음처럼 구분해 사용할 수 있다.

- **나노**: 게시물 수 1천 개 이하 – 신규 계정에 적합
- **마이크로**: 1천~10만 개 – 성장 중인 계정
- **매크로**: 10만~100만 개 – 중견 계정
- **메가**: 100만 개 이상 – 대형 계정 또는 보조 태그

너무 반복되는 해시태그는 스팸성으로 간주될 수 있으므로, 일부는 고정 값으로, 일부는 유동적으로 구성하는 것이 바람직하다.

해시태그 적용 위치와 팁

해시태그는 **캡션** 또는 **댓글**에 삽입할 수 있다. 최근에는 캡션에 직접 포함하는 방식이 더 높은 반영률을 보인다고 알려져 있다. 가독성을 고려해 이모티콘이나 줄바꿈, 구분 기호 등을 활용해 텍스트와 해시태그를 시각적으로 분리하자. 예를 들어,

회사 그만두고 뭐 했냐고요?
#퇴사후일상 #프리랜서라이프 #트라움랩

이처럼 자연스럽게 콘텐츠 문맥에 녹아들도록 배치하면 알고리즘에 긍정적인 평가를 받을 수 있다.

해시태그 성과 추적 방법

해시태그 성과는 인사이트 메뉴를 통해 **간접적**으로 확인할 수 있다. 다음 항목을 중심으로 분석해 보자.

- **탐색 탭 유입 비중**: 콘텐츠가 '탐색' 탭을 통해 유입된 비율
- **검색 또는 키워드 기반 유입**: 사용자가 검색을 통해 콘텐츠에 도달한 수치
- **노출수 및 반응 수**: 해시태그 적용 여부에 따라 반응 차이 분석

또한 콘텐츠를 업로드한 후 1~2시간 내에 해당 해시태그를 직접 검색해 **상위 노출 여부를 확인**하는 것도 유효한 방법이다. 이 과정을 반복하면서 자신의 계정과 콘텐츠 주제에 적합한 '핵심 해시태그 풀(tag pool)'을 구성하고, 주기적으로 업데이트하자.

현재의 해시태그 전략은 '많이 붙이는 것'보다 '콘텐츠와 정확하게 연결되는 것'이 더 중요하다. 해시태그는 단순한 도달 수단이 아닌, **검색 연결과 브랜드**

연상 작용을 유도하는 **전략적 도구**다. '누구에게', '무엇으로', '어떻게 보이고 싶은가'를 기준으로 해시태그를 선정하고 꾸준히 테스트해 보자.

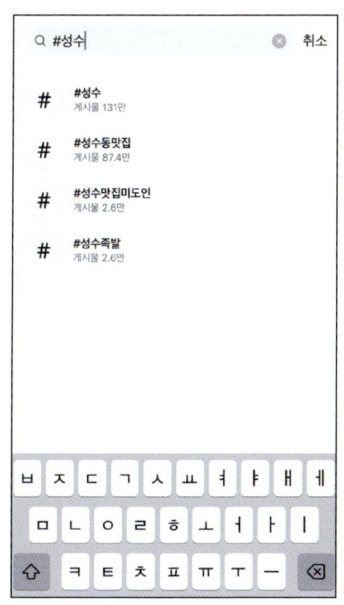 

② 태그

해시태그와 달리 위치, 계정, 제품 태그는 인스타그램 시스템에 등록된 정보 기반으로 활용된다. 지정된 위치, 다른 이용자의 계정, 카탈로그 내의 제품과 같이 인스타그램이나 페이스북에 등록되어 있는 태그를 활용한다.

사람들이 많이 찾는 장소나 활발하게 소통이 이루어지는 계정을 태그하면 해당 태그를 검색하고 이용하는 사람들을 내 콘텐츠로 유입시킬 수 있다.

제품 태그의 경우 제품 추가 사진과 함께 홈페이지를 노출시킬 수 있다.

위치 태그

콘텐츠에 추가된 위치 태그를 탭하면 해당 위치를 태그한 다른 콘텐츠가 함께 노출된다. 다른 콘텐츠를 통해 또 다른 노출 기회를 얻을 수 있다. 장소와 관련된 콘텐츠에는 위치 태그를 꼭 추가하자.

사진이나 동영상을 공유하기 전 위치 태그를 추가할 수 있다. 검색을 통해 원하는 장소 설정이 가능하다. 사업체라면 직접 위치와 장소명을 등록해 활용하면 브랜딩에 도움이 된다. (위치 태그 등록은 페이스북에서 가능하다.)

새 게시물을 공유하기 전 위치 추가를 할 수 있다. 게시물이 찍힌 위치가 자동으로 나타난다. 태그하고 싶은 위치를 직접 검색해 적용할 수도 있다.

계정 태그

방문한 장소를 비롯해 사용한 제품이나 서비스의 브랜드 계정을 태그하자. 계정 태그 또한 콘텐츠 공유 전 단계에서 추가 가능하다.

'사람 태그'를 선택하고 등록하려는 콘텐츠를 탭하면 계정을 검색할 수 있는 화면이 뜬다. 원하는 계정 아이디를 입력하면 된다. 해당 브랜드에 관심 있는 사람들이 후기를 찾아 내 콘텐츠에 유입될 수 있다. 특히 후기를 작성하는 경우 꼭 브랜드 계정을 태그하자. 해당 브랜드에서 홍보를 위해 콘텐츠를 브랜드 인스타그램의 스토리나 피드에 노출시켜 줄 가능성이 높다.

  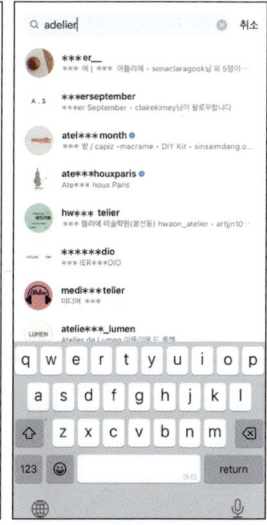

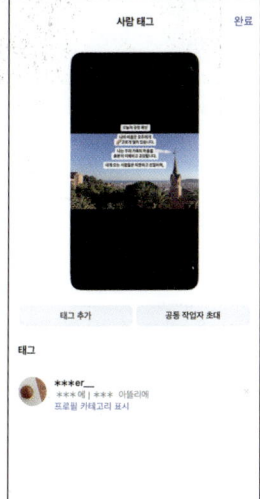  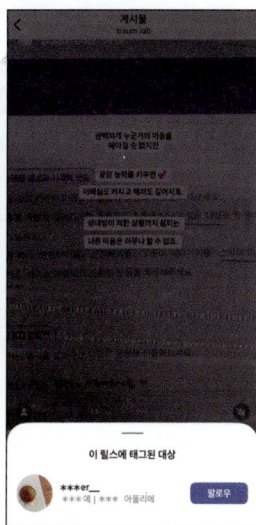

제품 태그

메타에 따르면 인스타그램 사용자의 약 70%는 새로운 브랜드나 제품을 발견하기 위해 플랫폼을 사용하며, 제품 태그 기능은 이 흐름을 자연스럽게 유도하는 데 효과적이다. 비주얼 위주의 인스타그램은 제품을 홍보하기에 최적화되어 있다. 수많은 인플루언서들이 인스타그램을 매개체로 제품 판매 수익을 올리고 있어 이들을 위한 인스타그램의 개선은 계속되고 있다. 인스타그램은 2020년부터 앱 내에서 결제까지 가능한 기능을 미국에서 적용 중이다. 머지않아 전 세계에 적용되면 그 영향력은 폭발적일 것이다.

 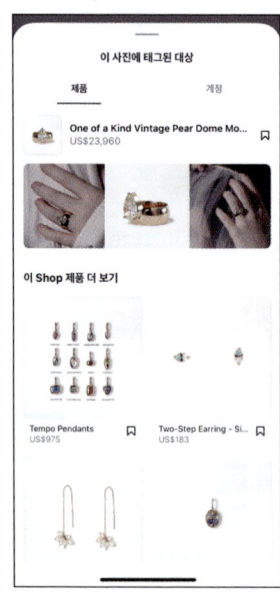 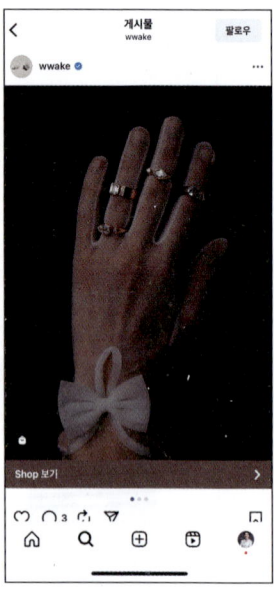

현재 인스타그램 내에 숍(Shop)으로 등록하면 판매 제품과 쇼핑몰을 등록하고 제품 태그를 콘텐츠에 적용할 수 있다. 제품 사진에 태그를 적용해 방문자에게 가격을 바로 알려줄 수 있다. 방문자가 태그를 누르면 해당 제품의 추가 사진, 다른 제품, 쇼핑몰 링크를 볼 수 있는 페이지로 이동한다. 나중에 제품을 다시 보기 위해 장바구니에 저장하는 것도 가능하다. 지금도 제품을 홍보하는 데 유용하며 앞으로 더욱 발전될 부분이므로 숍으로 미리 등록해 활용하는 것을 추천한다.

태그와 해시태그는 콘텐츠의 의미를 명확히 전달하고, 알고리즘에게 콘텐츠의 주제와 관심사 범위를 설명하는 핵심 도구다. 적절히 활용해 알고리즘에 내 콘텐츠를 자세히 설명해 주어야 노출의 기회를 얻을 수 있다. 콘텐츠를 잘 표현해 주는지, 고객의 니즈와 원츠가 반영되었는지, 내 계정의 크기에 적합한지를 고민해야 한다.

#좋아요반사, #선팔맞팔, #맞팔과 같은 해시태그는 알고리즘이 콘텐츠를 이해하는 데 전혀 도움이 되지 않는다. 단순히 노출을 노린 무관한 해시태그는 오히려 콘텐츠 신뢰도를 떨어뜨리고, 알고리즘에 의해 제외될 수 있다. 해시태그는 여전히 유입에 도움이 될 수 있지만, 키워드 기반 캡션, 고객과의 소통, 그리고 릴스 활용이 더 강력한 노출 전략이라는 점을 명시하고 콘텐츠를 제작하자.

06 팔로워를 늘리고 소통하는 방법

  인스타그램은 인플루언서와 팔로워가 직접적으로 소통할 수 있는 구조를 가지고 있어 빠르고 긴밀한 관계 형성이 가능하다. 그만큼 소통이 즉각적으로 일어난다. 인스타그램의 다양한 소통 도구를 활용해 인플루언서는 끊임없이 팔로워들과 소통한다.

2025년 메타 발표에 따르면, 한국 이용자의 약 89%가 브랜드 계정을 팔로우하고 있으며, 67%는 인스타그램을 브랜드와 상호작용을 하는 공간으로 인식하고 있다. 일방적으로 콘텐츠를 생산해내는 마케팅 채널이 아닌 함께 관심사를 공유하며 소통하는 커뮤니티가 되어야 하는 것이다.

인스타그램의 인플루언서는 팔로워와 유독 단단한 유대 관계를 형성한다. 1:1로 메시지를 주고 받을 수 있는 DM과 실시간으로 소통할 수 있는 라이브 방송이 긴밀한 관계를 형성하는 데 유용하게 사용된다. 이런 소통 방식을 활용해 내 콘텐츠를 확산시키고 더 많은 이용자들을 계정에 유입시킬 수 있다.

마케팅과 브랜딩을 위해 SNS 플랫폼을 활용하지만 그 목적을 이루기 위해서는 진정한 소통이 우선이라는 것을 잊지 말자. 인스타그램에서 팔로워를 늘리고 소통하는 방법에 대해 알아보자.

1 팔로워 늘리는 방법

인스타그램을 시작했다면 내 콘텐츠를 좋아할 가능성이 높은 '핵심 고객'을 먼저 찾아야 한다. 다양한 소통 도구를 활용해 여러 방법을 시도해 보자. 이때 가장 중요한 것은 내 고객 페르소나에 가장 가까운 사람들을 찾는 것이다. 내 콘텐츠와 계정에 충분한 관심을 갖고 나를 팔로우해 줄 사람을 찾아야 한다. 그래야 진정한 고객을 만나고 네트워크를 형성할 수 있다.

팔로워 수가 늘어날수록 콘텐츠 노출과 상호작용 기회가 증가하므로, 콘텐츠 업로드와 함께 팔로워 확대 활동도 병행해야 한다.

좋아요 & 댓글 & 팔로우

먼저 내 메인 주제와 관련된 해시태그를 검색해, 내 고객 페르소나에 가까운 계정을 찾는다. 해당 계정을 운영하거나 그 계정을 팔로우하고 있는 사람들이 내가 찾는 고객의 특성을 갖고 있을 확률이 높다. 단순한 좋아요보다 그들의 콘텐츠를 잘 살펴보고 진심을 담아 '공감 가는 댓글'을 남겨보자.

인스타그램의 커뮤니티 가이드라인에 따르면, 하루에 좋아요는 150회, 댓글은 30회, 팔로우는 50명 이하로 유지하는 것이 안전하다. 과도한 활동은 스팸 계정으로 간주되어 일시적인 제한이 걸릴 수 있다.

이런 작업을 할 때는 나에게 반응해 줄 만한 계정을 찾아야 한다. 이미 팔로워가 충분하고 인기가 많은 계정은 내가 먼저 반응해 주었다고 해서 내 계정에 굳이 찾아오지 않는다. 최근에 인스타그램 앱을 실행하지 않은 사람은 누가 반응을 남겼는지 관심도 없다. 나의 계정이 '서울 브런치스토리 맛집 리뷰' 계정이라면, #서울카페 #성수브런치스토리 등의 해시태그로 검색해 관련 콘텐츠에 진심 어린 댓글을 남겨보자. 팔로워 수 1천 명 이하인 계정이나 최근 게시물 활동이 활발한 계정에 먼저 반응하는 것이 효과적이다. 이런 계정의 운영자는 내 계정에도 반응을 남기고 팔로우해 줄 가능성이 높다.

DM

브랜드나 상품을 홍보하려면 DM은 신중하게 접근해야 한다. 무작정 보내기보다는 상호 반응 이후 '관계 기반'으로 시도해야 신뢰를 쌓을 수 있다. 2~3회 이상 댓글로 교류한 뒤 "지난번 콘텐츠 정말 인상 깊었어요! 혹시 저희 브랜드에 관심 있으실까요?" 식의 자연스러운 DM이 효과적이다. 직접 1:1 메시지를 보내는 것이므로 신중한 작업이 필요하다. 우선 본인 계정에 대해 신뢰를 줄 수 있도록 최소 콘텐츠 20개 이상, 팔로워 100명 이상이 되었을 때 시도해 보는 것을 추천한다.

대상 계정에서 '메시지' 버튼을 탭하여 메시지 내용을 입력하면 된다. 나를 팔로우하지 않은 대상에게 DM을 보낼 경우 상대방에게는 메시지함의 '요청'에 나타나고 상대방이 요청을 수락해야 한다.

DM을 보내는 대상도 내 상품을 사용할 가능성이 높은 사람들로 선정해야 한다. 어느 정도 소통을 하고 난 뒤에 DM을 보내는 게 좋다. DM 내용은 최대한 그들이 내 상품에서 얻을 수 있는 혜택으로 채운다. 바로 답변이 오는 경우가 많지는 않지만 진정으로 내 상품에 관심이 있는 고객을 찾을 수 있는 방법이다. 다양한 계정을 찾아 반응을 남기고 소통하면서 시도해 보자.

커뮤니티

페이스북 그룹이나 인스타그램의 커뮤니티 계정을 찾아 활용해 보자. 커뮤니티 계정은 특정 관심사를 중심으로 이용자 콘텐츠를 큐레이션해 소개하는 계정으로, 노출 확장의 창구 역할을 한다. 특정 해시태그를 중심으로 콘텐츠를 공유하기도 한다. 커뮤니티 계정의 해시태그를 사용해 콘텐츠를 공유하면 해당 콘텐츠를 커뮤니티 계정에 공유해 준다.

'여행에 미치다'에서 시작된 여미트래블 @yeomi.travel은 전 세계 여행자들의 여행 사진이 모이는 커뮤니티 계정이다. 서울코리아 @seoul_korea 계정은 서울의 다양한 모습을 담아낸 콘텐츠를 볼 수 있는 커뮤니티 계정이다.

먼저 내가 운영하는 계정의 주제와 콘셉트가 잘 맞는 커뮤니티를 팔로우한다. 콘텐츠를 공유할 때 커뮤니티의 해시태그를 사용한다. 커뮤니티 계정을 태그하는 것도 좋은 방법이다. 내 콘텐츠가 커뮤니티의 팔로워들에게도 노출될 수 있기 때문이다. 커뮤니티 계정에서 활발하게 활동하고 있는 사람들을 먼저 찾아가 소통을 시작하는 것도 좋은 방법이다. 커뮤니티에서 반응이 좋은 콘텐츠를 참고해 콘텐츠를 제작하면 반응을 높이는 데 큰 도움이 된다.

이벤트

이벤트는 콘텐츠보다 빠르게 유입과 소통을 일으키는 강력한 수단이다. 대기업처럼 거대한 경품이 없어도, 커피 쿠폰 같은 기프티콘이나 내 서비스와 관련된 정보를 경품으로 제공하는 것만으로도 충분히 효과를 낼 수 있다.

이때 중요한 것은 참여자에게 명확하고 즉각적인 액션을 요청하는 것이다. 예를 들어, 팔로우 → 댓글 작성 → 친구 태그 → 콘텐츠 공유 등 명확한 흐름이 있어야 바이럴 효과를 얻을 수 있다. 최근에는 리그램보다 스토리로 공유를 유도하는 것이 더 높은 반응을 이끌어낸다.

여기에 매니챗(ManyChat) 같은 DM 자동화 도구를 활용하면 이벤트 참여자와의 소통을 더욱 체계적으로 만들 수 있다. 예를 들어, 이벤트 게시물에 특정 키워드(예: "참여합니다") 댓글을 단 사용자에게 매니챗을 통해 자동으로 DM이 발송되도록 설정할 수 있다. 이때 참여 안내, 당첨 조건, 이벤트 마감일 등 상세 정보를 제공할 수 있어 사용자 경험이 향상된다.

또한, 스토리에서 내 계정을 멘션한 사람에게 자동으로 감사 메시지나 혜택 정보를 DM으로 보내는 기능도 있다. 실제로 이 기능을 활용한 브랜드들은 평균 DM 응답률이 80% 이상, 링크 클릭률이 40% 이상 증가했다는 결과도 있다(High Output Club Blog).

무작정 경품만 노리고 참여하는 '체리피커'를 걸러내기 위해서는 참여자의 행동 패턴과 DM 대화 흐름을 통해 진성 고객을 선별할 수도 있다. 단순한 이벤트가 아니라, 내 서비스를 이해하고 팬이 될 수 있는 사람들과의 첫 접점으로 이벤트를 기획하는 것이 중요하다.

② 다양한 소통 방법

인스타그램은 크리에이터와 팔로워 간의 유대감을 강화하기 위해 다양한 소통 기능을 지속적으로 업데이트하고 있다. 네트워크가 많아질수록 인스타그램이 더욱 활성화되기 때문이다. 따라서 계속해서 변화하는 이용자들의 요구에 따라 다양한 소통 방법을 만들어내고 개선해 나가고 있다.

알고리즘이 이용자의 관심사와 행동 데이터를 분석해 콘텐츠를 맞춤형으로 제공하듯, 소통 방식도 이제는 개별 팔로워의 취향과 참여 패턴에 맞춘 전략이 요구된다. 인스타그램의 소통 기능을 잘 활용하면 팔로워와의 신뢰를 강화하고, 지속적인 관계를 이어가는 데 큰 도움이 된다. 다음은 현재 기준으로 효과적인 소통 도구들이다.

DM

DM은 인스타그램 내에서 가장 직접적이고 깊이 있는 1:1 소통 공간이다. 브랜드, 크리에이터, 고객 간의 커뮤니케이션은 물론 고객 상담이나 이벤트 응답 등 다양한 용도로 활용된다. 공개되지 않은 대화창에서 대화와 콘텐츠를 주고받는다. 한 사람뿐만 아니라 여러 사람을 초대해 대화를 나눌 수 있다.

소통할 수 있는 소재도 다양하다. 피드에 노출되는 콘텐츠, 사라지는 사진과 동영상, 인스타그램 프로필도 DM을 통해 보낼 수 있다. 영상통화와 그룹 메시지 기능은 소규모 커뮤니티 운영에 유용하며, 팔로워 그룹별 맞춤 대화가 필요한 경우 효과적으로 활용할 수 있다. 설문 스티커, 퀴즈, 일정 공유 기능까지 포함되어 있어 활용도가 더욱 높아졌다. 설문 스티커를 보내 투표 결과를 확인할 수도 있다. 팔로워 중에서 더욱 친밀한 관계를 맺고 있는 그룹을 형성해 관리하는 것도 가능한 것이다.

특히 매니챗 등 DM 자동화 도구를 활용하면 특정 키워드에 반응한 팔로워에게 자동 메시지를 발송하거나, 참여자 그룹별로 맞춤형 대화를 유도할 수 있어 소통 효율이 극대화된다.

라이브 방송

라이브 방송은 실시간으로 팔로워의 반응을 받고 소통하며 친밀도를 높이는 데 탁월한 방식이다. '라이브 예약 기능'과 '채팅 하이라이트', '라이브 중 상품 태그 기능' 등이 강화되며 쇼핑, 교육, Q&A 등 다채로운 형태로 진화하고 있다. 세심하게 연출되는 콘텐츠가 주를 이루는 인스타그램에서 있는 그대로의 모습을 드러내는 게 라이브 방송이다.

팔로워들은 좋아요로 반응하고 댓글로 소통한다. 인플루언서는 실시간으로 댓글을 확인하며 답하는 형식으로 대화한다. 라이브는 예약 기능을 통해 사전 홍보가 가능하며, 방송 전 알림과 함께 '리마인더 설정'을 유도하면 더 많은 참여율을 기대할 수 있다. 또한, 공동 방송 기능으로 다른 크리에이터와 협업하면 도달 범위를 넓힐 수 있다. 팔로워들의 더 많은 유입을 위해 예약을 하는 것을 추천한다.

충분한 팔로워 수가 쌓였을 때 꾸준히 라이브 방송을 해준다면 나만의 네트워크를 단단히 다질 수 있다.

팔로잉 & 즐겨찾기

2022년 3월 팔로잉과 즐겨찾기 기능이 추가되었다. 피드에 표시되는 콘텐츠를 직접 선택할 수 있게 되었다. 피드 페이지 왼쪽 상단에 있는 'Instagram' 로고를 탭하면 '팔로잉'과 '즐겨찾기' 메뉴가 나타난다.

기존의 피드 탭에는 이용자가 팔로우하는 계정의 콘텐츠 이외에도 광고와 인스타그램이 추천하는 콘텐츠가 함께 보였다. 그러다 보니 팔로우하는 계정의 콘텐츠가 추천 콘텐츠에 밀려 노출되지 않는 경우가 있었다. 이를 보완하기 위해 인스타그램이 새로운 기능을 추가한 것이다.

팔로잉과 즐겨찾기는 사용자가 직접 선택한 계정의 최신 게시물을 볼 수 있다. 콘텐츠는 시간 순서대로 표시해 준다. 이제 이용자는 자신이 원하는 계정의 콘텐츠에만 집중할 수 있는 것이다.

피드의 알고리즘 기반 추천 노출이 줄어들면서, 이용자는 팔로잉이나 즐겨찾기 기능을 통해 자신이 원하는 계정의 콘텐츠를 선택적으로 소비한다. 즉, 콘텐츠의 품질뿐만 아니라 꾸준한 관계 관리가 더 중요해졌다. 그러나 그만큼 이용자들이 인스타그램이 추천하는 랜덤 콘텐츠를 보는 시간이 줄어들게 된다. 콘텐츠의 노출 기회가 함께 줄어드는 것이다. 따라서 이제 막 인스타그램을 시작하는 사람은 더욱 이용자의 시선을 사로잡고 오랜 시간 흥미를 끌 수 있는 콘텐츠를 만들어야 한다.

이제는 즐겨찾기에 추가될 만큼 신뢰와 가치를 느끼게 하는 콘텐츠와 소통이 중요하다. 고객에게 유용하고 감정적으로 연결되는 콘텐츠를 지속적으로 제공하고, 그에 걸맞은 친절하고 세심한 소통을 이어가야 한다.

인스타그램 팔로워를 늘리고 그들과 소통하는 방법에 대해 알아보았다. 인스타그램에서 다양한 소통 방식을 활용해 거대한 네트워크를 만든 인플루언서들을 이제는 어렵지 않게 볼 수 있다. 그들이 댓글, DM, 라이브 방송으로 소통하는 방식을 확인해 보면 나의 소통 기술을 늘리는 데 큰 도움이 될 것이다.

인플루언서의 네트워크와 팬덤은 친구 같은 친근함을 바탕으로 하고 있다. 이런 관계는 진심으로 사람들을 대할 때 만들 수 있다. 진정한 가치를 나눌 때에 더욱 크고 견고한 관계가 형성된다. 다양한 소통 도구를 활용해 팔로워들과 끊임없이 소통해야 한다. 나눌 수 있는 가치에 대해 고민하고 신뢰 관계를 쌓는 노력을 꾸준히 해야 네트워크와 팬을 만들 수 있다.

이용자의 반응을 확인하자: 인스타그램 인사이트 활용하기

프로필을 프로페셔널 계정으로 설정하면 인사이트 기능을 통해 내 계정의 성장 상태와 콘텐츠의 반응을 분석할 수 있다. 단순히 조회수와 좋아요 수를 확인하는 것을 넘어, 어떤 사람에게 콘텐츠가 노출되었고 그들이 어떤 방식으로 반응했는지를 세밀하게 파악할 수 있다. 인사이트는 단순한 통계 정보가 아니라, 마케팅 전략을 세우고 콘텐츠 방향을 잡는 데 꼭 필요한 나침반이다. 인사이트에서 확인 가능한 데이터를 알아보고, 효율적으로 계정을 운영하는 데 활용하자.

① 인스타그램 프로페셔널 대시보드 살펴보기

프로페셔널 계정(비즈니스 또는 크리에이터 계정)으로 전환하면 인스타그램 프로필 상단에 **프로페셔널 대시보드** 버튼이 생성된다. 이곳은 계정의 활동을 종합적으로 분석하고 콘텐츠 전략을 최적화할 수 있도록 돕는 중심 허브 역할을 한다. 단순히 인사이트를 제공하는 것을 넘어 최신 트렌드, 추천 기능, 광고, 수익화 정보까지 확인할 수 있다.

1. 조회수(계정 및 콘텐츠 도달 수)

계정이 도달한 사람 수(도달률), 노출수, 탐색 탭에서의 노출 비중 등 **콘텐츠가 얼마나 많은 사용자에게 보여졌는지**를 보여준다. 이 지표는 콘텐츠 전략의 효과를 판단하는 가장 기본적인 기준이다. 특정 릴스나 게시물, 스토리가 갑자기 높은 노출을 기록했다면, 해당 콘텐츠의 주제나 포맷이 어떤 반응을 얻었는지 분석해보자.

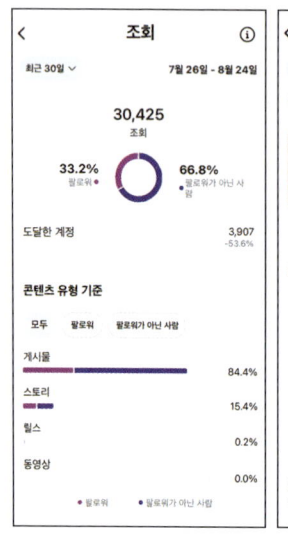

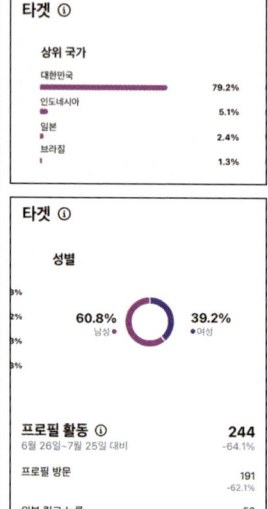

2. 반응(좋아요, 댓글, 저장, 공유)

이 항목에서는 **이용자들이 콘텐츠에 보인 실제 반응**을 확인할 수 있다. 가장 기본적인 좋아요, 댓글 수부터, 저장(재방문 의도)과 공유(전파력)의 수치까지 함께 제공되며, 반응률이 높은 콘텐츠는 향후 광고 또는 시리즈 콘텐츠로 확장할 수 있는 가능성이 높다.

3. 새 팔로워 및 팔로워 분석

해당 기간 동안 유입된 **신규 팔로워 수**를 확인하고, 인구통계학적 특성(연령대, 성별, 지역), 활동 시간대, 주 사용 요일 등의 정보를 파악할 수 있다. 이를 통해 내 콘텐츠가 **어떤 타겟에게 더 효과적인지**를 가늠할 수 있으며, 업로드 시점을 조절하는 데도 활용 가능하다.

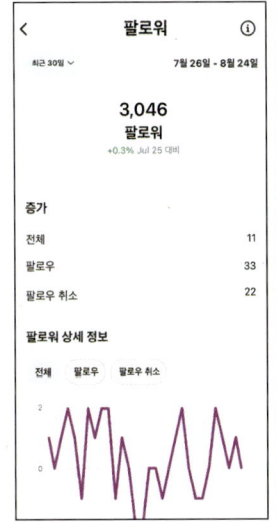 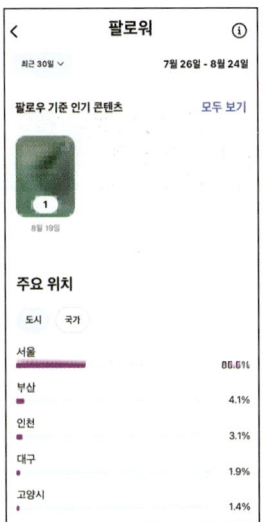 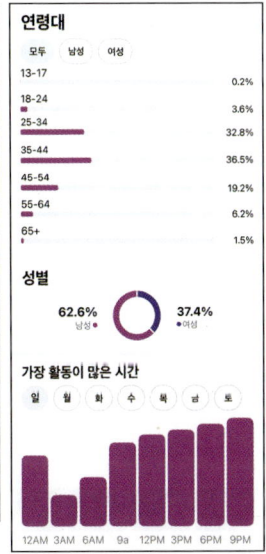

4. 회원님이 공유한 콘텐츠

게시물, 릴스, 스토리, 라이브 방송 등 **내가 올린 모든 콘텐츠의 성과를 항목별로** 확인할 수 있다. 기본적으로 도달, 반응, 저장 수치가 제공되며, 각 콘텐츠별로 어떤 유형의 반응이 강했는지 비교해 보는 것이 좋다. 이는 향후 제작 방향을 설정하는 데 중요한 기준이 된다.

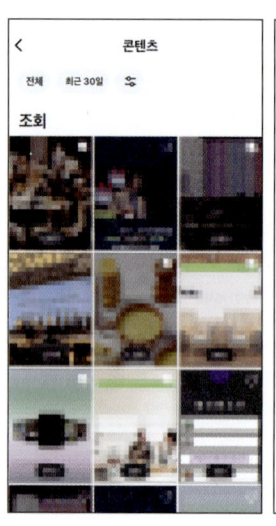
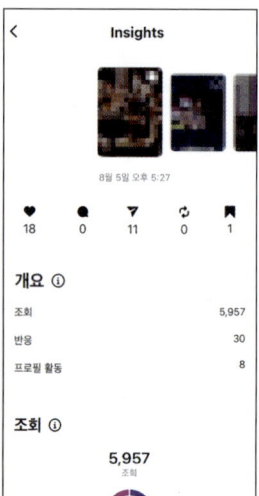
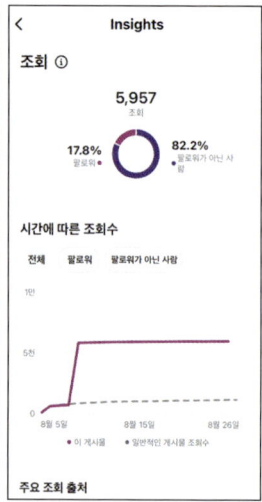

5. 월간 요약 리포트

매달 계정에 어떤 변화가 있었는지를 간략하게 요약해 주는 기능이다. **전체 노출수, 팔로워 변화, 인기 콘텐츠 순위, 평균 반응률** 등

 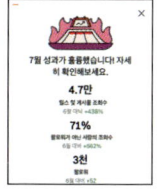

을 종합해 보여주며, 지난달과의 비교도 함께 제공된다. 이 리포트를 기반으로 전략을 조정하거나 다음 달 계획을 세우기 좋다.

6. 모범 사례

인스타그램은 프로페셔널 대시보드를 통해 **동종 업계 또는 유사 타겟 계정의 성공 사례**를 소개하기도 한다. 인기 콘텐츠의 제작 방식, 해시태그 활용법, 릴스 포맷 등 실질적인 팁을 확인할 수 있어 초보자에게 특히 유용하다.

7. 영감 얻기 (트렌드와 추천 기능)

최근 릴스, 스토리, 게시물 중에서 **플랫폼 내에서 인기를 끌고 있는 트렌드 콘텐츠**를 모아 보여주는 섹션이다. '이런 콘텐츠가 지금 주목받고 있어요'라는 추천과 함께 해시태그, 음악, 효과 등을 참고할 수 있어 콘텐츠 기획 단계에서 유용하다.

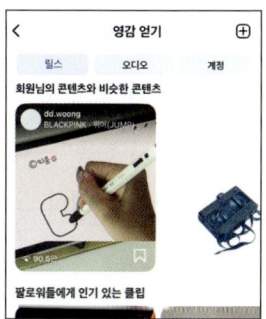

프로페셔널 대시보드는 지표 확인에서 그치지 않고 **실행 전략을 도출하는 도구**로 사용해야 한다. 데이터를 반복적으로 확인하며 **콘텐츠 – 반응 – 전략 – 수정**의 선순환 구조를 만들면 인스타그램 성과는 꾸준히 향상된다.

② 게시물 인사이트

게시물 인사이트는 개별 콘텐츠에 대한 성과를 확인할 수 있는 기능이다. 공유한 콘텐츠마다 **인사이트 보기**를 누르면 다음과 같은 데이터를 확인할 수 있다.

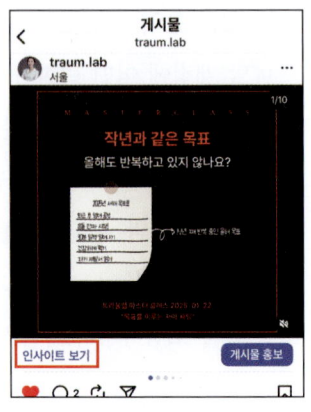

개요

도달한 계정, 콘텐츠 반응 수, 프로필 활동 수를 종합적으로 보여준다. 이 세 가지 수치를 함께 보면 콘텐츠의 퍼짐, 반응, 계정 방문 유도 효과를 종합적으로 판단할 수 있다.

조회 분석(도달 및 노출 포함)

콘텐츠를 본 계정을 팔로워와 비팔로워로 나누어 확인할 수 있으며, 노출수와 유입 경로도 확인 가능하다. 유입 경로는 해시태그, 위치 태그, 프로필 방문, 홈 피드 추천, 탐색 탭 등으로 구분된다. 해시태그 전략을 사용했다면 이 항목에서 그 효과를 간접적으로 확인할 수 있다.

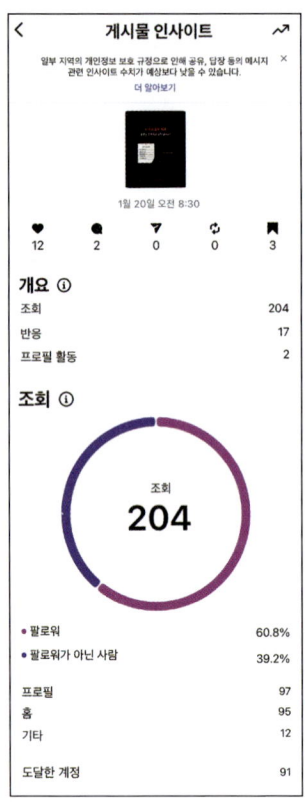

콘텐츠 반응 데이터

이용자가 콘텐츠에 어떻게 반응했는지를 나타낸다. 좋아요, 댓글, 저장, 공유 등의 수치를 통해 콘텐츠에 대한 호감도를 파악할 수 있다. 예를 들어 저장 수가 높다면 정보성 콘텐츠로 인식되었을 가능성이 높고, 공유 수가 높다면 확산력이 강한 콘텐츠로 볼 수 있다.

프로필 내 활동 유도

해당 콘텐츠를 통해 유입된 방문자가 프로필에서 어떤 행동을 했는지를 보여준다. 예를 들어 프로필 방문, 팔로우, 이메일 전송, 통화 버튼 클릭 등의 행동이다. 콘텐츠가 단순한 관심을 넘어 실질적인 행동을 유도했는지를 판단할 수 있는 중요한 지표다.

광고 성과 분석 해당 콘텐츠가 광고로 운영되고 있는 경우, 광고 전용 성과도 함께 확인할 수 있다. 클릭수, 도달률, 전환 수 등의 데이터를 통해 광고 전략의 효과를 분석할 수 있다. 광고가 아닌 일반 게시물도 이 영역에서 바로 광고 설정이 가능하다.

인사이트는 단순히 숫자를 보는 도구가 아니라 나의 콘텐츠가 어떻게 작동하고 있는지를 확인하고 개선 방향을 찾는 과정이다. 초반에는 단순히 좋아요 수에만 집중하기 쉽지만, 다양한 지표를 종합적으로 보면서 어떤 포인트가 반응을 이끌어내는지를 이해하는 것이 중요하다.

가장 이상적인 접근은 데이터를 기반으로 작은 가설을 세우고, 콘텐츠를 제작해 그 결과를 비교 분석하는 것이다. 예를 들어, '오후 6시에 업로드한 팁 콘텐츠가 저장률이 높다'는 가설을 세우고, 비슷한 포맷을 같은 시간대에 반복 실험하면서 점차 내 계정에 맞는 전략을 정립해 나가자. 인사이트는 그저 통계 도구가 아닌 고객을 이해하고 나만의 콘텐츠 방향을 정립하는 가장 강력한 무기다.

08 인스타그램 광고로 콘텐츠 확산시키기

인스타그램 광고는 하루 5~6천 원 정도의 예산으로도 효율을 낼 수 있다. 인스타그램이 페이스북 계열사이기 때문에 타겟팅에 인스타그램과 페이스북 이용자의 데이터를 활용한다. 그만큼 내 콘텐츠에 적합한 이용자를 찾아 노출하게 된다. 이미 공유된 콘텐츠를 광고할 수도 있고, 결과도 인사이트를 통해 쉽게 파악할 수 있는 점 등 초보자도 시도해 볼 만한 요소들을 갖추고 있다. 인스타그램 광고의 기획, 세팅, 최적화하는 방법을 알아보고 브랜드를 홍보하는 데 활용해 보자.

광고 기획

광고를 통해 유입된 방문자를 다음 단계로 전환시키기 위해서는 브랜드에 대한 신뢰를 주어야 한다. 계정 페이지에는 방문자에게 노출된 광고와 연관이 있는 콘텐츠가 있어야 한다. 콘텐츠에서 전문성이 느껴지면 더욱 좋다. 꾸준한 활동으로 계정을 활성화해야 광고의 효과가 높다.

프로필 사진은 인물이나 로고를 설정한다. 브랜드 관련 정보와 다음 행동으로 이어지는 웹사이트, 이메일, 전화번호도 정확히 세팅해 둔다. 프로필과 콘텐츠 양이 신뢰를 줄 수 있는 정도가 되면 광고의 세부 사항을 기획한다.

목표 설정

브랜드 특징에 따라 광고 목표를 설정하자. '광고 7일 이내에 팔로워 30명 확보하기', '웹사이트에 500회 이상 방문자 수 늘리기'와 같이 설정할 수 있다.

인스타그램에서는 SMART하게 목표를 설정하라고 조언한다. SMART는 Specific(구체적), Measurable(측정 가능), Achievable(달성 가능), Relevant(관련성), Time-bound(기한 있음)의 약자다.

인스타그램 계정을 운영하는 최종 목표는 커뮤니티 형성이지만, 지금 당장 달성해야 하는 목표를 설정하고 차근차근히 이뤄나갈 수 있도록 하자.

타겟 설정

집행하는 광고를 노출시킬 타겟을 설정해야 한다. 고객 페르소나의 정보를 기준으로 광고 콘텐츠에 더욱 잘 반응할 것 같은 타겟을 설정해 보자.

성별, 연령대, 위치는 기본이고 세부적인 관심사까지 설정이 가능하다. 페이스북과 인스타그램의 방대한 데이터를 활용해 광고의 효율을 높일 수 있도록 타겟의 세부 정보에 신경 쓰자. 광고는 반응할 만한 고객에게 전달되어야 효과가 있다. 무작정 많은 정보보다는 고객 페르소나의 가장 두드러진 특성을 주요 요소로 설정하는 것을 추천한다.

광고 콘텐츠 선정

게시물의 사진과 동영상, 스토리를 광고 콘텐츠로 활용할 수 있다. 인스타그램 감성을 담은 콘텐츠를 활용함으로써 이용자에게 광고에 대한 거부감을 줄여줄 수 있다. 혹은 고객이 받을 수 있는 혜택, 인기 상품의 주문량, 고객의 실제 리뷰와 같이 정보가 확실한 콘텐츠를 활용해도 좋다.

콘텐츠를 먼저 공유한 뒤 인사이트를 확인해 성과가 좋았던 콘텐츠를 활용하자. 전체적인 성과 이외에도 타겟으로 하고 있는 고객 페르소나와 가까운 특성을 지닌 이용자가 반응한 콘텐츠를 선정하는 것이 중요하다.

② 광고하기: 인스타그램 게시물 홍보하기

인스타그램 광고는 메타(Meta) 기반 알고리즘을 활용해 아직 내 계정을 팔로우하지 않은 사람 중 광고 목표에 부합하는 잠재 고객에게 광고를 노출시킨다. 이를 통해 팔로우, 클릭, 구매 등 원하는 전환 행동을 유도한다.

집행된 광고는 피드, 스토리, 릴스, 탐색 탭 등 다양한 위치에 노출된다. 특히 2025년부터 릴스 광고의 노출 비중이 높아지면서 짧고 몰입감 있는 영상 콘텐츠가 더 높은 반응을 이끌고 있다. 기존 콘텐츠는 각 포맷에 맞게 자동 조정되며, CTA 버튼과 함께 자연스럽게 삽입된다.

광고 집행 전에 목표 설정, 타겟 정의, 예산 및 기간, 광고 검토 등의 단계를 차례로 설정해야 한다. 인스타그램은 각 단계마다 설명과 가이드를 제공해 초보자도 쉽게 광고를 시작할 수 있도록 지원하고 있다.

1) 목표 설정

광고를 원하는 게시물에서 **게시물 홍보하기** 버튼을 클릭해 광고를 시작한다. 첫 번째 단계는 '광고 목표 설정'이다. 광고 목표는 '프로필 방문', '웹사이트 방문', '메시지 보내기', '다양한 행동' 네 가지로 제공된다. 브랜드 인지도, 온라인 판매, 고객 상담, 다양한 전환 유도 등 목적에 맞게 선택할 수 있다.

인스타그램 광고 하단에는 다음 단계의 전환 액션인 CTA 버튼이 표시된다. 광고 목표에 맞게 이동하는 페이지와 버튼 문구를 설정할 수 있다. CTA 버튼을 누르면 이용자가 이동하는 페이지인 랜딩 페이지*를 목표 선택 과정에서 결정한다. 기획 단계에서 설정한 목표를 달성하기 위해 어떤 행동을 유도하고 어떤 페이지로 유입시켜야 하는지를 고민해 보고 설정하자. 인스타그램 프로필과 DM 이외에도 원하는 웹사이트로 설정하는 것이 가능하다.

---

* 검색 엔진이나 광고 등을 통해 접속하는 이용자가 최초로 보게 되는 웹페이지. 링크를 클릭하여 해당 웹페이지에 접속한 이용자에게 특정 액션을 취하도록 하는 페이지다.

 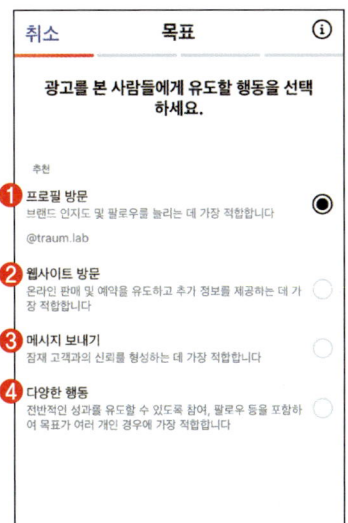

❶ 프로필 방문

브랜드 인지도와 팔로워를 늘리는 데 적합하다. 계정에 충분한 제품·서비스 관련 콘텐츠가 쌓여 있고, 프로필만으로도 신뢰를 줄 수 있을 때 가장 효과적이다.

❷ 웹사이트 방문

제품 판매, 예약, 상세 정보 제공을 원하는 경우 가장 효과적이다. 유입을 원하는 페이지 URL을 추가하면 되며, CTA 버튼은 '더 알아보기', '지금 구매하기', '지금 예약하기', '가입하기' 등 다양한 옵션 중 선택 가능하다. 콘텐츠 목적과 랜딩 페이지 성격에 맞춰 버튼을 설정해야 한다.

❸ 메시지 보내기

고객 상담, 예약, 제품 문의에 유용하다. 특히 DM을 통한 제품 상세 문의와 구매 유도에 효과적이며 질문형 캡션, 스토리 투표, 퀴즈 기능과 함께 활용하면 반응률을 높일 수 있다.

❹ **다양한 행동**

팔로우, 프로필 방문, 웹사이트 이동, 메시지 전송 등 여러 목표를 동시에 추구할 때 적합하다. 특정 목표에 제한되지 않고 전반적인 참여와 성과를 유도하는 데 유리하다.

2) 타겟 정의

타겟 정의는 광고 목표에 맞는 이용자를 구체적으로 설정하는 과정이다. 인스타그램에서는 기본적으로 '자동'과 '직접 설정' 두 가지 방식이 제공되며, 특정 민감 카테고리(신용, 고용, 주택, 정치 등)의 경우 Meta 정책에 따라 제한된다. 일반적인 광고는 '자동(AI 추천)' 또는 '직접 만들기'로 충분히 설정 가능하다. 2025년 현재 Meta Ads Manager와 연동되어 인스타그램 내에서 설정한 타겟을 페이스북, 메신저 등으로도 확장할 수 있다.

❶ **자동 타겟팅**

인스타그램은 현재 팔로워와 유사한 이용자뿐만 아니라 콘텐츠 참여 패턴과 구매 가능성까지 고려한 **AI 추천 타겟**을 제공한다. 팔로워 수가 많지 않아도 최근 콘텐츠 반응 데이터가 일정 수준 이상 확보되면 자동 타겟팅이 가능하다. 광고를 처음 시작하는 소규모 계정에게도 유용하다.

현재 팔로워와 유사한 이용자에게 자동으로 광고를 노출하는 방식이다. 현재 'AI 추천 타겟' 기능이 강화되어, 단순 유사 타겟 외에도 콘텐츠 반응 및 구매 가능성까지 고려한 정교한 타겟이 설정된다.

❷ **직접 타겟 설정**

광고주가 원하는 이용자 특성을 직접 지정할 수 있다. 위치, 연령, 성별, 언어, 관심사와 같은 기본 조건 외에도, 2025년 현재는 **쇼핑 행동, 인게이지먼트 수준, 과거 구매·클릭 이력, 영상 시청 패턴**까지 반영해 세분화가 가능하다. 타겟 그룹별로 이름을 지정해 저장·재사용할 수 있으며, 예상 도달 규모와 성과 예측치를 실시간으로 확인해 전략 수립에 활용할 수 있다.

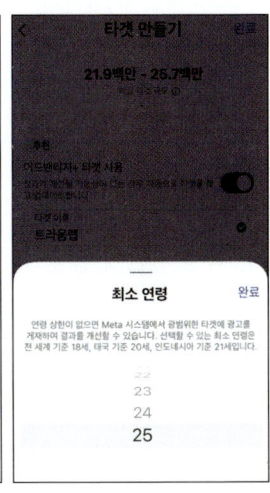

3) 예산 및 기간

예산과 광고 집행 기간을 설정하는 단계다. **일일 예산** 또는 **총예산**을 선택할 수 있으며, 시작일과 종료일을 지정해 캠페인 일정을 조율할 수 있다. 2025년 현재 Meta는 **AI 기반 예산 최적화 기능**을 제공하여, 설정한 기간 동안 광고비를 자동으로 배분해 성과를 극대화한다. 예산을 입력하면 예상 도달 수, 노출수, 클릭수까지 실시간으로 예측치가 표시된다.

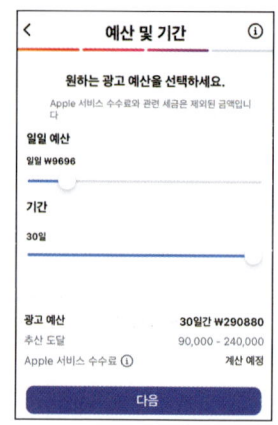

일일 예산을 설정하면 하루 단위로 동일 금액이 집행되며, 총예산을 설정하면 기간 전체에 걸쳐 AI가 자동으로 분배한다. 특정 기간에 집중 노출을 원한다면 **광고 일정 예약** 기능을 활용해 요일·시간별로 노출 빈도를 세밀하게 조정할 수 있다.

광고 예산은 최소 1,000원부터 시작할 수 있으며, 일반적으로 Meta는 **일일 5,000원 이상**을 권장한다. AI 최적화 기능을 활용하면 소규모 예산으로도 효율적인 집행이 가능하지만, 테스트 단계 이후에는 충분한 데이터 축적을 위해 일정 규모 이상의 예산 설정이 바람직하다.

4) 광고 검토

광고 검토 단계에서는 목표, 타겟, 예산·기간, 형식, CTA 버튼을 최종 확인한다. 2025년 현재는 AI 검수 기능이 추가되어 정책 위반이나 설정 오류를 사전에 알려주며, 승인 후 보통 24시간 이내에 광고가 집행된다.

검토를 마친 광고는 승인을 거쳐 노출되며, Meta Ads Manager와 프로페셔널 대시보드에서 실시간 성과를 확인할 수 있다. 필요시 광고를 중단·수정할 수 있으며, AI가 대체 문구나 이미지를 제안해 개선을 돕는다.

광고 집행 후에는 도달, 클릭, 전환 지표를 확인하면서 운영한다. 2025년 현재 Meta는 AI 최적화 기능을 제공해 자동으로 예산과 타겟을 조정한다. 운영자는 지표를 점검하면서 크리에이티브(이미지·영상·카피)와 CTA를 중심으로 개선하면 된다. 필요시 A/B 테스트를 활용해 더 효과적인 조합을 찾을 수 있다.

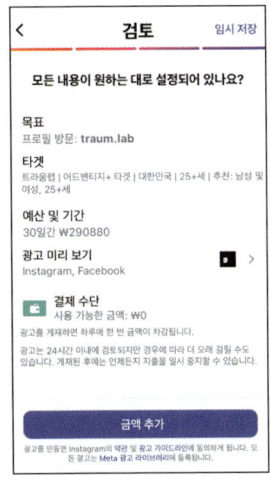

집행 중인 광고 화면

③ 광고 최적화

광고를 기획하고 세팅을 완료했다고 해서 광고 과정이 끝난 것이 아니다. 광고를 집행한 후 결과를 확인하고 인사이트를 도출해 다음 광고를 최적화하는 데 활용해야 한다.

광고에 노출된 이용자가 더 많은 반응을 보이도록 지속적인 개선을 해야 한다. 단순 방문자가 고객, 커뮤니티 구성원 그리고 팬이 될 때까지 전환에 전환이 일어날 수 있도록 끊임없이 최적화를 이뤄나가야 한다.

광고에 활용된 콘텐츠는 비용을 들여 더 넓은 범위의 이용자에게 노출된다. 타겟팅 시스템을 활용해 고객 페르소나의 특성과 같은 이용자들에게 보여진다. 일반적으로 공유하는 콘텐츠의 인사이트보다 더 정교한 데이터를 확인할 수 있는 것이다. 따라서 광고를 집행하는 경우 해당 데이터를 꾸준히 확인하는 것을 추천한다.

광고 콘텐츠의 인사이트를 확인해 간단한 가설을 세운다. 해당 가설에 맞게 광고를 세팅한다. 콘텐츠 이미지, 구성, 캡션 문구와 같이 광고 콘텐츠를 수정해 적용할 수 있다.

광고 목표를 달리하고 CTA 버튼의 문구나 웹사이트의 페이지를 다르게 수정해 이용자를 유도하는 방법을 다르게 시도할 수 있다. 고객 페르소나를 여러 명 설정하거나 하나의 페르소나에서 다양한 특징들을 나눠 타겟 세팅에 적용한다. 각 타겟이 어떤 형태의 콘텐츠, 문구, CTA 버튼에 반응하는지 확인한다.

이와 같은 과정을 통해 콘텐츠와 계정 그리고 고객에게 가장 적합한 광고 콘텐츠를 만들게 된다. 비용을 지불해 광고를 집행하는 것은 궁극적으로 고객을 만들기 위함이지만 단기적으로는 관련 데이터를 얻기 위한 것이기도 하다. 콘텐츠를 노출하는 데에만 광고비를 소비하지 말고 데이터를 활용해 유의미한 결과를 만들어내자.

마케팅과 브랜딩을 위한 SNS 운영을 위해서는 블로그 혹은 유튜브를 메인으로 하면서 인스타그램을 동시에 운영하는 것이 효과적이다. 메인 플랫폼에서 주요 콘텐츠를 만들고 난 뒤 조금만 가공하면 인스타그램에 적용하기 쉽기 때문이다. 여기에 인스타그램 광고를 적용하면 그 효과를 증가시킬 수 있다.

인스타그램에서는 비교적 낮은 비용으로 간단한 과정을 거쳐 마케팅, 브랜딩 광고를 집행할 수 있다. 인스타그램 콘텐츠에서 바로 메인이 되는 플랫폼으로 이용자 유입까지 가능하다. 서브 플랫폼으로서 지속적인 반응을 일으키고 그다음 단계로의 전환까지도 만들어낼 수 있는 것이다. 인스타그램 계정을 운영하면서 적은 비용으로 광고를 집행하는 것을 추천한다.

챗GPT와 AI로
릴스 콘텐츠 기획·제작하기

요즘 인스타그램에서 릴스 콘텐츠는 핵심 채널로 자리 잡았다. 짧고 몰입감 있는 형식 덕분에 브랜드 메시지를 빠르게 전달하고, 알고리즘을 통해 새로운 고객에게 효과적으로 노출될 수 있다. 하지만 릴스 제작은 주제 선정, 스크립트 작성, 촬영·편집, 게시 전략, 성과 분석까지 모든 단계를 체계적으로 준비해야 원하는 성과를 기대할 수 있다.

챗GPT와 다양한 AI 툴을 활용하면 초보자도 빠르고 전략적으로 실행할 수 있다. 콘텐츠 기획부터 영상 제작까지 복잡했던 과정을 간소화하고, 창의적인 인사이트까지 얻을 수 있어 AI에 익숙하지 않은 사람들에게 큰 도움이 된다.

여기서는 릴스 콘텐츠 제작의 전 과정을 다섯 단계로 나누어 소개하며, 각 단계에서 챗GPT와 AI 도구의 구체적인 활용법과 프롬프트 예시를 제공한다.

① 아이디어 발굴과 기획
– 챗GPT로 트렌드에 맞는 콘텐츠 구상하기

릴스 콘텐츠 제작의 시작은 어떤 주제를 다룰 것인지 정하는 일이다. 많은 사람이 여기서 막막함을 느끼지만, 챗GPT를 활용하면 타겟 고객과 트렌드에 맞는 아이디어를 쉽게 찾을 수 있다.

먼저 타겟 고객, 분야(업종), 원하는 형식을 챗GPT에게 명확하게 알려주자.

챗GPT 프롬프트 예시

> 30대 직장 여성 대상, 자존감 회복과 퇴근 후 루틴 주제의 릴스 아이디어 5개 추천해 줘.

최신 트렌드를 반영한 아이디어를 받아보자. 챗GPT는 플랫폼별 유행 포맷과 음악을 반영한 콘텐츠 아이디어를 제공하며, 오프닝 훅, 전개 방식, 마무리 CTA까지 구체적인 구조를 제안한다.

비슷한 주제를 시리즈 콘텐츠로 확장하면 팔로워들의 기대감을 높일 수 있다. 제목, 훅 문장, 자막을 요청하면 콘텐츠 기획이 자연스럽게 완성된다.

2 대본 작성과 스크립트 제작
- 챗GPT로 짧고 임팩트 있는 대사 완성하기

릴스는 짧은 시간 안에 핵심 메시지를 전달해야 한다. Hook → Body → CTA 구조를 활용하면 메시지를 효과적으로 전달할 수 있다.

챗GPT 프롬프트 예시

> 20대 직장인 대상으로 Hook → Body → CTA 구조로 20초 릴스 대본 써줘. 주제는 '퇴사 고민'.

영상 흐름에 맞춘 자막 문장도 챗GPT에게 요청하면 영상 편집 시 시간을 절약할 수 있다.

> 앞서 작성한 대본을 바탕으로 자막 문장을 4줄로 나눠줘.

말투와 분위기는 브랜드와 팔로워의 성향에 맞게 조정할 수 있다.

> 이 대본을 따뜻하고 공감 가는 말투로 바꿔줘.

초안이 완성되면 원하는 스타일과 목표에 맞춰 수정 및 피드백을 반복하면서 최적의 대본을 완성하자.

영상 제작
- AI 영상 생성 및 음성·이미지 툴 활용하기

아이디어와 대본이 준비되었다면 영상 제작 단계로 넘어간다. 영상 제작에 익숙하지 않은 사람도 AI 도구를 활용하면 충분히 수준 높은 영상을 만들 수 있다.

활용할 AI 영상 제작 툴

- **Pika**(https://www.pika.art): 텍스트와 프롬프트를 바탕으로 AI 애니메이션과 영상 장면을 자동 생성하는 툴
- **Runway**(https://runwayml.com): 텍스트에서 비디오 제작, 장면 전환, 시각 효과까지 지원하는 고급 영상 생성 AI
- **Heygen**(https://www.heygen.com): 텍스트 대본을 바탕으로 AI 아바타와 내레이션이 포함된 영상을 제작
- **Invideo**(https://invideo.io): 간편한 템플릿 기반으로 텍스트를 영상 콘텐츠로 변환하는 플랫폼

내레이션 툴

- **ElevenLabs**(https://www.elevenlabs.io): 감정 표현이 가능한 자연스러운 음성을 텍스트에서 생성할 수 있는 음성 합성 AI

영상 편집 툴

- **Canva**(https://www.canva.com): 직관적인 그래픽 디자인 도구로 영상 편집과 자막 삽입 가능
- **CapCut**(https://www.capcut.com): 초보자도 쉽게 사용 가능한 모바일 및 데스크톱 영상 편집 앱. 자동 자막 생성 및 다양한 전환 효과 제공

AI 클립과 실제 촬영한 장면을 적절히 조합하면 몰입감 있는 하이브리드 영상도 만들 수 있다.

챗GPT 프롬프트 예시

> 이 대본으로 Invideo에서 20초 영상 구성 제안해 줘. 씬 분할과 배경, 음악 포함.

> Hook 부분은 시선을 끄는 영상 컷으로 구성해 줘.

이 과정을 통해 AI 툴을 활용하면 초보자도 시간과 비용을 절약하면서도 완성도 높은 영상을 제작할 수 있다. 특히 반복적으로 릴스를 제작해야 하는 브랜드 운영자에게는 큰 효율성과 창의적 다양성을 제공한다.

④ 콘텐츠 게시 전략 수립
- 챗GPT로 업로드 시점과 해시태그 전략 도출하기

콘텐츠를 언제, 어떻게 게시할지는 성과에 큰 영향을 준다. 챗GPT를 활용하면 경험이 부족한 사람도 효율적인 게시 전략을 세울 수 있다.

챗GPT 프롬프트 예시

> 30대 여성 직장인을 타겟으로 한 릴스 콘텐츠에 적합한 업로드 시간대를 추천해 줘.

> 자기계발 릴스에 사용할 해시태그 10개 추천해 줘.

> 저장이나 댓글을 유도할 수 있는 CTA 문구 3개 만들어줘.

게시 시간, 해시태그, CTA 문구까지 챗GPT의 제안을 받아 전략적인 게시 계획을 세워보자. 효과적인 게시 전략은 콘텐츠의 도달률을 높이고, 팔로워와의 상호작용을 촉진하는 데 중요한 역할을 한다.

⑤ 성과 분석 및 리포트
- 인사이트 해석과 개선 전략 도출하기

콘텐츠를 게시한 후 성과를 분석하고 개선 방향을 찾는 과정은 성공적인 콘텐츠 운영에 필수적이다.

챗GPT 프롬프트 예시

조회수 3만, 저장 수 80인 릴스의 개선 포인트를 분석해 줘.

도달은 높지만 댓글이 부족한 릴스의 문제점을 알려줘.

최근 게시한 릴스 3개의 성과 데이터를 기반으로 다음 콘텐츠 전략을 추천해 줘.

챗GPT는 데이터를 바탕으로 제목, 스토리 전개, CTA, 커버 디자인, 해시태그 등 개선 방향을 제안해 준다. 주간 또는 월간 리포트도 요청하면 콘텐츠 운영의 흐름을 정리할 수 있다.

성과 분석과 리포트를 통해 단순히 숫자를 확인하는 것을 넘어, 어떤 콘텐츠가 잘 작동하는지, 어떤 부분을 개선해야 하는지를 명확히 파악할 수 있다. 이렇게 도출한 인사이트는 다음 콘텐츠 제작의 방향성을 제시하며, 릴스 운영의 성공 가능성을 지속적으로 높여준다.

릴스 콘텐츠 제작은 기획, 제작, 게시, 분석까지 모든 단계를 전략적으로 관리해야 좋은 결과를 얻을 수 있다. AI 도구를 적극적으로 활용하면 초보자도 빠르게 효율적인 릴스 콘텐츠를 제작하고 운영할 수 있다. 데이터와 AI 기반의 전략적인 접근으로 더 큰 성과를 만들어보자.

인스타그램 콘텐츠는 감이 아닌 전략으로! QR 코드를 찍고 인스타그램 실습 워크북과 콘텐츠 제작 가이드를 경험해보세요.

6장

가장 강력한 SNS, 유튜브

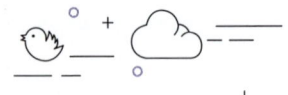

01 유튜브를 마케팅에서 빼놓을 수 없는 이유

유튜브는 콘텐츠를 생산하는 데 가장 진입 장벽이 높은 SNS 플랫폼이다. 관련 장비와 프로그램을 어느 정도 다룰 수 있어야 콘텐츠 생산이 가능하기 때문이다. 알고리즘의 선택을 받는 것도 쉽지 않다. 인기 채널의 전체 조회수 중 79%는 오직 10%의 동영상이 차지한다.

구독자 100만 명을 목표했을 때는 선뜻 도전하기 어려운 플랫폼이다. 그러나 구독자 1,000명만 넘어도 수익화가 가능하다. 만 명 정도가 되면 강의, 컨설팅 같은 외부 수익 창출이 가능하다. 게다가 우리의 기본 목표는 유튜브를 활용해 우리의 제품과 서비스를 마케팅하고 브랜딩하는 것이다.

이런 관점에서 유튜브는 전략에서 절대 제외시킬 수 없는 플랫폼이다. 현재 많은 사람이 오랜 시간 머무는 플랫폼이기 때문이다. 전 세계 월간 이용자 수 25억 명, 하루 평균 시청 시간은 12억 시간 이상이다(Statista, 2025년 1월 기준). 아이지에이웍스의 분석에 따르면 2024년 기준 국내 유튜브 앱 월평균 사용자는 약 4,663만 명(우리나라 인구의 약 88%)이다. 유튜브의 여러 장점과 서비스를 잘 활용한다면 100만 구독자를 보유하지 않아도 충분한 마케팅과 브랜딩 효과를 만들 수 있다.

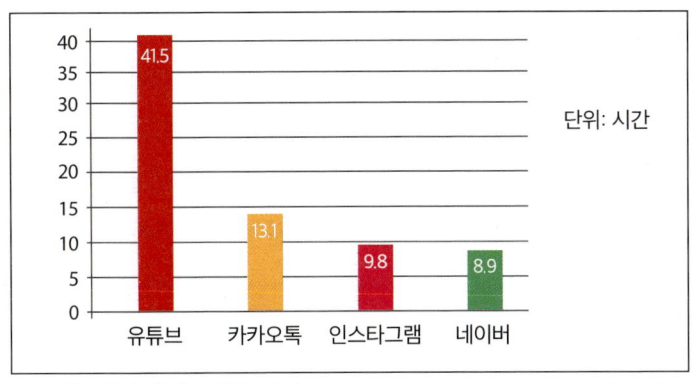

주요 앱 1인당 월평균 사용 시간 (자료: 아이지에이웍스)

1 유튜브 장점

　한국은 수익 채널 유튜버의 밀집도가 세계 최고다. 2023년 기준 유튜브 수익 창출 기준을 만족한 국내 채널 수는 약 15만 개로, 인구 350명당 1채널에 해당한다. 이는 늦게 시작해도 불리하지 않다는 점을 방증한다. 유튜브는 제로섬 게임이 아니라, 각자 자신의 타겟과 영역을 넓혀갈 수 있는 무한 확장의 플랫폼이기 때문이다.

　많은 구독자를 지닌 크리에이터들은 우리의 조력자와 같다. 그들 덕분에 우리가 고객으로 만들고자 하는 타겟의 수가 증가한다. 그들이 쌓아놓은 데이터를 기반으로 내 콘텐츠가 그들의 구독자에게 노출되기도 한다.

　유튜브 콘텐츠는 동영상, 음성, 자막을 모두 적용할 수 있어 어려운 주제도 전달이 용이하다. 이야기하는 듯한 형식으로 주로 전달되어 신뢰도가 높으며, 팬덤 형성도 유리하다. 유익한 콘텐츠를 꾸준히 생산하고 알고리즘을 잘 활용한다면 채널의 폭발적인 성장이 가능하다. 이런 장점은 콘텐츠와 채널뿐만 아니라 관련 제품과 서비스에도 영향을 미친다. 유튜브의 장점을 내 제품과 서비스에 어떻게 활용할지 구상해 보자.

이용 시간

국내 SNS 플랫폼 중에서 가장 긴 이용 시간을 기록한다. 이용 연령대 또한 다양하게 분포되어 있다. 10대~20대가 가장 높은 이용 시간을 기록하고 있지만 30~50대 이상까지 모든 연령이 활발하게 유튜브를 시청하고 있다.

이는 타겟 고객이 유튜브에 있다는 것을 의미한다. 마케팅과 브랜딩을 위해서는 사람들이 오랜 시간을 보내는 미디어를 공략해야 한다. 세계적으로 TV 광고비는 매년 삭감되고 있는 반면 유튜브 광고비는 증가하고 있다.

긴 시간을 할애하는 만큼 이용자는 유튜브 트렌드에 빠르게 적응하고 있다. 내 주제와 관련된 콘텐츠들을 끊임없이 관찰하자. 이용자가 선호하는 요소와 트렌드를 내 제품과 서비스의 특성에 맞게 가공해 콘텐츠에 적용하자.

폭넓은 콘텐츠 영역

유튜브의 주제는 한계가 없다. 게임, 유머, 먹방, 키즈, 커버곡, 패션, 요리, 여행, 전자기기 리뷰 등 친근한 주제부터 주식, 코인, 부동산, 투자, 의학, 법학 등 전문적인 콘텐츠까지 다양하다. 먹방 ASMR, 슬라임 만들기, 키덜트 장난감 리뷰처럼 세분화되어 다뤄지고 있다. 개념부터 실행 가능한 세부 정보까지 지식의 깊이가 더해지고 있다. 업로드되는 콘텐츠 수가 증가할수록 영역과 깊이는 더욱 확장된다. 우리의 제품과 서비스에 맞는 새로운 콘셉트도 무리 없이 시도해 볼 수 있다는 의미다.

큰 범위의 주제는 선점 채널이 있을 가능성이 높다. 그래서 핵심 내용을 최대한 세분화해야 한다. 지금의 이용자는 공감할 수 있는 스토리에만 반응한다. 전체적인 콘셉트는 고객 페르소나가 속한 니치마켓을 타겟으로 하고, 콘텐츠 주제는 고객 페르소나가 공감할 수 있는 이야기로 채워야 한다.

탐색 기반 알고리즘

유튜브 알고리즘은 사용자의 시청 이력, 검색 기록, 시청 시간, 반응(좋아요/싫어요/댓글 등)을 종합해 개인 맞춤형 콘텐츠를 추천한다. 최근에는 유사 성향을 가진 사용자 집단의 콘텐츠 소비 패턴도 반영된다. 예를 들어, 내가 보지 않은 주제라도 나와 비슷한 관심사를 가진 집단이 좋아한 콘텐츠가 추천되는 것이다. 여기에 추가로 비슷한 성향의 사람들이 보는 동영상까지도 추천해 주면서 이용자도 미처 몰랐던 취향을 발견하게 한다. "나 이런 거 좋아했네?"와 같은 반응이 나오는 이유다.

알고리즘이 정교해질수록 좋은 콘텐츠는 노출될 기회가 더 많아진다. 콘텐츠에 적합한 이용자에게 노출되면서 전환율 또한 상승된다. 이런 알고리즘의 도움을 받기 위해서는 우선 유익한 콘텐츠를 제작해야 한다. 알고리즘이 콘텐츠에 대한 정보를 쌓을 수 있도록 콘텐츠를 주기적으로 생산해야 한다. 시청자의 반응을 높일 수 있는 장치들도 적극적으로 적용하자.

콘텐츠의 높은 활용도

하나의 유튜브 콘텐츠를 기획, 제작, 편집하는 과정에서 여러 개의 다양한 콘텐츠를 생산할 수 있다. 글, 사진, 동영상, 음성의 모든 콘텐츠 형태가 하나로 더해진 것이 유튜브 콘텐츠이기 때문이다.

각각의 형태를 따로 편집하고 각 SNS 매체에 맞게 가공하면 다른 SNS에서 확산시킬 수 있다. 한 명의 크리에이터 혹은 한 브랜드의 콘텐츠를 다른 플랫폼에서 여러 번 접한 이용자는 크리에이터에 대한 신뢰도가 높아진다.

완성된 동영상을 짧은 길이로 편집하면 유튜브 쇼츠, 인스타그램 릴스, 틱톡에서 활용할 수 있다. 콘텐츠를 기획한 내용이나 동영상 멘트는 다듬어 네이버 블로그로 작성 가능하다. 콘텐츠 제작 과정에서 틈틈이 사진을 찍어 블로그와 인스타그램 피드로 적용하는 것도 유용하다. 마지막으로 동영상에서 멘트한 음성만 따로 파일로 만들어 팟캐스트와 같은 오디오 콘텐츠도 만들 수 있다. 이때 주의해야 할 점은 단순한 콘텐츠 형태뿐만 아니라 디테일한 부분도 각 플랫폼의 특징에 맞게 다듬어야 한다는 것이다.

다양한 수익 구조 창출

유튜브는 시청자가 선호하는 콘텐츠를 생산해야 이용 시간이 증가한다. 이용자 수와 이용 시간이 증가할수록 유튜브 수익이 상승한다.

유튜브는 유익한 콘텐츠를 제작하는 크리에이터에게 다양한 방식의 수익을 제공한다. 기본적인 애드센스 광고 외에도 슈퍼챗, 슈퍼스티커, 슈퍼땡스와 같은 팬 참여형 기능, 채널 멤버십, 유료 커뮤니티 탭, 자체 상품 판매, 유료 PPL, 스폰서 콘텐츠, 쇼츠 보너스 프로그램까지 확대되었다. 특히 2024년부터는 'YouTube BrandConnect' 플랫폼이 국내에도 도입되면서 브랜드와 크리에이터 간의 직접 연결이 더욱 쉬워졌다. 크리에이터는 하나의 채널을 활성화시켜 구독자들과 소통을 통해 여러 수익을 만들어낼 수 있는 것이다.

충분한 수의 구독자를 보유했다는 것은 그만큼 자신의 분야에서 전문성을 갖추었다는 의미다. 이런 특징으로 인해 크리에이터들은 구독자 1만 명 수준부터 다양한 수익 구조를 펼쳐나간다. 그동안 구독자들에게 전달했던 정보를 기반으로 출간, 강연, 컨설팅과 같은 방향으로 수익 구조를 창출한다. 소상공인의 경우 제품과 서비스의 마케팅을 최종 목표로 운영하면서도 관련 분야에 집중하면 위와 같이 여러 수익 구조를 추가로 창출할 수 있다.

② 유튜브 활용 예시

유튜브는 내용도 중요하지만 이미지와 동영상이 콘텐츠의 주요 형식이다. 비주얼이 강조되는 분야라면 유튜브를 메인으로 운영하는 것을 추천한다.

유튜브 동영상 콘텐츠는 내용 이해와 집중도가 다른 플랫폼 콘텐츠보다 높다. 그만큼 콘텐츠의 파급력도 크다. 채널을 신뢰하는 구독자가 일정 수준이 되면 마케팅, 브랜딩 효과와 함께 여러 수익 구조 창출도 가능하다.

캠핑 가는 아빠 A

A는 월 2회 5살, 8살 아이들과 캠핑을 한다. 싱글일 때부터 캠핑을 시작해 캠핑을 주제로 네이버 블로그를 7년간 운영하기도 했다. 자연 풍경과 캠핑하는 모습은 동영상 콘텐츠로 전달하기가 좋다고 생각해 4년 전부터 유튜브를 메인 플랫폼으로 운영하고 있다. 아이들이 생긴 후부터는 가족 캠핑에 관련된 정보를 주로 공유하게 되었다.

콘텐츠 내용은 아이들의 성장, 계절, 캠핑 지역과 주변 환경에 따라 세분화된다. 아이 양육, 가정생활과 같은 이야기를 하면서 공감을 이끌어내고 있다. 가족들과 캠핑을 즐기고 있거나 준비하는 3040 남자들이 A 채널의 주요 타겟이다. A는 캠핑 초보와 아이들도 즐길 수 있는 캠핑 지식과 캠핑 용품을 소개해 주는 친근한 아빠로 자신을 브랜딩하면서 소통하고 있다.

유튜브를 시작한 초반에는 주요 타겟이 콘텐츠에 유입될 수 있도록 캠핑장에서 캠핑 장비, 캠핑 팁을 소개하는 데 집중했다. 시청자들의 흥미를 위해서 가족이나 친구들과 캠핑하며 직접 경험했던 이야기를 더했다. 구독자 3만 명이 되었을 때부터는 캠핑장에서 조금씩 확장하기 시작했다. 캠핑샵에서 용품 쇼핑, 집에서 캠핑 준비, 캠핑 후 정리와 같이 주변 이야기를 더했다. 시청자들은 주로 캠핑 관련 정보를 얻었거나 자연 풍경을 즐기기 위해 콘텐츠를 시청했다. 캠핑장 밖에서의 모습을 추가하고 나서는 공감하는 부분이 늘어나면서 구독자의 참여가 늘었다.

알고리즘은 A의 채널을 캠핑이나 여행에 관심 있는 사람에게 지속적으로 추천한다. 정보를 검색하는 사람에게도 A의 채널을 우선으로 노출시켜준다. 덕분에 검색 유입도 30% 이상이 된다. 시청자들은 캠핑과 관련된 다양한 팁 이외에도 자연 풍경, 아이와 아빠가 즐겁게 캠핑하는 모습을 보면서 콘텐츠를 끝까지 시청한다. 복잡해 보이는 장비 설치도 쉽고 친절하게 설명해 주는 A를 신뢰하게 된다. 캠핑 고수가 추천해 주는 캠핑장을 다음 여행지로 선택한다.

흥미로운 콘텐츠를 제작한 덕분에 사람들이 콘텐츠를 이탈하지 않고 시청하면서 광고 수이이 증가된다 추천하는 제품들은 설명란에 쿠팡 파트너스 링크를 추가해 수익을 만들어내고 있다. 진정으로 제품을 소개하는 A에게 캠핑 용품 기업들은 제품 협찬을 요청한다. 캠핑장이나 지역 관광청에서는 홍보 영상 제작을 의뢰하기도 한다. 이렇게 취미 생활과 관련된 경험을 공유하면서 A는 제 2의 월급을 만들어내고 있다.

유튜브를 사용하는 시간이 길어지면서 다양한 업종과 연령층에서 유튜브 콘텐츠가 주요한 정보 습득 수단이 되었다. 짧은 시간에 유용한 정보를 얻을 수 있고, 반복 시청이 가능한 영상 콘텐츠의 특성상 구매 전 조사와 학습용으로 적극 활용되고 있다. 최근 조사에 따르면 소비자의 68%는 유튜브에서 제품 리뷰나 사용 후기를 본 뒤 구매 결정을 내린다고 답했다.

시청자에게 도움이 되는 실질적인 경험이나 정보를 제공할 수 있다면 누구나 유튜브를 통해 전문가로 인식될 수 있다. 학위나 자격증보다 중요한 것은 '시청자의 문제를 해결해 주는 콘텐츠'다. 기본 콘텐츠 이외에 실시간 스트리밍, 커뮤니티 기능 등을 활용한다면 다른 플랫폼을 추가로 운영하지 않아도 된다. 유튜브 하나만으로도 충분히 콘텐츠를 제작하고 시청자들과 자주 소통할 수 있다. 구독자 천 명을 넘어서면 유튜브가 크리에이터에게 제공하는 다양한 수익 구조를 활용할 수 있다.

필라테스 강사 B

필라테스 강사 B는 필라테스 스튜디오를 운영하고 있다. 운동을 하고 싶지만 개인 레슨이 부담스럽거나 운동 스튜디오에 갈 시간이 없는 엄마들이 B의 주 구독자다. 거실이나 안방에서 매트 하나로 할 수 있는 운동을 공유한다. B는 딸을 출산한 뒤 몸이 약해져 힘들었지만 필라테스를 통해 건강하고 예쁜 몸을 되찾았다. B는 자신의 경험을 바탕으로 출산 후 운동할 시간이 없는 엄마들에게 짧은 운동으로 건강해질 수 있는 방법을 콘텐츠로 공유한다. 엄마의 몸매와 건강을 위한 다이어트 방법도 운동 콘텐츠에서 틈틈이 전해주고 있다.

콘텐츠는 필라테스 동작을 기본으로 하지만 생활 속 환경을 이용한다. 아이가 겨우 잠들었을 때 소음없이 할 수 있는 운동과 같이 구독자가 공감할 수 있는 상황에서 콘텐츠를 제작한다. B는 출산 후 망가진 자신의 몸매와 꾸준한 운동 뒤에 얻은 건강한 몸매를 비교하며 보여준다. 아이를 키우느라 자신을 돌봄 틈이 없던 엄마들에게 따뜻한 응원을 보내기 위해서다. 구독자에게 B는 용기를 주는 옆집 언니이자, 내 건강을 책임져주는 개인 트레이너로 포지셔닝하고 있다.

B는 10분 단위의 짧은 동영상부터 30분, 45분, 60분까지 여러 길이의 운동 영상을 올린다. 주요 동작을 1분으로 압축해서 쇼츠 콘텐츠로 활용하고 있다. 구독자 천 명을 달성한 후에는 일주일에 2회, 50분 운동을 실시간 스트리밍으로 한다. 운동이 마무리되면 해당 동영상은 저장해서 동영상 콘텐츠로 공유한다. 콘텐츠가 없는 날에는 커뮤니티 기능으로 구독자에게 다이어트나 운동에 관련된 팁을 전달한다.

최근에는 채널 멤버십을 개설했다. 실시간 스트리밍을 통해 주 3회 멤버십 회원들만을 위한 운동을 알려주고 있다. 이 외에도 개인 레슨을 원하는 구독자는 B가 운영하는 스튜디오로 직접 연락을 준다.

B의 콘텐츠를 처음 접한 시청자들은 육아맘의 생활을 이해하고 실제 생활에 적용할 수 있는 운동법을 보면서 동기부여를 받는다. 운동을 하면서도 고민 상담을 해주는 듯한 콘텐츠 내용에 집중하게 된다. 따뜻한 응원에 B와 함께 하는 운동을 결심한다.

B의 구독자들은 한 가지 동작을 제대로 익히기 위해 하나의 콘텐츠를 여러 번 반복 시청한다. 실시간 스트리밍으로 운동을 마치고 나면 슈퍼챗을 구매해 B의 열정적인 코칭에 감사 표시를 한다. 더 자주 B와 운동을 하고 싶은 구독자들은 멤버십 회원으로 가입한다. 깊은 신뢰를 넘어서 B의 진정한 팬이 된 구독자들은 B가 하는 모든 일에 참여하고 큰 비용도 기꺼이 지불한다.

B는 유튜브만으로 본인과 운영하는 스튜디오의 브랜드를 성공적으로 구축했다.

동영상으로 제작해야 하는 유튜브 콘텐츠가 다른 플랫폼 콘텐츠에 비해 부담스러운 것은 사실이다. 그러나 유튜브의 압도적인 이용자 수와 이용 시간은 유튜브의 파급력을 더욱 크게 만들고 있다. 마케팅과 브랜딩을 목적으로 SNS를 운영하는 우리에게 절대 빼놓을 수 없는 매력적인 플랫폼이다.

일단 시작해 보자. 유익한 내용이라면 높은 수준의 편집 기술은 필요 없다. 콘텐츠 촬영과 편집 모두 스마트폰 하나로 가능하다. 고객 페르소나의 특성에 집중한다면 유튜브 알고리즘이 콘텐츠 노출을 도와줄 것이다. 꾸준히 콘텐츠를 생신하고 시청자와 소통하며 구독자 수를 늘려나가자. 채널과 크리에이터를 신뢰하면서 마케팅과 브랜딩이 자연스럽게 이루어진다. 추가적으로 부가 수익도 창출할 수 있다.

02 시청자를 고객으로 만드는
유튜브 채널 만들기

알고리즘이 추천해 주는 콘텐츠를 무작위로 시청하던 이용자가 우연히 마음에 드는 동영상을 보게 되었다. 영상의 흐름, 톤, 주제에 만족한 시청자는 자연스럽게 프로필을 클릭해 채널로 이동한다.

유튜브는 콘텐츠보다 채널 단위로 구독하는 이용자 비율이 높기 때문에 홈 화면 구성과 재생목록 정리는 매우 중요하다. 최근에는 브랜드 채널도 스토리텔링형 썸네일과 주제별 재생목록으로 신뢰와 구독률을 높이고 있다.

구독 버튼은 동영상 하단에 있지만 이용자들은 영상 하나만으로 구독을 결정하지 않는다. 최소 2~3개의 콘텐츠를 확인한 후 채널의 전문성, 일관성, 신뢰성을 종합적으로 판단해 구독 여부를 결정한다. 따라서 채널 홈 화면은 '무엇을 다루는지', '누구를 위한 채널인지', '어떤 가치를 제공하는지'를 명확하게 보여주는 구조로 설정해야 한다.

이번 파트에서는 채널의 특징과 톤앤매너를 적용할 수 있는 채널 맞춤설정에 대해 알아보자. 홈 화면 상단에 나타나는 재생 목록도 꼼꼼히 설정해 방문자를 구독자로 전환시킬 수 있는 채널을 만들자.

① 유튜브 채널 만들기와 맞춤설정

1) 유튜브 채널 만들기

유튜브 채널을 개설하려면 구글 계정이 필요하다. 유튜브(https://www.youtube.com)에 접속해 구글 계정으로 로그인한 뒤, 오른쪽 상단의 프로필 아이콘을 클릭한다. **내 채널 → 채널 만들기**를 선택하면 개인 채널 개설이 시작된다. 채널이 생성되면 '**유튜브 스튜디오(YouTube Studio)**'에서 콘텐츠와 채널 전반을 관리할 수 있다.

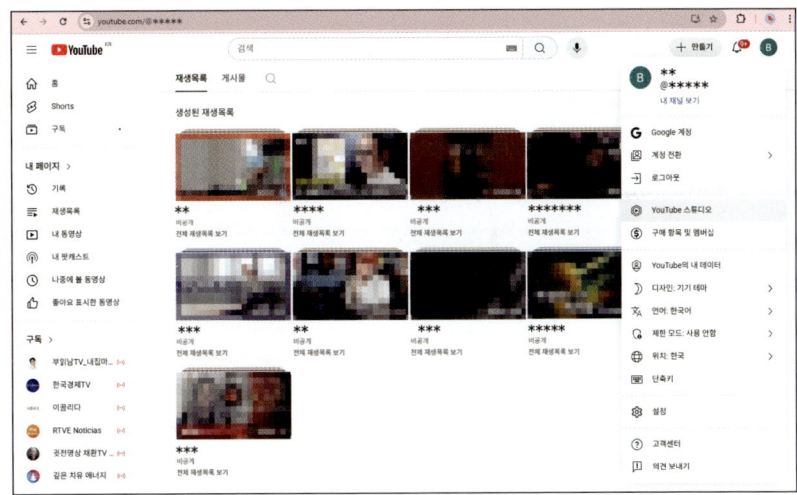

2) 유튜브 스튜디오 맞춤설정

YouTube 스튜디오에서 **맞춤설정**을 클릭한다.

유튜브의 맞춤설정은 '프로필'과 '홈 탭' 두 영역으로 구분된다.

[프로필]

프로필은 채널의 정체성을 드러내는 기본 설정 공간으로, 이름, 핸들, 설명, 프로필 이미지, 배너 이미지, 워터마크 등을 수정할 수 있다. 프로필은 브랜드의 첫인상을 결정짓는 핵심 구간이기도 하다. 이 단계에서 채널의 시각적 일관성을 완성해야 하며, 특히 프로필 사진과 배너의 디자인, 채널 이름과 설명의 톤이 일치할수록 신뢰도와 기억도가 높아진다.

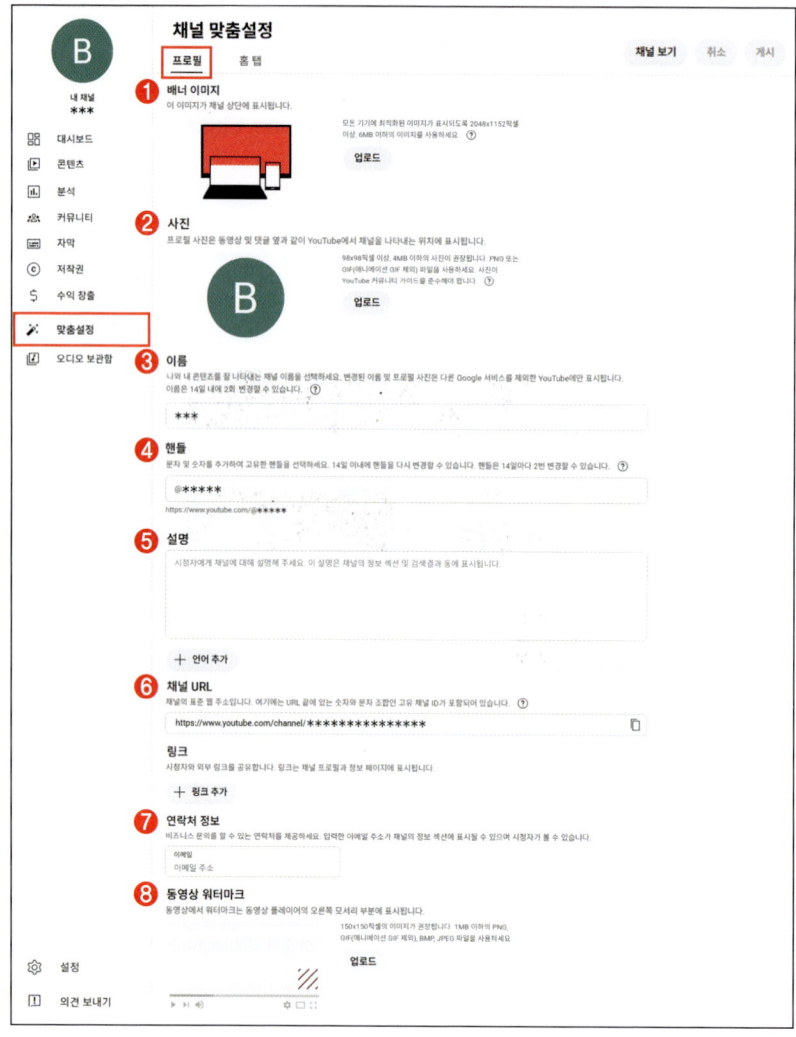

❶ 배너 이미지

배너 이미지는 채널의 첫인상이다. 홈 화면 상단에 노출되며, 브랜드의 콘셉트와 톤을 가장 직관적으로 보여준다. 권장 크기는 2560×1440픽셀이며, 텍스트와 로고는 중앙의 안전 영역에 배치해야 한다. 모바일에서는 일부 영역이 잘려 보일 수 있으므로 핵심 요소는 중앙에 두는 것이 좋다.

❷ 사진

사진은 채널의 얼굴이다. 작은 화면에서도 인식될 수 있도록 단순하고 명확한 이미지를 사용하는 것이 좋으며, 배너와 색상과 톤을 통일하면 브랜드의 일관성을 높일 수 있다. 프로필 사진 하나로도 '누가 운영하는 채널인지'를 바로 인식할 수 있도록 만드는 것이 핵심이다.

❸ 이름

이름은 채널의 방향성과 개성을 담는 가장 중요한 요소다. 짧고 명확하게, 콘텐츠의 주제나 정체성이 한눈에 드러나야 한다. 가능하다면 다른 SNS 계정과 이름을 통일해 검색 효율과 브랜드 연결성을 높인다.

❹ 핸들

핸들은 채널을 구분하는 고유 주소로, '@' 기호로 시작하며 예를 들어 @traumlab처럼 표시된다. 다른 채널과 중복되지 않기 때문에 검색이나 댓글, 협업 제안 등에서 정확히 식별할 수 있는 디지털 서명 역할을 한다. 설정한 핸들은 채널 주소에도 자동으로 반영된다. 핸들은 단순한 닉네임이 아니라 브랜드의 정체성을 드러내는 디지털 서명이다.

❺ 설명

설명은 두세 문장으로 채널의 핵심 메시지를 요약한다. 무엇을 다루는 채널인지, 어떤 사람에게 도움이 되는지, 그리고 왜 구독해야 하는지를 간결하게 제시한다. 예를 들어 "직장인의 브랜딩과 성장을 돕는 실전 콘텐츠 채널."처럼 한 문장으로도 충분하다.

❻ 채널 URL, 링크

유튜브 채널에는 기본적으로 두 가지 주소가 있다. 하나는 채널 개설 시 자동으로 생성되는 기본 URL, 다른 하나는 브랜드명 기반으로 설정할 수 있는 맞춤 URL이다. 최근에는 핸들(@계정명)이 곧 맞춤 URL로 적용되기 때문에 핸들을 설정하면 URL도 함께 정리된다. 핸들은 채널의 신뢰도와 완성도를 높인다. 복잡한 주소 대신 브랜드명으로 공유할 수 있기 때문이다. 가능한 빨리 브랜드명으로 설정해 두는 것이 좋다.

❼ 연락처 정보

연락처 정보는 채널의 신뢰를 결정짓는 요소다. 협업이나 문의를 받을 공식 이메일을 등록하면 브랜드 채널로서의 신뢰감이 높아진다. 유튜브는 기본 정보 섹션에 입력한 이메일을 '정보' 탭에 자동으로 표시한다.

❽ 동영상 워터마크

워터마크는 영상의 오른쪽 하단에 표시되는 작은 로고다. 브랜드 로고나 심볼을 등록해두면 모든 영상에서 동일한 시각적 인상을 줄 수 있다. 시청자가 워터마크를 클릭하면 구독 페이지로 이동하기 때문에 작은 크기라도 브랜딩 효과는 크다. 프로필, 배너, 워터마크가 하나의 통일된 시각 언어를 갖추면 브랜드 인지도가 빠르게 형성된다.

[홈 탭]

홈 탭은 채널을 방문한 사용자가 가장 먼저 마주하는 메인 화면으로, 트레일러 영상, 추천 콘텐츠, 재생목록, Shorts, 인기 영상 등을 어떤 순서로 배치할지 결정하는 공간이다. 홈 탭의 구성은 구독 전환율에 직접적인 영향을 미치기 때문에, 첫 화면에서 채널의 주제와 콘텐츠 스타일이 명확히 드러나야 한다. 프로필이 브랜드의 얼굴이라면, 홈 탭은 브랜드의 스토리를 전달하는 무대다.

새로운 고객을 맞이하는 채널의 모습이 방문자에게 어떻게 보이는지 상세히 확인해야 한다. 방문자가 채널에서 접하는 콘텐츠와 분위기에 따라 구독자로의 전환 여부가 결정되기 때문이다.

레이아웃

레이아웃은 자유롭게 구성할 수 있으며, 기본적으로 '추천', '동영상', 'Shorts', '이전 실시간 스트림', '생성된 재생목록', '게시물', '컬래버레이션' 순으로 배치된다. 각 섹션은 채널의 콘텐츠 성격과 운영 목표에 따라 조정할 수 있다. 각 항목의 동영상 관리는 '콘텐츠' 탭에서 종류별로 설정할 수 있다.

예를 들어, 교육 콘텐츠를 다루는 채널이라면 주제별 재생목록을 상단에 배치해 구조적으로 정리하는 것이 효과적이다. 반면 라이프스타일 채널이라면 최신 업로드와 Shorts를 중심으로 배치해 지속적인 노출과 빠른 회전율을 확보하는 것이 좋다.

홈 탭의 핵심은 '방문자가 처음 들어왔을 때 5초 안에 채널의 방향성을 파악할 수 있게 만드는 것'이다. 따라서 주요 영상은 시각적으로 집중도를 높이는 썸네일과 제목을 사용하고, 콘텐츠 흐름이 자연스럽게 이어지도록 섹션의 순서를 설계해야 한다. 홈 탭의 레이아웃은 단순한 정렬이 아니라, 시청자의 시선을 이동시키며 브랜드 스토리를 전달하는 구조적 디자인이다.

3) 유튜브 스튜디오 콘텐츠

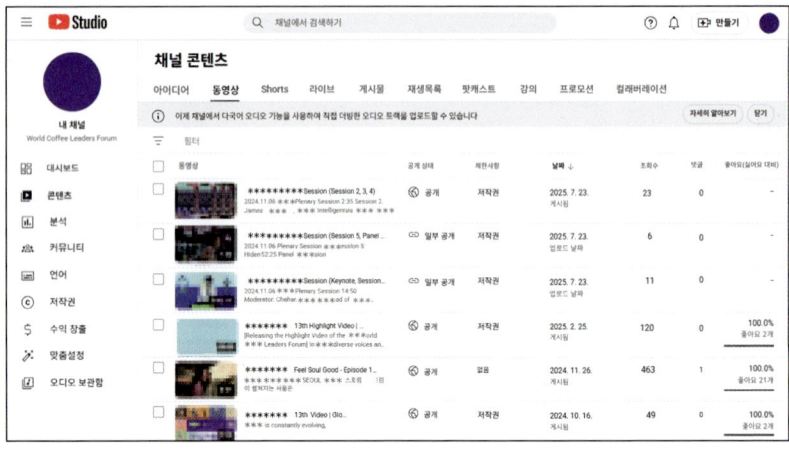

유튜브 스튜디오의 '콘텐츠' 페이지는 채널에 업로드된 모든 영상과 Shorts, 라이브 스트리밍, 게시물 등을 한눈에 관리할 수 있는 핵심 공간이다. 이 페이지에서는 영상의 공개 상태, 조회수, 댓글 수, 좋아요 비율, 업로

드 날짜 등 주요 정보를 한 번에 확인할 수 있다.

각 콘텐츠는 목록 형태로 정리되어 있으며, 제목 옆의 썸네일을 클릭하면 해당 영상의 세부 설정으로 바로 이동할 수 있다. 상단 탭에서는 '동영상', 'Shorts', '라이브', '게시물', '재생목록', '팟캐스트' 등 콘텐츠 유형별로 구분해 관리할 수 있다. '공개', '미등록', '비공개' 상태를 설정할 수 있고, 필요한 경우 여러 영상을 선택해 일괄 편집이나 삭제도 가능하다. 또한 각 영상의 오른쪽 메뉴에서는 제목, 설명, 태그, 썸네일, 카드, 자막, 수익 창출 여부 등을 수정할 수 있다.

콘텐츠 페이지는 단순한 영상 목록이 아니라 채널 운영의 중심 대시보드로, 어떤 영상이 시청자에게 반응이 좋은지, 어떤 콘텐츠가 조회가 낮은지를 지속적으로 점검하며 콘텐츠 전략을 조정하는 기준이 된다.

아이디어

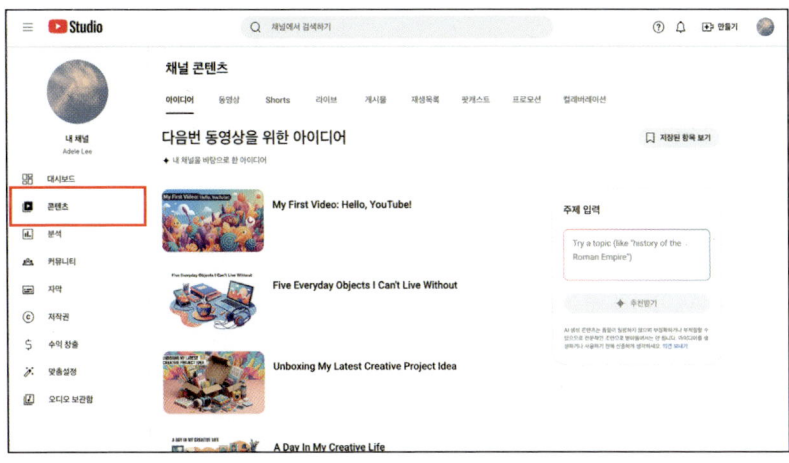

'아이디어' 항목은 유튜브 스튜디오 콘텐츠 탭에서 가장 새롭게 변화한 기능이자, 생성형 AI를 활용해 크리에이터의 기획 단계를 지원하는 공간이다. 이 영역은 기존의 단순한 영상 관리 기능을 넘어, 채널의 주제와 업로드 패

턴, 시청자 반응 데이터를 기반으로 다음 영상에 대한 아이디어를 자동으로 제안한다. 화면 상단에는 "다음번 동영상을 위한 아이디어"라는 문구와 함께 채널 특성에 맞춘 추천 주제가 표시되며, 사용자는 우측의 입력창에 주제 키워드를 입력해 AI의 추가 제안을 받을 수 있다.

예를 들어 "비교 영상"이나 "리뷰 콘텐츠" 같은 일반적인 아이디어를 입력하면, AI가 채널의 과거 콘텐츠와 연관성이 높은 세부 주제나 제목 예시를 생성한다. 이 기능은 단순히 아이디어를 나열하는 데 그치지 않고, 알고리즘상 유리한 영상 구조와 키워드 방향까지 함께 제안한다는 점에서 기존 대비 큰 진전이다. 특히 Shorts나 라이브 영상 아이디어도 함께 제시하기 때문에, 크리에이터는 어떤 포맷이 현재 채널 성장에 가장 효과적인지 한눈에 파악할 수 있다.

유튜브는 AI 추천의 정확도를 높이기 위해 채널의 시청 데이터와 조회 패턴을 실시간으로 반영하고 있으며, 제안된 아이디어는 사용자의 피드백에 따라 지속적으로 업데이트된다. 즉, 아이디어 탭은 단순한 '기획 메모'가 아니라, 크리에이터의 콘텐츠 기획을 자동화하고 효율화하는 새로운 'AI 브레인' 기능이다.

구독을 결정하기 전에 이용자는 채널을 먼저 방문한다. 채널 공간은 방문자들을 위해 크리에이터가 구성할 수 있는 공간이다. 채널에 대한 설명을 직접 할 수 있다. 방문자를 위한 콘텐츠를 선정해서 보여주는 것도 가능하다.

작은 부분이지만 마케팅과 브랜딩의 최종 목표를 생각하며 설정하자. 채널 방문자를 더 많은 콘텐츠로 유입시키는 방법을 고민해 보자. 처음 채널에 유입된 방문자에게 전달할 메시지를 홈 화면에 녹여낼 수 있도록 하자. 이런 노력들이 단순한 방문자를 구독자로, 더 나아가 내 고객으로 만드는 브랜딩 과정에 중요한 역할을 한다.

관심사 중심, 유튜브 알고리즘 파악하기

"나한테 이거 왜 추천한 거야?... 근데 고마워!", "어머, 나 이거 좋아했었네?" 유튜브를 보면서 한 번씩은 이런 생각을 해봤을 것이다.

유튜브 알고리즘은 콘텐츠를 끊임없이 추천해 주기 때문에 앱을 종료하고 빠져나오는 게 쉽지 않다. 유튜브가 가장 긴 이용 시간을 기록하고 있는 큰 이유다.

이용자의 취향을 정교하게 분석한 알고리즘은 과거 콘텐츠도 다시 주목받게 만든다. 가수 비의 '1일 1깡', 무명 시절 브레이브걸스의 '롤린', 2PM 준호의 '우리집' 영상처럼 유튜브 알고리즘이 만들어낸 역주행 사례는 대표적인 예다. 특히 최근에는 숏폼 콘텐츠인 'Shorts'에 대한 추천 기능이 강화되면서, 새로운 크리에이터가 빠르게 노출되고 성장할 수 있는 환경이 마련되고 있다.

유튜브는 한 가지 알고리즘으로 콘텐츠를 노출시키는 것이 아니다. 유튜브는 콘텐츠와 이용자의 다양한 데이터를 수집하고 분석한다. 썸네일, 제목, 설명, 자막, 동영상 내용 등 콘텐츠를 파악한다. 이용자가 반응하는 콘텐츠, 시청 시간, 이용자의 성향까지도 알고리즘은 이해하고 있다. 이런 데이터들을 계산하고 매칭해서 취향을 저격하는 콘텐츠를 이용자에게 추천해 준다.

콘텐츠를 확산시키기 위해서는 알고리즘이 많은 이용자들에게 노출시키고 싶어 하는 좋은 콘텐츠를 생산해야 한다.

① 알고리즘 작동 원리

유튜브 알고리즘은 이용자의 선호와 시청 패턴을 기반으로 영상을 추천한다. 2025년 현재는 단순히 많이 본 영상보다 **시청자가 끝까지 보았는지, 반복해서 시청했는지, 보고 난 뒤 만족했는지** 같은 지표를 더 중시한다. 또한 비슷한 성향을 가진 다른 이용자의 소비 패턴까지 반영해, 새로운 관심사를 발견하도록 유도한다. 이용자의 성향을 파악한 알고리즘은 유사한 성향을 가진 그룹을 설정하고 그들이 소비한 콘텐츠를 노출시킨다. 알고리즘은 이용자가 오래 머무를 수 있도록, 개인의 검색·시청 기록뿐 아니라 비슷한 주제를 반복 시청한 이력까지 반영해 콘텐츠를 추천한다. 특히 쇼츠는 완시율과 연속 시청 여부가 주요 추천 기준이다.

종종 추천 목록에 시청 중인 콘텐츠와 관련성이 없는 것이 노출될 때가 있다. 즐겨보던 주제도 아닌데 말이다. 이것이 나와 비슷한 성향을 갖고 있는 이용자들이 소비한 콘텐츠다. 당장은 관심이 없더라도 취향에 맞는 콘텐츠가 눈에 띄면 이끌리듯 콘텐츠를 시청하게 된다. 1시간은 기본으로 유튜브를 시청하게 되는 이유가 우리의 취향을 저격하는 알고리즘에 있다.

② 알고리즘의 추천

콘텐츠, 시청자의 반응, 이용자의 취향을 분석하고 계산한 알고리즘은 유튜브 내 여러 페이지에서 콘텐츠를 추천해 준다. 유튜브 알고리즘은 검색결과, 홈 화면, 탐색 탭, Shorts 피드, 다음 동영상 리스트 등 다양한 영역에서 작동한다. 특히 2025년 이후에는 **추천 피드와 Shorts 피드가 트렌드 발견의 핵심 경로**로 자리잡았다. 따라서 검색 최적화뿐 아니라 홈·Shorts 피드에서 노출될 수 있는 구조를 설계하는 것이 중요하다.

검색결과

유튜브는 네이버 뒤를 잇는 검색 포털로 활용되고 있다. 따라서 유튜브 검색결과 상위에 콘텐츠가 노출되는 것이 조회수를 높이는 데 도움이 된다.

알고리즘이 콘텐츠의 키워드를 검색어와 연결시킬 수 있는 장치들을 활용하자. 알고리즘은 제목, 설명, 동영상 내용이 검색어와 최대한 일치되는 콘텐츠를 선정하고, 그 중 참여도가 높은 콘텐츠를 선호한다.

해당 주제를 명확히 전달하는 콘텐츠를 생산해야 한다. 검색 최적화를 위해서는 썸네일에 키워드를 시각적으로 배치하고, 영상 속 주요 단어를 반복해 자막 자동 인식에서 인덱싱되도록 구성하며, 설명란에 시간 스탬프와 관련 링크를 삽입하는 등 SEO 전략을 함께 고려해야 한다.

알고리즘은 '관련성', '참여도', '품질' 3가지 요소로 콘텐츠를 평가한다. 콘텐츠의 제목, 태그, 설명, 동영상 등이 검색어와 관련이 있는지 확인한다. 콘텐츠를 먼저 소비한 이용자들의 키워드와 시청 시간을 파악해 콘텐츠와 검색어의 관련성을 면밀히 파악한 후 콘텐츠를 생산한 채널의 전문성, 신뢰성을 분석한다. 이런 과정을 거쳐 이용자에게 콘텐츠를 노출시켜준다.

홈 화면

홈 화면에는 내가 구독한 채널의 콘텐츠뿐만 아니라 유튜브가 추천해 주는 맞춤 동영상이 함께 노출된다.

유튜브는 이용자의 취향을 분석해 홈 화면과 Shorts 피드에서 개인 맞춤형 영상을 추천한다. 2025년 현재 알고리즘은 CTR, 평균 시청 지속 시간, 완시율뿐 아니라 **반복 시청률과 시청자 만족도 신호**를 중요하게 반영한다. 추천 피드에서 살아남으려면 단순히 자극적인 썸네일보다, **처음 30초 안에 시청자를 붙잡는 구성, 챕터와 타임스탬프를 활용한 탐색 유도, 몰입감 있는 편집**을 통해 끝까지 보게 만드는 전략이 필요하다. 특히 Shorts는 완시율이 70% 이상일 때 확산 가능성이 크게 높아진다.

고객 페르소나의 취향을 저격하는 콘텐츠를 만드는 것이 우선이다. 시청자가 깊이 공감을 해야 이탈하지 않기 때문이다. 시청자가 흥미를 잃지 않고 동영상을 끝까지 볼 수 있도록 다양한 장치들을 활용해 내용을 구성한다.

다음 동영상

콘텐츠를 재생하면 PC 화면의 우측, 모바일 화면의 하단에 콘텐츠와 관련 있는 유튜브 추천 동영상 목록이 나타난다. 다양한 데이터를 분석한 알고리즘이 이용자가 시청할 가능성이 가장 높은 순서대로 보여준다. 주제가 동일하다고 무조건 노출되는 것은 아니다. 같은 주제를 다루더라도 영상 길이, 포맷(브이로그, 강의, 인터뷰), 분위기(차분함 vs 역동성)까지 분석하여 가장 유사한 영상을 추천한다.

'다음 동영상' 목록은 이용자의 여러 취향이 반영되는 홈 화면보다 선택되는 기회가 높아진다. 내가 생산하는 콘텐츠와 비슷한 주제의 동영상에 '다음 동영상'으로 노출되는 것을 운영 목표 중 하나로 설정하자.

관련 주제 중 조회수 10만 이상의 콘텐츠를 확인해 보자. 콘텐츠에서 사용되는 키워드를 먼저 파악한다. 해당 콘텐츠가 운영하는 계정의 콘셉트와 잘 맞는다면 톤앤매너도 벤치마킹해 보자. 기존에 게시된 콘텐츠를 기반으로 내 콘텐츠의 노출 기회를 증가시킬 수 있다.

쇼츠

유튜브 Shorts는 현재 가장 빠르게 성장하는 콘텐츠 형식이다. 60초 이내의 짧은 영상은 짧은 시간 안에 강한 몰입을 만들어내고, 연속 재생되는 특성상 이용자의 체류 시간을 크게 늘린다. 알고리즘은 완시율과 반복 시청률을 핵심 지표로 삼으며, 특히 완시율이 70% 이상일 경우 추천 피드에서 확산될 가능성이 높다. 또한 Shorts는 한 번 시청자의 관심을 끌면 이후 영상의 노출에도 긍정적인 영향을 주기 때문에 꾸준한 업로드와 톤의 일관성이 중요하다. 단순히 자극적인 소재보다 짧은 시간 안에 메시지와 재미를 동시에 전달하는 것이 성패를 좌우한다.

탐색을 주 기반으로 하는 유튜브에서 콘텐츠를 노출시키기 위해서는 알고리즘의 이해가 기본이다. 알고리즘이 선호하는 콘텐츠가 무엇인지를 확실히 이해하고 그에 맞는 콘텐츠를 생산하는 데 집중하자.

알고리즘은 생산한 콘텐츠를 적합한 이용자에게 추천해 주는 유용한 도구다. 고객 페르소나에 집중해 콘텐츠를 생산하면 잠재 고객에게 빠르게 다가갈 수 있도록 알고리즘이 도와줄 것이다.

알고리즘이 반응하지 않는다는 건, 곧 고객이 반응하지 않는 것과 같다. 알고리즘이 추천해 주고 싶은 콘텐츠를 생산할 때까지 끊임없이 개선하자.

04 알고리즘이 확산시켜주는
유튜브 콘텐츠 만들기

이미 엄청난 팬덤을 갖고 있는 연예인의 동영상도 인기에 비해 저조한 조회수를 기록한다. 구독자 수가 증가하는 속도는 더욱 더디다. 방송국 프로들이 제작하는 동영상도 퀄리티에 상관없이 선택을 받지 못한다. 유튜브는 철저히 시청자의 반응을 기준으로 콘텐츠를 평가하기 때문이다. 유튜브 이용자들이 원하는 내용과 형식이 아니라면 알고리즘의 선택을 받을 수 없다.

    유튜브 콘텐츠는 도움이 되는 내용으로 만들었다고 해서 완성되지는 않는다. 한눈에 들어오는 수십 개의 동영상 중에서 내 콘텐츠를 선택하게 해야 한다. 내 콘텐츠로 유입시킨 이후에는 끝까지 시청하도록 집중하게 만드는 장치가 필요하다. 콘텐츠를 끝까지 다 봤다면 좋아요, 댓글, 공유나 구독 같은 반응을 하도록 유도해야 한다.

    각 과정마다 다양한 전략이 필요하다. 기획부터 제작까지 필요한 사항들을 확인해 보고 콘텐츠를 생산하는 전체적인 과정을 익히자.

① 콘텐츠 기획

이용자는 10초에서 길어야 1분 정도 길이의 숏폼 콘텐츠에 익숙하다. 모바일 기기의 경우 주변에 시청 방해 요소가 가득하다. 이런 환경에서 최소 5~10분 이상 시청자를 붙잡아둘 수 있는 콘텐츠를 만들어야 한다.

유튜브 콘텐츠는 멘트, 자막, 자료 화면, 배경음악, 영상 등 다양한 형식의 콘텐츠가 조합되어 구성된다. **모바일 시청자 비율이 전체의 80%를 넘어서면서, 화면 구성은 작은 화면에서도 메시지가 명확히 전달되도록 최적화**되어야 한다. 텍스트는 크고 간결하게, 이미지나 장면 전환은 빠르게, 배경음악은 분위기와 일관성을 유지하는 것이 좋다. 이러한 구조적 편집은 시청 지속 시간을 높이는 데 유리하며, 알고리즘의 노출에도 긍정적인 영향을 준다.

콘텐츠의 기본 목표는 많은 조회수다. 최대한 많은 사람으로부터 공감을 이끌어내야 한다. 따라서 고객이 깊이 공감할 만한 주제를 기반으로 하되 특정한 그룹이 아니어도 공감할 수 있는 포인트를 찾는 것이 중요하다.

유튜브 이용자들은 검색보다 탐색을 위주로 콘텐츠를 소비한다. 알고리즘과 많은 이용자에게 선택받기 위해서는 누구나 공감할 수 있는 포인트가 필요하다. 앞서 3C 분석과 세분화, 타겟팅, 포지셔닝 파트에서 분석하고 전략을 세운 부분을 적극적으로 활용해 키포인트를 선정할 수 있어야 한다. 이 외에 추가적으로 기획에 필요한 요소들을 자세히 살펴보자.

② 콘텐츠 제작에 필요한 10가지 요소

유튜브는 콘텐츠 제작에 필요한 10가지 요소를 공유했다. 이것은 알고리즘이 선호하는 콘텐츠를 만들기 위한 기준이며, 시청자의 반응을 유도하는 구조로 설계되어 있다. 실제로 조회수 100만 이상 채널 중 80% 이상이 이 중 6가지 이상을 충족한 것으로 분석되었다.

공유성(Shareability)

시청자가 콘텐츠를 공유하고 확산시킬 요소가 필요하다. 고객 페르소나와 비슷한 성향의 사람이라면 보편적으로 공감할 수 있는 소재로 기획하자. 공감할 수 있는 지인이 떠오른 시청자는 동영상을 공유할 것이다.

시청자가 콘텐츠를 한 문장으로 설명할 수 있을 때 공유가 더 쉽다. 콘텐츠의 핵심을 이해하고 지인에게 전달할 수 있도록 동영상의 끝에 한 문장으로 콘텐츠를 요약해 주자. 전체 동영상에 대한 호기심을 유발하도록 명확한 메시지를 담은 30~60초 쇼츠를 제작해 보자. 특히 '○○하는 3가지 팁', '몰랐던 기능 TOP5' 같은 시리즈형 클립은 지속적으로 확산되는데 유리하다.

대화(Conversation)

시청자의 몰입도를 높이기 위해서는 직접 이야기하는 형식으로 제작되어야 한다. 고객 페르소나를 분명하게 떠올리며 대화의 톤앤매너를 설정한다. "다들 버티면서 다니는 거겠지.", "지금도 고민 중이신가요?"와 같이 공감을 이끌어내는 1인칭 시점과 집중하게 만드는 질문을 적절히 활용하자.

친밀감은 조회수와 구독자 수를 늘리는 데 중요한 요소다. 구독자를 애칭으로 부르고 주기적으로 Q&A 콘텐츠를 제작하는 것도 하나의 방법이다.

운영하는 채널의 주제와 비슷한 크리에이터들의 대화 방식을 참고하자. 우선 다루는 주제의 무게에 맞는 톤앤매너를 찾자. 그다음 거리감이 크게 느껴지지 않으면서도 예의를 갖춘 적당한 대화체를 습득해야 한다.

상호작용(Interactivity)

시청자의 참여도를 높일 수 있는 콘텐츠를 기획하자. 좋아요, 구독, 알람 설정을 거부감이 들지 않게 요청하는 방법을 고민해 보자. 콘텐츠와 관련된 질문이나 채널의 발전에 대한 의견을 구하는 것도 주기적으로 필요하다.

시청자의 댓글을 확인하고 의견을 적극적으로 반영하는 모습을 보여줘야 한다. 요청만 하고 반영하지 않는다면 구독자의 신뢰를 읽게 된다. 시청자와 구독자가 채널 성장의 일부분이라는 것을 콘텐츠에서 꾸준히 언급하자.

절박하거나 강요하는 모습이 되면 절대 안 되기 때문에 전달하는 방식에 대해 기획 단계에서 충분히 고민하고 콘텐츠에 적용하자.

일관성(Consistency)

규칙적인 업로드는 시청자와의 약속이다. 구독자는 크리에이터의 콘텐츠를 기다리다가 게시되자마자 시청할 가능성이 높다. 아직 구독하지 않은 시청자는 꾸준한 크리에이터의 모습에 신뢰를 갖고 구독자가 될 수 있다.

콘텐츠의 주제와 톤앤매너의 일관성 또한 중요하다. **브랜드 컬러, 말투, 자막 폰트, 썸네일 톤**이 일관되면 시청자는 채널을 빠르게 인식하고 신뢰를 형성할 수 있다. 갑작스러운 포맷 변화는 구독자 이탈로 이어질 수 있으므로, **테스트 영상은 별도 재생목록으로 분리**해 시도하는 것이 좋다.

타겟팅(Targeting)

고객 페르소나가 선호하는 콘텐츠를 기획해야 한다.

일정한 특징을 가진 시청자가 쌓였을 때 알고리즘은 채널과 콘텐츠를 정의할 수 있다. 타겟으로 하는 고객 페르소나에 집중해 그들이 시청하고 반응할 만한 콘텐츠를 제작하자.

유튜브 애널리틱스와 네이버 데이터랩, 커뮤니티 댓글, Shorts 반응 분석 등을 통해 연령, 직업, 고민, 시청 시간대 등 세부 요소를 반영한 콘텐츠 설계가 필요하다. 정확한 타겟에 맞춘 콘텐츠를 제작해야 원하는 특징의 사람들을 시청자로, 구독자로 만들 수 있다.

지속 가능성(Sustainability)

기획, 제작, 편집, 게시까지 다른 플랫폼에 비해 노동력이 많이 드는 유튜브 콘텐츠는 지속하는 것이 가장 어렵다. 운영 초기에는 콘텐츠가 노출 자체가 되지 않아 답답하다. 성장 속도가 느려 포기하는 경우가 많다. 따라서 지속 가능한 환경을 만드는 것이 유튜브 채널을 운영하는 데 중요한 요소다.

콘텐츠를 기획할 때 하나의 콘텐츠에 제한하지 말고 시리즈로 제작할 수 있도록 발전시켜보자. 평소에 수집한 소재를 기획 단계에서 여러 단계로 세분화하는 것도 도움이 된다. 콘텐츠의 구성 포맷을 정해 낭비되는 시간을 줄일 수 있어야 한다. 또한 현재는 **AI 툴을 적극 활용해 기획과 제작의 부담을 줄이는 방법도 효과적**이다. 예를 들어 **챗GPT로 대본 초안을 작성**하거나 브루(Brew)와 캡컷(CapCut) 같은 영상 자동 편집 툴로 자막과 컷 분할을 빠르게 처리하면 시간과 에너지를 절약할 수 있다.

이처럼 반복 가능한 구조와 자동화 도구를 결합하면 콘텐츠 제작이 꾸준히 가능한 시스템을 갖출 수 있다.

검색 가능성(Discoverability)

유튜브는 현재 네이버 다음으로 가장 많이 검색 포털로 사용되고 있다.

썸네일, 제목, 설명란, 자막에는 **주제 키워드를 반복적이고 일관되게 반영**한다. Shorts 영상에서도 검색 최적화가 적용되므로 **영상 제목에 검색 키워드를 삽입하고 설명란에 #해시태그와 시간 스탬프를 병행**하는 것이 효과적이다.

인기 급상승 탭, 네이버 데이터랩 등을 통해 이슈 키워드를 수시로 파악하고 활용하자. 이슈를 활용해 조회수를 높이더라도 최대한 타겟으로 한 시청자가 유입되도록 하는 것이 중요하다. 최대한 운영 주제와 관련 있는 키워드를 선택해 적용해야 한다.

접근성(Accessibility)

접근성은 콘텐츠를 설명하는 수준과 크리에이터의 콘텐츠를 처음 접한 시청자가 적응할 수 있는 분위기로 볼 수 있다. 유튜브 콘텐츠는 전문적인 내용도 중학생이 이해할 수 있을 정도로 접근성을 높여야 한다. 무작위로 콘텐츠에 노출되는 다양한 시청자들을 모두 이해시킬 수 있는 콘텐츠가 좋은 콘텐츠다. 모두가 이해할 수 있는 콘텐츠를 기획하자.

일정 기간 콘텐츠를 생산하다 보면 크리에이터는 모든 시청자가 자신에게 익숙하다는 착각을 한다. 처음 시청자에 대한 배려가 부족해진다. 크리에이터와 기존 콘텐츠에 대해 모르는 시청자는 소외감을 느끼고 이탈하게 된다. 각 콘텐츠마다 새로운 시청자도 이해할 수 있도록 도움이 필요하다.

영상마다 처음 보는 사람도 이해할 수 있도록 배려가 필요하다. "처음 오신 분들을 위해 짧게 설명드릴게요"라는 문장, 영상 하단의 '채널 소개 링크'와 '기초 영상 바로가기'를 함께 제시하는 방식을 추천한다. AI 자막이 자동 생성되기 때문에 영상 내 주요 개념은 말로 반복해 주는 것도 유효하다.

공동 작업(Collaboration)

시청자 층이 비슷한 크리에이터와 함께 콜라보 작업을 기획해 보자. 구독자 수만 명을 달성했을 때부터 공동 작업을 시도하는 것을 추천한다. 상대 채널에 비해 내 채널의 구독자가 적다고 주눅들 필요는 없다. 항상 소재에 목마른 크리에이터들은 주제가 맞는다면 반갑게 맞이할 것이다.

구독자 수가 내 채널보다 많다고 해서 무작정 공동 작업에 뛰어들지 말자. 충분한 시간을 갖고 해당 채널의 시청자 특징을 파악해야 한다. 그들의 시청자 특징이 나의 고객 페르소나와 최대한 일치했을 때 서로 원하는 효과를 낼 수 있기 때문이다. 서로의 채널에서 집중하는 주제들을 조합해 시너지 효과를 낼 수 있다. 각자의 채널에서 서로 추천해 주면 비슷한 성향의 구독자들은 관심을 갖고 찾아와줄 것이다.

아이디어 얻기(Inspiration)

꾸준한 아이디어를 얻기 위해서는 크리에이터가 관심 있는 분야로 채널을 운영해야 한다. 크리에이터가 흥미를 갖고 다양하게 풀어낼 수 있는 이야기가 있어야 콘텐츠를 지속적으로 만들어낼 수 있기 때문이다.

직업, 취미, 직접 경험 혹은 간접 경험, 책, 영화, 미디어, SNS 플랫폼 등 최대한 많은 소스를 활용하자. 평소에 콘텐츠 관련 아이디어를 수집해야 기획 단계에서 활용할 수 있다.

시청자의 반응에서 아이디어를 얻는 것이 가장 좋은 방법이다. 내가 타겟으로 한 고객이 원하는 것을 바로 적용할 수 있기 때문이다. 고객에게 조금씩 맞춰가면서 채널과 콘텐츠를 개선할 수 있다. 시청자로부터 아이디어를 얻기 위해서는 댓글을 꼼꼼히 살펴야 한다. 시청자의 의견을 활용할 때에는 해당 시청자를 언급하며 감사를 표시하자. 아이디어를 얻는 것과 동시에 시청자와 깊은 친밀감을 쌓게 된다.

매일 끊임없이 업로드되는 수십억 개의 동영상 중에서 내 콘텐츠가 선택받는 것은 결코 쉬운 일이 아니다. 시청자가 콘텐츠를 끝까지 시청하는 것은 더욱 어렵다.

내 제품과 서비스를 이용할 고객을 분석하고 그들의 관심사와 트렌드를 꾸준히 파악해야 한다. 필수 요소들을 기반으로 기획하고 콘텐츠를 제작한다면 효과적으로 메시지를 전달할 수 있다. 이런 콘텐츠는 이용자의 선택을 받는 좋은 콘텐츠가 된다. 알고리즘의 신뢰를 받아 조회수를 높일 수 있다.

유튜브는 크리에이터를 '전 세계적으로 영향력 있는 대형 커뮤니티의 일원이 되는 것'으로 정의했다. 매일 전 세계에서 20억 명이 유튜브에서 시간을 보낸다. 유튜브에 동영상을 업로드하는 것은 20억 명을 대상으로 콘텐츠를 공개하는 것이다. 거대한 규모의 커뮤니티에 나만의 가치를 담은 이야기를 나누는 것이다. 유튜브 콘텐츠를 통해 어떤 영향력을 끼칠 것인지를 먼저 고민한다면 좋은 콘텐츠의 방향을 잡을 수 있을 것이다.

05 조회수 늘리기: 콘텐츠가 이용자에게 선택받는 방법

유튜브 콘텐츠는 공유되기 위해서 제작된다. 고퀄리티의 콘텐츠를 만들었어도 이용자의 선택을 받지 못한다면 의미가 없다. 1,000명이 본 인생의 지혜를 담은 동영상보다 10만 명이 본 먹방이 더 큰 가치를 가진다. 100배 많은 사람이 선호하는 콘텐츠이기 때문이다.

유튜브 알고리즘은 콘텐츠의 조회수가 높을수록 더 큰 신뢰를 갖는다. 콘텐츠가 유익한 콘텐츠라는 것을 알고리즘에게 알리기 위해서는 조회수부터 늘려야 한다.

    고객이 좋아할 만한 콘텐츠를 제작한 것만으로는 조회수를 늘릴 수 없다. 콘텐츠를 제작한 다음에는 알고리즘이 적합한 이용자에게 콘텐츠를 추천할 수 있도록 정보를 주어야 한다. 콘텐츠를 발견한 이용자가 재생을 하게 만들어야 한다. 그다음으로는 시청자가 이탈하지 않고 끝까지 시청하는 것이 중요하다. 추가로 좋아요, 댓글, 공유, 구독과 같은 반응까지 이어지면 콘텐츠에 대한 알고리즘의 신뢰도는 더욱 커진다. 더 많은 이용자들에게 콘텐츠를 노출시켜주고 그만큼 조회수가 상승되는 기회가 많아지는 것이다.

    이번 파트에서 조회수가 상승되는 과정에 대해 자세히 알아보고 조회수를 높일 수 있는 방법을 함께 확인해 보자.

① 조회수 상승 과정

콘텐츠가 게시되면 알고리즘은 영상 자체와 함께 썸네일, 제목, 설명, 해시태그와 같은 주변 정보를 분석한다. 동시에 이용자들의 데이터도 확인하고, 해당 콘텐츠를 좋아할 만한 사람에게 우선 추천한다. 초반에는 소수의 이용자에게만 노출된다. 이들이 영상을 끝까지 보고 좋아요, 댓글, 공유, 구독과 같은 긍정적인 반응을 보이면, 알고리즘은 해당 콘텐츠를 신뢰하기 시작한다. 이후 반응을 보인 시청자의 특징을 기반으로 비슷한 성향을 가진 더 많은 이용자에게 추천이 확장된다. 이 과정을 반복하면서 추천 대상의 규모가 점차 커지고, 노출 범위가 넓어지면서 조회수도 함께 상승한다.

구독자가 없는 채널이라면 알고리즘은 콘텐츠와 가장 잘 맞는 이용자에게 먼저 노출한다. 이후 반응 데이터를 토대로 채널의 특성과 신뢰도를 함께 평가한다. 구독자가 있다면 알람 설정을 한 시청자에게 우선적으로 노출되고, 관련 주제의 관심도가 높은 잠재 시청자에게 점차 확산된다. 초기 반응이 긍정적이라면 알고리즘은 본격적으로 추천 범위를 넓혀간다.

추천 범위가 넓어질수록 채널이나 콘텐츠와 직접적인 관련도가 다소 낮아도 시청할 가능성이 있는 사람들에게까지 노출된다. 일정 수준 이상 반응을 확보하면 구독자 수를 크게 넘어서는 조회수가 발생하기 시작한다. 반응이 지속적으로 높게 유지된다면, 알고리즘은 시청 확률이 낮아 보이는 새로운 집단에도 랜덤으로 노출을 시도한다. 이 단계에서는 수십만에서 수백만 조회수로 확산될 수 있다.

조회수 상승은 일정 단계에 도달하면 점차 감소하며, 알고리즘도 추천 속도를 줄인다. 이 과정은 게시되는 모든 콘텐츠마다 반복되며, 영상의 품질과 시청자 반응에 따라 노출 규모와 조회수가 달라진다.

② 조회수 늘리는 방법

조회수 상승 과정을 보면 '콘텐츠 관련 데이터'와 '시청자 반응'이 조회수 상승에 중요하다는 것을 알 수 있다. 알고리즘이 좋은 콘텐츠로 인식할 수 있도록, 이용자들이 콘텐츠를 선택하도록 다양한 전략을 활용해야 한다.

콘텐츠 정보를 알고리즘에게 전달하는 방법과 사람들로부터 반응을 이끌어내는 방법을 알아보자. 유튜브 알고리즘은 좋은 콘텐츠를 판단하기 위해 메타데이터, 노출클릭률, 평균시청지속시간을 주요 지표로 활용한다. 데이터를 적절히 활용하는 방법과 각 지표를 높일 수 있는 방법을 확인해 보자.

1) 메타데이터: 알고리즘에게 내 채널, 콘텐츠 설명하기

조회수를 높이기 위한 가장 기본적인 방법은 콘텐츠를 가장 좋아할 만한 이용자에게 노출시키는 것이다. 이를 위해 유튜브 알고리즘은 콘텐츠와 이용자의 특징을 각각 분석하는데 이때 사용되는 데이터가 '메타데이터'다.

메타데이터는 다른 정보를 설명해 주는 데이터로, '속성정보'라고도 한다. 알고리즘이 채널과 콘텐츠를 최대한 정확히 이해할 수 있도록 알맞은 메타데이터를 사용해야 한다. 그래야 우리가 원하는 고객에게 동영상이 노출되고 조회수를 늘릴 수 있다.

콘텐츠를 정확히 표현할 수 있는 메인 키워드를 사용해 알고리즘에게 설명해줘야 한다. 제목, 설명, 해시태그, 자막은 크리에이터가 선택한 키워드로 구성할 수 있다. 2025년 현재는 AI가 영상 음성을 자동으로 자막화하여 콘텐츠를 이해하므로, 중요 키워드는 영상 내 멘트에서도 명확히 언급해야 한다. 메타데이터는 타겟 키워드뿐 아니라 문맥상 키워드 연관성도 반영되기 때문에, 동일 주제의 키워드를 설명, 자막, 설명란에 다양한 형태로 반복 활용하는 것이 검색 노출에 유리하다.

제목

시선을 끌 수 있는 키워드를 제목의 가장 앞에 배치한다. 한눈에 의미가 모두 파악될 수 있도록 간단하게 작성한다. 글자 수가 20~22자 이상이 되면 탭을 해야 전체 제목이 노출되므로 주요 내용을 제목 앞으로 두고 설정하자.

설명

콘텐츠에 흥미를 느낄 수 있는 한 문장을 첫 줄에 넣는다. 제목보다 조금 더 길게 하되 3줄을 넘지 않도록 작성하자. 시청자에게 제공하는 추가 제목은 설명 뒤에 배치한다.

해시태그

유튜브에서 해시태그는 인스타그램만큼 큰 의미를 지니지는 않는다. 간결하게 핵심 키워드 3~5개만 넣자. 어그로를 끌기 위해 콘텐츠와 관련 없는 키워드로 해시태그를 채우는 건 알고리즘에게 잘못된 정보를 주는 것이다.

자막

자막 또한 자연스럽게 메인 키워드를 반복하게 되므로 올바른 메타데이터를 쌓는 데 도움이 된다. 동영상에 직접 추가하는 것이 아니라 동영상을 업로드한 뒤에 유튜브에 직접 추가하는 것이 좋다. 해당 자막이 검색에도 활용되고 다른 나라의 언어로 자동 번역되어 콘텐츠의 노출범위를 넓히는 데에도 도움이 된다.

유튜브 알고리즘은 메타데이터를 기반으로 콘텐츠를 파악한다는 것을 기억하자. 콘텐츠와 연관성이 없는 키워드는 알고리즘에게 혼란만 주게 된다. 콘텐츠에 전혀 관심이 없는 이용자에게 노출되어 콘텐츠가 소비되지 않거나 시청자가 금방 이탈하게 된다. 이런 콘텐츠를 알고리즘은 신뢰할 수 없게 되고 결국 노출시켜주지 않는다. 따라서 직접 입력할 수 있는 부분들은 콘텐츠를 정확히 표현하는 키워드로 최대한 구성해야 한다.

2) 노출클릭률: 콘텐츠를 재생하게 만드는 썸네일 만들기

좋은 콘텐츠를 판단할 때 '노출클릭률'을 본다. 노출클릭률은 콘텐츠가 노출된 후에 이용자가 동영상을 클릭한 빈도 값이다. 콘텐츠가 이용자를 유입시킬 수 있는 매력적인 요소가 있는지 가장 먼저 파악할 수 있는 지표다.

최소 5% 이상이 되어야 유의미한 반응을 얻었다고 본다. 이 값이 높을수록 조회수도 상승한다. 유튜브는 노출클릭률의 평균 기준을 4~8%로 보고 있으며, 초반 노출군에게 10% 이상의 클릭률을 기록하면 추천 알고리즘 확산 대상이 된다. 이때 노출되는 수많은 콘텐츠 중에서 이용자가 내 콘텐츠를 선택하도록 만드는 것이 썸네일이다. 유튜브는 단순하게 미리보기라고도 표현하지만 이용자의 시선을 사로잡을 수 있는 매력적인 광고가 되어야 한다.

콘텐츠를 제작하는 것만큼 썸네일 제작에도 심혈을 기울여야 한다. 썸네일 전략으로는 강렬한 색 대비, 큰 글씨, 얼굴 클로즈업, 감정 표현, 비주얼 반전 요소 등이 여전히 효과적이다. 예를들어, '무작정 퇴사하고 후회하는 이유 3가지'처럼 위기감 + 숫자 적용 제목은 클릭률을 높이기 좋다.

이용자가 가장 궁금해할 만한 문구와 집중할 수 있는 이미지를 활용해 2~3개의 썸네일을 미리 만들어두자. 콘텐츠의 조회수 상승률이 원활하지 못하다면 안정적으로 상승할 때까지 썸네일을 수정해 보자. 예전에 게시한 동영상도 썸네일을 수정했을 때 조회수가 상승하는 경우가 있다. 효과적인 썸네일로 좋은 콘텐츠의 조회수를 높일 수 있도록 하자.

3) 평균시청지속시간: 공감과 흥미를 주는 콘텐츠 구성하기

유튜브 알고리즘은 '평균시청지속시간'을 통해 시청자가 얼마나 콘텐츠에 몰입했는지를 파악한다. 평균시청지속시간은 조회수당 평균 시청시간이다.

이 시간이 길수록 시청자가 콘텐츠를 즐겼다는 것을 의미한다. 알고리즘은 평균시청지속시간이 긴 콘텐츠를 좋은 콘텐츠로 인식해, 그런 콘텐츠를 많이 생산하는 채널을 신뢰하고 노출범위를 더욱 확장해 준다. 직접 동영상을 시청한 지표이므로 조회수, 노출클릭률보다 충분한 값을 얻는 게 어렵다.

시청자는 언제든지 이탈할 수 있다. 동영상이 시작되고 첫 5~10초 안에 시청자가 동영상을 끝까지 볼 수 있도록 설득해야 한다. 앞부분에서 설득되었어도 원하는 정보를 얻었거나 흥미가 떨어진 시청자는 즉시 다음 동영상을 선택한다. 시청자가 콘텐츠에 대한 관심을 갖고 끝까지 시청하도록 만들어야 한다. 시청지속시간을 늘릴 수 있는 전략을 확인해 콘텐츠에 적용하자.

컷은 짧게, 말은 빠르게

모바일 시청 환경이나 숏폼 콘텐츠 소비 습관으로 인해 이용자는 한 콘텐츠에 집중하는 게 쉽지 않다. 속도가 늘어지거나 사운드가 끊기지 않도록 하자. 동영상은 한 장면에 1분 이상 머물게 되면 지루하게 느껴진다. 가급적 한 장면에서 1분~1분 30초 이상을 넘기지 않도록 한다. 1분 정도 되는 동영상 사이에 10~20초의 짧은 컷을 추가하면 콘텐츠에 활력을 줄 수 있다.

고정된 화면에서 설명하는 동영상의 경우 에너지가 느껴져야 한다. 녹화는 편하게 하되 편집 시에 음량을 조금 높게, 말하는 속도를 조금 빠르게 조정하는 것을 추천한다. 잔잔한 분위기를 연출해야 되는 경우에는 배경음악으로 사운드를 풍부하게 채워주는 것이 좋다.

호기심 유발

콘텐츠에 흥미를 가질 만한 하이라이트 일부분을 콘텐츠 앞부분에 배치한다. 이때 동영상의 핵심 내용이 노출되지 않도록 주의해야 한다. 필요한 정보를 얻자마자 시청자는 이탈하기 때문이다.

혜택 제시

시청자가 끝까지 동영상을 본다면 어떤 혜택을 얻을 수 있지 동영상 앞부분에서 이야기한다. 혜택을 확인했을 때 변화할 수 있는 모습을 같이 제시하자. 시청자의 집중도가 높아질 것이다.

참여시키기

시청자에게 직접 말을 거는 듯한 분위기로 동영상을 이끌어간다. 내용 중간에 시청자나 구독자 애칭을 불러 주목시켜보자. 시청자에게 질문을 던져 주제에 대해 생각하도록 만드는 것도 좋은 방법이다.

내용 요약

콘텐츠 중간에 내용을 요약하는 것은 시청자의 이해를 돕고 분위기를 환기시켜준다. 마지막에 핵심 내용을 다시 정리하는 것은 시청자가 콘텐츠를 기억하는 데 도움이 된다.

백만, 천만 조회수를 기록한 콘텐츠들이 우연한 기회에 알고리즘의 은혜를 입어 폭발적인 반응을 얻은 것이 아니다. 그동안 꾸준히 시청자들의 취향을 저격하는 콘텐츠를 만들어왔고 높은 신뢰를 쌓았기에 가능한 일이다.

유익한 콘텐츠 제작은 기본이다. 이 외에 메타데이터, 노출클릭률, 평균시청지속시간의 효과를 극대화하는 방법을 활용해 조회수를 최대화할 수 있어야 한다. 다양한 요소를 효과적으로 활용해 높은 조회수는 물론이고 구독자까지 만들어내자.

06 구독자를 늘리고 소통하는 방법

구독자 1,000명이 모이면 '유튜브 파트너 프로그램'(YPP)에 참여할 수 있다. 구글 애드센스 광고 수익을 비롯해 유튜브 프리미엄 수익도 창출할 수 있다. 채널 멤버십을 설정하는 것도 가능하다.

구독자 만 명이 되면 해당 분야의 전문가로서 활동할 수 있다. 유튜브 이외의 창구에서 수익 구조 형성이 가능한 구간이다. 자신의 제품과 서비스를 브랜딩하는 데 유튜브를 본격적으로 사용할 수 있다.

10만이 넘으면 기존의 수익 구조가 더욱 단단해지고 그 영역도 크게 확장된다. 알고리즘이 신뢰하는 채널이 되어 콘텐츠의 노출범위가 커지고 높은 조회수를 유지하게 된다. 구독자 10만 이후부터는 하나의 거대한 기업이 된다.

많은 사람에게 도움이 될 만한 콘텐츠를 꾸준히 생산하자. 조회수를 늘려 알고리즘이 내 콘텐츠와 채널을 신뢰할 수 있게 만들자. 알고리즘의 추천으로 유입된 시청자가 이탈하지 않게 하고, 신뢰감을 심어주고, 구독 버튼을 누를 때까지 시청자를 지속적으로 설득하자.

이번 파트에서는 구독자를 늘리는 방법과 구독자와 친밀감을 높일 수 있는 소통 도구에 대해 알아보자.

1 구독자 늘리기

조회수 증가가 구독자 증가를 의미하지는 않는다. 일반적으로 조회수당 1% 정도의 비율로 구독자가 증가한다.

원치 않는 동영상을 추천받을 수 있기 때문에 이용자는 신중하게 구독을 결정한다. 채널을 운영하는 이용자도 상대적으로 적어 네이버 블로그나 인스타그램처럼 맞구독을 하는 것도 쉽지 않다. 유명 크리에이터의 채널에 베스트 댓글로 선택되어 채널을 홍보할 수는 있다. 하지만 이용자들은 여러 과정을 거쳐 평가를 한 뒤에 구독을 결정한다. 채널과 콘텐츠를 관통하는 콘셉트부터 채널 운영, 콘텐츠 구성까지 전반적으로 준비를 해야 구독자를 만들 수 있다. 유입된 시청자를 구독까지 이끌어내는 방법에 대해 알아보자.

공감대 형성

시청자는 깊이 공감할 수 있는 콘텐츠를 만났을 때 감동한다. 충분히 공감을 이끌어냈다면 크리에이터의 다른 콘텐츠에도 호기심이 생겨 채널에 유입된다. 구독 버튼에 한 단계 가까워지는 것이다.

타겟으로 하는 고객이 지금 가장 필요로 하고 원하는 것이 무엇인지를 파악하자. 유튜브를 비롯한 SNS, 네이버 데이터랩, 네이버 카페와 같은 각종 커뮤니티에서 지속적으로 정보를 수집하자. 여기에 크리에이터의 경험을 더하면 시청자가 공감하며 몰입할 수 있는 콘텐츠가 된다.

시청자가 편하게 느낄 수 있는 분위기도 공감대 형성에 중요하다. 콘텐츠에 더욱 집중할 수 있기 때문이다. 포멀한 정장 차림에 답답한 사무실 배경의 콘텐츠를 보는 시청자들은 함께 경직되고 불편함을 느낀다. 캐주얼한 복장에 푹신한 소파에 앉아 자연스럽게 이야기를 건네는 친근한 콘텐츠에 사람들은 편안함을 느낀다. 복잡한 일상을 마치고 여유 시간에 즐기는 유튜브 콘텐츠가 편안한 분위기일 때 더욱 친근하게 느끼며 채널을 구독하게 된다.

차별화

내 채널에서만 얻을 수 있는 가치가 무엇인지 알려주어야 한다. 2장에서 분석하고 전략을 세운 사항들을 채널과 콘텐츠에 지속적으로 반영하자.

비슷한 주제를 다루는 다른 채널들과 확실히 다른 관점을 적용해야 한다. 같은 내용도 직접 경험한 사건을 더하면 새로운 이야기가 된다. 작은 에피소드도 메모하는 습관이 큰 도움이 된다. 나만이 전달할 수 있는 메시지로 차별화된 콘텐츠를 생산하자. 그동안 생각하지 못했던 관점을 제시하는 콘텐츠에서 새로운 인사이트를 얻은 시청자들은 기꺼이 채널을 구독할 것이다.

콘텐츠 시작과 끝에 자신을 설명하는 인사말과 맺음말을 넣어 채널의 콘셉트와 콘텐츠의 주제를 명확히 전달하는 것도 좋은 방법이다. 아이돌이나 유명 크리에이터를 참고해 시그니처를 만들자. 인사말, 밈(meme), 음악을 활용할 수 있다. 스스로를 브랜딩하는 과정인 것이다. 시청자들이 나를 분명히 구분할 수 있는 방법들을 콘텐츠에 적용하면 된다.

리마인드

좋아요, 댓글 남기기와 함께 채널 구독을 요청하자. 콘텐츠를 만족스럽게 본 시청자도 동영상이 끝난 후 추가 반응을 하지 않는 경우가 많다. 콘텐츠를 본 다음 어떤 행동을 할지 생각 못할 수 있다. 혹은 몇 초 뒤 바로 다음 동영상이 재생되면서 잊어버릴 것이다. 콘텐츠에 대한 흥미가 사라지기 전에 추가 반응을 할 수 있도록 콘텐츠에 직접 요청하자.

구독했을 때 시청자가 얻을 수 있는 혜택을 명시하자. 크리에이터에게 큰 도움이 된다는 것을 강조하는 것도 구독을 설득하는 데 유용하다.

제대로된 콘텐츠를 생산했다면 이런 부탁을 하는 것을 부끄럽게 생각하지 않아도 된다. 시청자에게 유익한 정보와 즐거운 시간을 제공했다면 시청자는 기꺼이 부탁을 들어줄 것이다. 다만 시청자가 콘텐츠에 충분히 만족했을 시점에 간략하게 요청해야 확률을 높일 수 있다.

다음 동영상에 대한 기대감

다음 콘텐츠에 대한 기대감을 심어주면 구독자가 된다. 공감과 인사이트를 준 콘텐츠가 일회성으로 끝난다면 다시 채널을 찾을 이유가 없다. 기대감이 없으면 굳이 채널을 기억할 필요가 없기 때문에 구독을 하지 않는다.

콘텐츠를 시리즈로 만들거나 한 주제를 세분화해 관련 콘텐츠를 여러 개 제작하자. 다음 콘텐츠를 놓치지 않기 위해 채널을 구독하게 된다. 혹은 이런 콘텐츠가 채널에 충분히 쌓여 있으면 시청자는 채널을 신뢰하게 되고 새로운 콘텐츠를 기대하며 채널을 구독한다.

콘텐츠 '설명'이나 '채널 정보'에 신규 콘텐츠 업로드 일정을 명시하자. 시청자는 채널에서 꾸준히 콘텐츠를 생산한다는 것을 알 수 있다. 도움이 되는 정보를 추가로 더 받아보고 싶은 시청자는 구독 버튼을 누를 것이다. 콘텐츠를 마무리하면서 다음 콘텐츠 내용에 대해 살짝 언급한다. 이때 시청자들이 다음 콘텐츠에서 얻을 수 있는 혜택도 함께 이야기하자. 시청자가 필요한 혜택을 얻기 위해 다음 콘텐츠를 기대하며 채널을 구독하게 된다. 누구보다 빠르게 혜택을 확인하기 위해 알림 설정까지 할 수 있다.

구독자 점프 기간

수십만 명 이상의 구독자를 보유한 크리에이터들은 알고리즘이 노출범위를 방대하게 열어주는 구간이 있다고 얘기한다. 거대한 그룹에게 노출되면서 조회수와 구독자 수가 급격히 증가하는 기간이다. 알고리즘의 선택을 받았을 때 좋은 콘텐츠를 게시해서 알고리즘의 파도를 더욱 길게 타야 한다.

구독자 100, 500, 1,000, 10,000명을 달성하는 구간이 알고리즘의 큰 도움을 받는 구간인 것으로 알려져 있다. 이때 게시하는 콘텐츠로 반응을 이끌어내면 많게는 10배까지도 구독자 수가 증가하는 경우가 있다.

알고리즘이 채널의 콘텐츠를 본격적으로 노출시켜주는 이 지점에서 콘텐츠를 낭비해서는 안 된다. 최대한 많은 이용자를 내 채널로 유입시킬 수 있는 강력한 콘텐츠를 게시해야 한다.

　Q&A 영상, 감사 영상을 게시하면 힘겹게 얻은 알고리즘의 축복을 사용조차 못하고 버리는 꼴이 된다. 채널의 메인 주제에 많은 사람이 공감할 수 있는 요소를 더해 콘텐츠를 만들자. 이슈화될 수 있는 강력한 콘텐츠를 미리 준비해두고 때가 왔을 때 바로 활용해야 한다. 알고리즘의 파도를 더욱 크게 만들 수 있는 콘텐츠를 게시한다면 구독자 수가 폭발적으로 증가하게 된다.

② 다양한 소통 방법

　현재 유튜브는 크리에이터와 구독자 간의 유대 강화를 위해 댓글, 커뮤니티, 실시간 스트리밍, 멤버십, 슈퍼챗, 슈퍼땡스, 상품 섹션 등 다양한 소통·수익화 장치를 통합적으로 강화하고 있다. 특히 Shorts, 커뮤니티, 라이브를 연결해 '다채널 반응 기반 구조'를 설계한 채널이 알고리즘 우선 노출 대상이 되는 경우가 증가하고 있다.

　구독자 50명이 되면 실시간 스트리밍이 가능하다. 커뮤니티 기능은 구독자 수와 상관없이 사용할 수 있다. 멤버십 제도는 크리에이터와 멤버십 구독자만의 친밀한 관계를 유지할 수 있도록 하고 있다.

　콘텐츠를 통해 메시지를 전달한 후에는 시청자, 구독자들과 소통하며 관계를 이어가는 것에 집중해야 한다. 유튜브의 소통 도구를 적극 활용하자.

댓글

　크리에이터가 대중과 소통하는 기본 방법이다. 이용자는 크리에이터가 생산하는 모든 콘텐츠에 댓글을 남길 수 있다.

　시청자와 구독자의 반응을 확인하고 그들과 교류할 수 있는 댓글은 크리에이터에게 소통 창구 이상의 의미를 갖는다. 시청자들은 콘텐츠에 대한 간단한 감상평부터 주제에 대한 심도 있는 질문이나 개인적인 경험까지도 공유한다. 댓글을 통해 시청자들끼리 직접 커뮤니티가 구성되기도 한다.

크리에이터는 댓글에서 콘텐츠에 대한 세부적인 반응을 파악할 수 있다. 애정을 갖고 남겨준 시청자 의견에서 채널의 개선점이나 콘텐츠의 새로운 아이디어를 발굴하고 적용해야 한다. 댓글에는 타겟으로 하는 고객의 취향이 온전히 묻어나기 때문이다.

콘텐츠를 제작할 때마다 시청자의 참여를 유도하는 방법을 고민해야 한다. 질문을 던져 시청자의 의견 혹은 경험을 요청하자. 댓글에 좋아요와 하트로 반응하고 정성스러운 답글을 남겨주자. 모두 답을 해줄 수 없을 만큼 많은 댓글이 달렸다면 베스트 댓글을 선정하고, 거기에만이라도 반응을 해줘야 한다. 댓글에서 개선점이나 아이디어를 얻었다면 꼭 해당 아이디를 공유하고 감사함을 표시하자. 시청자는 크리에이터가 의견을 수용하는 모습에 감동하고 더욱 친밀감을 느끼게 된다. 유대가 쌓이는 과정의 시작이 된다.

커뮤니티

커뮤니티 탭은 2023년부터 구독자 수와 관계없이 대부분의 채널에 제공되고 있다. 콘텐츠가 업로드되지 않는 기간에 커뮤니티 게시물로 꾸준히 소통하자.

인스타그램 피드와 비슷한 기능으로 동영상 콘텐츠보다 훨씬 간편하게 시청자들과 소통할 수 있는 방법이다. 커뮤니티 게시물은 텍스트, 이미지, 비디오, GIF 활용이 가능하다. 설문조사를 게시할 수도 있다. 시청자는 이에 댓글을 달아 호응한다. 구독자와 채널 구독은 하지 않지만 내 콘텐츠를 자주 시청하는 시청자에게 게시물 알림을 보내는 것도 가능하다.

게시물은 시청자의 홈과 구독 탭에 노출된다. 콘텐츠 업로드 전에 주제와 관련된 질문을 하면서 신규 콘텐츠에 대한 기대감을 높여보자. 콘텐츠 소재에 대한 의견을 구하면서 콘텐츠 제작에 직접 참여를 유도하는 것도 좋은 방법이다. 커뮤니티 게시물도 주기적으로 공유해 시청자, 구독자와 활발하게 소통하는 창구로 활용하자.

실시간 스트리밍

실시간 스트리밍으로 자연스러운 모습을 선호하는 유튜브 이용자들과 실시간으로 꾸밈없이 소통할 수 있다. 참여도를 높이기 위해 시작 전 링크 공유를 통해 미리 알릴 수 있다. 이벤트 중에는 알고리즘이 구독자 홈 화면과 '다음 동영상' 목록에 추가해 준다.

실시간 스트리밍이 완료되고 난 후에는 해당 동영상을 '재생목록'에 추가해 콘텐츠로 활용할 수 있다. 웹캠을 활용하는 경우에는 큰 제한이 없지만 모바일 기기를 활용할 때에는 여러 조건을 충족해야 한다. 크리에이터의 언행과 시청자에게 미치는 영향을 알고리즘이 파악할 수 없기 때문에 여러 장치로 제한을 두고 있다. 라이브가 익숙하지 않다면 실수를 할 수도 있기 때문에 익숙해질 때까지는 구독자를 위한 이벤트성으로 짧게 하는 것을 추천한다.

시청자는 실시간 스트리밍을 시청하면서 댓글로 소통한다. 궁금한 점에 대해 실시간으로 답을 얻을 수 있다. 시청자는 실시간 스트리밍의 만족도를 슈퍼챗과 슈퍼스티커로 표현한다. 실시간 스트리밍에 참여한 시청자는 원하는 금액으로 슈퍼챗을 구매해 자신의 메시지를 강조할 수 있다. 슈퍼스티커를 구매하면 디지털과 애니메이션 이미지를 더해 표시하게 된다. 실시간 스트리밍에 참여하는 시청자는 크리에이터와 직접 대화하는 듯한 친밀감을 선호한다. 조금 더 편안한 분위기에서 긴밀하게 교류할 수 있도록 노력하자.

채널 멤버십

'채널 멤버십'에 가입한 시청자는 매월 결제를 통해 회원 전용 혜택을 누리게 된다. 구독자 1,000명 이상이 되고 추가적인 조건을 만족하면 채널 멤버십을 개설할 수 있다. 멤버십 전용 콘텐츠, 멤버 전용 커뮤니티 게시물, 전용 배지, 이모티콘 외에도 '멤버십 전용 Shorts', '초기 공개 콘텐츠 기능', '멤버 채팅 우선 노출 기능' 등 점점 고도화된 기능이 도입되고 있다. 멤버십 전용 'Q&A 영상'이나 '비하인드 콘텐츠'를 주기적으로 제공하는 채널은 이탈률이 낮고 구독 유지율이 높다는 분석 결과도 있다.

크리에이터는 멤버십 멤버를 기존 구독자와 구분하고 멤버만을 위한 특별한 혜택을 제공해야 한다. 채널로부터 특별한 대우를 받고 크리에이터와 더욱 긴밀한 유대관계를 형성하기를 원하는 시청자는 채널 멤버십에 가입한다. 가입한 멤버들이 매월 구독료를 지불하는 만큼 크리에이터는 책임감을 갖고 채널을 운영해야 한다. 채널 멤버십의 멤버를 내 브랜드의 진정한 팬으로 만들 때까지 특별한 혜택과 긴밀한 소통을 제공해 만족감을 높이도록 노력하자.

유튜브에서는 콘텐츠를 생산할 수 있는 소수의 크리에이터에게 다수의 구독자들이 열광하면서 거대한 팬덤을 형성한다. 유튜브 채널과 크리에이터가 하나의 브랜드가 되는 것이다. 시청자에게 유익한 콘텐츠를 꾸준히 생산하는 데 집중하면 다음 콘텐츠를 기대하는 시청자가 채널을 구독한다. 구독자들은 자연스럽게 크리에이터와 콘텐츠 외적으로 소통을 원하게 된다.

소통이 본격적으로 시작되면 유튜브의 여러 장치들을 활용해 참여도를 높이는 데 집중하자. 팬덤을 형성하는 것이 유튜브 마케팅과 브랜딩의 최종 목표다.

시청자를 구독자로 전환시키고 커뮤니티를 구축해 팬덤을 형성할 때까지 각 단계에 맞는 소통이 필요하다. 좋은 콘텐츠를 기획하는 것만큼 진심으로 시청자, 구독자들과 소통하는 방법에 대해서도 끊임없이 고민해야 한다.

07 시청자의 행동을 분석하자: 유튜브 크리에이티브 스튜디오

유튜브는 채널과 콘텐츠에 관련된 다양한 데이터를 제공한다. 크리에이터는 데이터를 분석해 채널의 영향력, 콘텐츠 성과, 시청자 특징을 파악할 수 있다. 데이터 분석을 통해 시청자의 취향을 깊이 이해할수록 호응을 얻는 콘텐츠 제작과 유대 관계를 쌓는 채널 운영이 가능해진다. 데이터는 시청자의 다양한 반응을 간단한 수치로 알려준다. 데이터를 확인하고 콘텐츠 개선 방법을 고민해 보자.

유튜브 스튜디오의 '분석' 페이지는 채널의 성과를 한눈에 파악할 수 있는 핵심 데이터 센터다. 채널의 성장 흐름과 콘텐츠 반응을 수치로 보여주며, 영상 기획과 운영 방향을 결정하는 기준이 된다. 주요 항목은 **개요**, **도달 범위**, **참여도**, **시청자층**, **수익**으로 구성되어 있다. 각 탭에서는 영상의 노출수, 클릭률, 시청 유지율, 구독자 증감, 예상 수익 등 핵심 지표를 제공한다. 최근에는 일부 크리에이터에게 **리서치(Research)** 탭이 순차적으로 적용되고 있으며, 시청자의 관심 주제와 검색 키워드, 유사 채널의 트렌드 데이터를 분석해 보여준다. 다만 실험 단계 기능으로 모든 채널에서 확인할 수 있는 것은 아니다. 리서치 탭은 콘텐츠 기획 초기 단계에서 시청자의 니즈를 파악하고, 향후 업로드 방향을 설정하는 데 유용한 보조 도구로 자리 잡고 있다.

유튜브는 목표 성과를 달성할 때까지 다른 플랫폼에 비해 오랜 시간이 걸린다. 데이터를 평소에 분석해 두면 일관된 방향을 유지하는 데 수월하다. 자신의 시청자가 원하는 것이 무엇인지 수치로 확인되기 때문이다.

① 채널 분석

1) 개요

조회수, 시청시간, 구독자 수를 확인할 수 있다.(YPP 참여자는 예상 수익도 알 수 있다.) 우측 실시간 보고서는 최근 게시한 콘텐츠의 초기 실적이 제공된다.

채널 분석 페이지에서는 '이 기간의 내 인기 콘텐츠'를 제공하며, 조회수, 평균 시청 지속 시간, 클릭률, 반복 시청률 등을 종합 분석해 상위 콘텐츠의 공통된 구조나 주제를 파악할 수 있다. 최근에는 '조회당 구독 전환율'도 분석 지표로 제공되며, 이는 어떤 콘텐츠가 구독 전환에 효과적인지를 판단하는 기준이 된다. 시청자가 선호하는 주제와 콘텐츠 스타일을 파악할 수 있다.

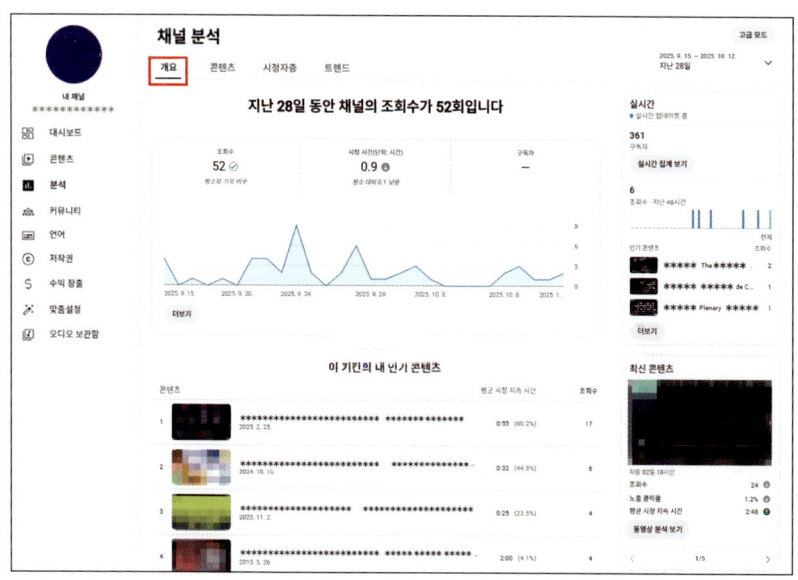

2) 콘텐츠

[전체]

유튜브 분석 페이지의 **콘텐츠 – 전체** 영역은 채널의 성과를 가장 직관적으로 파악할 수 있는 핵심 데이터 요약 공간이다.

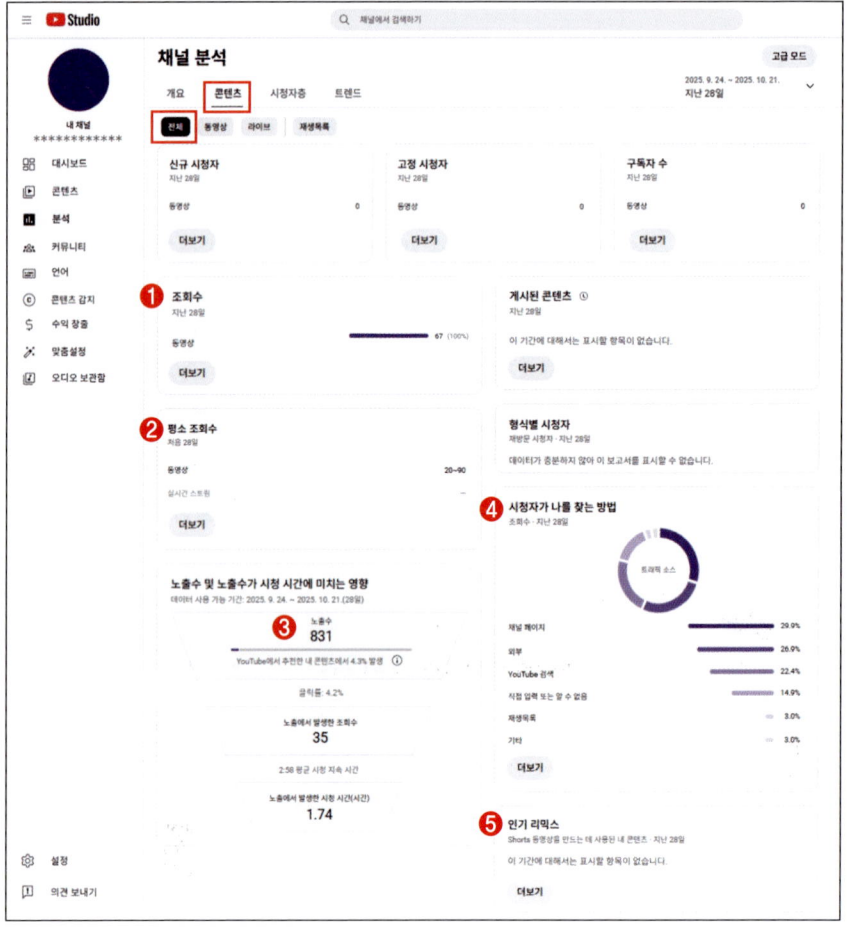

이 페이지에서는 조회수, 평소 조회수, 노출수, 클릭률, 시청자 유입 경로, 인기 콘텐츠 등의 주요 지표를 확인할 수 있다.

❶ '조회수'는 특정 기간 동안 영상이 얼마나 재생되었는지를 보여주며,

콘텐츠의 전반적인 반응 정도를 가늠하는 기본 데이터다. ❷ '평소 조회수'는 영상별 성과의 편차를 확인할 수 있게 해주며, 시청자 관심이 집중된 주제나 형식을 비교 분석하는 기준이 된다. ❸ '노출수 및 클릭률'은 알고리즘이 영상을 얼마나 추천했고, 그중 몇 명이 실제로 클릭했는지를 수치로 보여준다. 이 항목은 썸네일과 제목의 경쟁력을 판단하는 핵심 지표다. 클릭률이 낮다면 시각적 구성이나 문구 전략을 조정할 필요가 있다. ❹ '시청자가 나를 찾는 방법'에서는 유입 경로를 확인할 수 있다. 검색, 추천 영상, 외부 유입, 채널 페이지 등 어느 경로에서 가장 많은 시청자가 들어왔는지를 파악하면 향후 홍보 전략을 구체화할 수 있다. 예를 들어 외부 유입이 높다면 인스타그램이나 네이버 블로그 등 외부 플랫폼의 연계 효과가 높다는 뜻이다. 반면 추천 영상 유입이 많다면 알고리즘 최적화가 잘 이루어지고 있다는 의미다. 마지막으로 ❺ '인기 리믹스'는 Shorts 제작자들이 내 콘텐츠 일부를 활용한 사례를 보여주며, 이는 브랜드 확장과 참여형 콘텐츠의 기회를 의미한다.

이 데이터를 기반으로 콘텐츠를 설계할 때는, 먼저 **조회수 대비 클릭률이 높은 영상의 제목, 썸네일, 길이, 주제**를 분석해 유사한 형태를 반복적으로 테스트하는 것이 좋다. 또한 '시청자가 나를 찾는 방법'을 통해 가장 효과적인 유입 채널을 중심으로 콘텐츠 노출 전략을 세운다. 예를 들어 추천 영상 유입이 높다면 썸네일 통일성, 제목 내 키워드 일관성 등 알고리즘 친화적인 요소를 강화해야 하고, 검색 유입이 많다면 제목과 설명에 핵심 키워드를 자연스럽게 삽입해 SEO를 강화해야 한다. 평균 조회시간이 짧게 나타난다면 초반 5초의 후킹 구조를 개선하고, 유지율이 높은 영상의 오프닝과 전환 방식을 벤치마킹하는 것이 효과적이다.

유튜브 분석 데이터는 단순한 수치가 아니라, 시청자의 행동 패턴을 보여주는 '콘텐츠 나침반'이다. 데이터를 읽는 감각을 키우면, 조회수를 예측하기보다 반응을 설계하는 전략적 크리에이터로 성장할 수 있다.

[동영상, 라이브, 재생목록]

유튜브 분석의 '콘텐츠' 탭은 동영상, 라이브, 재생목록 세 가지 항목으로 구성되어 있다.

동영상은 업로드된 콘텐츠의 조회수, 노출수, 클릭률, 평균 시청 지속 시간 등을 통해 채널의 전반적인 반응을 파악할 수 있는 핵심 지표다. 특히 '시청자가 내 영상을 찾는 방법'에서는 검색, 추천 영상, 외부 유입 등 트래픽 경로를 분석해 어떤 플랫폼이나 알고리즘이 효과적인지 확인할 수 있다. '인기 동영상' 항목은 가장 높은 조회수를 기록한 콘텐츠를 보여주며, 시청자들이 어떤 주제나 형식에 가장 반응하는지를 직관적으로 알려준다.

라이브 항목은 실시간 스트리밍의 조회수, 평균 시청 시간, 동시에 접속한 시청자 수 등의 데이터를 제공한다. 이 데이터는 커뮤니티 참여도와 실시간 소통 효과를 판단하는 기준이 된다.

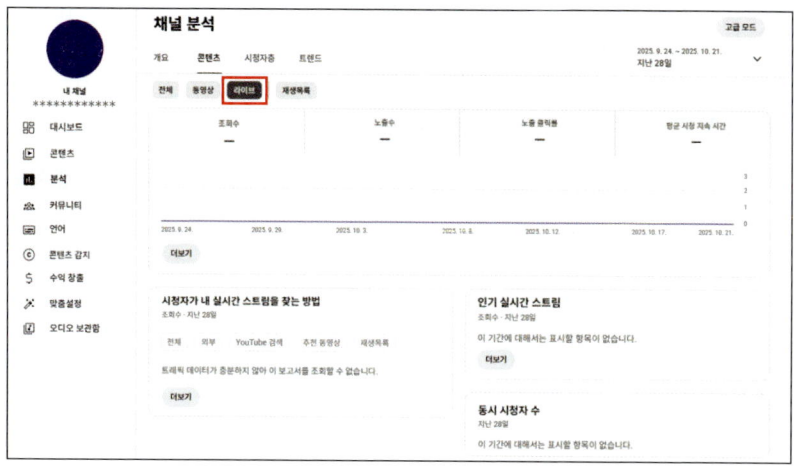

재생목록은 여러 영상을 묶은 콘텐츠 묶음 단위의 조회수를 보여주며, 사용자가 특정 주제나 시리즈에 얼마나 깊이 있게 머무는지를 확인할 수 있다.

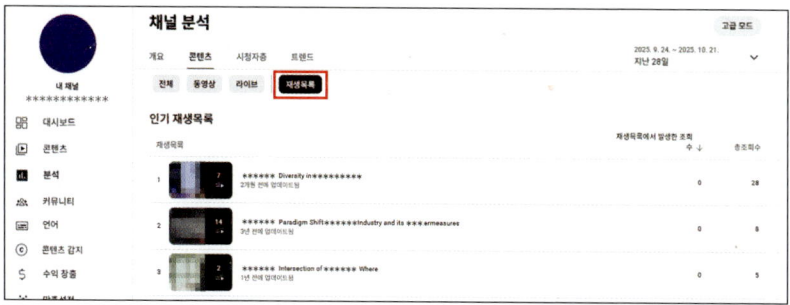

이 데이터를 활용하려면, 먼저 동영상 분석에서 클릭률과 평균 시청 시간을 기준으로 '관심을 끄는 영상'과 '끝까지 시청되는 영상'을 구분해야 한다. 클릭률이 높지만 시청 시간이 짧다면 썸네일과 제목은 효과적이지만 내용 전개가 약하다는 의미이며, 반대로 클릭률은 낮고 시청 시간이 긴 영상은 진성 시청자 비율이 높다는 신호다. 이를 바탕으로 초반 후킹 구조를 강화하거나 영상 길이를 조정해 시청 유지율을 높일 수 있다. 라이브 분석에서는 시청자가 가장 활발히 참여한 시간대를 중심으로 향후 생방송 일정을 계획하고, 실시간 채팅 내용에서 반복적으로 언급된 주제를 차기 콘텐츠로 발전시키는 것이 좋다. 재생목록 분석은 주제별 영상 흐름을 점검하는 데 유용하다. 특정 재생목록의 조회가 높다면 해당 시리즈를 확장하거나 후속 콘텐츠를 제작해 구독자 충성도를 강화할 수 있다. 세 항목을 유기적으로 활용하면 조회수 중심의 운영을 넘어, 시청자와의 관계를 확장하고 콘텐츠 방향을 정밀하게 설계할 수 있다.

3) 시청자층

유튜브 분석의 '시청자층' 페이지는 채널을 시청하는 사람들의 특성과 행동 패턴을 보여주는 영역이다. 구독자 비율, 시청자의 활동 시간대, 기기 유형, 지역, 언어 등의 항목을 통해 채널의 핵심 시청자층을 파악할 수 있다. ❶ '구독자 시청 시간'은 콘텐츠 충성도를 나타내는 지표이며, 구독자 비율이 높을수록 채널 신뢰도가 높다는 뜻이다. ❷ '시청자 활동 시간대'는 업로드 타이밍을 결정하는 핵심 데이터로, 시청자가 가장 활발히 활동하는 시간에 영상을 게시하면 노출률이 높아진다. ❸ '기기 유형'은 모바일, 데스크톱, 태블릿 중 어떤 기기에서 주로 시청하는지를 보여준다. 모바일 비중이 높다면 화면 구성과 자막 크기를 단순화하고, 세로 영상으로 전환하는 것도 효과적이다. ❹ 지역과 언어 항목은 시청자의 국가와 언어권을 파악해 해외 확장 전략을 세울 때 활용할 수 있다.

이 데이터를 활용하면 시청자와 콘텐츠의 연결점을 더 정밀하게 설계할 수 있다. 구독자 비율이 낮다면 콘텐츠 주제와 업로드 주기를 조정해 신뢰를 높이고, 활동 시간대에 맞춰 영상을 예약 업로드하면 알고리즘 반응이 개선된다. 모바일 시청 비중이 높을 경우 세로 영상과 짧은 길이의 콘텐츠를 확대하고, 특정 지역에서 조회가 꾸준히 발생한다면 현지 언어 자막과 키워드를 추가해 노출을 강화하는 것이 좋다. '시청자층' 데이터는 채널 운영의 감이 아니라 근거를 만들어주는, 실질적인 브랜딩 전략의 출발점이다.

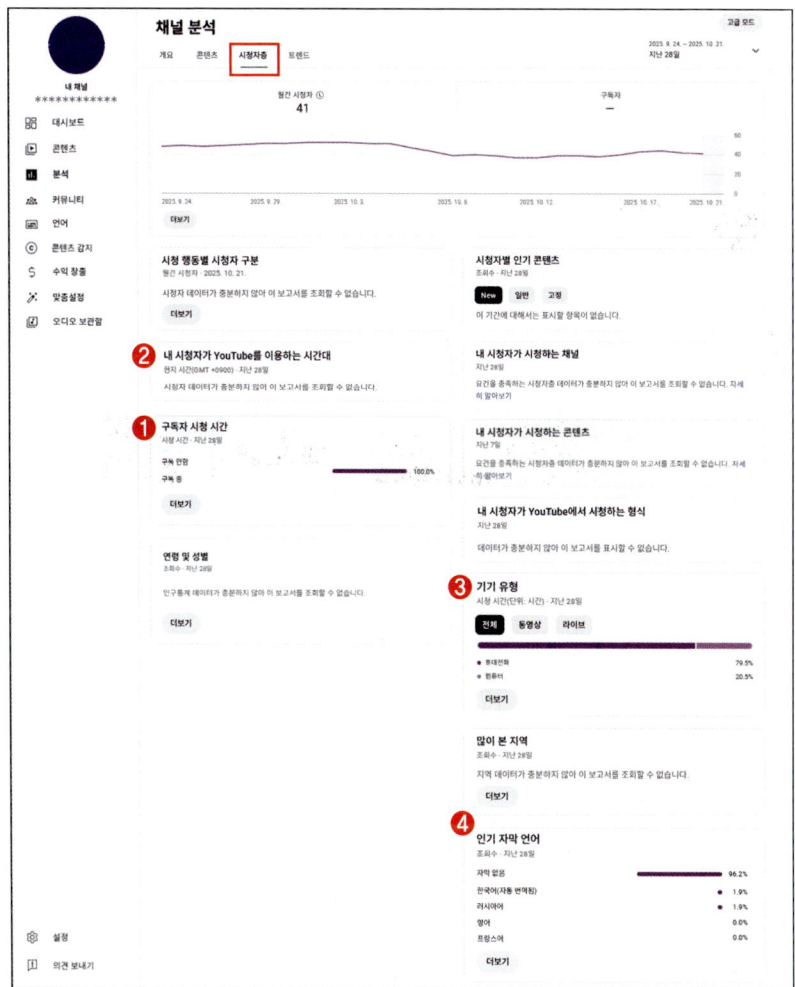

4) 트렌드

유튜브 분석의 '트렌드' 페이지는 시청자의 검색 패턴과 관심 주제를 기반으로, 다음 영상 아이디어를 제안하는 공간이다.

상단 검색창에서는 특정 키워드를 입력해 관련 트렌드를 확인할 수 있고, '사람들이 검색 중인 주제'에서는 현재 유튜브에서 높은 검색량을 기록하는 키워드가 실시간으로 업데이트된다. 각 주제 카드를 클릭하면 관련 영상의 사례나 제목 구성을 참고할 수 있어, 시청자가 어떤 주제와 형식에 반응하는지 빠르게 파악할 수 있다. '새 동영상에서 아이디어 얻기' 영역은 최근 반응이 높은 영상들을 기반으로, 트렌드에 맞는 콘텐츠 방향을 제시한다.

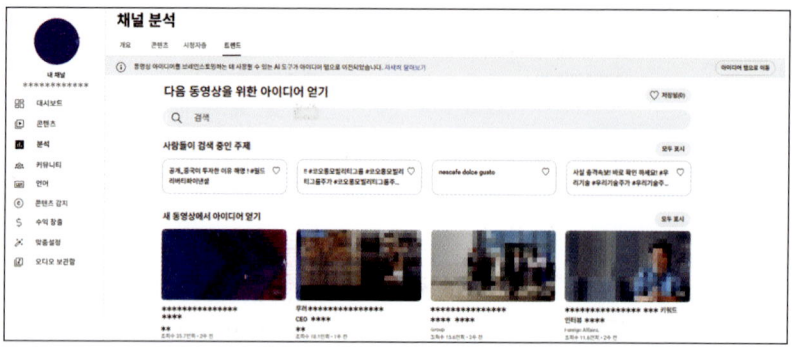

이 페이지는 단순한 인기 키워드 목록이 아니라, 콘텐츠 기획의 방향을 제시하는 AI 리서치 도구다. 예를 들어 검색 상위 주제가 '지속가능성', 'CEO 인터뷰', '행사 리뷰'라면, 해당 키워드를 반영한 심화 콘텐츠나 시리즈형 영상을 기획하는 것이 효과적이다. 반대로 조회량은 적지만 꾸준히 검색되는 주제는 채널 정체성을 강화할 수 있는 롱테일 콘텐츠로 발전시킬 수 있다. 트렌드 페이지를 꾸준히 활용하면 시청자의 실시간 관심 흐름을 바탕으로 주제를 선제적으로 포착할 수 있으며, 데이터에 기반한 기획으로 콘텐츠 효율을 높일 수 있다.

유튜브 콘텐츠를 제작하는 기본 목표는 최대한 많은 사람에게 노출되게 하는 것이다. 알고리즘이 내 콘텐츠를 큰 그룹의 사람들에게 노출하게 만들기 위해서는 시청자를 만족시키는 것이 우선이다. 가능한 모든 방법을 동원해 전략적으로 시청자의 취향을 저격하는 콘텐츠를 만들어야 한다. 그 목표를 달성하는 데 도움이 되는 것이 바로 데이터다. 유튜브가 제공하는 다양한 데이터를 활용해 알고리즘이 선호하는 콘텐츠를 만들자.

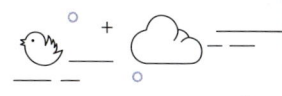

유튜브 계정 하나로 다양한 수익 창출하기

 수만에서 수천만 명까지 구독자를 모이게 하는 크리에이터들 덕분에 유튜브는 주요 미디어가 되었으며, 광고로 막대한 수익을 벌어들이고 있다. 이렇게 수익의 기반이 되는 크리에이터들에게 유튜브는 점차 많은 수입원을 만들어주고 있다. 일정한 구독자 수를 달성하면 채널만으로도 부가적인 수익을 창출할 수 있다. 유튜브 내에서 수익을 만든다는 것은 네트워크를 형성했다는 의미이다. 이 시점부터는 여러 수익 구조가 자연스럽게 구축된다.

유튜브 파트너십 프로그램인 YPP에 가입되면 유튜브에서 수익 창출이 가능하다. YPP 가입을 위해서는 일정 조건을 충족해야 한다.

유튜브 커뮤니티 가이드를 준수하며 시청자가 선호하는 콘텐츠를 생산해야 한다. 구독자 수 1,000명을 초과하고 최근 12개월간 공개한 콘텐츠의 유효 시청 시간이 4,000시간을 넘어야 한다.

콘텐츠가 재생되는 중간에 광고를 추가하는 '애드 센스' 광고 수익이 유튜브 수익의 기본이다. 이 외에도 슈퍼챗, 슈퍼스티커를 비롯해 슈퍼땡스가 있다. 유튜브 내에서 가능한 수익 구조를 확인해 보고 마케팅과 브랜딩 이외에 추가적인 수입원으로 유튜브를 활용해 보자.

① 광고 수익

광고가 게재되면 해당 수익을 구글이 45%, 크리에이터가 55% 갖게 된다.

광고 수익을 만들기 위해서는 우선 '광고주 친화적인 콘텐츠 가이드 라인'을 준수하는 콘텐츠를 생산해야 한다. 동영상, 제목, 썸네일, 설명과 태그를 해당 가이드 라인에 맞게 제작한다. 콘텐츠가 저작권을 침해하지 않는 것도 매우 중요하다. 적합하지 않은 경우 광고 게재가 중지된다.

광고를 게재할 수 있는 콘텐츠를 생산하고 나면 크리에이터는 원하는 광고 형식을 직접 설정할 수 있다. 종류에는 '건너뛸 수 있는 광고', '건너뛸 수 없는 광고', '범퍼 광고', '오버레이 광고'가 있다. 광고 위치를 콘텐츠 시작 전, 중간, 끝에 배치하는 것도 가능하다. 게재되는 광고는 광고주가 설정한 잠재 고객, 콘텐츠의 특징에 따라 알고리즘에 의해 결정된다.

RPM과 CPM 중 광고 수익에 직접적인 영향을 미치는 지표는 CPM이다. CPM은 광고 노출이 1,000회 발생할 때마다 광고주가 지불하는 금액이다. 해당 금액은 광고주의 입찰가에 의해 결정되기 때문에 광고 경쟁도에 따라 변동된다. 콘텐츠가 광고에 적합하거나 게재 가능한 광고가 없는 경우에는 광고 수익이 발생되지 않으므로 조회수에 CPM을 곱한 값이 그대로 크리에이터 수익이 되지는 않는다. 하지만 알고리즘이 선호하는 콘텐츠를 생산할수록, 구독자가 증가할수록 광고 수익이 증가하는 것은 틀림없다.

② 유튜브 프리미엄 수익

유튜브 프리미엄 회원이 지불하는 멤버십 요금이 크리에이터에게 배분된다. 콘텐츠 시청 시간을 기준으로 계산한다. 역시 '시청 지속 시간'이 가장 중요한 지표가 된다. 프리미엄에 회원은 매월 구독료를 유튜브에 지불하고 부가적인 혜택을 제공받는다. 유튜브 프리미엄 수익은 광고와 마찬가지로 유튜브 45%, 크리에이터 55%로 분배된다.

유튜브 프리미엄 회원은 광고 없이 콘텐츠를 이용할 수 있다. 음악과 동영상을 오프라인 기기에 저장할 수 있다. 다른 앱을 사용하거나 화면이 꺼진 상태에서도 동영상을 재생할 수 있다. 이 외에 다양한 혜택을 제공받는다.

프리미엄 회원에게 광고가 노출되지 않는 대신에 콘텐츠 시청 시간을 기준으로 금액을 계산한다. 오프라인에 저장된 동영상은 회원이 앱에 로그인하는 것을 파악해 계산한다. 저장된 음악이나 동영상도 앱에 로그인해야 이용 가능한 것을 활용한다. 회원이 다른 앱을 동시에 이용하거나 화면을 끄고 재생한 콘텐츠도 시청 시간으로 집계되어 수익에 반영된다.

③ 슈퍼챗, 슈퍼스티커, 슈퍼땡스

YPP에 가입되어 있으면 실시간 스트리밍 중 시청자로부터 슈퍼챗, 슈퍼스티커를 받을 수 있다. 시청자는 자신의 메시지를 강조하고 스티커를 보내 존재를 알린다. 슈퍼챗과 슈퍼스티커 구매 금액은 시청자가 원하는 만큼 설정이 가능하다. 지불한 금액에 따라 채팅방 상단에 고정되는 시간이 다르다.

구매한 시청자의 메시지, 스티커, 아이디와 프로필 사진이 실시간 스트리밍에 참여하고 있는 시청자에게 강조되어 노출되고 지불 금액도 공개된다.

시청자는 크리에이터와 더욱 친밀하게 소통하기 위해 슈퍼챗, 슈퍼스티커를 구매한다. 크리에이터는 구매한 시청자의 메시지를 읽어주고 아이디를 불러준다. 잠깐이지만 시간을 내어 직접 1:1로 교류한다.

콘텐츠에 감동한 시청자들은 슈퍼땡스로 마음을 표현한다. 해당 상품을 구매하면 가격대가 다른 4가지 유형의 애니메이션이 제공된다. 일회성 애니메이션으로 구매자 화면에만 표시된다. 구매자는 추가로 해당 동영상 댓글

창에 일반 시청자와 차별되는 색상의 댓글을 달 수 있다. 슈퍼챗, 슈퍼스티커처럼 시청자의 정보가 구매 금액과 함께 공개된다. 크리에이터는 슈퍼땡스 구매자의 댓글만 따로 확인하고 관리할 수 있다. 콘텐츠 가치에 대한 이용자들의 인식이 많이 발전되었음을 슈퍼땡스 상품을 통해 느낄 수 있다.

유튜브 이용자들은 콘텐츠에 금액을 지불하는 것에 대해 거부감이 크게 줄어들었다. 추가적인 수익화 형태가 지속적으로 생겨날 것으로 예상된다.

④ 채널 멤버십

채널 멤버십은 시청자가 매월 일정한 구독료를 지불하는 것이다. 멤버십 회원은 구독자 커뮤니티에 속해 있으면서도 추가로 돈을 지불하고 더 배타적인 커뮤니티로 가입한다. 쉽게 얻을 수 없는 고급 정보를 얻고 크리에이터와 더욱 긴밀하게 소통하기 위해 기꺼이 추가적인 비용을 지불한다.

채널 구독자 수 1,000명 이상을 달성하고 YPP에 가입한 채널 중 유튜브가 요청하는 조건을 만족하는 채널은 멤버십을 운영할 수 있다.

멤버십 회원에게는 배지, 그림 이모티콘을 부여해 댓글을 남겼을 때 돋보이게 해준다. 콘텐츠를 멤버십에 가입한 회원에게만 오픈하는 것도 가능하다. 일반 시청자와 구독자는 접할 수 없는 특별한 혜택을 제공해야 회원들의 만족도를 높일 수 있다.

⑤ 상품 섹션

추가적으로 '상품 섹션'과 '쇼츠 보너스'로 수익을 창출할 수 있다.

상품 섹션 기능을 통해 유튜브는 이커머스로의 발전도 진행 중이다. 상품 섹션은 '구독자 1만 명 이상 + YPP 가입 + 유튜브 제휴 쇼핑 파트너 플랫폼(Spring, Shopify 등) 연동'을 통해 신청할 수 있다. 2025년부터 Shorts, 라이브, 피드 상단에도 상품 고정이 가능해져 수익화 확장성이 더욱 높아졌다. 해당 채널을 유튜브의 공식 상품 제휴사에 등록된 업체와 연결해야 한다. 이외에도 채널이 다양한 조건을 충족시켜야 상품 섹션을 시작할 수 있다.

상품 섹션에 가입된 크리에이터는 공식 상품 제휴사의 제품을 채널의 스토어 탭과 콘텐츠에서 노출시킬 수 있다. 실시간 스트리밍에서도 피드 상단에 하나의 상품을 고정해 홍보하는 게 가능하다. 유튜브 내에서 제품을 홍보하고 직접 판매하여 수익을 창출할 수 있다.

⑥ 쇼츠 광고 수익

쇼츠 보너스(Shorts Fund)는 2023년을 끝으로 종료되었고, 현재는 유튜브 파트너 프로그램(YPP)에 기반한 Shorts 광고 수익 분배 방식으로 전환되었다. 이제 쇼츠로도 롱폼 콘텐츠와 동일하게 광고 수익이 발생하며, 크리에이터는 Shorts에서 발생한 광고 수익의 45%를 배분받는다.

수익은 Shorts 광고 수익 풀에서 집계되며, 여기에 포함되는 금액은 시청 중 노출된 광고, 콘텐츠 내 브랜딩 광고 등이 있다. 다만 영상에 삽입된 음악이나 저작권 요소에 따라 수익 분배율이 달라질 수 있다. 음악 사용 시 수익이 크리에이터와 음원 소유자 간에 나뉘거나 일부 콘텐츠는 수익이 발생하지 않을 수도 있다.

쇼츠는 전체 영상 중 특정 구간을 잘라 재직하거나, 선용 포맷으로 처음부터 제작이 가능하기 때문에 비교적 제작 부담이 낮고 반복 활용이 가능하다. 특히 완시율(끝까지 시청한 비율)과 **반복 시청률, 댓글 · 좋아요 등 반응 지표**가 높을 경우, 알고리즘이 더욱 적극적으로 확산시켜 Shorts 자체의 조회수 증가뿐만 아니라 채널 전체 유입에도 긍정적 영향을 준다.

쇼츠 수익화는 더 이상 보너스 신청 방식이 아닌, YPP 가입과 영상 요건을 충족한 후 자동으로 수익이 발생하는 구조이므로, 짧은 영상으로도 수익을 얻을 수 있는 기반이 마련된 셈이다. 이제 쇼츠는 단순한 홍보 수단을 넘어 구독 전환, 수익화, 채널 브랜딩을 함께 실현할 수 있는 주요 콘텐츠 형식으로 자리 잡았다.[YouTube Official Blog / Shorts Monetization Policy (2023 – 2025), https://support.google.com/youtube/answer/13113903]

⑦ 유료 PPL, 보증 광고, 스폰서십

제품이나 서비스를 홍보하는 콘텐츠를 제작해 수익을 창출할 수 있다. 체험단, 기자단 같은 활동이나 광고주의 의뢰를 받아 진행이 가능하다. 유튜브는 이를 '유료 PPL', '보증 광고', '스폰서십'으로 구분해 안내하고 있다.

유료 PPL은 제3자를 위해 보수를 받고 제작된 콘텐츠다. 제3자의 브랜드, 메시지 혹은 제품이 콘텐츠에 노출되는 경우다.

보증 광고는 광고주를 위해 제작된 콘텐츠지만 크리에이터의 의견이 적극적으로 반영되었을 때를 이야기한다.

마지막으로 스폰서십은 제3자가 제작 비용의 일부나 전체를 지원한 콘텐츠를 가리킨다. 제3자의 브랜드, 메시지, 제품을 홍보하는 형태다.

채널이 광고주 제품이나 서비스 콘셉트에 맞고 일정한 구독자 수를 보유한 경우 다양한 제안을 받게 된다. 일부 크리에이터의 경우 주 수입원이 되기도 할 만큼 큰 수익을 창출할 수 있다.

유튜브 이용자들이 이미 홍보 콘텐츠에 익숙해졌지만 여전히 콘텐츠를 볼 이유를 제공해야 한다. 시청자에게 유익한 정보, 즐기는 재미를 줄 수 있는 콘텐츠를 제작해야 시청자들이 콘텐츠를 소비한다.

뒷광고 논란이 생기지 않도록 콘텐츠 내에 잘 설명하고 관련 설정을 꼼꼼히 하는 것도 중요하다. 유료 PPL, 보증 광고, 스폰서십 콘텐츠를 공유하는 경우 '동영상에 간접 광고, 스폰서십, 보증 광고와 같은 유료 프로모션이 포함되어 있음' 체크박스를 필수로 선택해야 한다. 해당 체크박스를 설정하면 동영상이 시작될 때 10초간 자동으로 유료 프로모션이 포함된 콘텐츠임을 시청자에게 알리게 된다.

유튜브가 전통 매체를 대체하는 미디어로 자리 잡으면서 거대한 수익을 창출하는 플랫폼이 되었다. 유튜브가 지금의 모습으로 발전하기까지 크리에이터의 콘텐츠가 없었다면 불가능했다. 앞으로도 시청자들의 마음을 사로잡는 콘텐츠가 없다면 유튜브는 살아남을 수 없다.

유튜브를 활성화시키는 크리에이터를 붙잡기 위해 앞으로도 그들을 위한 다양한 혜택을 제공할 것이다. 이미 알고 있는 것처럼 우리는 시청자가 원하는 좋은 콘텐츠를 생산하는 데 집중하자. 알고리즘이 넓은 범위에 추천해줄 수 있도록 효과적인 방법을 활용하자. 제대로 활용한다면 조회수가 상승하고 구독자가 증가할 것이다. 충분한 구독자가 모인다면 유튜브를 마케팅과 브랜딩 도구이자 동시에 부가적인 수익을 창출하는 파이프라인의 기반으로 만들 수 있다.

챗GPT로 유튜브 콘텐츠 만들기

 유튜브 콘텐츠 제작은 많은 사람에게 막연하게 느껴진다. 어떤 주제로 시작할지, 대본은 어떻게 구성할지, 자막이나 썸네일은 어떻게 만들지 고민이 많다. 하지만 챗GPT와 다양한 AI 도구를 활용하면 이 과정을 쉽고 효율적으로 진행할 수 있다. 여기서는 챗GPT를 활용해 콘텐츠를 기획하고, 대본을 만들고, 쇼츠로 나누며, 썸네일 제작과 반복 가능한 영상 제작 루틴까지 실습하는 방법을 안내한다.

1 기획하기

챗GPT로 유튜브 콘텐츠 아이디어 뽑기와 대본 쓰기

유튜브를 처음 시작하는 사람들이 가장 많이 부딪히는 문제는 '무엇을 올릴까?'이다. 머릿속에는 이야기하고 싶은 주제가 떠오르지만 말로 풀거나 영상으로 구성하려 하면 막막하다. 이 단계에서는 앞서 '04 알고리즘이 확산시켜주는 유튜브 콘텐츠 만들기'에서 배운 콘텐츠 기획 원칙을 적용한다. 주제는 시청자의 고민과 욕구를 반영해야 하며, 나만의 차별화 포인트를 포함해야 한다. 챗GPT는 이러한 기획 과정을 빠르고 쉽게 도와주는 파트너다.

챗GPT 활용법

1 키워드 정리

예: '퇴사', '직장인 성장', '업무 스킬'

2 주제 추천 요청

> 30대 직장인이 공감할 퇴사 관련 유튜브 콘텐츠 주제 5개 추천해 줘.

3 대본 작성 요청

> 이 주제로 3분짜리 유튜브 영상 대본 써줘. 도입, 본문, 마무리 순서로 구성해 줘.

챗GPT는 영상 구조에 맞춰 질문 던지기(도입), 핵심 정보 제공(본문), 구독 유도(마무리)까지 포함한 대본을 제공한다.

쇼츠용 대본 만들기

> 이 주제로 쇼츠 영상 대본 써줘. 임팩트 있게 시작하고 간결하게 끝내 줘."

벤치마킹 채널 찾기

> 퇴사 관련 국내 유튜브 채널 5개 추천해 줘.

제목 스타일 요청

> 위 채널 제목 스타일을 분석하고 내 주제에 맞는 제목 3개 추천해 줘.

기획은 콘텐츠 제작의 출발점이다. 앞서 강조한 것처럼 명확한 목적, 타겟 독자 설정, 차별화된 가치 제안이 반드시 포함되어야 한다.

② 클릭을 부르는 제목, 썸네일, 해시태그 만들기

콘텐츠의 주제가 좋더라도 사람들이 클릭하지 않으면 아무 의미가 없다. 제목과 썸네일은 시청자의 주목을 끄는 첫 번째 요소다.

챗GPT 활용법

제목 & 썸네일 문구 요청

> 직장인 커리어 성장 주제 유튜브 제목 5개 추천해 줘.

> 해당 제목에 어울리는 썸네일 문구 3개 추천해 줘.

해시태그 추천

> 직장인 성장 콘텐츠 유튜브 해시태그 7개 추천해 줘.

디자인 도구
- Canva: 무료 디자인 툴, 다양한 썸네일 템플릿 제공. https://www.canva.com

시청자의 감정 트리거를 이해하고, 클릭을 유도하는 표현 방식(강렬한 질문형, 감정 호소형, 결과 예고형 등)을 염두에 두고, 챗GPT가 제안하는 제목과 문구를 선택하고 수정하자.

③ 자막 만들기와 영상 편집: 브루 & 캡컷 활용

편집과 자막은 콘텐츠의 전달력을 높이고, 시청자가 영상에 오래 머물게 만든다. 특히 초보자에게는 복잡하지 않고 효율적인 도구 선택이 중요하다.

사용할 도구

브루(Vrew)
- 음성 인식으로 자동 자막 생성
- 텍스트 편집으로 영상 컷 편집 가능
- AI 음성 더빙 제공. https://vrew.ai

캡컷(CapCut)
- 직관적 편집 도구
- 자동 자막, 텍스트 애니메이션, 전환 효과 제공. https://www.capcut.com

챗GPT 활용법

자막 강조 문장 선정

> 이 대본에서 자막으로 강조할 문장 3개 골라줘.

시청자 참여 질문 문장 요청

> 영상 중간에 넣을 질문형 문장 3개 추천해 줘.

몰입을 유도하는 콘텐츠 흐름 설계법을 적용하자. 영상의 시작 5초 안에 강렬한 문장, 중간에는 참여를 유도하는 질문, 마무리에는 시청 지속을 유도하는 문장을 넣어야 한다.

④ 쇼츠 제작으로 채널 성장 가속화

쇼츠는 유튜브 알고리즘이 가장 선호하는 콘텐츠 형식으로, 새로운 구독자 유입에 가장 효과적이다.

🟢 챗GPT 활용법

쇼츠 문장 추출

> 이 대본에서 쇼츠용 문장 3줄 뽑아 줘.

쇼츠 제목 & 해시태그

> 쇼츠 영상 제목 3개 추천해 줘.

> 쇼츠용 해시태그 5개 추천해 줘.

편집 도구
- CapCut 또는 Vrew 사용. 쇼츠 영상 시작 1~3초 안에 강한 문장 삽입.

콘텐츠 재활용 전략 실습이다. 롱폼 영상에서 핵심 메시지를 추출해 다양한 형태로 확장하면 콘텐츠 제작 부담을 줄이고 노출 빈도를 높일 수 있다.

5 반복 가능한 영상 제작 루틴 만들기

꾸준함은 유튜브 알고리즘이 신뢰하는 가장 중요한 신호다. 매번 새롭게 고민하기보다는 일관된 루틴을 만들어 습관처럼 콘텐츠를 제작하자.

주간 루틴 예시 (주 1회 업로드 기준)

월요일 – 주제 정하기

> 이번 주 직장인 자기계발 주제로 유튜브 영상 3개 추천해 줘.

화요일 – 대본 작성

> [선택한 주제]로 영상 대본 써줘. 도입 – 본문 – 정리 구조.

수요일 – 제목, 썸네일, 해시태그 정리

> 대본 기반 제목 3개, 썸네일 문구 3개, 해시태그 5개 추천해 줘.

목요일 – 쇼츠 문장 추출

> 쇼츠용 문장 3줄 뽑아 줘.

금요일 – 커뮤니티 글 작성

> 이번 영상과 관련된 커뮤니티 글 한 문단 써줘. 질문 포함.

주말 – **촬영 & 편집** (자막: Vrew / 편집: CapCut)
일요일 – 업로드 (제목, 설명, 해시태그 입력 후 게시)

콘텐츠 제작의 필요 요소 중에서 **반복 가능성과 지속 가능성**의 중요성을 실현하는 단계다. 완벽한 콘텐츠보다 꾸준히 업로드하는 리듬이 채널 성장을 이끈다.

 유튜브 영상 하나를 처음부터 끝까지 기획하고, 편집하고, 업로드하는 과정을 챗GPT와 함께 하면 초보자도 충분히 해낼 수 있다. 이 과정을 반복하면서 자신의 콘텐츠 스타일을 찾고 점차 완성도를 높여가자. 준비된 워크북과 이 루틴을 함께 활용하면 실행이 더욱 쉬워진다.

유튜브는 기획부터 편집까지 실행이 중요합니다. QR 코드를 스캔하면 **유튜브 숏폼/롱폼 콘텐츠 워크북**으로 실습할 수 있습니다.

에필로그

책의 마지막 장에 다다른 지금, 당신은 더 이상 출발선에 머물러 있지 않습니다. 처음엔 막막하고 복잡해 보였던 SNS의 세계도 이제는 기획자의 시선으로 바라볼 수 있게 되었을 겁니다.

그러나 진짜 여정은 이제부터입니다. 읽은 내용을 마음속에만 담아두지 말고 오늘 바로 하나의 기획을 세워보세요. 작은 콘텐츠 하나라도 세상에 내보내면, 그 경험이 배움으로 이어지고 방향은 점점 선명해질 것입니다.

이 길을 혼자 걸을 필요는 없습니다. 저는 이 책과 함께 '트라움랩'이라는 공간을 운영하고 있습니다. 트라움랩은 기획자, 창작자, 마케터들이 모여 서로의 경험을 나누고, 새로운 아이디어를 실험하며, AI와 최신 도구들을 직접 활용해 보는 성장의 장입니다.

그곳에서는 이 책의 내용을 곧바로 적용할 수 있는 워크북, 함께 배우며 고민을 나누는 네이버 카페와 카카오 채널, 그리고 더 깊은 인사이트를 나누는 강의와 이벤트가 준비되어 있습니다.

이 QR 코드를 스캔해 보세요. 당신의 다음 단계가 열리고, 트라움랩에서 저와 함께할 수 있습니다. SNS는 혼자 버티는 싸움이 아닙니다. 누군가와 함께 배우고, 서로의 시도를 응원할 때 훨씬 멀리 갈 수 있습니다.

이제 당신의 차례입니다. 브랜드의 방향을 스스로 기획하고, 그 메시지를 세상과 나누는 여정을 시작하세요. 그리고 그 길에서, 트라움랩이 든든한 동반자가 되어 드리겠습니다.